从零开始学

从零开始学期货交易策略

周　峰　编著

清华大学出版社
北　京

内 容 简 介

本书首先讲解了期货交易策略的基础知识，即什么是期货、什么是期货交易策略、期货交易策略的重要性和主要内容、杰西·利文摩尔的交易策略、斯坦利·克罗的交易策略；其次讲解了期货实战的交易理念、交易原则、交易计划；再次讲解了期货实战交易的资金管理技巧和分析技巧以及期货实战的短线交易策略、套利交易策略、中长线交易策略；最后讲解了期货实战交易的心理控制策略和期货交易的风险事件案例。

本书在讲解过程中既考虑到读者的学习习惯，又通过具体实例剖析讲解了期货实战交易过程中的热点问题、关键问题及种种难题。

本书适用于各种不同的投资者，如新老期民、经济财经类专业的大学生、期货操盘手和专业期货评论人士阅读，更适用于那些有志于在这个充满风险、寂寞的征程上默默前行的征战者和屡败屡战、愈挫愈奋并最终战胜失败、战胜自我的勇者阅读。

封面贴有清华大学出版社防伪标签，无标签者不得销售。
版权所有，侵权必究。侵权举报电话：010-62782989 13701121933

图书在版编目(CIP)数据

从零开始学期货交易策略 / 周峰编著 . —北京：清华大学出版社，2019
（从零开始学）
ISBN 978-7-302-51820-4

Ⅰ．①从… Ⅱ．①周… Ⅲ．①期货交易—基本知识 Ⅳ．① F830.93

中国版本图书馆 CIP 数据核字（2018）第 283137 号

责任编辑：李玉萍
封面设计：郑国强
责任校对：张彦彬
责任印制：丛怀宇

出版发行：清华大学出版社
网　　址：http://www.tup.com.cn, http://www.wqbook.com
地　　址：北京清华大学学研大厦 A 座　　邮　编：100084
社 总 机：010-62770175　　邮　购：010-62786544
投稿与读者服务：010-62776969, c-service@tup.tsinghua.edu.cn
质量反馈：010-62772015, zhiliang@tup.tsinghua.edu.cn

印 装 者：三河市吉祥印务有限公司
经　　销：全国新华书店
开　　本：170mm×240mm　　印　张：19.75　　字　数：347 千字
版　　次：2019 年 9 月第 1 版　　印　次：2019 年 9 月第 1 次印刷
定　　价：49.00 元

产品编号：081250-01

前　言

　　进入 21 世纪，我国经济快速发展，为了争夺大宗商品和金融产品的定价权，我国必须大力发展期货市场，使之成为与欧美主要期货市场并驾齐驱的亚太时区的国际定价中心。

　　随着我们期货市场的迅猛发展，越来越多的人参与到期货交易中。虽然市场中关注技术分析的书很多，但关注期货交易策略的书不多。在每一个努力进取的领域中，一流的、可行的交易策略都是成功不可或缺的一部分。交易策略在金融投机领域，特别是期货市场的重要性绝不亚于其在马拉松比赛、网球锦标赛、象棋比赛的重要性。

　　期货交易策略，是投资者从事期货操作所依据的根本，一笔完整的交易，是由多个环节综合运用的结果。

本书特点

特　点	说　明
11 章实战精讲	本书体系完善，用 11 章的篇幅由浅入深地对期货实战交易策略进行了专题精讲，其内容涵盖了期货交易策略的基础知识、杰西·利文摩尔的实战交易策略、斯坦利·克罗的实战交易策略、期货交易理念的实战技巧、期货交易原则的实战技巧、期货交易计划的实战技巧、期货交易的资金管理技巧、期货交易的实战分析技巧、期货交易的短线策略、期货交易的套利策略、期货交易的中长线策略、期货交易的心理控制策略、期货交易的风险事件案例等
109 个实战技巧	本书结合期货交易策略的实战应用，讲解了 109 个应用技巧，其内容涵盖了杰西·利文摩尔的实战交易技巧、斯坦利·克罗的重要实战交易策略、顺势操作才能赚大钱、趋势行情为什么你赚不到钱甚至还赔钱、不要主观臆测市场、交易冠军马丁·舒华兹的自我认知、投资大师杰姆·罗杰斯的自我认知、期货交易时机选择最重要、资金安全并不是指投资不亏钱、小亏损大盈利原则的实战技巧、止损与止盈原则的实战技巧、风险控制原则的实战技巧、风险收益比原则的实战技巧、交易模式多样化原则的实战技巧、交易计划的制订、交易计划的实施、三位一体的盈

续表

特　点	说　明
109个实战技巧	利策略、建仓的方法、加仓或减仓的方法、国储铜事件、短线波段交易的实战策略、日内趋势波段交易的技巧、日内炒手交易的技巧、牛市套利的技巧、熊市套利的技巧、蝶式套利的技巧、跨商品套利的技巧、跨市套利的技巧、期现套利的技巧、中长线交易中的趋势线应用技巧、中长线交易中的均线应用技巧、贪婪使人损失惨重、克服贪婪才能投资成功、如何克服恐惧、遵守规则才能稳定盈利、勇于收益、女教师炒期货的传奇、法国兴业银行交易员赌掉71亿美元、巴林银行的倒闭、国债"3·27"事件、亨特兄弟操纵白银事件、上海胶合板9607事件、红小豆期货事件、海南棕榈油M506事件、上海粳米事件、国外期货市场早期逼仓事件等
80多个实战案例	本书结合理论知识，在讲解的过程中，列举了80多个案例进行分析讲解，让广大投资者在学习理论知识的同时，更准确地理解其意义和实际应用
80多个技能提示	本书结合期货实战交易策略中遇到的热点问题、关键问题及种种难题，以技能提示的方式奉送给投资者，其中包括小亏损大盈利原则的实战技巧、资金安全原则的实战技巧、日内炒手交易的技巧等
知识体系	本书的讲解都从基础知识和基本操作开始，读者无须参照其他书即可轻松入门；另一层是充分考虑到没有基础知识读者的实际情况，在文字表述方面尽量避开专业术语，用通俗易懂的语言讲解每个知识点的应用技巧，从而突出容易学、上手快的特点

本书结构

章　节	内容介绍	作　用
第1章	讲解期货交易策略的基础知识，即什么是期货、什么是期货交易策略、期货交易策略的重要性和主要内容、杰西·利文摩尔的实战交易策略、斯坦利·克罗的实战交易策略	从整体上认识期货交易策略，为后面章节的学习打下良好的基础
第2章到第4章	讲解期货交易理念、期货交易原则和期货交易计划	详细了解期货交易策略的3大组成部分（期货交易理念、期货交易原则、期货交易计划），并熟练掌握它们的实战技巧，这样才能有效运用预先制定的期货交易策略

前 言

续表

章 节	内容介绍	作 用
第5章到第6章	讲解期货交易的资金管理技巧和期货交易的实战分析技巧	期货交易策略要做到知行合一,还必须掌握期货交易的资金管理技巧和实战分析技巧
第7章到第9章	讲解期货交易的短线策略、期货交易的套利策略和期货交易的中长线策略	熟练掌握期货交易的短线策略、套利策略和中长线策略,才能在期货市场中最终成为赢家
第10章	讲解期货交易的心理控制策略	再好的期货交易策略,如果没有一个心理强大的投资者来执行,这个交易策略最终也会以失败而告终。所以期货交易的心理控制策略也是相当重要的
第11章	讲解期货交易的风险事件案例	他山之石,可以攻玉。永远铭记前人惨痛的教训,以使警钟长鸣,切莫重蹈覆辙

本书适合的读者

本书适用于各种不同的投资者,如新老期民、经济财经类专业的大学生、期货操盘手和专业期货评论人士,更适用于那些有志于在这个充满风险、寂寞的征程上默默前行的征战者和屡败屡战、愈挫愈奋并最终战胜失败、战胜自我的勇者。

创作团队

本书由周峰编写,下面人员对本书的编写提出过宝贵意见并参与了部分编写工作,他们是刘志隆、王冲冲、吕雷、王高缓、梁雷超、周飞、纪欣欣、葛钰秀、张亮、周科峰、王英茏、陈税杰等。

由于时间仓促,加之水平有限,书中的缺点和不足之处在所难免,敬请读者批评指正。

目 录

第1章 期货交易策略概论 ………… 1

1.1 期货概述 ………………………… 2
- 1.1.1 什么是期货 ………………… 2
- 1.1.2 什么是期货合约 …………… 2
- 1.1.3 期货交易的特点 …………… 4
- 1.1.4 国内期货交易所 …………… 5
- 1.1.5 国际主要的期货交易所 …… 8
- 1.1.6 期货市场的发展趋势 ……… 12

1.2 期货交易策略概述 …………… 14
- 1.2.1 期货交易策略的定义 ……… 14
- 1.2.2 期货交易策略的重要性 …… 16
- 1.2.3 期货交易策略的主要内容 … 16

1.3 杰西·利文摩尔的实战交易策略 … 18
- 1.3.1 杰西·利文摩尔的实战交易理念和实战交易原则 …… 18
- 1.3.2 杰西·利文摩尔的实战交易技巧 ………………………… 21

1.4 斯坦利·克罗的实战交易策略 … 22
- 1.4.1 斯坦利·克罗的一般实战交易策略 ……………………… 22
- 1.4.2 斯坦利·克罗的重要实战交易策略 ……………………… 23

第2章 期货交易理念的实战技巧 … 31

2.1 初识交易理念 ………………… 32
2.2 市场是对的并且是公平的 …… 32
- 2.2.1 市场是对的 ………………… 33
- 2.2.2 市场是公平的 ……………… 36

2.3 顺势而为 ……………………… 37
- 2.3.1 趋势的定义 ………………… 37
- 2.3.2 趋势的三种走向 …………… 37
- 2.3.3 趋势的三种类型 …………… 39
- 2.3.4 顺势操作才能赚大钱 ……… 40
- 2.3.5 趋势行情为什么你赚不到钱甚至还赔钱 ………………… 42

2.4 不要主观臆测市场 …………… 44
2.5 预判市场要看本质 …………… 46
2.6 影响获利的因素 ……………… 46
- 2.6.1 市场是只纸老虎 …………… 47
- 2.6.2 自己是只真老虎 …………… 47
- 2.6.3 交易冠军马丁·舒华兹的自我认知 ……………………… 49
- 2.6.4 投资大师杰姆·罗杰斯的自我认知 ……………………… 49

2.7 期货交易时机选择最重要 …… 50
2.8 期货交易盈利是唯一目的 …… 51
2.9 期货市场是非线性的 ………… 51
2.10 期货交易的致命天敌 ………… 52
- 2.10.1 过量交易 …………………… 52
- 2.10.2 保守性交易和自负性交易 … 52
- 2.10.3 报复性交易和激进性交易 … 53
- 2.10.4 怯懦性交易和侥幸性交易 … 53
- 2.10.5 预测性交易 ………………… 53

2.11 自己的期货交易系统要从复杂到简单 …………………… 54

第3章 期货交易原则的实战技巧 … 55

3.1 初识交易原则 ………………… 56

3.2 资金安全原则的实战技巧 ……… 56
    3.2.1 资金安全并不是指投资
          不亏钱 ……………………… 56
    3.2.2 一定要未买先思卖 ……… 58
    3.2.3 资金安全的实现方式 …… 58
    3.2.4 资金安全的错误认识 …… 59
3.3 小亏损大盈利原则的实战技巧 … 63
    3.3.1 小亏损 …………………… 63
    3.3.2 大盈利 …………………… 65
    3.3.3 小亏损大盈利的实现方式 … 65
3.4 止损与止盈原则的实战技巧 …… 69
    3.4.1 止盈 ……………………… 69
    3.4.2 止损的方法 ……………… 71
    3.4.3 为什么止损那么难 ……… 74
    3.4.4 止损与止盈的执行 ……… 75
3.5 风险控制原则的实战技巧 ……… 75
    3.5.1 什么是风险控制原则 …… 75
    3.5.2 控制每一笔交易的风险 … 75
    3.5.3 避免过度交易 …………… 76
    3.5.4 避免冲动性交易 ………… 77
    3.5.5 交易前定义风险 ………… 77
    3.5.6 交易中控制风险 ………… 78
3.6 风险收益比原则的实战技巧 …… 78
3.7 交易模式多样化原则的实战技巧 … 79
    3.7.1 什么是交易模式多样化 … 79
    3.7.2 日内交易模式 …………… 80
    3.7.3 中长线交易模式 ………… 81
3.8 亚当理论十大守则 ……………… 82
3.9 江恩的24条守则 ……………… 85

第4章 期货交易计划的实战技巧 … 87

4.1 初识交易计划 …………………… 88
    4.1.1 交易计划的定义 ………… 88
    4.1.2 交易计划的组成 ………… 88
    4.1.3 交易计划的注意事项 …… 90
4.2 交易计划的基本内容 …………… 91
    4.2.1 投资品种 ………………… 92
    4.2.2 资金大小 ………………… 92
    4.2.3 投资方式 ………………… 93
    4.2.4 进场位置 ………………… 93
    4.2.5 建仓数量 ………………… 93
    4.2.6 盈利目标和亏损限额 …… 93
    4.2.7 应变措施 ………………… 94
    4.2.8 时间周期 ………………… 94
    4.2.9 出场位置 ………………… 94
    4.2.10 意外情况的处理 ………… 94
4.3 交易计划的制订 ………………… 95
    4.3.1 针对机会品种的胜算分析 … 95
    4.3.2 进场计划 ………………… 96
    4.3.3 随机应对策略 …………… 96
    4.3.4 出局的策略 ……………… 96
    4.3.5 纪律执行保障 …………… 97
4.4 交易计划的实施 ………………… 97
    4.4.1 严格执行交易计划 ……… 97
    4.4.2 审时度势修改交易计划 … 98
    4.4.3 定时审视交易计划 …… 100

第5章 期货交易的资金管理技巧 … 103

5.1 初识资金管理 ………………… 104
    5.1.1 什么是资金管理 ……… 104
    5.1.2 资金管理的作用 ……… 104
5.2 资金管理的3个方面 ………… 106
    5.2.1 组合：投入方向 ……… 106
    5.2.2 仓位：投入多少 ……… 107
    5.2.3 时机：如何进出 ……… 108
5.3 三位一体的盈利策略 ………… 108

5.3.1　寻找高胜率的机会………108
　　5.3.2　寻找大回报的机会………109
　　5.3.3　合理加大资金投入………109
5.4　如何建仓、加仓和减仓………110
　　5.4.1　建仓的方法………110
　　5.4.2　加仓或减仓的方法………110
　　5.4.3　平均价战术不可乱用………112
　　5.4.4　累进战术的应用………113
5.5　资金管理的一致性………113
5.6　知行合一是投资的最高境界………114
5.7　国际投资大师的资金管理技巧………115
　　5.7.1　海龟资金管理法则………115
　　5.7.2　江恩资金管理法则………115
　　5.7.3　墨菲的资金管理要领………116

第6章　期货交易的实战分析技巧··119

6.1　初识分析技术………120
　　6.1.1　初识基本面分析………120
　　6.1.2　初识技术分析………120
　　6.1.3　基本面分析与技术分析的联系………120
6.2　期货交易的基本面分析………121
　　6.2.1　供给对期货商品价格的影响………122
　　6.2.2　需求对期货商品价格的影响………123
　　6.2.3　利率和汇率对期货商品价格的影响………124
　　6.2.4　经济波动周期对期货商品价格的影响………124
　　6.2.5　政治和政策因素对期货商品价格的影响………127

　　6.2.6　期货商品基本面信息的查看方法………127
6.3　期货交易的技术分析………133
　　6.3.1　市场行为包容消化一切………134
　　6.3.2　价格以趋势方式演变………135
　　6.3.3　历史会重演………136
　　6.3.4　技术分析的类型………137
　　6.3.5　技术分析的优缺点………148
　　6.3.6　技术分析与出入市时机的选择………149
　　6.3.7　技术分析的反面意见………150
　　6.3.8　技术分析应用注意事项………152

第7章　期货交易的短线策略………153

7.1　初识短线交易………154
　　7.1.1　什么是短线交易………154
　　7.1.2　短线交易的目的………154
　　7.1.3　短线交易的周期………155
　　7.1.4　短线交易者的类型………155
7.2　短线交易的特点………156
　　7.2.1　交易频率高………157
　　7.2.2　持仓时间短………157
　　7.2.3　单笔获利少………157
　　7.2.4　资金使用率高………158
7.3　短线交易的原则………158
　　7.3.1　不要频繁操作………158
　　7.3.2　择品种不如择时………159
　　7.3.3　重势不重价………159
　　7.3.4　不能把短线变中线………159
　　7.3.5　短线交易不是目的………160
7.4　短线波段交易………160
　　7.4.1　什么是短线波段交易………160
　　7.4.2　短线波段交易要把握大势··160

7.4.3 短线波段交易的过程……161
7.4.4 短线波段交易的实战策略…162
7.5 日内趋势波段交易……165
7.5.1 日内趋势波段交易的特点…165
7.5.2 日内趋势波段交易的优势…165
7.5.3 日内趋势波段交易的条件要求……165
7.5.4 日内趋势波段交易的原则…167
7.5.5 日内趋势波段交易的技巧…168
7.6 日内炒手交易……169
7.6.1 日内炒手交易的特点……170
7.6.2 日内炒手交易的原则……171
7.6.3 日内炒手交易的技巧……173
7.7 短线交易的分时图实战技巧……174
7.7.1 初识分时图……174
7.7.2 分时图均价线的实战技巧…177
7.7.3 分时图的三波上涨法则……180
7.7.4 分时图的三波下跌法则……181
7.7.5 价格继续上涨的判断技巧…182
7.7.6 价格继续下跌的判断技巧…186
7.7.7 分时图的做多技巧……189
7.7.8 分时图的做空技巧……198

第8章 期货交易的套利策略……209

8.1 套利交易概述……210
8.1.1 什么是套利交易及相关概念……210
8.1.2 套利交易的类型……210
8.1.3 套利交易的优势……211
8.1.4 套利交易与单边交易的区别……213
8.2 影响套利交易形成的因素……214
8.2.1 季节因素……215

8.2.2 持仓费用因素……215
8.2.3 进口费用因素……215
8.2.4 期现价差关系因素……216
8.2.5 压榨关系因素……216
8.2.6 相关性关系因素……216
8.3 套利交易的操作原则……216
8.4 跨期套利……218
8.4.1 牛市套利……218
8.4.2 熊市套利……219
8.4.3 蝶式套利……219
8.5 跨商品套利……220
8.5.1 相关商品套利……220
8.5.2 原料与成品间套利……221
8.6 跨市套利……221
8.7 期现套利……222
8.8 套利交易的风险……223
8.8.1 噪声交易者风险……223
8.8.2 逼空风险……224
8.8.3 套利的时间跨度……224
8.8.4 交易成本……224
8.9 套利交易的注意事项……224

第9章 期货交易的中长线策略……225

9.1 中长线交易概述……226
9.1.1 什么是中长线交易……226
9.1.2 中长线交易的特点……226
9.1.3 中长线交易与短线交易的区别……228
9.2 中长线交易的优势与劣势……229
9.3 中长线交易的分析方法……229
9.3.1 中长线交易的基础分析…230
9.3.2 实时资讯不是基础分析…234
9.4 中长线交易的规则……235

目录

　　9.4.1　仓位控制 ………………… 235
　　9.4.2　顺势交易 ………………… 235
9.5　中长线交易的技巧 ……………… 236
　　9.5.1　中长线交易中的趋势
　　　　　线应用技巧 …………… 236
　　9.5.2　中长线交易中的均线
　　　　　应用技巧 ……………… 239
9.6　讲故事学中长线交易 …………… 243

第10章　期货交易的心理控制策略 · 245

10.1　期货交易胜在心理 …………… 246
　　10.1.1　什么是心理 ……………… 246
　　10.1.2　心理的基本特征 ………… 247
　　10.1.3　心理在期货交易中的
　　　　　　重要性 ………………… 249
10.2　克服内心的贪婪 ……………… 250
　　10.2.1　欲望与贪婪 ……………… 250
　　10.2.2　贪婪使人损失惨重 ……… 251
　　10.2.3　克服贪婪才能投资成功 … 252
10.3　克服内心的恐惧 ……………… 254
　　10.3.1　恐惧及其类型 …………… 254
　　10.3.2　期货市场中的恐惧 ……… 255
　　10.3.3　如何克服恐惧 …………… 256
10.4　克服内心的冲动 ……………… 257
　　10.4.1　冲动是犯错的根本原因 … 257
　　10.4.2　如何克服冲动 …………… 258
10.5　克服内心的骄傲 ……………… 259
　　10.5.1　为什么你会骄傲 ………… 259
　　10.5.2　自信与骄傲 ……………… 260
　　10.5.3　骄傲使你损失惨重 ……… 260
　　10.5.4　如何克服骄傲 …………… 261
10.6　遵守规则 ……………………… 262
　　10.6.1　遵守规则才能稳定盈利 … 262

　　10.6.2　自我规则 ………………… 263
10.7　敢于收益 ……………………… 264
　　10.7.1　收益和风险 ……………… 264
　　10.7.2　勇于收益 ………………… 264

第11章　期货交易风险事件案例 …· 267

11.1　女教师炒期货的传奇 …………… 268
　　11.1.1　以小搏大，过于大胆 …… 269
　　11.1.2　风云突变却拒绝减仓 …… 269
　　11.1.3　被强行平仓回到起点 …… 269
　　11.1.4　教训分析 ………………… 270
11.2　法国兴业银行交易员
　　　赌掉71亿美元 ………………… 271
　　11.2.1　豪赌股指期货 …………… 271
　　11.2.2　违规动机不明 …………… 271
　　11.2.3　行业领袖蒙羞 …………… 272
11.3　巴林银行的倒闭 ……………… 272
　　11.3.1　事件的经过 ……………… 272
　　11.3.2　事件的后果及影响 ……… 276
11.4　国债"3·27"事件 …………… 278
11.5　亨特兄弟操纵白银事件 ……… 279
　　11.5.1　第一次买进白银 ………… 279
　　11.5.2　第二次买进白银 ………… 279
　　11.5.3　接盘失败和价格崩溃 …… 280
　　11.5.4　事后总结 ………………… 281
11.6　上海胶合板9607事件 ………… 282
　　11.6.1　事件的起因与经过 ……… 282
　　11.6.2　反思与总结 ……………… 283
11.7　红小豆期货事件 ……………… 284
　　11.7.1　红小豆期货推出期 ……… 284
　　11.7.2　苏州红期货后来居上 …… 284
　　11.7.3　天津红9609事件 ………… 285
11.8　海南棕榈油M506事件 ………… 285

11.8.1 M506合约多空对峙的起因 ………………………… 286

11.8.2 M506合约行情的走势及最后结果 …………………… 286

11.9 上海粳米事件 ……………… 286

11.10 住友铜事件 ……………… 287

11.11 国外期货市场早期逼仓事件 …… 289

11.11.1 本杰明·哈钦森对芝加哥小麦期货市场的操纵 ……… 290

11.11.2 约翰·里昂对芝加哥小麦期货的失败逼仓 …………… 291

11.11.3 詹姆斯·A.帕滕被指控操纵小麦市场 ………………… 293

第1章
期货交易策略概论

期货交易是人与人、心与心的博弈，操盘高手之间的较量不仅仅是技术水平和资金实力上的较量，更是交易策略上的较量。但凡投资大师，无不是对市场有着超乎常人的深刻理解，有着独到的交易策略和投资理念。本章首先讲解期货交易策略的基础知识，即什么是期货、什么是期货合约、什么是期货交易策略以及期货交易策略的重要性和主要内容；然后讲解杰西·利文摩尔的实战交易策略；最后讲解斯坦利·克罗的实战交易策略。

1.1 期货概述

如果你爱一个人，就让他去做期货，因为那里是天堂；
如果你恨一个人，就让他去做期货，因为那里是地狱！
这是期货市场中流传的一句话。对期货的认识为什么会有截然不同的观点？到底什么是期货？下面来详细讲解一下。

1.1.1 什么是期货

期货的英文为 Futures，是由"未来"一词演化而来，其含义是：交易双方不必在买卖发生的初期就交收实货，而是共同约定在未来的某一时间交收实货，因此中国人就称其为"期货"。

我举个生活中的小例子来帮助投资者理解。比如你去花店买花，现买现付就属于现货交易；若是约定两个月后过生日时再付款提货，则属于远期交易。期货交易的产生就是源于现货交易和远期交易，并在远期交易的基础上发展而形成的。前面谈到的期货合约，实际上也是一种标准化的远期合约。也就是说，合约中的商品（合约标的物）种类、质量、数量和交割时间、地点都是事先规定好的，这样，买卖双方就不会因为商品的质量、数量和交货地点、时间等问题产生争议了。

从严格意义上来说期货并非商品，而是一种标准化的商品合约，在合约中规定双方于未来某一天就某种特定商品或金融资产按合约内容进行交易。期货交易则是相对于现货交易的一种交易方式，它是在现货交易的基础上发展起来的、通过在期货交易所买卖标准化的期货合约而进行的一种有组织的交易方式。期货交易的对象并不是商品（标的物）本身，而是商品的标准化合约。

1.1.2 什么是期货合约

说起合约，我们就会想到密密麻麻的一纸文书。是的，期货合约确实涉及大量的文件和文书工作，但期货合约并非一纸文书，它是通过期货交易所达成的一项具有法律约束力的协议，即同意在将来买卖某种商品的契约。

如果用专业语言来讲，期货合约是指期货交易所统一制定的、规定在将来某一特定时间和地点交割一定数量和质量的实物商品或金融商品的标准化合约。期货合约的标准化条款包括 7 项，下面详细讲解一下。

1）交易数量和单位

每种期货合约都规定了统一的、标准化的数量和数量单位，统称"交易单位"。1 手，例如上海期货交易所规定铜期货合约的交易单位为 5 吨，用术语说，这是最小的交易单位。在期货市场，你不可以买 3 吨或卖 8 吨铜，买卖必须是合约交易单位 5 吨的倍数，即 5 吨、10 吨、15 吨等。

2）质量和等级

期货合约规定了统一的、标准化的质量等级，一般采用国家制定的商品质量等级标准。例如大连商品交易所大豆期货的交割标准采用国标。

3）交割地点

期货合约为期货交易的实物交割指定了标准化的、统一的实物商品交割仓库，以保证实物交割工作的正常运行。

4）交割期

期货合约对进行实物交割的月份做了规定。所以投资者在进行交易时，一定要注意每种商品都有几种不同的合约，每个合约标着不同的月份，例如大连商品交易所的玉米的交割期分别是 1 月、3 月、5 月、7 月、9 月、11 月。

到底该买玉米的哪个合约呢？一般情况下是买卖主力合约，即成交量和持仓呈最大的合约，图 1.1 显示了玉米期货的所有合约，通过成交量可以看出"玉米 1809"是当前主力合约。

图 1.1　玉米期货的所有合约

5）最小变动价位

最小变动价位是指期货交易时买卖双方报价所允许的最小变动幅度，每次报价时价格的变动必须是这个最小变动价位的整数倍。

例如，大连商品交易所玉米期货合约的最小变动价位是 1 元/吨，那么，你在买卖玉米期货时，就不可能出现 1788.8 元/吨的价格。

6）涨跌停板幅度

涨跌停板幅度是指每个交易日期货合约的成交价格不能高于或低于该合约上一个

交易日结算价的一定幅度。例如，大连商品交易所玉米期货合约的涨跌停板幅度为上一交易日结算价的 4%。

7）最后交易日

最后交易日是指期货合约停止买卖的最后截止日期。每种期货合约都有一定的月份限制，到了合约月份的一定时期，就要停止合约的买卖，准备进行实物交割。

例如，玉米 1809 合约，其最后交易日是 2018 年 9 月的第十个交易日，即到了第十个交易日后就不再交易，然后在其后的两个交易日进行玉米实物交割。

1.1.3　期货交易的特点

期货交易是指在期货市场中以获取价差收益为目的的期货交易行为，其特点主要有五个方面，如图 1.2 所示。

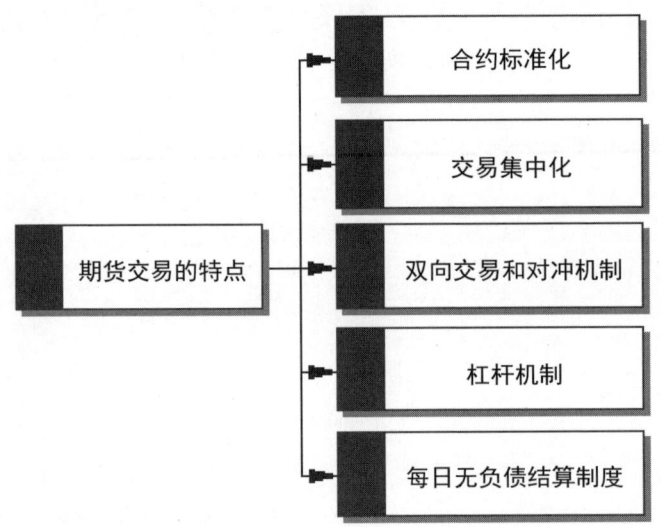

图 1.2　期货交易的特点

1）合约标准化

期货交易是通过买卖期货合约进行的，而期货合约是标准化的。期货合约标准化指的是除价格外，期货合约的所有条款都是预先由期货交易所规定好的，具有标准化的特点。期货合约标准化给期货交易带来极大便利，交易双方不需对交易的具体条款进行协商，节约交易时间，减少交易纠纷。

2）交易集中化

期货交易必须在期货交易所内进行。期货交易所实行会员制，只有会员方能进场交易。那些处在场外的广大客户若想参与期货交易，只能委托期货经纪公司代理交易。

所以，期货市场是一个高度组织化的市场，并且实行严格的管理制度，期货交易最终在期货交易所内集中完成。

3）双向交易和对冲机制

双向交易，也就是期货交易者既可以买入期货合约作为期货交易的开端（称为买入建仓），也可以卖出期货合约作为交易的开端（称为卖出建仓），也就是通常所说的"买空卖空"。

与双向交易的特点相联系的还有对冲机制，在期货交易中大多数交易并不是通过合约到期时进行实物交割来履行合约，而是通过与建仓时交易方向相反的交易解除履约责任。具体说就是买入建仓之后可以通过卖出相同合约的方式解除履约责任，卖出建仓后可以通过买入相同合约的方式解除履约责任。

提醒：期货交易中双向交易和对冲机制的特点，吸引了大量期货投机者参与交易，因为在期货市场上，投机者有双重的获利机会，期货价格上升时，可以通过低买高卖来获利，价格下降时，可以通过高卖低买来获利，并且投机者可以通过对冲机制免除进行实物交割的麻烦，投机者的参与大大增加了期货市场的流动性。

4）杠杆机制

期货交易实行保证金制度，也就是说，交易者在进行期货交易时需缴纳少量的保证金（一般为成交合约价值的10%），就能完成数倍乃至数十倍的合约交易，期货交易的这种特点吸引了大量投机者参与期货交易。

期货交易具有的以少量资金就可以进行较大价值额投资的特点，被形象地称为"杠杆机制"。期货交易的杠杆机制使期货交易具有高收益、高风险的特点。

5）每日无负债结算制度

期货交易实行每日无负债结算制度，也就是在每个交易日结束后，对交易者当天的盈亏状况进行结算，在不同交易者之间根据盈亏进行资金划转，如果交易者亏损严重，保证金账户资金不足时，则要求交易者必须在下一日开市前追加保证金，以做到"每日无负债"。

期货市场是一个高风险的市场，为了有效地防范风险，必须将因期货价格不利变动给交易者带来的风险控制在有限的幅度内，从而保证期货市场的正常运转。

1.1.4　国内期货交易所

国内期货交易所共有4家，分别是上海期货交易所、大连商品交易所、郑州商品交易所和中国金融期货交易所。

1）上海期货交易所

上海期货交易所是依照有关法规设立的，履行有关法规规定的职能，按照其章程实行自律性管理的法人，并受中国证监会集中统一监督管理。交易所目前上市交易的有铜、铝、锌、铅、锡、镍、黄金、白银、螺纹钢、天然橡胶、线材、燃料油、热卷板、沥青，共 14 个品种的标准合约。

打开期货行情分析软件，单击“上期所 SHFE”选项卡，就可以看到上海期货交易所交易品种的报价信息，如图 1.3 所示。

提醒：本书所有的期货行情分析软件是文华行情软件，也是功能强大、使用最为广泛的期货行情软件。下载网站地址：http://www.cifco.net。

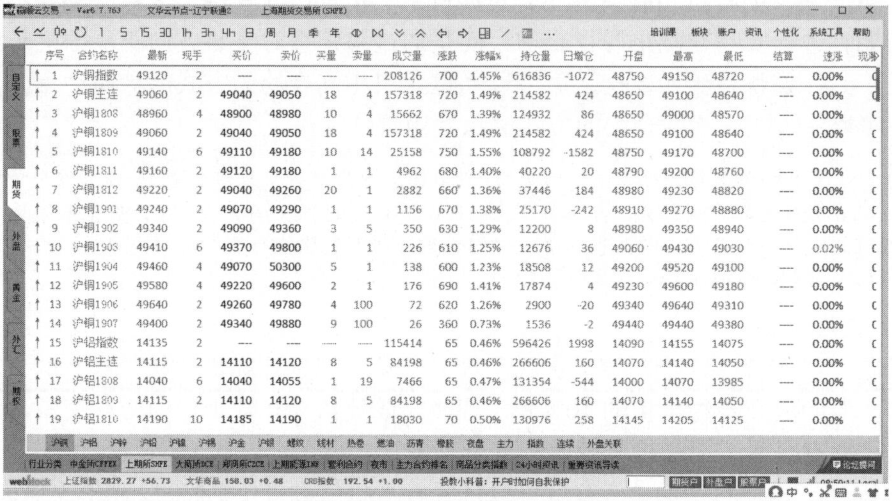

序号	合约名称	最新	现手	买价	卖价	买量	卖量	成交量	涨跌	涨幅%	持仓量	日增仓	开盘	最高	最低	结算	速涨
1	沪铜指数	49120	2	---	---	---	---	208126	700	1.45%	616836	-1072	48750	49150	48720	---	0.00%
2	沪铜主连	49060	2	49040	49050	18	4	157318	720	1.49%	214582	424	48650	49100	48640	---	0.00%
3	沪铜1808	48960	4	48900	48980	10	4	15662	670	1.39%	124932	86	48650	49000	48570	---	0.00%
4	沪铜1809	49060	2	49040	49050	18	4	157318	720	1.49%	214582	424	48650	49100	48640	---	0.00%
5	沪铜1810	49140	6	49110	49180	10	14	25158	750	1.55%	108792	-1582	48750	49170	48700	---	0.00%
6	沪铜1811	49160	2	49120	49180	1	1	4962	680	1.40%	40220	20	48790	49200	48760	---	0.00%
7	沪铜1812	49220	2	49040	49260	20	1	2882	660	1.36%	37446	184	48980	49230	48820	---	0.00%
8	沪铜1901	49240	2	49070	49290	1	1	1156	670	1.38%	25170	-242	48910	49270	48880	---	0.00%
9	沪铜1902	49340	2	49090	49360	3	5	350	630	1.29%	12200	8	48980	49350	48940	---	0.00%
10	沪铜1903	49410	6	49370	49800	1	1	226	610	1.25%	12676	36	49060	49430	49030	---	0.02%
11	沪铜1904	49460	4	49070	50300	5	1	138	600	1.23%	18508	12	49200	49520	49100	---	0.00%
12	沪铜1905	49580	4	49220	49600	2	1	176	690	1.41%	17874	4	49230	49600	49180	---	0.00%
13	沪铜1906	49640	2	49260	49780	4	100	72	620	1.26%	2900	-20	49340	49640	49310	---	0.00%
14	沪铜1907	49400	2	49340	49880	9	100	26	360	0.73%	1536	-2	49440	49440	49380	---	0.00%
15	沪铝指数	14135	2	---	---	---	---	115414	65	0.46%	596426	1998	14090	14155	14075	---	0.00%
16	沪铝主连	14115	2	14110	14120	8	5	84198	65	0.46%	266606	160	14070	14140	14050	---	0.00%
17	沪铝1808	14040	6	14040	14055	1	19	7466	65	0.47%	131354	-544	14000	14070	13985	---	0.00%
18	沪铝1809	14115	2	14110	14120	8	5	84198	65	0.46%	266606	160	14070	14140	14050	---	0.00%
19	沪铝1810	14190	10	14185	14190	1	1	18030	70	0.50%	130976	258	14145	14205	14125	---	0.00%

图 1.3　上海期货交易所交易品种的报价信息

2）郑州商品交易所

郑州商品交易所（简称郑商所）成立于 1990 年 10 月 12 日，是经国务院批准成立的国内首家期货市场试点单位，在现货交易成功运行两年以后，于 1993 年 5 月 28 日正式推出期货交易。1998 年 8 月，郑商所被国务院确定为全国三家期货交易所之一，隶属于中国证券监督管理委员会垂直管理。

郑商所曾先后推出小麦、玉米、大豆、绿豆、芝麻、棉花、花生仁、建材和国债等期货交易品种，目前经中国证监会批准交易的品种有白糖、棉花、硬麦、强麦、菜油、籼稻、PTA、甲醇、苹果、动力煤等期货。

提醒：郑州小麦和棉花期货已纳入全球报价体系，在发现未来价格、套期保值等方面发挥了积极作用。“郑州价格”已成为全球小麦和棉花价格的重要指标。

打开期货行情分析软件，单击“郑商所 CZCE”选项卡，就可以看到郑州商品交易所交易品种的报价信息，如图 1.4 所示。

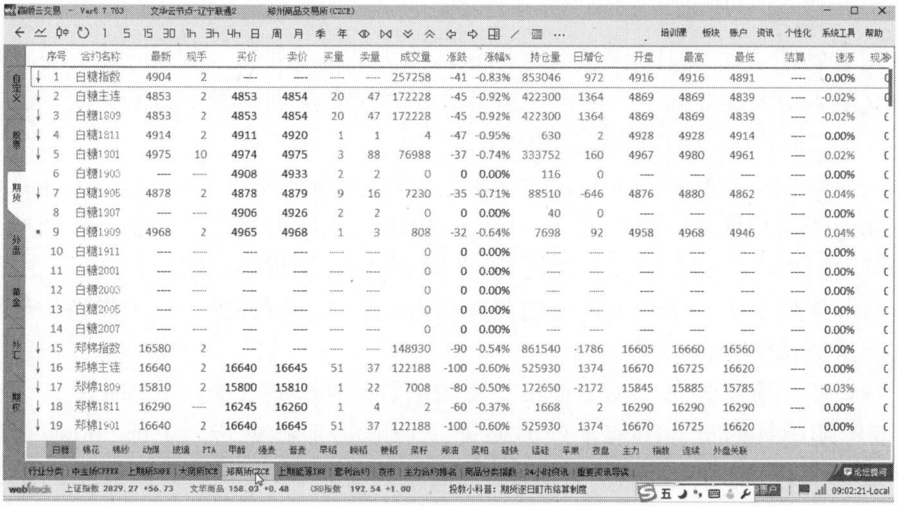

序号	合约名称	最新	现手	买价	卖价	买量	卖量	成交量	涨跌	涨幅%	持仓量	日增仓	开盘	最高	最低	结算	速涨
1	白糖指数	4904	2	---	---	---	---	257258	-41	-0.83%	853046	972	4916	4916	4891	---	0.00%
2	白糖主连	4853	2	4853	4854	20	47	172228	-45	-0.92%	422300	1364	4869	4869	4839	---	-0.02%
3	白糖1809	4853	2	4853	4854	20	47	172228	-45	-0.92%	422300	1364	4869	4869	4839	---	-0.02%
4	白糖1811	4914	2	4911	4920	1	1	4	-47	-0.95%	630	2	4928	4928	4914	---	0.00%
5	白糖1901	4975	10	4974	4975	3	88	76988	-37	-0.74%	333752	160	4967	4980	4961	---	0.02%
6	白糖1903	---	---	4908	4933	2	2	0	0	0.00%	116	0	---	---	---	---	0.00%
7	白糖1905	4878	2	4878	4879	9	16	7230	-35	-0.71%	88510	-646	4876	4880	4862	---	0.04%
8	白糖1907	---	---	4906	4926	2	2	0	0	0.00%	40	0	---	---	---	---	0.00%
9	白糖1909	4968	2	4965	4968	1	3	808	-32	-0.64%	7698	92	4958	4968	4946	---	0.04%
10	白糖1911	---	---	---	---	---	---	0	0	0.00%	---	---	---	---	---	---	0.00%
11	白糖2001	---	---	---	---	---	---	0	0	0.00%	---	---	---	---	---	---	0.00%
12	白糖2003	---	---	---	---	---	---	0	0	0.00%	---	---	---	---	---	---	0.00%
13	白糖2005	---	---	---	---	---	---	0	0	0.00%	---	---	---	---	---	---	0.00%
14	白糖2007	---	---	---	---	---	---	0	0	0.00%	---	---	---	---	---	---	0.00%
15	郑棉指数	16580	2	---	---	---	---	148930	-90	-0.54%	861540	-1786	16605	16660	16560	---	0.00%
16	郑棉主连	16640	2	16640	16645	51	37	122188	-100	-0.60%	525930	1374	16670	16725	16620	---	0.00%
17	郑棉1809	15810	2	15800	15810	1	22	7008	-80	-0.50%	172650	-2172	15845	15885	15785	---	-0.03%
18	郑棉1811	16290	---	16245	16260	1	4	2	-60	-0.37%	1668	2	16290	16290	16290	---	0.00%
19	郑棉1901	16640	2	16640	16645	51	37	122188	-100	-0.60%	525930	1374	16670	16725	16620	---	0.00%

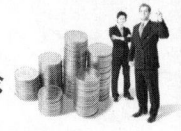

图 1.4　郑州商品交易所交易品种的报价信息

3）大连商品交易所

大连商品交易所成立于 1993 年 2 月 28 日，是经国务院批准的三家期货交易所之一，是实行自律性管理的法人。成立以来，大连商品交易所始终坚持规范管理、依法治市，保持了持续稳健的发展，目前已成为中国最大的农产品期货交易所。经中国证监会批准，其目前的交易品种有豆粕、豆油、黄大豆 1 号、黄大豆 2 号、玉米、LLDPE、棕榈油、PVC、塑料、焦炭、铁矿石等期货。

打开期货行情分析软件，单击“大商所 DCE”选项卡，就可以看到大连商品交易所交易品种的报价信息，如图 1.5 所示。

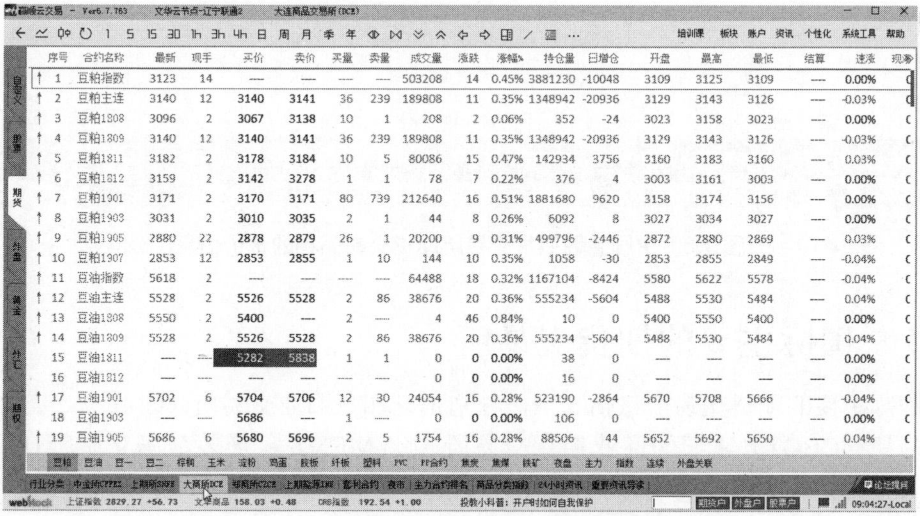

序号	合约名称	最新	现手	买价	卖价	买量	卖量	成交量	涨跌	涨幅%	持仓量	日增仓	开盘	最高	最低	结算	速涨
1	豆粕指数	3123	14	---	---	---	---	503208	14	0.45%	3881230	-10048	3109	3125	3109	---	0.00%
2	豆粕主连	3140	12	3140	3141	36	239	189808	11	0.35%	1348942	-20936	3129	3143	3126	---	-0.03%
3	豆粕1808	3096	2	3067	3138	10	1	208	2	0.06%	352	-24	3023	3158	3023	---	0.00%
4	豆粕1809	3140	12	3140	3141	36	239	189808	11	0.35%	1348942	-20936	3129	3143	3126	---	-0.03%
5	豆粕1811	3182	2	3178	3184	10	5	80086	15	0.47%	142934	3756	3160	3183	3160	---	0.03%
6	豆粕1812	3159	2	3142	3278	1	1	78	7	0.22%	376	4	3003	3161	3003	---	0.00%
7	豆粕1901	3171	2	3170	3171	80	739	212640	16	0.51%	1881680	9620	3158	3174	3156	---	0.00%
8	豆粕1903	3031	2	3010	3035	2	1	44	8	0.26%	6092	8	3027	3034	3027	---	0.00%
9	豆粕1905	2880	22	2878	2879	26	1	20200	9	0.31%	499796	-2446	2872	2880	2869	---	0.03%
10	豆粕1907	2853	12	2853	2855	1	10	144	10	0.35%	1058	-30	2853	2855	2849	---	-0.04%
11	豆油指数	5618	2	---	---	---	---	64488	18	0.32%	1167104	-8424	5580	5622	5578	---	-0.04%
12	豆油主连	5528	2	5526	5528	2	86	38676	20	0.36%	555234	-5604	5488	5530	5484	---	0.04%
13	豆油1808	5550	2	5400	---	2	---	4	46	0.84%	10	0	5400	5550	5400	---	0.00%
14	豆油1809	5528	2	5526	5528	2	86	38676	20	0.36%	555234	-5604	5488	5530	5484	---	0.04%
15	豆油1811	---	---	5282	5838	1	1	0	0	0.00%	38	0	---	---	---	---	0.00%
16	豆油1812	---	---	---	---	---	---	0	0	0.00%	16	0	---	---	---	---	0.00%
17	豆油1901	5702	6	5704	5706	12	30	24054	16	0.28%	523190	-2864	5670	5708	5666	---	-0.04%
18	豆油1903	---	---	5686	---	1	---	0	0	0.00%	106	0	---	---	---	---	0.00%
19	豆油1905	5686	6	5680	5696	2	5	1754	16	0.28%	88506	44	5652	5692	5650	---	0.04%

图 1.5　大连商品交易所交易品种的报价信息

4）中国金融期货交易所

中国金融期货交易所是经国务院同意，中国证监会批准，由上海期货交易所、郑州商品交易所、大连商品交易所、上海证券交易所和深圳证券交易所共同发起设立的交易所，于2006年9月8日在上海成立。

中国金融期货交易所的成立，对于深化资本市场改革，完善资本市场体系，发挥资本市场功能具有重要的战略意义。目前，中国金融期货交易所正积极筹划推出股票指数期货、期权，并深入研究开发国债、外汇期货及期权等金融衍生产品。中国金融期货交易所将致力于打造一个健康规范、高效透明、功能齐备、技术先进的现代化金融衍生产品交易中心。

目前，中国金融期货交易所上市交易的期货品种共有5个，分别是沪深300股指期货、5年期国债期货、10年期国债期货、上证50股指期货、中证500股指期货。打开期货行情分析软件，单击"中金所CFFEX"选项卡，就可以看到中国金融期货交易所期货交易品种的报价信息，如图1.6所示。

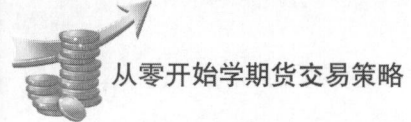

图1.6　中国金融期货交易所期货交易品种的报价信息

1.1.5　国际主要的期货交易所

国际主要的期货交易所包括5个，分别是芝加哥商业交易所（CME）、芝加哥期货交易所（CBOT）、纽约商业期货交易所（NYMEX）、伦敦金属交易所（LME）、东京工业品交易所（TOCOM）。

1）芝加哥商业交易所（CME）

芝加哥商业交易所是美国最大的期货交易所，也是世界上第二大买卖期货和期货期权合约的交易所。芝加哥商业交易所可向投资者提供多项金融和农产品交易。自 1898 年成立以来，芝加哥商业交易所持续提供了一个拥有风险管理工具的市场，以保护投资者避免金融产品和有形商品价格变化所带来的风险，并使他们有机会从交易中获利。2002 年 12 月，芝加哥商业交易所控股公司正式在纽约股票交易所上市，芝加哥商业交易所也由此从会员制的非营利组织转变为营利公司。

打开期货行情分析软件，单击左侧导航栏中的“外盘”，再单击下方的“芝加哥 CME”选项卡，就可以看到芝加哥商业交易所交易品种的报价信息，如图 1.7 所示。

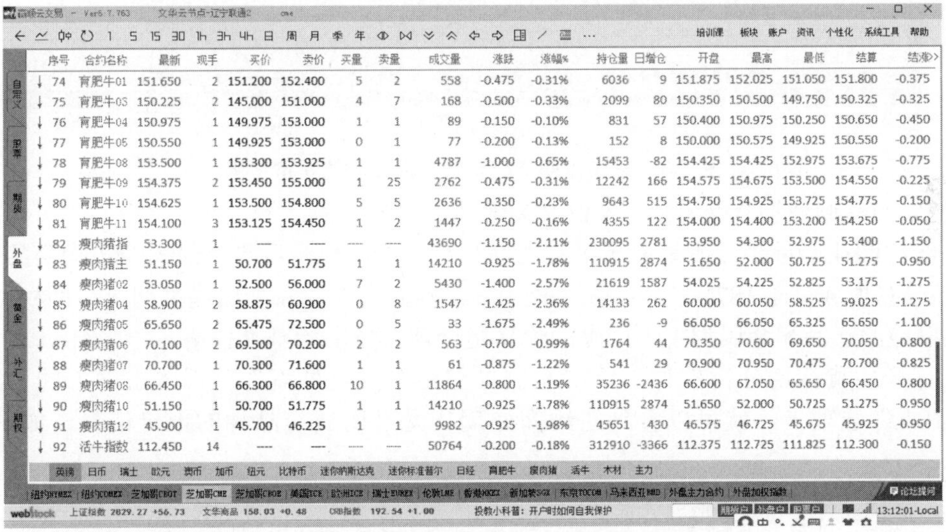

序号	合约名称	最新	现手	买价	卖价	买量	卖量	成交量	涨跌	涨幅%	持仓量	日增仓	开盘	最高	最低	结算	结涨>>
74	育肥牛01	151.650	2	151.200	152.400	5	2	558	-0.475	-0.31%	6036	9	151.875	152.025	151.050	151.800	-0.375
75	育肥牛03	150.225	2	145.000	151.000	4	7	168	-0.500	-0.33%	2099	80	150.350	150.500	149.750	150.325	-0.325
76	育肥牛04	150.975	1	149.975	153.000	1	1	89	-0.150	-0.10%	831	57	150.400	150.975	150.250	150.650	-0.450
77	育肥牛05	150.550	1	149.925	153.000	0	1	77	-0.200	-0.13%	152	8	150.000	150.575	149.925	150.550	-0.200
78	育肥牛08	153.500	1	153.300	153.925	1	1	4787	-1.000	-0.65%	15453	-82	154.425	154.425	152.975	153.675	-0.775
79	育肥牛09	154.375	2	153.450	155.000	1	25	2762	-0.475	-0.31%	12242	166	154.575	154.675	153.500	154.550	-0.225
80	育肥牛10	154.625	1	153.500	154.800	5	5	2636	-0.350	-0.23%	9643	515	154.750	154.925	153.725	154.775	-0.150
81	育肥牛11	154.100	3	153.125	154.450	1	2	1447	-0.250	-0.16%	4355	122	154.000	154.400	153.200	154.250	-0.050
82	瘦肉猪指	53.300	1	---	---	---	---	43690	-1.150	-2.11%	230095	2781	53.950	54.300	52.975	53.400	-1.150
83	瘦肉猪主	51.150	1	50.700	51.775	1	1	14210	-0.925	-1.78%	110915	2874	51.650	52.000	50.725	51.275	-0.950
84	瘦肉猪02	53.050	1	52.500	56.000	7	2	5430	-1.400	-2.57%	21619	1587	54.025	54.225	52.825	53.175	-1.275
85	瘦肉猪04	58.900	2	58.875	60.900	0	8	1547	-1.425	-2.36%	14133	262	60.000	60.050	58.525	59.025	-1.275
86	瘦肉猪05	65.650	2	65.475	72.500	0	5	33	-1.675	-2.49%	236	-9	66.050	66.050	65.325	65.650	-1.100
87	瘦肉猪06	70.100	2	69.500	70.200	2	2	563	-0.700	-0.99%	1764	44	70.350	70.600	69.650	70.050	-0.800
88	瘦肉猪07	70.700	1	70.300	71.600	1	1	61	-0.875	-1.22%	541	29	70.900	70.950	70.475	70.700	-0.825
89	瘦肉猪08	66.450	1	66.300	66.800	10	1	11864	-0.800	-1.19%	35236	-2436	66.600	67.050	65.650	66.450	-0.800
90	瘦肉猪10	51.150	1	50.700	51.775	1	1	14210	-0.925	-1.78%	110915	2874	51.650	52.000	50.725	51.275	-0.950
91	瘦肉猪12	45.900	1	45.700	46.225	1	1	9982	-0.925	-1.98%	45651	430	46.575	46.725	45.675	45.925	-0.950
92	活牛指数	112.450	14	---	---	---	---	50764	-0.200	-0.18%	312910	-3366	112.375	112.725	111.825	112.300	-0.150

图 1.7 芝加哥商业交易所交易品种的报价信息

2）芝加哥期货交易所（CBOT）

芝加哥期货交易所是当前世界上交易规模最大、最具代表性的农产品交易所，19 世纪初期，芝加哥是美国最大的谷物集散地，随着谷物交易的不断集中和远期交易方式的发展，1848 年，由 82 位谷物交易商发起组建了芝加哥期货交易所，该交易所成立后，对交易规则不断加以完善，于 1865 年用标准的期货合约取代了远期合同，并实行了保证金制度。芝加哥期货交易所除提供玉米、大豆、小麦等农产品期货交易外，还为中、长期美国政府债券、股票指数、市政债券指数、黄金和白银等商品提供期货交易市场，并提供农产品、金融及金属的期权交易。芝加哥期货交易所玉米、大豆、小麦等品种的期货价格，不仅成为美国农业生产的重要参考价格，而且成为国际农产品贸易中的权威价格。

打开期货行情分析软件，单击左侧导航栏中的“外盘”，再单击下方的“芝加哥 CBOT”选项卡，就可以看到芝加哥期货交易所交易品种的报价信息，如图 1.8 所示。

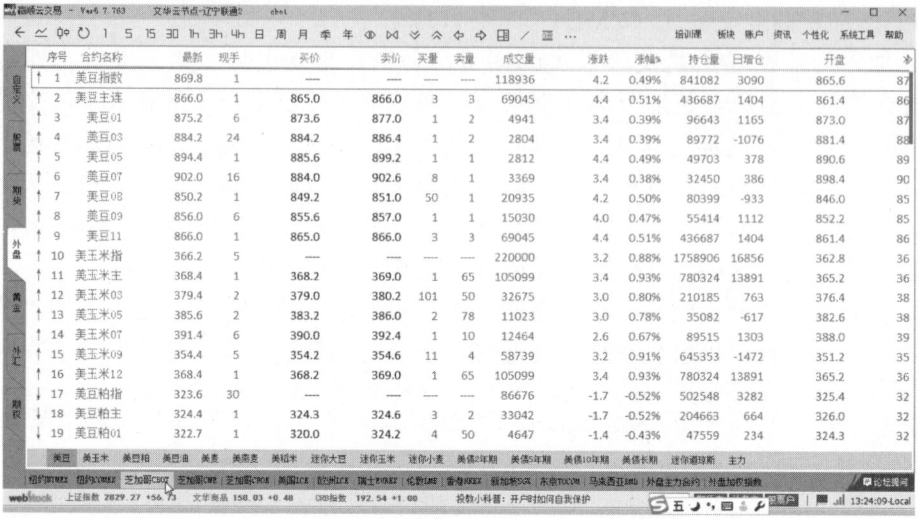

序号	合约名称	最新	现手	买价	卖价	买量	卖量	成交量	涨跌	涨幅%	持仓量	日增仓	开盘	»
↑ 1	美豆指数	869.8	1	----	----	----	----	118936	4.2	0.49%	841082	3090	865.6	87
↑ 2	美豆主连	866.0	1	865.0	866.0	3	3	69045	4.4	0.51%	436687	1404	861.4	86
↑ 3	美豆01	875.2	6	873.6	877.0	1	2	4941	3.4	0.39%	96643	1165	873.0	87
↑ 4	美豆03	884.2	24	884.2	886.4	1	2	2804	3.4	0.39%	89772	-1076	881.4	88
↑ 5	美豆05	894.4	1	885.6	899.2	1	1	2812	4.4	0.49%	49703	378	890.6	89
↑ 6	美豆07	902.0	16	884.0	902.6	8	1	3369	3.4	0.38%	32450	386	898.4	90
↑ 7	美豆08	850.2	1	849.2	851.0	50	1	20935	4.2	0.50%	80399	-933	846.0	85
↑ 8	美豆09	856.0	6	855.6	857.0	1	1	15030	4.0	0.47%	55414	1112	852.2	85
↑ 9	美豆11	866.0	1	865.0	866.0	3	3	69045	4.4	0.51%	436687	1404	861.4	86
↑ 10	美玉米指	366.2	5	----	----	----	----	220000	3.2	0.88%	1758906	16856	362.8	36
↑ 11	美玉米主	368.4	1	368.2	369.0	1	65	105099	3.4	0.93%	780324	13891	365.2	36
↑ 12	美玉米03	379.4	2	379.0	380.2	101	50	32675	3.0	0.80%	210185	763	376.4	38
↑ 13	美玉米05	385.6	2	383.2	386.0	2	78	11023	3.0	0.78%	35082	-617	382.6	38
↑ 14	美玉米07	391.4	6	390.0	392.4	1	10	12464	2.6	0.67%	89515	1303	388.0	39
↑ 15	美玉米09	354.4	5	354.2	354.6	11	4	58739	3.2	0.91%	645353	-1472	351.2	35
↑ 16	美玉米12	368.4	1	368.2	369.0	1	65	105099	3.4	0.93%	780324	13891	365.2	36
↓ 17	美豆粕指	323.6	30	----	----	----	----	86676	-1.7	-0.52%	502548	3282	325.4	32
↓ 18	美豆粕主	324.4	1	324.3	324.6	3	2	33042	-1.7	-0.52%	204663	664	326.0	32
↓ 19	美豆粕01	322.7	1	320.0	324.2	4	50	4647	-1.4	-0.43%	47559	234	324.3	32

图 1.8　芝加哥期货交易所交易品种的报价信息

3）纽约商业期货交易所（NYMEX）

纽约商业期货交易所是美国第三大期货交易所，也是世界上最大的实物商品交易所。该交易所成立于1872年，坐落在曼哈顿市中心，为能源和金属提供期货和期权交易，其中以能源产品和金属为主，产生的价格是全球市场上的基准价格。

打开期货行情分析软件，单击左侧导航栏中的“外盘”，再单击下方的“纽约NYMEX”选项卡，就可以看到纽约商业期货交易所交易品种的报价信息，如图1.9所示。

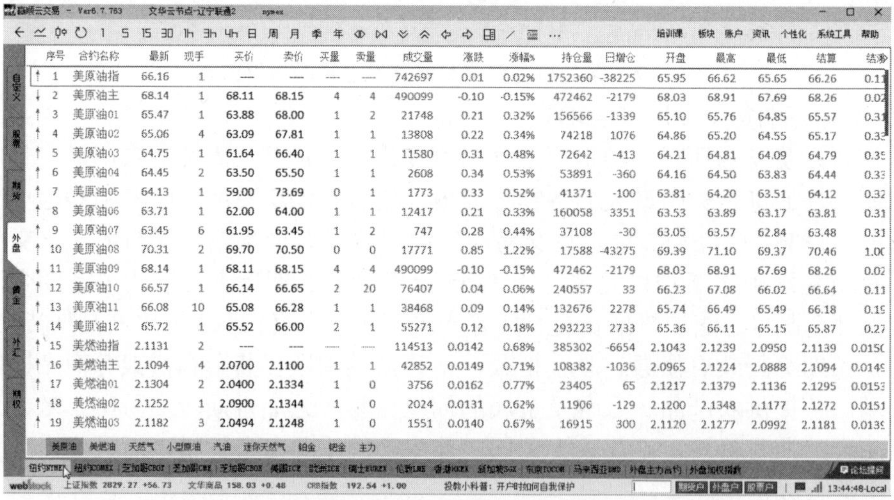

序号	合约名称	最新	现手	买价	卖价	买量	卖量	成交量	涨跌	涨幅%	持仓量	日增仓	开盘	最高	最低	结算	结涨
↑ 1	美原油指	66.16	1	----	----	----	----	742697	0.01	0.02%	1752360	-38225	65.95	66.62	65.65	66.26	0.1
↓ 2	美原油主	68.14	1	68.11	68.15	4	4	490099	-0.10	-0.15%	472462	-2179	68.03	68.91	67.69	68.26	0.0
↑ 3	美原油01	65.47	1	63.88	68.00	1	2	21748	0.21	0.32%	156566	-1339	65.10	65.76	64.85	65.57	0.3
↑ 4	美原油02	65.06	4	63.09	67.81	1	1	13808	0.22	0.34%	74218	1076	64.86	65.20	64.55	65.17	0.3
↑ 5	美原油03	64.75	1	61.64	66.40	1	1	11580	0.31	0.48%	72642	-413	64.21	64.81	64.09	64.79	0.3
↑ 6	美原油04	64.45	2	63.50	65.50	1	1	2608	0.34	0.53%	53891	-360	64.16	64.50	63.83	64.44	0.3
↑ 7	美原油05	64.13	1	59.00	73.69	0	1	1773	0.33	0.52%	41371	-100	63.81	64.20	63.51	64.12	0.32
↑ 8	美原油06	63.71	1	62.00	64.00	1	1	12417	0.21	0.33%	160058	3351	63.53	63.89	63.17	63.81	0.31
↑ 9	美原油07	63.45	6	61.95	63.45	1	2	747	0.28	0.44%	37108	-30	63.05	63.57	62.84	63.48	0.31
↑ 10	美原油08	70.31	2	69.70	70.50	0	0	17771	0.85	1.22%	17588	-43275	69.39	71.10	69.37	70.46	1.0
↓ 11	美原油09	68.14	1	68.11	68.15	4	4	490099	-0.10	-0.15%	472462	-2179	68.03	68.91	67.69	68.26	0.02
↑ 12	美原油10	66.57	1	66.14	66.65	2	20	76407	0.04	0.06%	240557	33	66.23	67.08	66.02	66.64	0.11
↑ 13	美原油11	66.08	10	65.08	66.28	1	1	38468	0.09	0.14%	132676	2278	65.74	66.49	65.49	66.18	0.1
↑ 14	美原油12	65.72	1	65.52	66.00	2	1	55271	0.12	0.18%	293223	2733	65.36	66.11	65.15	65.87	0.27
↑ 15	美燃油指	2.1131	2	----	----	----	----	114513	0.0142	0.68%	385302	-6654	2.1043	2.1239	2.0950	2.1139	0.015
↑ 16	美燃油主	2.1094	4	2.0700	2.1100	1	1	42852	0.0149	0.71%	108382	-1036	2.0965	2.1224	2.0888	2.1094	0.014
↑ 17	美燃油01	2.1304	2	2.0400	2.1334	1	0	3756	0.0162	0.77%	23405	65	2.1217	2.1379	2.1136	2.1295	0.015
↑ 18	美燃油02	2.1252	1	2.0900	2.1344	1	0	2024	0.0131	0.62%	11906	-129	2.1200	2.1348	2.1177	2.1272	0.0151
↑ 19	美燃油03	2.1182	3	2.0494	2.1248	1	0	1551	0.0140	0.67%	16915	300	2.1120	2.1277	2.0992	2.1181	0.013

图 1.9　纽约商业期货交易所交易品种的报价信息

4）伦敦金属交易所 (LME)

伦敦金属交易所是世界上最大的有色金属交易所，伦敦金属交易所的价格和库存对世界范围的有色金属生产和销售有着重要的影响。在 19 世纪中期，英国曾是世界上最大的锡和铜的生产国。随着时间的推移，工业需求不断增长，英国又迫切地需要从国外的矿山大量进口工业原料。在当时的条件下，由于穿越大洋运送矿砂的货轮抵达时间没有规律，所以金属的价格起伏波动很大，金属商人和消费者要面对巨大的风险。1877 年，一些金属交易商人成立了伦敦金属交易所并建立了规范化的交易方式。从 20 世纪初起，伦敦金属交易所开始公开发布其成交价格并被广泛作为世界金属贸易的基准价格。世界上全部铜生产量的 70% 是按照伦敦金属交易所公布的正式牌价为基准进行贸易的。

打开期货行情分析软件，单击左侧导航栏中的“外盘”，再单击下方的“伦敦 LME”选项卡，就可以看到伦敦金属交易所交易品种的报价信息，如图 1.10 所示。

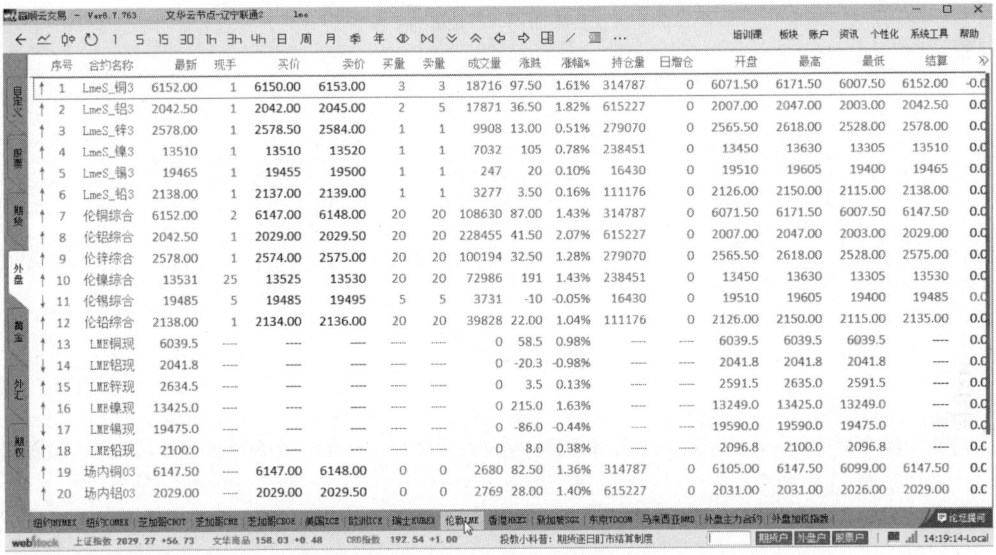

	序号	合约名称	最新	现手	买价	卖价	买量	卖量	成交量	涨跌	涨幅%	持仓量	日增仓	开盘	最高	最低	结算	»
↑	1	LmeS_铜3	6152.00	1	6150.00	6153.00	3	3	18716	97.50	1.61%	314787	0	6071.50	6171.50	6007.50	6152.00	-0.0
↑	2	LmeS_铝3	2042.50	1	2042.00	2045.00	2	5	17871	36.50	1.82%	615227	0	2007.00	2047.00	2003.00	2042.50	0.0
↑	3	LmeS_锌3	2578.00	1	2578.50	2584.00	1	1	9908	13.00	0.51%	279070	0	2565.50	2618.00	2528.00	2578.00	0.0
↑	4	LmeS_镍3	13510	1	13510	13520	1	1	7032	105	0.78%	238451	0	13450	13630	13305	13510	0.0
↑	5	LmeS_锡3	19465	1	19455	19500	1	1	247	20	0.10%	16430	0	19510	19605	19400	19465	0.0
↑	6	LmeS_铅3	2138.00	1	2137.00	2139.00	1	1	3277	3.50	0.16%	111176	0	2126.00	2150.00	2115.00	2138.00	0.0
↑	7	伦铜综合	6152.00	2	6147.00	6148.00	20	20	108630	87.00	1.43%	314787	0	6071.50	6171.50	6007.50	6147.50	0.0
↑	8	伦铝综合	2042.50	1	2029.00	2029.50	20	20	228455	41.50	2.07%	615227	0	2007.00	2047.00	2003.00	2029.00	0.0
↑	9	伦锌综合	2578.00	1	2574.00	2575.00	20	20	100194	32.50	1.28%	279070	0	2565.50	2618.00	2528.00	2575.00	0.0
↑	10	伦镍综合	13531	25	13525	13530	20	20	72986	191	1.43%	238451	0	13450	13630	13305	13530	0.0
↓	11	伦锡综合	19485	5	19485	19495	5	5	3731	-10	-0.05%	16430	0	19510	19605	19400	19485	0.0
↑	12	伦铅综合	2138.00	1	2134.00	2136.00	20	20	39828	22.00	1.04%	111176	0	2126.00	2150.00	2115.00	2135.00	0.0
↑	13	LME铜现	6039.5	----	----	----	----	----	0	58.5	0.98%	----	----	6039.5	6039.5	6039.5	----	0.0
↓	14	LME铝现	2041.8	----	----	----	----	----	0	-20.3	-0.98%	----	----	2041.8	2041.8	2041.8	----	0.0
↑	15	LME锌现	2634.5	----	----	----	----	----	0	3.5	0.13%	----	----	2591.5	2635.0	2591.5	----	0.0
↑	16	LME镍现	13425.0	----	----	----	----	----	0	215.0	1.63%	----	----	13249.0	13425.0	13249.0	----	0.0
↓	17	LME锡现	19475.0	----	----	----	----	----	0	-86.0	-0.44%	----	----	19590.0	19590.0	19475.0	----	0.0
↑	18	LME铅现	2100.0	----	----	----	----	----	0	8.0	0.38%	----	----	2096.8	2100.0	2096.8	----	0.C
↑	19	场内铜03	6147.50	----	6147.00	6148.00	0	0	2680	82.50	1.36%	314787	0	6105.00	6147.50	6099.00	6147.50	0.C
↑	20	场内铝03	2029.00	----	2029.00	2029.50	0	0	2769	28.00	1.40%	615227	0	2031.00	2031.00	2026.00	2029.00	0.C

图 1.10　伦敦金属交易所交易品种的报价信息

5）东京工业品交易所 (TOCOM)

东京工业品交易所又称东京商品交易所，于 1984 年 11 月 1 日在东京建立。其前身为成立于 1951 年的东京纺织品交易所、成立于 1952 年的东京橡胶交易所和成立于 1982 年的东京黄金交易所，上述三家交易所于 1984 年 11 月 1 日合并后改为现名。该所是日本唯一的一家综合商品交易所，主要进行期货交易，并负责管理在日本进行的所有商品的期货及期权交易。该所经营的期货合约范围很广，是世界上为数不多的交易多种贵金属的期货交易所。交易所对棉纱、毛线和橡胶等商品采用集体拍板定价制进行交易，对贵金属则采用电脑系统进行交易。该所以贵金属交易为中心，同时近年来大力发展石油、汽油、气石油等能源类商品，1985年后，即成立后的第二年就成为日本最大的商品交易所，当年的交易量占日本全国商品交易所交易总量的45%以上。

东京工业品交易所已成为全球最有影响力的期货交易所之一，作为一个品种完善的综合性商品交易所，东京工业品交易所是目前世界上最大的铂金和橡胶交易所，且其黄金和汽油的交易量位居世界第二位，仅次于美国的纽约商品交易所。

打开期货行情分析软件，单击左侧导航栏中的"外盘"，再单击下方的"东京TOCOM"选项卡，就可以看到东京工业品交易所交易品种的报价信息，如图1.11所示。

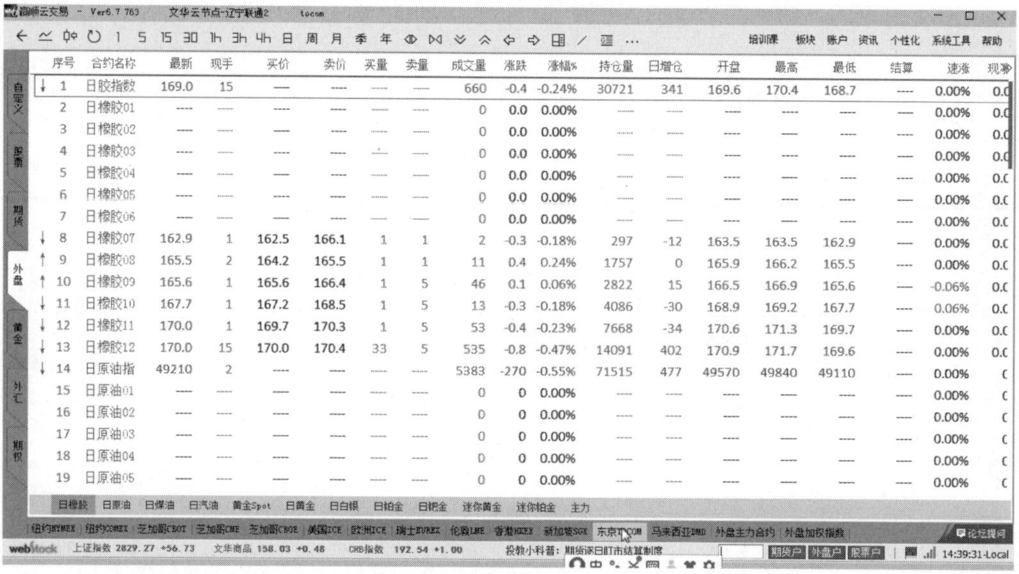

图 1.11　东京工业品交易所交易品种的报价信息

1.1.6　期货市场的发展趋势

自19世纪中叶美国芝加哥期货交易所创办以来，期货市场已有一百多年的历史。但期货市场的大发展还是20世纪70年代金融期货出现以后的事情。国际期货市场的近期发展主要有5个趋势，如图1.12所示。

第1章 期货交易策略概论

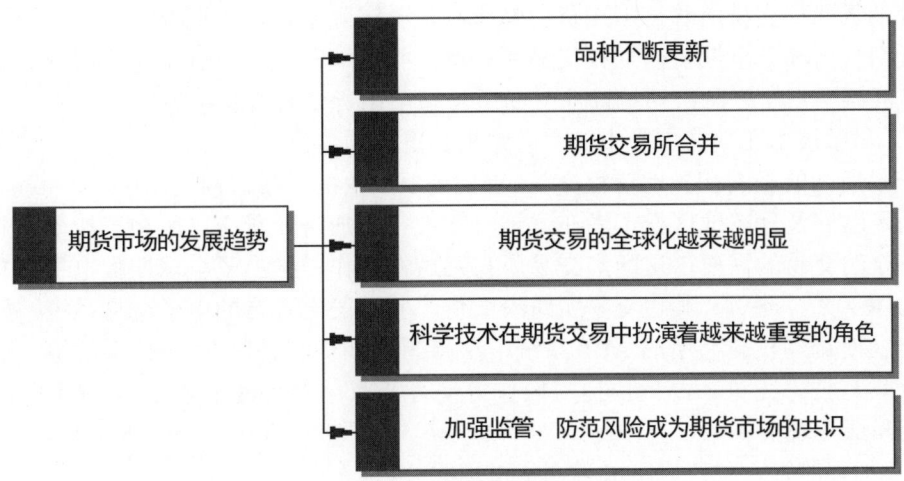

图1.12 期货市场的发展趋势

1）品种不断更新

期货市场发展的前一个世纪基本上都是围绕商品期货交易进行的，主要有农产品、金属、能源等大宗商品。20世纪70年代后，随着利率、股票和股指、外汇等金融产品期货期权交易的推出，全球期货市场进入了一个崭新的时代。目前，新的金融衍生产品仍不断出现。

2）期货交易所合并

各国期货交易所进行竞争的重要手段之一是通过合并的方式扩大市场规模，提高竞争能力。如日本的商品期货交易所最多时曾达27家，到1990年，通过合并减少到16家，1997年11月减至7家，形成以东京工业品交易所、东京谷物商品交易所为中心的商品期货市场。

在欧洲，伦敦国际金融期货期权交易所于1992年兼并了伦敦期权市场，1996年又收购了伦敦商品交易所，其1996年的交易量首次超过历史悠久的芝加哥商业交易所，成为仅次于芝加哥期货交易所的世界第二大期货交易所。

在美国，1994年，纽约商业交易所与纽约商品交易所实现合并，成为以金属和燃料油为主的期货交易所。

3）期货交易的全球化越来越明显

进入20世纪80年代以来，各期货交易所为了适应日益激烈的国际竞争，相互间联网交易对方的上市品种已成为新潮。联网交易就是期货交易所之间通过电脑撮合主机的联网方式，使交易所会员可以在本交易所直接交易对方交易所上市合约的一种交易形式。联网后，各交易所仍保持独立法人的地位。先后联网的交易所有：新加坡国际金融交易所分别与芝加哥商业交易所、纽约商业交易所、国际石油交易所、伦敦国际金融期货期权交易所和德国期货交易所；伦敦国际金融期货期权交易所分别与芝加哥期货交易所和东京期货与期权交易所联网；香港期货交易所分别与纽约商业交易所和费城股票交易所联网；纽约商业交易所与悉尼期货交易所联网等。

4）科学技术在期货交易中扮演着越来越重要的角色

交易所间的联网和异地远程交易，首先需要解决的是技术问题。20世纪90年代初，为了满足欧洲及远东地区投资者在本地时间进行芝加哥期货交易所和芝加哥商业交易所上市合约交易的需要，这两家交易所与路透社合作，推出了全球期货电子交易系统（GLOBEX）。此后，其他交易所纷纷效仿，并开发出各自的电子交易系统，如伦敦国际金融期货期权交易所的APT系统、法国国际期货交易所的NSC系统等。这些系统不仅具有技术先进、高效快捷、操作方便等特点，而且使全球24小时不间断进行期货交易成为现实。

5）加强监管、防范风险成为期货市场的共识

作为一个高风险的市场，各国政府监管部门对期货市场无一例外地实行严格监管。特别是1995年具有百年历史的英国巴林银行，因其交易员在新加坡国际金融期货交易所从事日经225股票指数期货交易时，违规操作，造成数十亿美元的损失，最终导致该银行倒闭的严重事件发生后，从监管部门到交易所以及投资者都对期货市场的风险更加重视，对期货交易中的合约设计、交易、结算、交割等环节进行深刻的反思和检讨，以求控制风险，更好地发挥期货市场的功能。

1.2 期货交易策略概述

前面讲解了期货的基础知识，下面来讲解一下期货交易策略的定义、重要性及主要内容。

1.2.1 期货交易策略的定义

期货交易策略是在对投资大师的交易理念、交易原则、交易方法进行总结的基础上，提炼升华为一般性的交易原则和方法，进而指导投资者理性交易的理论。期货交易策略是理论性与实战性、一般性与个别案例的统一，是期货交易实践的规律性总结。

期货交易策略目的在于训练投资者的理性投资思维，养成理性投资习惯。所谓理性投资，即投资者利用自己的知识、智慧去分析判断期货行情走势，运用投资大师的理念、原则和方法进行交易，不断探索期货交易的规律，不断总结实战经验，不断提高投资水平的投资行为。

要想在期货市场中取得成功，就需要投资者成为理性投资者，那么理性投资者应具备什么条件呢，如图1.13所示。

第1章 期货交易策略概论

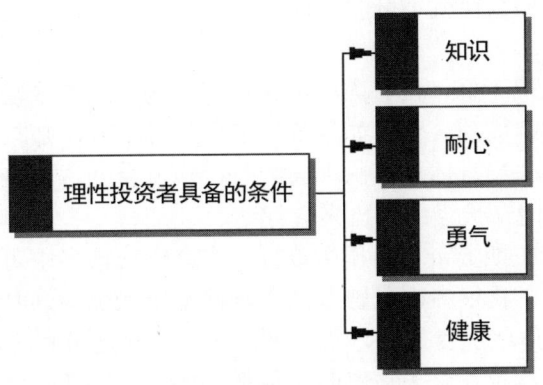

图 1.13 理性投资者具备的条件

1）知识

要想成为理性投资者，获取知识是相当重要的。关于获取知识的重要性，无论我说得再多，都不会太过分。不花时间学习，就不可能获得知识。不要试图寻找在期货市场中能够快速而容易地赚钱的途径。当你事先付出了时间学习并获得了知识，那么你会发现赚钱很容易。花在获得知识上的时间越多，日后你就能赚到更多的钱。

但是仅有知识还是不够的，为了获得拥有知识的好处，你必须把学到的东西付诸实践。你将在实践中学习，在适当的时间采取行动，付诸实施会带来利润。

注意，你要不断学习并更新知识。因为经济总在变化的过程中，不更新知识，就无法研究新现象、新变化和新问题，如果仅用经验分析行情，很容易出现失误。

提醒：只有拥有了知识，你才会理性地分析判断期货行情走势，而不是听信小道消息，或有较强的从众心理，追涨杀跌。

2）耐心

耐心是期货交易中取得成功的非常重要的条件之一。首先，必须有等待机会到来的耐心，而这种机会能够让你确定明确的买入或卖出点。

在进行交易时，你必须有耐心，以等待机会，从而恰当地结束交易或者获取利润。在结束交易并获取利润前，你必须确定市场趋势将发生明确的变化，而这只有在对市场以往的走向进行研究并获得了适当的知识之后才能做到。

3）勇气

一个人可能握有世界上最好的枪支，但是如果他没有扣动扳机的勇气，那么他永远也猎不到任何猎物。

你可能拥有世界上所有的知识，但如果你没有买入卖出的勇气，那么你就不可能赚钱。知识能够给予一个人勇气，使他大胆，并且让他能够在恰当的时机采取行动。如果一个人不能在恰当的时机买入或卖出，那么结果他将变得更加胆怯。恐惧的影响是有害无益的。当一个人太大胆，依据希望而在最高位买入时，他在瞎猜。如果一个人只为希望所左右，那么他就不可能赚钱。

4）健康

如果身体健康状况不好，没有人能够在期货市场中取得成功。因为聪明的脑袋不可能与弱不禁风的身躯成功合作。如果身体健康状况不好，那么你就不可能具有良好的耐心和足够的勇气。当身体健康出现问题时，你就会变得沮丧，失去希望，心中有太多的恐惧，从而不能在恰当的时机采取行动。

多年来，我一直在期货市场中摸爬滚打，未来期货市场中可能出现的事情我已基本经历过。经验教会了我很多，我曾试图在自己健康状况不好时进行交易，结果无一例外是失败。当我身体状况良好时，我几乎每次出手都是盈利的。

所以，当你健康状况在走下坡路时，你最重要的事情就是停止交易，静下心来，通过锻炼让你的健康状况重新达到最佳状态，因为健康就是财富。

1.2.2　期货交易策略的重要性

在每一个努力进取的领域中，一流的、可行的策略都是成功不可或缺的一部分。这种策略在期货市场中的重要性绝不亚于其在马拉松比赛、象棋比赛、网球锦标赛中的重要性。这一共同的特性存在于下述事实中：成功或胜利既涉及技术方面，也涉及策略方面的考虑。

所有期货投资者的技术分析方法都大同小异，但有的投资者赚了钱（赢家），而有的投资者则亏了钱（输家），区别赢家和输家的主要依据就是，看其是否一贯地、有约束地运用着一流的和可行的交易策略。

正确运用交易策略在期货市场中是相当重要的。但需要注意的是，几乎所有的投资者都知道那些最最基本的规则，如"趋势是你最好的朋友""减少你的损失，并尽可能地扩大利润""第一次损失是最廉价的损失"，诸如此类。这些能制胜的交易策略有着最基本的形式，相信很多投资者都能逐字地背下来，甚至都亲身验证过。

在期货实战交易中，赢家会一心一意地坚持遵守这些制胜的策略，而输家却全然不顾地违背、避免运用这些策略。

1.2.3　期货交易策略的主要内容

投资大师也常常亏损，也常常看错市场，但他们之所以最后能成为大赢家，关键在于他们拥有正确的交易理念、交易原则和交易技巧，这就是交易策略的主要内容，如图1.14所示。

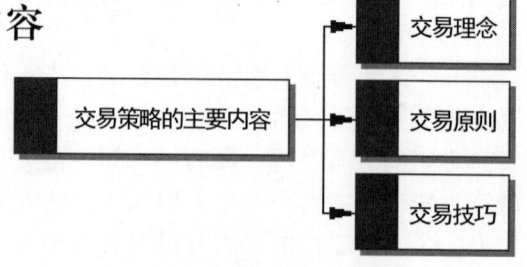

图1.14　交易策略的主要内容

1）交易理念

交易理念是投资者思维模式和行为方式的抽象概括，是投资者交易获利的基础。没有正确的交易理念，就无法坚持正确的交易原则，就会在实战中怀疑、焦虑、恐惧、患得患失，从而使自己的操作反复无常、自相矛盾等，并让自己成为输家。

树立正确的交易理念包括如下几个方面。

（1）期货市场运行遵循经济规律，要想成为市场中的赢家，首先要认识规律和顺应规律。期货交易是一门严谨的学问，想抓住市场中每一次赚钱机会，都需要扎实的基本功及详细的策划、周密的布置、耐心的等待和果断的行动。

（2）从历史和哲学的角度看问题，要凌驾于从数学和经济的角度之上。

（3）学习交易技术一定要走"正道"，从成熟的体系入手努力提高自己的分析判断能力和交易反应能力，切不可误入歧途。在交易上，不要迷信风水和玄学。

（4）要相信眼睛看到的，不要相信耳朵听到的。价格是最真实的，不要随便听信小道消息。注意，基本面分析不是小道消息分析，价格的运行趋势是由市场的供求关系决定的，而非由某些阴谋决定的。

（5）多看是什么，少问为什么。紧盯价格变化，不要过多地打听原因。

（6）任何情况下，限定风险都是第一位的，看住风险，利润会自己往上跑。

（7）进出场的唯一依据是价格。基本面供求关系、时间空间周期、成交量、技术指标都是次要的。因为只有依据价格作出的交易决策才能在交易之前量化风险，而不能量化风险的数据，都不可以作为进出场的依据。

2）交易原则

交易原则，即我们在期货实战中应遵守的规则，是交易理念在期货实战中的具体体现。

每条交易原则，虽然是短短的几个字或一小段话，但却是无数投资者用血汗钱总结出来的成功法则，是源于实战并且于实战有指导意义的信条。

投资大师都有自己的交易原则，如江恩的24条守则、亚当的十大守则等，虽然不尽相同，但其交易原则主要包括6个方面，即资金安全、小亏损大盈利、止损与止赢、风险控制、风险收益比、交易模式的多样化，如图1.15所示。

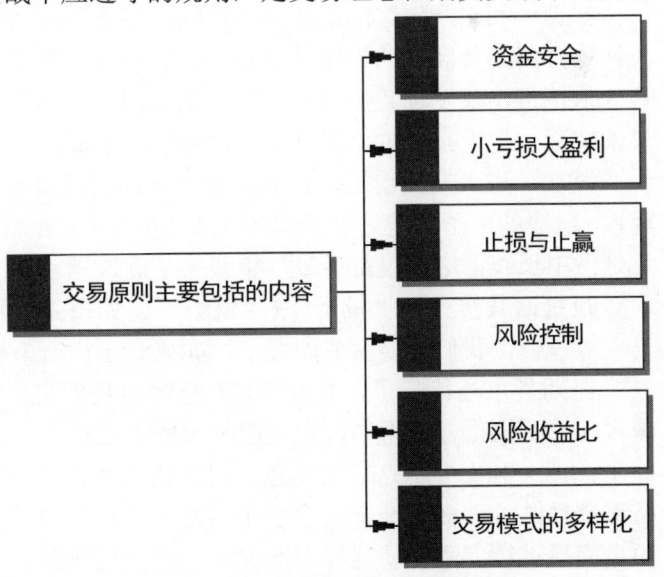

图1.15 交易原则主要包括的内容

3）交易技巧

交易技巧是指在正确的交易理念和交易原则指导下，灵活地进行交易的操作技巧。

交易技巧是技术层面的问题，即如何利用技术来判断何时买进，何时减仓，何时再加仓，何时止赢，何时止损出局。技术固然重要，但毕竟仅仅是技术层面的方法，我们要重视它，但不能过分迷恋它。

要想在期货市场中取得成功，就要有正确的交易理念和交易原则，并且要结合熟练的交易技巧。只有这样，才能构筑你成为赢家的基石。

1.3　杰西·利文摩尔的实战交易策略

杰西·利文摩尔是 20 世纪最著名的操盘手之一，关于他的两本投资书《股票大作手回忆录》和《股票大作手操盘术》，被称为投资界的经典。杰西·利文摩尔的交易策略，即其交易理念、交易原则和交易技巧，深深地影响着其后的无数投资者，并且成为他们长期自我教育的精神导师。

1.3.1　杰西·利文摩尔的实战交易理念和实战交易原则

华尔街没有新事物，投资市场不可能有新东西，因为人类投机交易的历史规律就像大山那样恒久不变。投资市场今天发生的事情以前早就发生过了，而且将来还会发生。对此，我将永远不会忘记。

杰西·利文摩尔这段话让我更深刻、更透彻地认识了"投机"。刚进入期货市场，我认为预测期货商品的价格就要更多地关注商品的供求关系，更应该中长期投资。可是一入期市，我发现我的想法错了，很多时候，一入场就赚钱，但没有及时出局，结果就被套了，没有及时止损出来，最后割肉出局。

其实，进入期货市场，我们应该更多地关注价格走势，关注我们的单子能否盈利赚钱，赚钱的单子就是好单子，能获利的方法才是最好的方法。无论你是做短线、波段，还是做中长线，这仅仅是手段，赚钱才是硬道理。

投机，其实就是"投资"+"机会"。如果是大机会，我们就做成中长线；如果是一般机会，我们只能做成波段了；如果是小机会，也只能是短线了。

在期货市场待长了，我发现，5 分钟前我们可以看多做多，5 分钟后就可以看空做多，只要操作方法得当，就可以在市场中赚钱。

杰西·利文摩尔这段话也让我对投资市场走势有更深的认识。投资市场的价格就是涨涨跌跌，涨多了会跌，跌多了会涨。价格经过一段时间上涨，就会横向盘整，横向盘整后继续上涨，就这样不断循环，直到创出最高点，然后开始横盘调整再下跌。

第1章 期货交易策略概论

下跌一段时间后，又会横向盘整，横向盘整后继续下跌，就这样不断循环，直到创出最低点。

提醒：价格一般的运行规律是，趋势上涨（下跌）后，是横盘整理，横盘整理后，再上涨（下跌）。我们顺势交易就能赚大钱，逆势交易就会赔大钱；横盘整理我们不可能赚大钱，也不可能亏大钱；顺势交易可以分批建仓，直到重仓；横盘整理只能轻仓试探性地交易，只要坚持这个原则，就能实现赢大亏小，成为市场赢家。

据说，世界上的事物都具有两面性，但市场只有一个方面，既不是涨也不是跌，而是指对的一面。

杰西·利文摩尔这句话已深深印入我的脑海，挥之不去。每当我看到哪些过多重视理论而不关注实际市场的空洞而又乏味的市场分析和策略时，就会回想起这句话。

很多投资者，当然我也不例外，常常面临着决定哪些是应该持有的筹码（单子或头寸），哪些是应当果断出局的筹码。在这个问题上，杰西·利文摩尔为我们提出极好的、清晰的劝告，他在评论自身所犯错误时说："我的确做了一件错事。棉花交易已表明我会遭受损失，但我却仍保留着。小麦交易表明我有利可图，我却卖掉了。在所有的交易错误中，几乎没有比试图平均对冲损失更大的错误了。应当牢牢记住要了结显示有损失的筹码，而保有显示有利可图的筹码。"

只有条件具备，市场该是牛市就是牛市，该是熊市就是熊市，谁也无法阻挡。因此，每个想成为赢家的投资者都必须估量条件是否具备。

杰西·利文摩尔这句话让我更深刻、更透彻地认识了"期货市场"。以前我对期货市场中的大涨大跌趋势行情产生、持续的原因并不了解，当然这与早期期货市场频繁的价格操纵、一次一次的多逼空、空逼多有关。在我的脑海深处，市场趋势就是主力资金人为创造出来的，没有什么必然的规律性，完全是一种随机变化。其实，市场趋势实际上受到背后的基本面因素、供求关系制约，有其深刻的内在原因和客观性。

如果交易理念不清楚，那么你的操作就会出问题。在刚进行期货交易时，很多时候，市场趋势刚刚开始上涨或下跌，自己本来进场点位和仓位都很好，但总是莫名其妙地担心它会突然掉头，害怕它当天反转，把自己套住。这样就对市场的走势充满恐惧，被自己内心深处的想象、莫名的情绪所困惑和折磨，对市场价格走势缺乏起码的常识和理性认识。这是很可笑的，这对我的交易产生了严重的影响。

说到这里，我想起杰西·利文摩尔曾说过以下的话。

在市场中，正确判断根本没有技巧可言。你经常会在多头市场中发现很多起初就看涨的人，在空头市场发现很多起初就看跌的人。我认识很多人，他们可以在恰当的时间作出完全正确的判断，在价格正好处于利润最大化的时候买进或卖出。他们的经验总是能与我保持一致，但是却没有真正赚到钱。既能判断正确，又能做到静静观望的人是很难得的，这是一件最难学习的事情。

只有牢牢掌握这一点，操盘手才能赚大钱。当一个操盘手懂得如何交易之后，赚

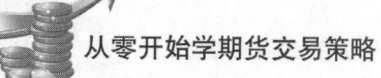

几百万美元远比在他懵懂无知时赚几百美元更容易。这简直就是真理。

其原因在于，当市场从容不迫地朝着他预测的必然方向前进时，原本看得直接、清晰的人会变得焦虑不安、疑心重重、患得患失。这也就是为什么华尔街上的很多人，他们根本不是容易受骗的傻瓜，甚至不是第三等傻瓜，却仍然赚不到钱的原因。市场没有把他们打败，而是他们打败了自己，因为他们虽然有头脑，却没有办法耐着性子静静等待。看来，有勇气坚持自己的信念，并且又能非常明智、有耐心地等待是多么重要。

杰西·利文摩尔的话，让我能够以一种淡定、从容的态度看待市场趋势的变化，不像原来那样，一刻也坐不住，每天在交易中忙进忙出。

其实很多投资者没有做单之前，都能理性地看待行情。一旦进入市场，就天天担心、时时担心市场会反着自己走，把自己套住，这种想法让我们在交易时心理和精神压力很大。杰西·利文摩尔的话，可以帮我们放下这个沉重的包袱，让我们重新以一种理性的思维、目光和态度对待市场发生的一切，而不是像惊弓之鸟，整天忧心忡忡。

市场正沿着古老的道路前进，我们着急什么？市场价格不会因为我们的原因，涨得快一点或跌得慢一点。更不会因为我昨天做了多头，今天就突然变成空头市场。

认识了市场趋势产生、持续的原因后，我的交易就变得胸有成竹，我完全没有必要匆匆行事了。

一般情况下，牛市中利空的消息对市场只有短暂的影响，雨过天晴后，市场就会回到上升的轨道，恢复涨势。反之亦然。我们知道，价格会根据所受的阻力而上涨或下跌。为了便于解释，我们可以说：像其他万事万物一样，价格会沿着阻力最小的路线向前移动。怎么轻松怎么走，所以上升的阻力小于下降的阻力时，价格就会上涨，反之亦然。

在期货市场中，我们时时刻刻都可能遇到意外事件，或者突发消息。在下跌行情中来了个大利好消息；在上涨行情中来了个大利空消息，等等。一般投资者不会处理这样的情况，没有基本的原则和相应的应对办法。面对这种情况，我以前很容易出错误，即内心深处的恐惧和贪婪全跑了出来，让我追涨杀跌，低买高卖。结果，我被市场一次又一次戏弄，让我的经济和精神备受压力。

例如，有一次我做国内大豆行情，由于行情处在明显的多头行情中，我就做了多。偏偏当天晚上美豆走势却大跌，第二天我咋办？是止损出局，还是拿着亏损单再等市场上涨？

按我以往的交易方式，第二天开盘跳空低开我就会自认倒霉，止损走人。表面上看，我的风险控制能力很强，并且也符合专家所说的观点，如"最早的损失是最小的损失""不会控制风险，早晚会被市场消灭"。

但研读过杰西·利文摩尔的交易策略后，我就不再这样做了。面对浮动亏损的交易，我不会简单地一砍了之，只要我对市场走势的判断没有被证明是错误，我就会

继续持仓等待。

其实,在期货市场中,没有止损概念是不行的,因为在一波明显的趋势行情中,一次方向做反,不止损会导致全军覆没。所以止损是我们资金安全的最后保护措施。但是,我发现,在期货交易中,更多投资者的失败,不是因为止损不及时、不果断,而是止损太过频繁了。

只要自己交易账户上出现一点点的浮动亏损,就焦虑不安、害怕损失不切实际的扩大,因为内心深处的恐惧,所以造成无原则地止损、胡乱地止损,来回补主力洗。结果,明明是自己方向做对的单子,也被止损掉了。这才是期货交易中最可怕的。

根据杰西·利文摩尔的交易经验,意外事件、突发消息的发生,往往是和市场阻力最小的方向一致。在牛市中,投资者会忽略造成利空的消息,而会夸大造成利好的消息,甚至把利空当成利好来炒作。反之也是。所以,大多数情况下,我们面临着不可避免将会出现的各种各样的意外消息,选择顺势交易最重要。顺势交易往往会得到奖赏,而不是惩罚。

1.3.2 杰西·利文摩尔的实战交易技巧

在期货市场中,如果看好某商品,想买入1000手。我不会赌博式地一次性买入,而是会先买入100手,结果立刻亏钱了,我就不会再买入,因为这表明我自己看错了,至少暂时错了。买入100手后,除非真的有盈利了,否则就不要采取第二步行动。观察、等待,直到良好时机出现时才重新开始。职业的操盘手,对猜测、赌博不感兴趣,他只想要赚稳妥的钱。而要做到这一点,就必须在能够赢的时候下大注,而输的时候只是亏了一点点探测性的赌注。

例如在棉花市场中,显示出上涨的动向,需要买入5万包,那么我只会买入1万包。如果市场让这1万包赚上10个点,就会再买入1万包;随后如果能得到20个点的利润,就会再买入2万包。但是,如果在买入第一个1万包或第二个1万包后,出现亏损,就会卖出。因为这意味着自己判断可能错了,市场没有按自己的想法走。也许只是暂时的错误,但任何犯错都不会有利润,不能固执己见地继续蛮干。

了解杰西·利文摩尔的交易技巧后,我在期货市场中不再盲目地重仓出击,因为重仓出击完全是一种孤注一掷式的赌徒行为。当然如果我预测对了,就可以短时间赚大钱;但一旦我预测错了,就会输得很惨,大伤元气,让自己陷入绝境。

现在,在期货市场中,我的交易方法是,把资金分成三部分,先是利用小资金去试盘,即当我发现某商品具有有利可图的机会时,我就会利用小资金去轻仓试单。如果市场告诉我是对的,我就会加仓,即动用第二部分资金;如果市场告诉我错了,即一操作就出现了亏损,即和我的预期不同,我就会及时止损出来观望。

如果第一次进场的小资金和第二部分资金都有盈利,并且盈利较大,这时,我一般会持仓不动，让利润自动奔跑。当然如果市场非常符合预期，并且通过预测后市行情还比较大，我就会动用第三部分资金，进行重仓交易。当然由于这时已有较丰厚的盈利，持仓心态相对比较轻松，这样一旦市场按自己的想法走，就会成为真正的市场大赢家。一旦出现不好信号，第三部分资金会及时出局观望。

总之，杰西·利文摩尔的交易技巧，即判定大趋势、长线持仓的观点，让我在期货交易中建立了投机优势，而且这种试单、加仓、再补仓的方法使我能在风险很小的情况下，获得更好的中长期收益。

1.4 斯坦利·克罗的实战交易策略

斯坦利·克罗是美国著名的期货专家，1960年进入全球金融中心华尔街。他在华尔街的33年之中，一直在期货市场上从事商品期货交易，积累了大量的经验。在20世纪70年代初的商品期货暴涨行情中，用1.8万美元获利100万美元。

岁月流逝，财富积累，斯坦利·克罗带着他在华尔街聚集的几百万美元，远离这一充满竞争的市场，漫游世界，独享人生。5年的游历中，斯坦利·克罗潜心研究经济理论及金融、投资理论，并先后出版了5本专著，其中最著名的是《克罗谈投资策略》。

1.4.1 斯坦利·克罗的一般实战交易策略

斯坦利·克罗的一般实战交易策略有12项，具体如下所述。

（1）克罗是一位盈利头寸上的长线投资者，常常将盈利交易保留至少6周；不利头寸上的短线投资者，常常在不利交易中停留不到2周。

（2）克罗运用一个机械交易系统，进行该系统同意的每一笔交易。除非他只能从他跟踪的四种货币中最多(为每位客户)选择两种。一般说来，除非在市场极度震荡时，他必须通过自行决定的方式拒绝某笔新的交易或从现行交易及早退出外，他不采用自行决定的方法。作为系统投资者的主要优势在于，如果系统工作正常，与市场步调一致的话，它能够在相当一段时期内提供一个稳定的风险回报率。

（3）克罗是一位资产组合多样化的资金经理。跟踪并交易着26种不同的期货合约，遍布全美各主要市场，外加香港和新加坡商品交易所的市场。

（4）克罗是一位技术投资者，使用的进入和退出信号以价格为基础。这些信号通过对每一市场所做的技术性分析产生，未经优化，且全部市场使用同样(活跃)的信号。

（5）克罗是一位相对保守的资金经理，在交易中使用的资金不到各账户资产的25%。一般在每一市场上仅交易1~2种总值达10万元的合约。这可以避免过度的杠杆作用和过度交易。余下75%的资金投资于短期国库券以及作为持有储备。

（6）克罗构建的资产组合包括了最大数量的多样化市场群：食品和化纤、利率工具、复合能源、谷物、肉类、金属和亚洲市场。在每一市场中，他挑选主要合约的最活跃月份进行交易。在这样一个广泛分散的资产组合中，市场之间具有相对弱的相关关系。

（7）克罗在持有多头头寸或空头头寸间绝无偏好。在构建资产组合时，他留意在多头和空头之间实现一个客观的、防御性的平衡。

（8）克罗在每一市场上运用严格的风险控制限额。典型的是每份合约的初始风险，或资金盈利止损限额设置小于$1500。而支持长期交易的确切数据则由历史验证来决定。如果止损限额太宽，会产生无法承受的高额损失；如果止损限额太窄，会使交易频率上升，每笔交易的利润下降。因此，止损限额的确定要允许交易时间有个发展伸缩的余地。止损限额于每日开盘前输入，每笔头寸每天实行一个止损限额。他在每一市场头寸上冒的风险(依据头寸大小)平均为账户资产的1%~2%。

（9）克罗有选择地运用交易止损额度。根据市场及其技术特征，他设置止损限额的依据可以是市场的变异性、交易的利润额和交易时间。有些市场历史走向稳定，他可以不用追踪(推进)止损限额。有些市场，他确信交易模型有充分的敏感性，能够对趋势变动作出适时反应。总而言之，他的止损限额设置策略允许长期交易有时间和空间进行发展。

（10）克罗不试图摘取天价和地价。他几乎一直在市场中交易他的多数合约，一旦建立一个趋势跟进头寸，他就假定每一笔头寸其结果都是跟随大势的，并尽可能长时间跟随这一趋势移动。而止损限额会"告诉"他何时从市场逆转中抽身而退。

（11）克罗如果被过早地淘汰出局，而第二天市场仍旧保持原有走向，他将运用他的客观进入策略，按同一定向重返市场。

（12）克罗的新账户进入策略通常是等待新的信号。但如果他最近的一个进入信号表现为损失，他可能依据交易的天数和近期市场动态进入交易。

1.4.2 斯坦利·克罗的重要实战交易策略

下面详细解读一下斯坦利·克罗的重要实战交易策略。

只有在市场展现出强烈的趋势特征，或者正在酝酿形成趋势才进场。找出每个市场中持续进场的主要趋势，而且顺着这个主控全局的趋势操作，要不然就多观察，不操作。

这是一条实战经验相当强的交易策略。因为，在期货市场中，我们只有抓住趋势才能赚大钱，才能实现小止损大盈利，才能使我们的投资更上一层楼。

行情分为震荡行情和趋势行情，如果当前是震荡行情，我们操作是不可能获取较大盈利的,并且震荡行情一旦操作不慎,会让我们左右止损。即你看涨时,价格开始下跌;你看跌时价格上涨,如图1.16所示。

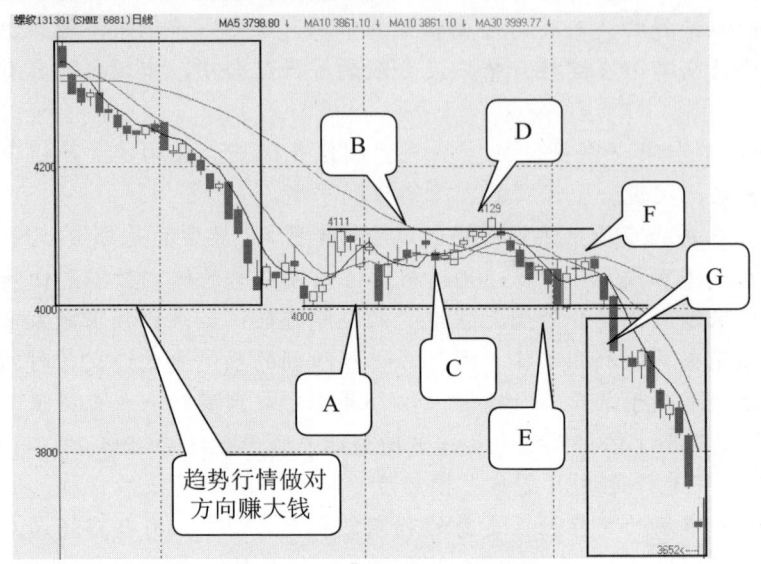

图1.16　螺纹钢的日K线图

螺纹钢的价格先是经过一波明显大幅下跌,在这里需要注意的是,这一波是沿着10日均线下跌,即只有价格没有有效站上10日均线,我们就可以沿着10日均线看空做空,这样,这一波下跌趋势我们就可以赚到大钱。

随着价格的不断下跌,先是下跌到4027元,然后出现了一个小反弹,经过4天反弹,反弹到10日均线附近,价格再度下跌。在这里需要注意的是,价格跳空低开,并且创出了新低4000元,随后价格没有继续下跌,反弹不断阳线上涨,并且出现了中阳线站上了10日均线,这表明这一波下跌行情即将结束。随后价格进入震荡盘整,所以这里要及时改变思维,由前期的单边下跌做空思维,改为震荡行情思维。

震荡行情要么不参与,要么参与也是轻仓,即只用很小的资金试盘,试盘的目标是为了寻找市场的方向。

由于趋势行情是我们最值得参与的行情,也是我们重仓参与的行情,当然也是获利最大的行情。不过趋势行情的操作方法很简单,顺着趋势的方向进场,然后沿着某一个标准持有即可,中间不需要有太多的短线操作。当然如果你是短线高手,沿着趋势的方向做一些短线也可以,但这种操作很容易失去筹码,所以一般建议中线持有即可。

提醒:对于趋势行情,有时可能拿不准,或短线波动过于频繁,自己刚进场的单子可能被洗掉,怎么办?解决的最好办法是:趋势单和短线单一块做。如果能做100手,可以用30~70手作为趋势单,而用其他的筹码做成短线,这样短线单可以在急跌时获利了结,盘中反弹再介入。

震荡行情虽然获利很小,并且操作起来难度很大。但我们也要小资金操作,或只分析不操作,为什么要这样呢?

首先趋势行情是由震荡行情不断变化而来的。震荡行情的末端就是趋势行情的开始;趋势行情的末端不是震荡行情的开始。为了捕捉趋势行情,我们要跟踪或轻仓操作震荡行情。

螺纹钢价格探明波段低点 4000 元后,出现了较强的反弹,最高反弹到 4111 元,注意由于已突破 10 日均线,所以我们把随后的行情暂定为震荡行情。创出 4111 元高点后,价格再度震荡下跌,并且第四个交易日,是跳空低开,中阴线收盘,最低点到 4004 元,无限接近波段低点 4000 元。这里很多投资者认为波段下跌行情来了,这在震荡行情中是相当危险的,因为具有这种思维的投资者,会追涨杀跌,从而做空做到最低点附近,即 A 处。

如果你真的在 A 处做空,第二天你就会被套,因为第二天价格跳空高开,把你套得死死的,如果你不止损,从其后行情看,价格又连续上涨 4 个交易日,虽然涨幅不大,也会把你折磨得要死,即你精神和心理上要承受很大的压力。

价格连续上涨 4 个交易日后,上涨到 30 日均线附近,即 B 处,价格再度受压回调,空单没有止损的投资者高兴了,认为价格会再度下跌,结果价格仅回调一天,然后在 C 处再度收中阳线,特别是随后价格又站上了 30 日均线,如果空单还不走的话,很可能会止损到这一波反弹行情的最高点。

在这里最让空单害怕的是,价格随后继续阳线反弹,并创出反弹新高 4129 元,即 D 处。这是相当可怕的一个信号,有人认为反弹出新高,价格又开始上涨,变成上涨趋势,空单就会止损,甚至反手又做多单,并且做多单理由很充分呀,突破做单法。

从其后的走势看,如果在 D 处你出了空单,做了多单,你正好上了当,随后价格开始再度下跌。看,震荡行情很害人吧,特别是趋势行情思维的人。所以震荡行情是小资金参与或观望的原因。

让在 D 处做多单的趋势投资者更恐惧的是,随后价格一路下跌,并且创出了新低,即最低点为 3986 元,即 E 处。

这是相当惊人的,也是让趋势投资者最害怕的,因为价格创出新低,可能新的一波下跌开始了,结果在 E 处,止损了多单。行情让趋势投资者再度迷茫、恐惧,这样随后的趋势行情很可能就不敢参与,失去了勇气。

这里也许仍有胆大、并且不服输的趋势投资者,在 E 处做空。随后价格一反弹,就止损,甚至会骂上几句,该死的行情,再也不玩螺纹钢了。

从其后的走势看,价格再度反弹,但这一次反弹高度有限,仅反弹到 30 日均线附近,即 F 处,随后价格开始下跌,然后在 G 处大阴线跌破前期震荡平台的低点,趋势下跌行情开始。估计前期受伤的趋势投资者在这里已没有勇气参与趋势行情,从而失去其后的做空赚大钱机会。

如何避免震荡行情中少受伤，又能在震荡行情中赚大钱呢？这是我们要解决的问题，斯坦利·克罗就给我们提供了很明显的交易策略，即已处在明显的趋势行情中，我们参与，这样虽然我们吃不到波段的全部利润，但最少我们会有不错的盈利。另外正在酝酿形成趋势才进场，即在震荡行情的末端再参与，并且要小资金先去试盘，真正趋势行情来时，再重仓介入。

另外，如果价格处在明显的下跌趋势中，经过一波下跌之后，价格开始震荡，震荡过程中，我们的思维不是价格跌得很低了，我们要抄底，而是沿着下跌趋势继续看空仍为主思维，真到出现明显的反转信号才能确认是反转了。

如果价格的主要趋势是下跌趋势，小反弹遇反压时卖出，即反弹到距离最近一次下跌底部的50%（或开始反弹后算起第3或5天）时卖出。

图1.17显示的是白糖指数的日K线图。

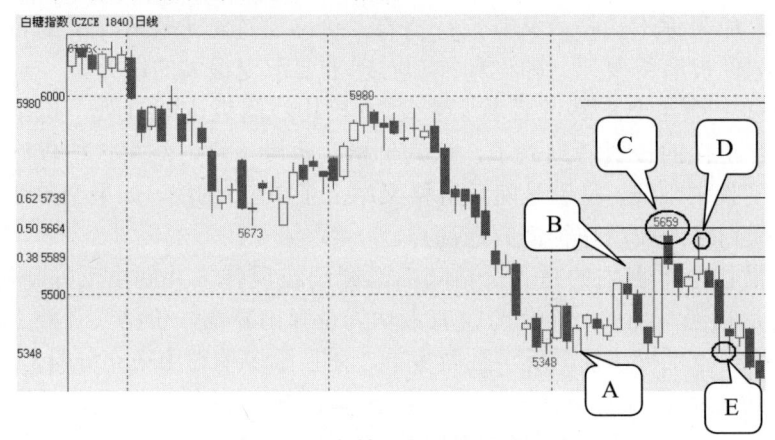

图1.17　白糖指数的日K线图

从价格走势上可以看出，白糖指数处在明显的下跌行情中。白糖价格从5980元反弹高点开始下跌，经过20多个交易日的下跌，最低下跌到5348元，然后开始震荡。

在A处，价格低开高走，收了一根中阳线，这表明在5348元附近有抄底资金，并且从收盘来看，多方暂时取胜。所以短线有反弹要求，这时如果你手中还有短线空单一定要及时离场，然后反弹后再介入。

随后价格开始反弹，连续反弹5天，并且第5个交易日，是中阳线收盘。但需要注意的是，第6天，价格虽然创出新高，但却收了一根小阴十字线，这表明上涨已经无力，存在短空机会。根据斯坦利·克罗的实战策略，即开始反弹后算起第3或5天后，可以逢高卖出，所以在B处，可以轻仓再度介入短线空间。

接着价格连续下跌，最低下跌到5351元，即前期低点附近。在这里需要注意的是，由于已下跌到前期低点，前期低点附近会有支撑，所以短线空单要时时关注盘面变化，一旦下跌动力不足，要及时获利了结。如果价格大阴线跌破前期平台低点，则可以持有。

在前期低点附近，价格再度得到支撑，随后开始快速拉升，收盘收了一根大阳线。需要注意的是，大阳线后的第二个交易日，价格高点，正好在这一波下跌行情的50%位置，即斯坦利·克罗的实战策略中的一个卖空位置，所以在这里可以介入空单，并且这一天价格高开低走，收了一根阴线，所以介入空单就有盈利，即C处。

第二天价格继续下跌，但随后两天价格再度反弹，注意反弹没有再创反弹高点，所以空单可以持有，并且可以在反弹到50%黄金分割位附近，仍可以再加一些空单，即D处。

随后价格开始下跌，又连续下跌三天，再度下跌到前期低点附近，即E处，在这里再度得到支撑，所以空单可以及时再获利了结。

从其后走势看，价格略有反弹，就跌破了震荡平台的低点，可以顺势跟进空单。

如果价格的主要趋势是上涨趋势，技术性回档遇到支撑时买入；回跌到距离最近一次上涨高点的50%（或开始回跌的第3或5天）时买入。

图1.18显示的是PTA指数的日K线图。

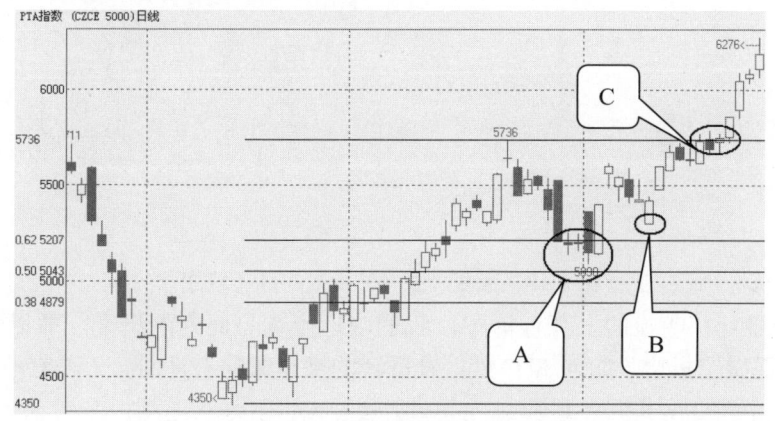

图1.18　PTA指数的日K线图

从价格走势上可以看出，PTA指数处在明显的上涨行情中。价格经过一波下跌后，探明4350元低点，出现了反弹，随后虽有下跌，但没有再创新低，并且形成了双底结构，随后价格开始震荡上涨。经过27个交易日，上涨到5736元，注意在创出高点这一天，价格收了一根跳空十字线，这表明多空有分歧，从时间和空间来看，这是一个明显的短线见顶信号，预示着这一波上涨行情即将结束，后市开始震荡调整。

十字线出现后，第二天跳空低开，并且中阴线，即K线组合也出现了早晨十字星见顶信号，进一步验证了后市要开始震荡调整了。

随后价格开始震荡下跌，连续调整几个交易日后（如果是从最高点位置开始算，调整9个交易日，如果从次高点算，调整5个交易日），调整到50%黄金分割位附近，即 A 处，价格不再下跌，并且拉出一根中阳线，这预示着短线可能调整完毕，要开始新的一波上涨行情。

随后价格虽有回调，但没有再创新低，即 B 处，所以 B 处是不错的波段多单介入位置。接着价格不断上涨，在上涨到前期高点 5736 元附近，多空开始分歧加大。震荡几天后，随后价格开始突破上涨，即 C 处。这样前期多单可以耐心持有，然后可以顺势再加仓做多。

做顺势而为的仓位。在主要上涨的趋势中，次级卖空的仓位要轻。

在实战操作中，我们应尽量顺势而为，即如果当前是上涨行情，以逢低做多为主，并且仓位可以重一些，而当出现短线见顶信号时，也可以短线做空，但仓位要轻。

图 1.19 显示的是大豆（豆一）指数的日 K 线图。

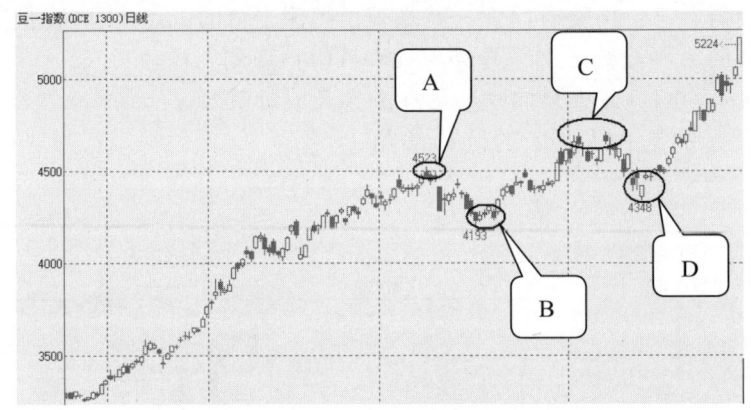

图 1.19　大豆（豆一）指数的日 K 线图

大豆价格处在明显的上涨行情中，我们应运用顺势而为的思维，即以逢低做多为主。如果出现做空机会，如 A 和 C 处，投资者的操作策略有两种，一是轻仓短空操作；二是观望等待新的做多机会到来。

在这里需要说明的是，很多投资者刚开始会放弃做空，但当价格下跌几天后，投资者开始看空，就会认为价格已见顶，开始下跌行情了，结果会在下跌的末端做空，结果就会被套，甚至深套。

所以如果你计划好不做空，那么一路回调就不要再做空。但很多人管不住自己，所以在开始转空时，轻仓做空是最佳选择。

而 B 和 D 处，出现做多信号，就要敢于重仓做多，因为大趋势是做多。

保持仓位不动，直到在客观分析之后，发现趋势已经反转或将要反转，这时就要平仓，而且行动要快。

图 1.20 显示的是螺纹钢指数的日 K 线图。

第 1 章 期货交易策略概论

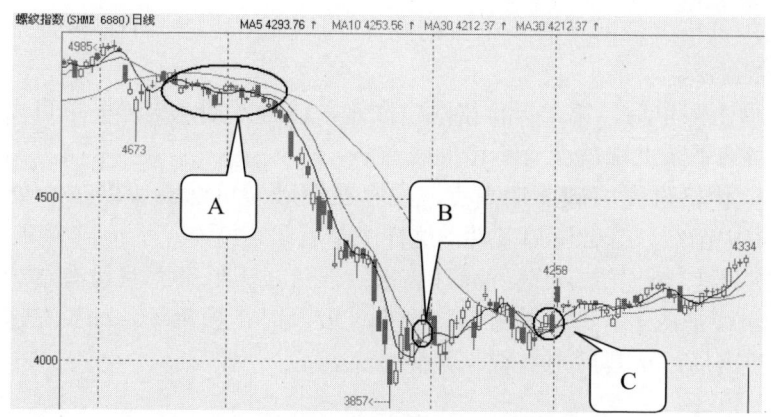

图 1.20　螺纹钢指数的日 K 线图

螺纹钢的价格从 4985 元先是一波快速下跌,然后略有反弹,开始较长时间的横盘整理,即 A 处。在 A 处,要明白均线虽然黏合,但是对空方有利。较长时间震荡后,价格开始快速下跌,即由原来的震荡行情变成了趋势下跌行情,所以前期空单应继续持有,并继续沿着 5 日和 10 日均线看空做空。

价格连续下跌,虽然中间有横向盘整,但均线仍属于明显的空头排列中,并且价格始终处于 10 日均线下方。所以在价格没有站上 10 日均线之前,短线空单都可以持有,并且仍可以逢高做空。

横向盘整后,价格再度快速下跌,连续下跌 4 天,然后出现了反弹,在 B 处,价格站上了 10 日均线,这表明这一波下跌行情可能已结束,后市转变成震荡行情或震荡上涨行情。所以短线空间要及时止赢出局。

随后价格反复震荡,但在 C 处,价格站上了所有均线,并且均线有形成多头排列的迹象,即有下跌行情转为上涨行情的可能,所以所有空单要及时离场。

如果判断错误,不是按原先所想象的那样,立刻平仓!跑得要快!

图 1.21 显示的是豆粕指数的日 K 线图。

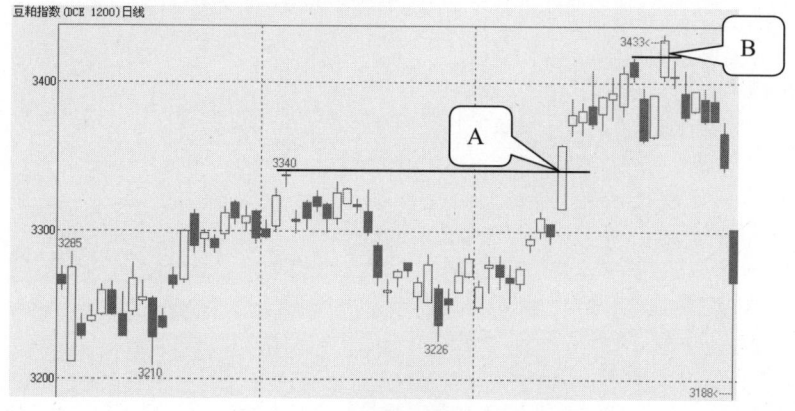

图 1.21　豆粕指数的日 K 线图

在 A 处，价格突破前期震荡平台的高点，所以 A 处是一个做多位置，并且是最常见的突破做盘法。

在 A 处做上多单后，第二天价格跳空高走，符合预期，这样多单可以耐心持有，并且随着价格的不断上涨就会有不错的收益。

在 B 处，价格再度突破前期高点，也存在突破做单法，所以在 B 处也应做多，收盘收了一根中阳线，符合留单条件，这样多单就隔夜持有了。但需要高度注意的是，如果价格想继续上涨，第二天最好高开高走，但第二天低开并且没有继续上涨，这表明 B 处的中阳线是诱多，即走势不符合预期，要及时止损离场。如果在这里还心存幻想，不能果断出局，从其后走势看，就会被深套。

第 2 章
期货交易理念的实战技巧

正确的交易理念，可以引导投资者更好地理解、分析、研判市场走势并在交易中运用正确的策略，从而最终在市场中获取利润，达到制胜的目的。本章首先讲解期货交易理念的定义、市场是对的并且是公平的、顺势而为，其次讲解不要主观臆测市场和预判市场，要看本质，再次讲解影响获利的因素和期货交易时机选择最重要以及期货交易盈利是唯一目的、期货市场是非线性的，最后讲解期货交易的致命天敌、期货交易系统要经过复杂到简单的过程。

2.1　初识交易理念

每一个在期货市场中取得交易成功的投资者，都会有正确的交易理念，具有正确的思维模式和行为方式。因为没有正确的交易理念，我们的思维就会混乱，交易起来就没有章法，就会被惊心动魄的短线波动牵着鼻子走，搞得我们心神不定。有了正确的交易理念，我们的心态就会相当平静、淡然、客观，这样我们就能心静如水地欣赏期货市场的价格变化，同时也能审视自己的内心世界，这样我们就容易发现我们想要的交易机会，并且在交易机会出现时敢于重仓出击，从而实现盈利。

提醒：有了正确的交易理念，投资者才能沿着一条正确的交易轨迹前进，从而实现中长期稳定盈利，即成为市场的真正赢家。

正确的期货投资需要遵循市场永远是对的并且是公平的、顺势而为、要跟着市场走而不要主观臆测市场、价格涵盖一切、研判市场要从本质入手、谁影响了我们的收益、时机选择很重要、盈利是唯一目的、市场是非线性的，交易要经过复杂到简单的过程。

2.2　市场是对的并且是公平的

在期货市场中，经常听到投资者这样抱怨：期货市场真变态，涨得好好的，说跌下来就跌下来了。这样说估计大半原因是追高被套，或者价格跌下来后，他砍了仓，可后来价格又上去了。最初人们也许会埋怨自己运气不好，这样的事情多了，就会归因于市场，归因于操纵市场的所谓大户。

出了问题把责任往别人或与自己不相干的事情上推，几乎是人的一种本能。在我们很小的时候，疯跑中如果不小心撞到凳子和桌子，摔了跤，痛得哇哇大哭，这时候大多数父母出于安慰孩子、哄孩子的目的，会走过来边打凳子、桌子边说，"都是你不好，碰我们家小宝贝"。这件很小的事情给我们幼小的心灵留下了根深蒂固的印象：遇事都是他人错，自己没有错。小孩子这样想是因为他幼稚、不谙世事，但作为成年人出了事总把责任往别人身上推，那就是个大问题了。

其实，市场涨涨跌跌是非常正常的现象。假如你不参与期货交易，你会发现市场该怎么走，还是怎么走。所以市场涨涨跌跌具有一定的规律性和必然性，因为市场趋势受其背后的基本面因素、供求因素制约，有其深刻的内在原因。

2.2.1 市场是对的

市场永远是对的,主要是指价格的变动趋势永远是正确的。虽然期货价格每分每秒都在上下波动,但是我们只要静下心来,认真聆听市场的声音,就能清楚市场在告诉我们什么,从而听懂期货市场中的韵律,进而把握和顺应市场的趋势。

下面通过具体实例来解读一下。图2.1显示的是白糖指数的日K线图。

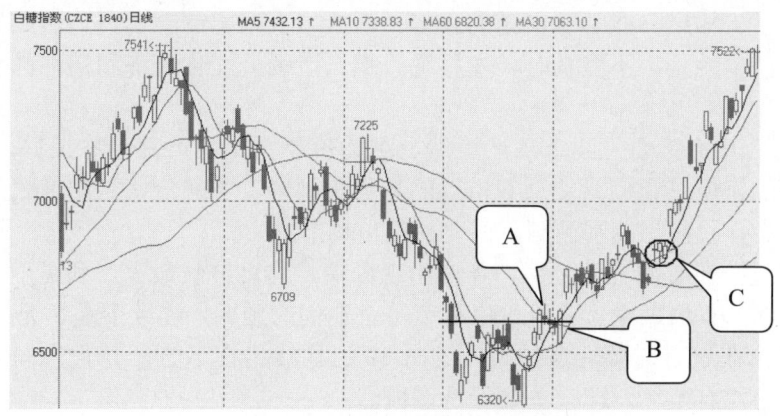

图2.1 白糖指数的日K线图

白糖价格在2月14日创出7541元高点,随后开始震荡下跌。在下跌过程中,不断传出巴西糖丰收,全球糖由前三年的供应不足,变成供大于求的消息,这预示着价格要大幅下跌,并且随着价格的不断下跌,看空的人越来越多,当然做空的人也越来越多,所以在4月29日到5月5日,价格快速大幅下跌,从K线上看是4根大阴线。

5月6日,价格低开高走,收了一根中阳线,这预示着前期做空的投资者,开始收割了,即把账面浮动收益变成真金白银。随着部分空头的回补和抄底多单的进场,出现了一波反弹。

部分空头回补后,价格又开始震荡,这时场外有很多看空的投资者,逢高再度做空,通过价格走势会发现,价格下跌时都是急跌,并且是中阴线下跌,这似乎验证了全球糖过剩的言论。

但我们需要注意的是,5月24日,价格虽然创出了新低,但收盘却是中阳线,这表明看多的一方战胜了看空的一方,并且存在多头主力诱空的可能,即前期低点跌而不破,这预示着虽然全球糖有过剩的可能,但市场内主力开始做多了。

如果在这里你还没有听懂市场的声音,还没有明白市场是对的,那么其后的走势你应该听懂市场的声音,及时转变思维,由前期的空头思维转变为逢低做多思维。

随后价格连续几天上涨，并且创出了反弹高点，即 A 处，即市场告诉你，做多力量很强哦，因为我敢把前期套着的多单都解放了，即前期套着的多单都可以获利出局。

接着市场回调了三天，但需要注意的是，这三天下跌的力度很弱，并且从纯技术的角度看，只是为了修复 30 日均线。三天小幅回调后，在 B 处一根中阳线拉起，这里市场告诉我们，我已经调整完毕，开始新的一波上涨了。空单要及时出局，多单可以顺势跟进了。如果你能听懂市场的语言，那么就会很感谢市场。当然如果你听不懂市场语言，自以为是，不能及时转变思维，那么市场会让你经济和精神都受到巨大的打击。

随后价格开始新的一波上涨，虽然上涨力度不大，但上涨形态很好，是沿着 10 日均线上涨的，所以我们只能顺着市场的趋势去做多，当然价格是震荡式的上涨，日内波动也很大，我们想获利盈利，还要抓住市场节奏。

价格经过一段时间上涨之后，再度出现回调，这里分歧最大。利用全球糖过剩信息看空后市的，积极做空，并且价格再度符合他们的预期，连续下跌 5 天，下跌到 60 日均线附近。在这里需要注意的是，这时 30 日均线仍在下方，并且方向是向上的，这预示着价格没有走坏，即空单要保持谨慎。

随后价格没有继续下跌，而是跳空高开，然后开始横盘，连续横盘三天，即 C 处。注意这三天连续收阳线，并且价格在所有均线之上，即均线处在多头排列之中，所以在这里应该看多，并且连续三天都不再下跌，那么后市就会上涨，所以这三天是空头最后的逃命机会。如果在这里不及时止赢空单，从其后走势看，价格开始一波较大的上涨行情，就会让空头损失惨重。

通过上面的例子，可以看出，在实战操作中，各种信息我们都可以了解，但在具体操作时，一定要以 K 线图为主，并且是以价格为主。如果市场价格告诉我们要看多，我们只能逢低做多；如果市场价格告诉我们要做空，我们必须逢高做空。只有这样我们才能在市场中赚到钱，成为赢家，即市场永远是对的，我们只能顺从。

期货价格由于每分每秒都在波动，并且有时波动会相当大，让投资者无法判定到底是该看多，还是看空，即价格在运行过程中，常常有一些市场噪声干扰投资判断。所以，在判断价格走势时，应有一定的方法，从而排除市场噪声。这里主要有三种方法，分别是日、周、月 K 线图结合分析法、均线分析法、趋势线分析法。

1）日、周、月 K 线图结合分析法

如果某期货商品价格的月、周 K 线都处在明显的上涨形态之中，日 K 图出现做多信号，则应逢低做多，投资成功的概率就会相当高。

例如，2009 年 10 月到 2010 年 10 月，棉花期货的周和月 K 线图，都处在明显的上涨形态之中，所以，每当日 K 线图出现做多信号时，就要敢于果断做多，这样就会有相当不错的投资收益，如图 2.2 所示。

第2章 期货交易理念的实战技巧

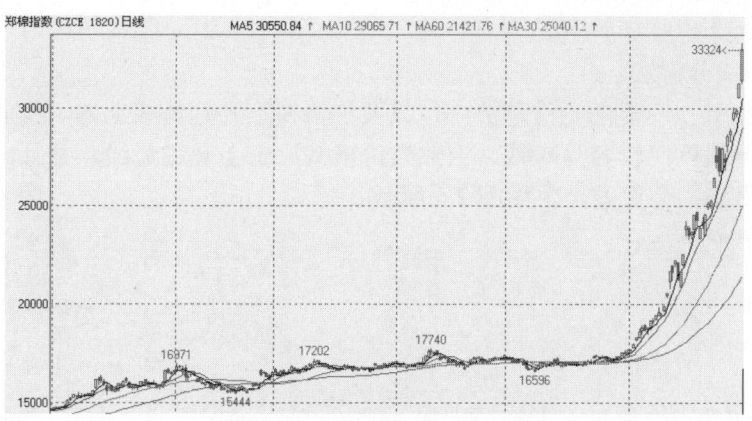

图 2.2 棉花指数的日 K 线图

在这里需要注意的是,当价格上涨时,千万不能恐高,认为价格太高,就不敢顺势做多。更可怕的是,心中老是想着逢高做空,结果本来一波好好的大涨行情,自己不但没有赚钱,反而赔钱,有的甚至爆仓。所以市场永远是对的,千万不能根据自己内心深处的恐惧和贪婪来下单。

2)均线分析法

在期货市场中,很多投资者都输得稀里糊涂,做单思维很乱。其实有时做单没有那么难,只要我们顺着趋势做就行了。如何判断趋势呢?看均线就行了,如果5日、10日和30日均线呈现明显的多头排列,就要逢低做多,也许我们的入场点不是太好,但如果我们的仓位不重,能多拿几天,一般都会获利;同样,如果5日、10日和30日均线呈现明显的空头排列,就要逢高做空,一般情况下就会获利,如图2.3所示。

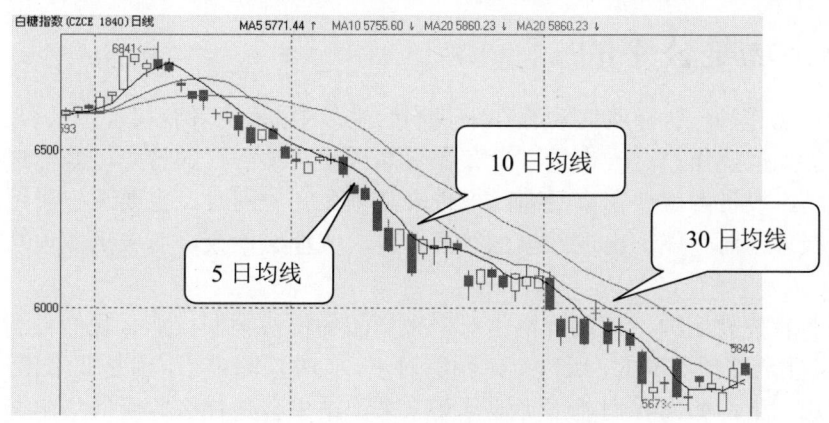

图 2.3 白糖指数的日 K 线图

在图2.3中,均线是明显的空头排列,只有我们坚持逢高做空的思维,赚钱是不难的。这里最怕你有抄底的思维,一旦有抄底做多的思维,你就很难赚钱,甚至会赔得很惨。

3）趋势线分析法

如果价格处在明显的上涨趋势中，只要价格在上升趋势线上方，我们就应以逢低做多为主，一般就比较容易赚钱。当然当价格接近于上升趋势线，并且出现明显的做多信号时再做多，会更安全，如图 2.4 所示。

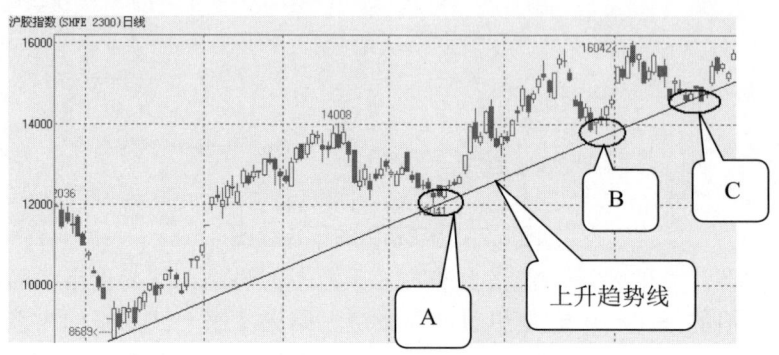

图 2.4　沪胶指数的日 K 线图

橡胶价格创出 8689 元低点后，开始不断震荡上涨，在这里可以绘制上涨趋势线，只要价格在上涨趋势线上方，坚持逢低做多的思维，一般都会赚钱。当然最好是在 A、B 和 C 处做多更安全。

如果价格处在明显的下降趋势中，只要价格在下降趋势线下方，我们就应以逢高做空为主，一般就比较容易赚钱。当然当价格接近于下降趋势线，并且出现明显的做空信号时再做空，会更安全。

2.2.2　市场是公平的

期货市场作为一种事物客观存在于我们的生活中，投资者有权选择是否进入市场，也有权选择如何操作。这一市场本身存在着高风险、高回报的特点，既然选择了投资于这一市场，投资者就要在享受高回报带来高额盈利的同时，也要承担起由于高风险所带来的损失，而不能一出现亏损就怨天尤人，或埋怨他人，而应更多地从自身原因找起。

投资者首先要明白，期货价格是对未来商品的价格预期，那么我们预测未来的东西，是不可能全部预测准的，所以有时预测对了，有时预测错了，都是非常正常的现象。我们可以想一下，如果我们能正确地预测未来，结果会是什么？所以华尔街有一句经典名言：如果你能知道未来五分钟发生什么，你将富可敌国。

既然我们不可能完全预测未来的价格，所以在我们的交易过程中，出现错误操作就是比较正常的事了。因此我们一定要有深思熟虑的交易计划，并且能严格按计划执

第 2 章 期货交易理念的实战技巧

行,这样就可以做到正确时我们获取较大盈利,而亏损时损失很小。

总之,市场是公平的,你对市场理解越深,你成为赢家的概率越大,并且经过长期实战体会,会中长期稳定盈利。

> 提醒:投资者如果想长期在期货市场中生存下去并最终达到盈利的目的,无论交易过程中出现任何问题都应从自身的交易体系中去找原因,而不应一味地推脱责任。要不断修正自己的交易体系,最终建立起一套有一致性获利能力的交易体系。

2.3 顺势而为

在期货实战交易中,顺势而为是投资者操作的灵魂。追随市场的大趋势,而不能看不到趋势,更不能逆势操作;同时在趋势的运行过程中,要根据行情的发展,注意把握趋势的节奏,既要"权死生之机",又要"辨动静之理"。

2.3.1 趋势的定义

谁能深刻理解趋势,谁就能在市场中赚钱。到底什么是趋势呢?趋势就是价格运动的方向,也是期货市场运动的方向。

> 提醒:趋就是未来价格运动的方向,势就是未来价格在运动方向上的力量。

在期货市场中,如果出现了一段上升或下降的趋势,则价格的波动必然朝着这个方向运动,直到有外力来改变它的方向为止。价格上升的行情中,虽然会出现一些短暂的下降行情,但不影响价格上升的大方向;价格下降的行情中,虽然会出现一些短暂的反弹运动,也不会改变价格最终的下降趋势。

2.3.2 趋势的三种走向

趋势的走向有三种,分别是上升趋势、横向整理趋势和下降趋势。

1)上升趋势

如果随着时间的推移,日 K 线图表中的每个价格高点依次上升,每个价格低点也依次上升,那么这种价格运动趋势就是上升趋势。

即每当价格回调时,还没有等到跌至前一次的低点时,买家就迫不及待地涌入,推动价格继续上涨;而当价格临近前一次高位时,买家又毫不犹豫地持续买入,使价格再创新高。如此来回几次,便形成一系列依次上升的波峰和波谷,这是牛市特征。

注意,当这种波峰和波谷不断抬高的现象中断时,往往意味着上升趋势即将结束。上升趋势如图 2.5 所示。

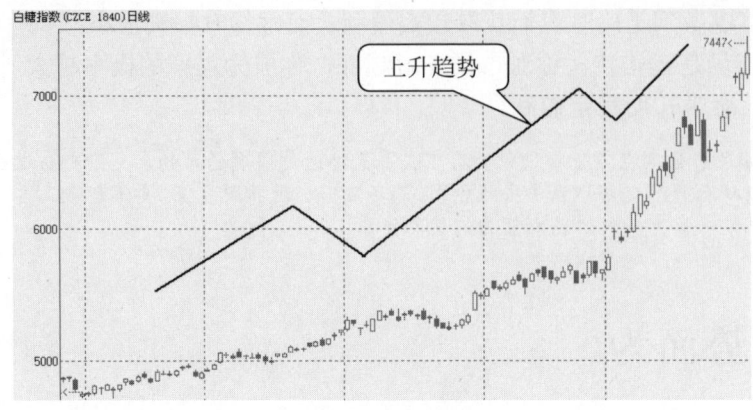

图 2.5　上升趋势

2）横向整理趋势

横向整理趋势，又称水平趋势，即随着时间的推移，日 K 线图表中的价格没有创出新高，也没有创出明显的新低，基本上就是在两条水平线之间作往返运动。

这种趋势不适合判断未来的价格运动走向，价格只有突破上面的水平压力线或下面的水平支撑线时，才能使我们看到市场真正的运动方向，这就是"牛皮市特征"。横向整理趋势如图 2.6 所示。

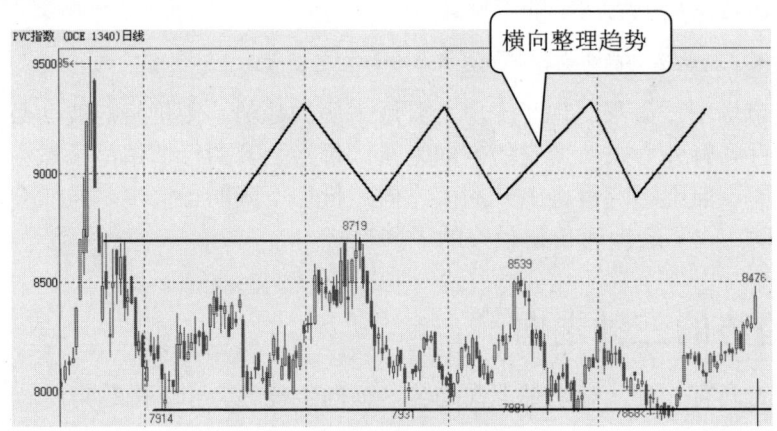

图 2.6　横向整理趋势

3）下降趋势

同上升趋势相反，如果随着时间的推移，日 K 线图表中的每个价格高点依次下降，每个价格低点也依次下降，那么这种价格运动趋势就是下降趋势。

即每当价格反弹时，还没有等到涨至前一次的高点时，卖家就迫不及待地抛售，促使价格回落；而当价格临近前一次低点时，卖家又毫不犹豫地卖出，使价格再创新低。如此来回几次，便形成一系列依次下降的波峰和波谷，这是熊市特征。

注意，当这种波峰和波谷不断降低的现象中断时，往往意味着下降趋势即将结束。下降趋势如图 2.7 所示。

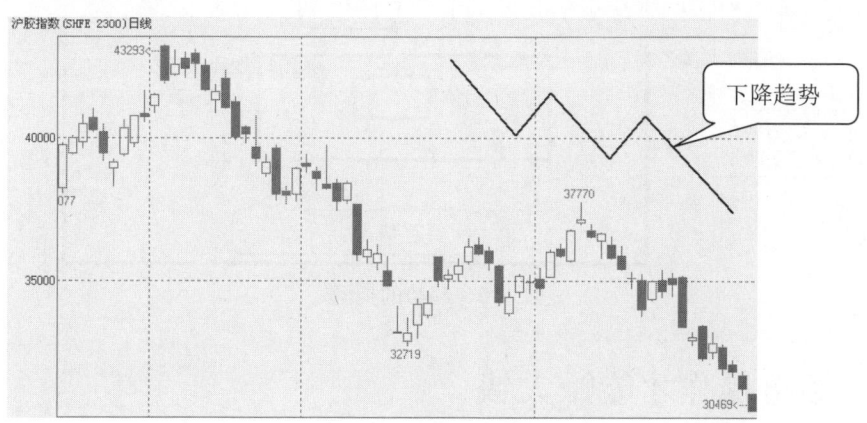

图 2.7 下降趋势

2.3.3 趋势的三种类型

趋势不但具有三种走向，而且通常还可以划分为三种类型。这三种类型就是主要趋势、次要趋势和短暂趋势。其实在市场上，从覆盖几分钟或数小时的非常短暂的趋势开始，到延续 50 年乃至 100 年的极长期趋势为止，随时都有无数个大大小小的趋势同时并存、共同作用。

主要趋势，又称长期趋势，通常运行时间在一年以上。主要趋势是投资者努力要弄清楚的方向性问题，只有了解了主要趋势，投资者才能做到顺势而为。如果主要趋势是上升趋势，则称为牛市，说明市场牛气十足，非常活跃；如果主要趋势是下降趋势，则称为熊市，说明市场萎靡不振，持续向下。

次要趋势，又称中期趋势，通常运动时间为 3 周到 3 个月。当价格持续上涨到一定阶段时，往往会进行局部的调整，这个调整的任务是由次要趋势来完成的。至于价格会调整多少，可以是主要趋势波幅的 1/3、1/2 或 2/3，如果调整过了头，那就不是对价格做调整，而是主要趋势反转了。

短暂趋势，又称短期趋势，一般运行时间在 3 周之内。短暂趋势是在次要趋势中进行的价格调整运动，它多数时候与主要趋势同方向。短暂趋势可以调整到中期趋势波幅的 1/3、1/2 或 2/3，如果调整过了头，就不是价格在调整，而是主要趋势在继续发力。

一个主要趋势包括多个次要趋势，而一个次要趋势又包括多个短暂趋势。在分析趋势的过程中，应按照从长到短的原则。主要趋势制约次要趋势，次要趋势制约短暂趋势，而次要趋势是至关重要的，起着承上启下的作用。趋势的类型如图 2.8 所示。

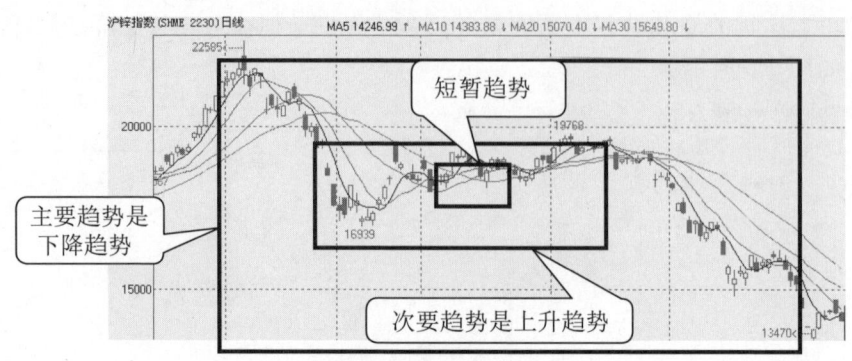

图 2.8 趋势的类型

2.3.4 顺势操作才能赚大钱

成熟的投资者或投资高手都知道,震荡行情是不可能赚到大钱的。一般情况下,投资高手或成熟投资者会在震荡行情中赔小钱,一旦趋势行情来了,就会重仓出击,中线持有,这样就能赚到大钱。

当然有些投资高手,在明显的趋势行情中,短线单和波段单一块操作,这样既可以赚到短线利润,同时也可吃到中线利润。一波较好的趋势行情下来,资金实现了翻倍,甚至好几倍。下面举例说明一下。

图 2.9 显示的是棉花指数的日 K 线图。

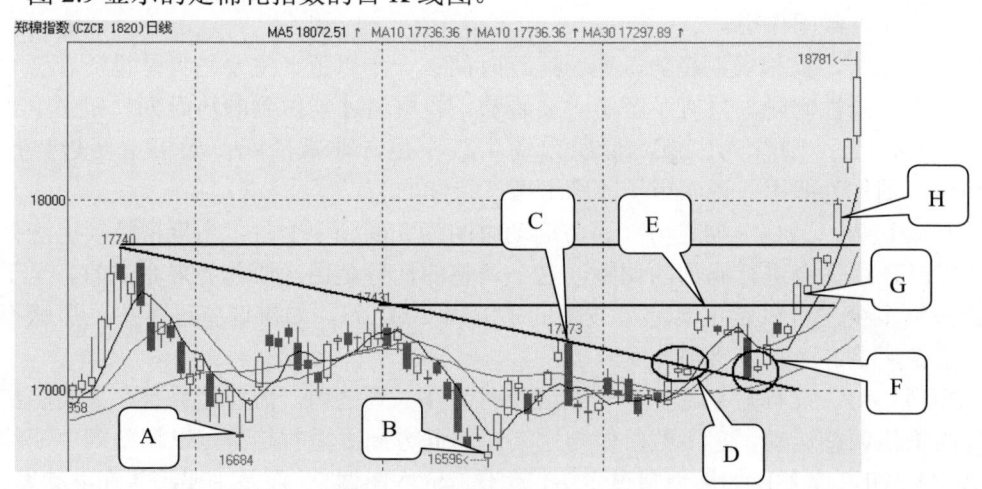

图 2.9 棉花指数的日 K 线图

棉花在 5 月 20 日创出波段高点,即 17,740 元,随后开始震荡下跌,经过 13 个交易日,最低下跌到 16,684 元,即 A 处。在这里需要注意的是,在创出低点这一天,价格收了一根十字线,这表明多空分歧很大,即有部分空单止赢或有抄底资金进场。

随后价格没有继续下跌，而是跳空高开，并且收了一根中阳线，这表明这一小波下跌已结束，后市开始反弹。

在这里可以看到，连续反弹 14 个交易日，最高反弹到 17，431 元，然后再度下跌。这一波下跌连续震荡下跌 12 个交易日，创出 16，596 元低点，即 B 处。创出低点这一天，收了一根阳十字线，从 K 线图上来看，也是一个见底 K 线。

接着价格开始上涨，连续上涨 7 个交易日，上涨到下降趋势线附近，即 C 处，价格再度受压下行。在这里需要注意的是，价格没有大幅下跌，而是横盘震荡，然后在 D 处，价格突破了下降趋势线，这表明回调很可能已结束，后市有望迎来震荡上涨行情。

突破下降趋势线后，价格继续上涨，但没有突破 17，431 元高点，即 E 处，再度回调，需要注意的是，这一波回调，正好回调到 30 日均线附近，即 F 处，价格再度企稳上涨，并且随着价格的上涨，均线开始形成多头排列。

均线由黏合变成多头排列，往往意味着震荡行情即将结束，趋势行情即将到来。震荡行情是很难赚大钱的，并且也很难把握好节奏。其实震荡行情能不赔钱就是高手了，但震荡行情我们要轻仓参与或观望（但要中长跟踪），否则你就没有盘感，真正趋势行情来时，你根本不知道，当你看明白时，你可能没有勇气进场了，因为价格很可能已很高（上涨趋势）或很低（下降趋势）。

随后价格不断上涨，在 G 处价格中阳线突破 17，431 元高点，这意味着趋势行情已开始，前期多单可以持有，并且可以继续逢低做多。

接着价格仍不断阳线上涨，在 H 处，价格跳空高开并且中阳线突破 17，740 元，这意味着真正的大行情来了，如果还没有多单也要及时果断进场。

随后价格继续大阳线上涨，并且涨幅很大。按下键盘上的"→"键，向右移动 K 线图，如图 2.10 所示。

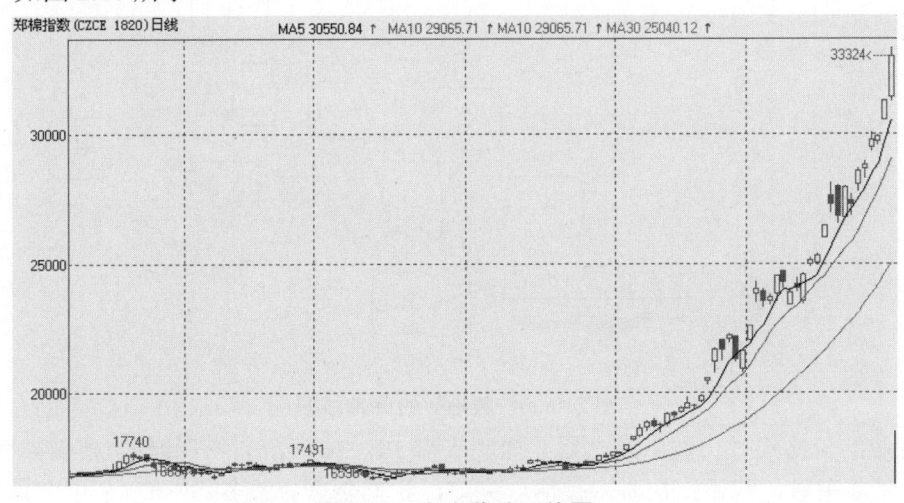

图 2.10　向右移动 K 线图

从其后的K线图可以看出，如果我们在价格刚突破时，敢于重仓出击做多，一路持有，我们的资金就会翻好几倍。当然如果你是高手，可以波段单和短线单一块做，那么当价格急拉，涨不动时，短线单减仓，当价格再度回调到5日或10日均线附近时，再把仓位补回来，收益会更大。

从上例可以看出，震荡行情，想赚钱或赚大钱，几乎是不可能的。因为我们无法确定是做多或做空，一会儿做多，一会儿做空，很难跟上节奏。而趋势行情来了，只要我们坚定方向，沿着一个方向去做单，并且敢于沿着均线持有，想不赚大钱都难。

2.3.5　趋势行情为什么你赚不到钱甚至还赔钱

趋势行情来了，相信很多投资者是能看懂的，但为什么很多投资者能看对行情，却赚不到钱呢？并且有不少投资者还赔钱？

一波趋势行情运行时，几乎所有投资者都能看明白。按理说，任何人只要顺应市场趋势交易，就可以轻松地赚大钱。但是，一旦你在市场中建立了仓位，你对市场走势的判断就不像原来作为旁观者时那么淡然、客观、自信，你的心理和情绪会发生很大的变化，怀疑、焦虑、恐惧、患得患失等主观因素很可能扭曲你的思维，使你在实战操作时陷入混乱，即反复无常、自相矛盾等。结果，看起来一次很简单、很单纯的顺势交易，在人的心理因素干扰下，你会把它搞得乱七八糟。事后看来，你当初对市场走势的判断完全准确，但是，很可能你非但没有从自己聪明的判断中赚到钱，还有可能亏了钱。

图2.11显示的是沪胶指数的日K线图。

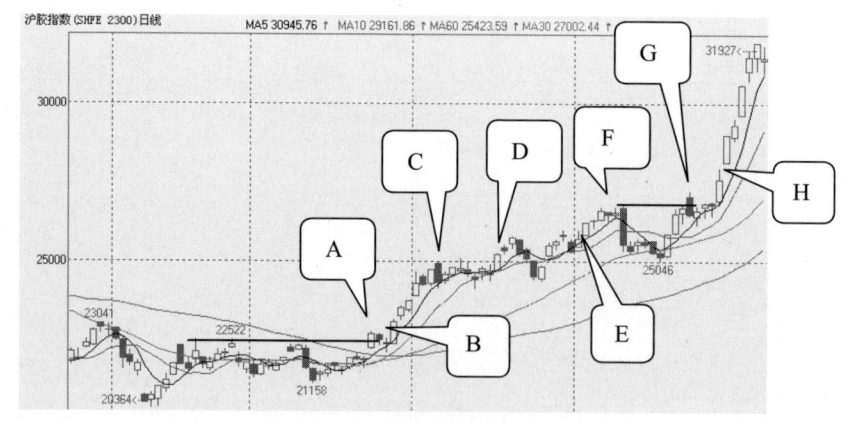

图2.11　沪胶指数的日K线图

橡胶的价格经过一波下跌之后，探明底点20,364元后，开始横盘震荡。我耐心等待行情的突破，我下定决心，行情一突破，我就会重仓做多。

在A处，一根中阳线突破了前期震荡平台的高点，我认为震荡行情结束了，后

市将迎来一波比较好的上涨行情。从事后来看，如果我能及时重仓介入，并能耐心持有，市场会让我赚到大钱。但这一波行情刚开始我不但没有赚到钱，还赔了一些钱。还好，我总结实战经验，最后一波让我给抓住了，算是还赚了一些钱。

在 A 处，中阳线突破我就重仓介入多单，我对后市行情充满期待。但第二天就把我给套住了，价格没有继续上涨，反而收了一根小阴线，我安慰自己说，只要价格不跌到前期震荡平台就不可怕，耐心持有一下看看。

可第三天，价格仍没有上涨，并且重新跌回原来的震荡平台之内，即 B 处。如果我能耐心持有，等到下一个交易日，我就会赚到钱，并且能赚到一波大钱。但是我焦虑，我害怕市场把我套死在高位，所以在 B 处，几乎是最低点我果断止损了。并且安慰自己，不要紧，也许有更好的位置让自己重新介入。

结果可想而知，我止损后，价格没有继续下跌，反而是中阳线向上突破，我后悔死了。更可怕的是，这里的自己已失去再介入多单的勇气，结果是明明看对了行情，由于介入时机不对，结果错过了行情，不但没有赚钱，反而亏了不少。

虽然我错过了行情，但我总结，这一波行情是沿着 5 日均线上涨的，只要价格回调到 5 日均线附近，我就敢介入。在 C 处，一根中阴线，把价格杀跌到 5 日均线附近，这一次我介入了多单，由于价格已上涨一段时间，我买进的多单较少，即轻仓买了一点。随后价格沿着均线上涨，但第三天，感觉价格涨不动了，我就及时卖掉多单，这样赚了一点钱，亏损减少一点。

随后价格出现了回调，但回调力度很小。我认为既然跌不动，一旦再度上涨，仍可以做多。所以在 D 处，一根中阳线再度向上攻击时，我再度介入多单，这一次我想赚个大的，想把亏损的钱补回来，结果没有及时获利了结，反而再度被套，止损出来，看对行情，再度亏钱。

随后几天，我就不再操作，而是反思，为什么自己明明看对了行情，还是赚不到钱。总结得出的结论是，进场时要考虑周全，一旦进场后有盈利就要保护好盈利，不能由盈利再变成亏损。

休息几天后，我的状态好多了，所以在 E 处，中阳线重新站上 5 日均线时，我再度介入多单，这一次做的还可以，在 F 处，我发现价格上涨无力时，及时止赢出局。

止赢出局后，我又没有急着操作，而是耐心等待机会。在 G 处，虽然价格突破了前期高点，但我上过一次当，所以这里没有介入多单。而是耐心等待再度回调，这一次我发现回调到 5 日均线附近再度得到支撑，所以我先介入一些多单，然后在 H 处，一根中阳线再度突破时，我果断重仓介入，这一波我赚不少钱，把亏损的钱全部找了回来，并且还赚了不少。

图 2.12 显示的是螺纹钢指数的日 K 线图。

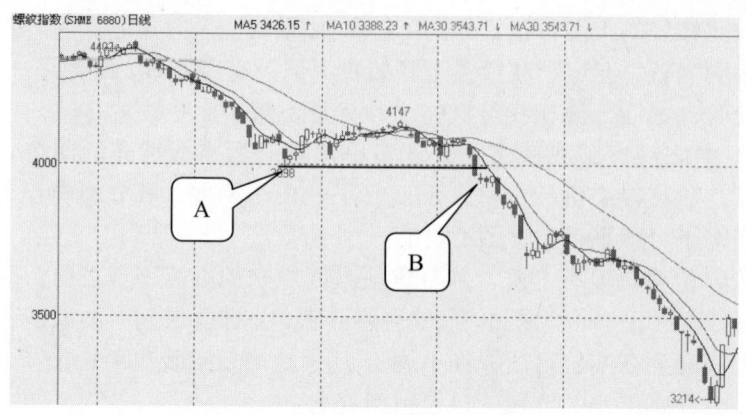

图 2.12　螺纹钢指数的日 K 线图

螺纹钢的价格经过一波下跌之后，创出 3998 元低点后，即 A 处，开始横盘整理。由于这个价格在其历史走势的最低点附近，所以主观认为，价格很可能在这个位置筑底，然后开始中长期上涨。所以在横盘整理期间，我反复在这里短线操作，但只运用逢低做多思维，虽然没有赚钱，但也没有赔钱。

可怕的是，由于主观的抄底思维具有惯性，没有想到逢高做空，而总是想抄底。所以在 B 处，价格跌破前期低点后，虽然多单止损了，但在一路下跌过程中，我总是不断抄底，结果每一次都止损出来。并且随着价格越来越低，我越不敢再做空，而总主观认为，底部就在眼前。

事后看来，一波多么明显的下跌行情呀，如果我顺势而为就能赚大钱，结果呢？我总主观认为底部就在眼前，总是不断抄底，反而赔了不少钱。看来不可思议的事却发生在我身上。

2.4　不要主观臆测市场

市场最大的确定性，就是不确定。相信市场价格不能被准确预测，把不确定性作为市场的本质，在此基础上再构建自己的交易策略才是明智的。

实际上，价格预测仅仅是每一次成功交易的开始，只是万里长征的第一步。每一个高明的投资者，任何一次具体的交易，首先会考虑当前是不是明朗的趋势行情或震荡行情的后期，只有这样的行情才值得重点参与；然后考虑每一次入市的仓位大小，具体的止损位在哪里；如果入市就有了盈利，是获利了结，还是继续加仓，加多少；加仓后情况没有按自己预期走，又该怎么办，市场出现意外怎么办，短线盈利目标在哪里，中线盈利目标在哪里，等等。显示面对不确定的市场行情，我们不能主观臆测市场，要根据市场的走势，灵活应变。

第 2 章 期货交易理念的实战技巧

很多投资者认为，在期货市场中，谁预测价格准确率高，谁就能成为最后的赢家。其实这不是一种正确的认识。如果就某一两次局部的交易而言，确实，你对期货市场价格走势判断是否准确，直接决定了交易结果是赢还是亏。但是，在成万上亿次的交易之后，总的交易结果，并不取决于局部一两次猜测的准确与否，而取决于建立在投资者综合实力和水平之上的市场、心理优势。投资者的市场认识、交易理念、策略技巧、心理素质、修养境界等因素，比起市场预测能力来，对最后的交易成败所起的作用更大。

图 2.13 显示的是豆粕指数的日 K 线图。

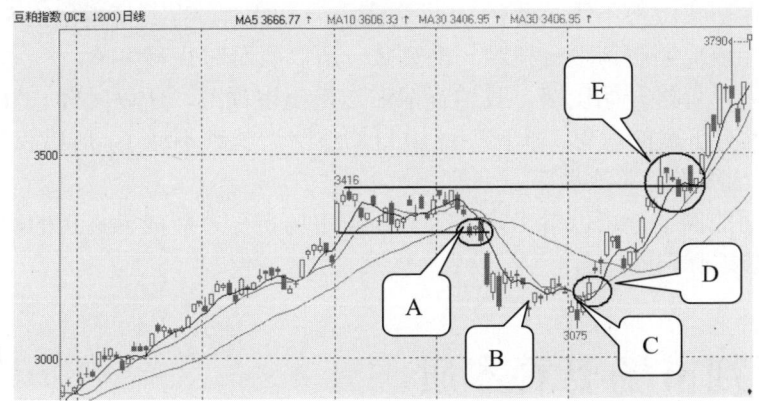

图 2.13 豆粕指数的日 K 线图

豆粕的价格经过一波上涨之后，创出 3416 元高点，然后开始震荡，因为均线系统良好，即价格在 30 日均线上方，并且均线是上行的。所以我坚持逢低做多的思维，因为我认为震荡之后，价格有望开始新的一波上涨行情。

但价格始终没有突破 3416 元高点，在这种震荡行情中，我没有赚到钱，尽管有时是看对了，但因为没有及时获利了结，甚至还怕出现趋势上涨行情，而冲动地追高加多，结果被套了，小赔出局。

在 A 处，价格跌破了 30 日均线，这意味着我看多的依据不存在了，所以我果断止损多单，并且做空。

结果第二天价格没有下跌，并且收了一根小阳线，我郁闷了一天，但由于价格还在 5 日和 30 日均线下方，我仍持有空单。还好，接下来，价格虽然高开，但高开低走，我更确认自己做空是对的，我又加了一些空单。价格当天走势符合我的预期，我就持仓过夜了。接着价格跳空低开，并且继续下跌，我耐心地持有着我的空单，心情特别爽，前几天亏的钱都回来了。

价格下跌几天后，开始震荡，我怕盈利的钱再亏了，及时获利了结，并且制订了下一次做单计划，价格创出新低再做空。

价格震荡几天后，再度低开，并创出新低，即 B 处。我果断介入空单，可这一次不符合预期，价格没有继续下跌，反而收了一根小阳线。我意识到自己错了，就果断止损空单，虽然感觉价格要反弹一下，但也没敢介入多单，毕竟当前是明显的下跌行情。

随后价格反弹了几天，然后再度下跌，并且再创新低，即 C 处，由于在 B 处我在创新低时做空止损，这一次就没有敢做。

在这里我发现，价格虽然在 C 处创出了新低，但第二天价格没有继续下跌，反弹强势上涨，并且站上了 5 日均线，所以我感觉调整很可能已结束，我轻仓介入了一部分多单。随后价格继续上涨，符合我的预期，我再度加仓做多。

这一波行情我做得不错，沿着 10 日均线我一直持有，直到价格创出 3492 元高点，即 E 处。我知道前期震荡平台很难一次突破，所以我及时止赢多单。

随后几天，价格开始震荡，我怕行情在这里出现顶部，所以我轻仓短线做空，但我发现价格没有下跌的意思，即下跌到 10 日均线附近就跌不动了，所以我及时出了空，然后在 10 日均线附近再次做多。

通过上面的例子，可以看出来，只有跟着市场走，才能成为真正的赢家。市场是老大，我们必须听它的。

2.5 预判市场要看本质

在期货市场，分析、研判市场的技术分析方法林林总总，令人眼花缭乱。有的投资者执着于一种方法不能自拔，有的投资者今天相信这种方法，明天又兴奋于另一种方法，有的甚至在一大堆指标、公式中跋涉。但当被问及为什么使用这种方法时却说不出个所以然。实际上 K 线图表中最原始的信息就是空间（价格）、时间和成交量，所有的分析方法都是围绕着这三个方面展开的，投资者应该从这一本质出发研判各种分析方法的合理性及实用性，找出真正能够研判市场本质的方法为己所用。

另外，所有技术分析方法，仅仅是工具，是用来欺"骗"和识"骗"的，所以我们在研究各种技术方法时，一定要多理解多空双方的力量对比，站在高处看市场。

2.6 影响获利的因素

刚入市交易的投资者，往往不知道是谁影响了其交易，使其本金源源不断地出现亏损。其实，影响其获利的因素主要有两个：一个是市场，另一个是他自己，如图 2.14 所示。

第 2 章 期货交易理念的实战技巧

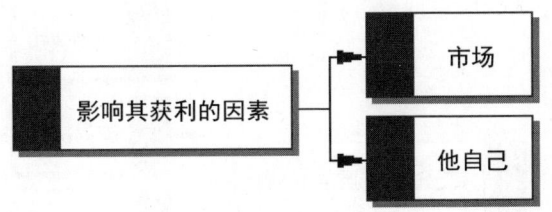

图 2.14　影响其获利的因素

2.6.1　市场是只纸老虎

很多投资者认为市场是最重要的，因为我们的交易都要在其中完成。所以很多投资者花了很大精力去研究市场、分析市场、预测市场、跟随市场。

其实市场我们是无法预测的，因为市场中的价格是未来的价格，对于未来的预测，只有大概率事件，是不可能百分之百准确的。所以将大量的时间花费在研究市场上往往得不偿失，市场留给我们的仅仅是需要了解的知识和规律，也就是"知"。这个"知"是意识，是感悟，它只需要我们勤于思考和勇于实践即可获利。也就是说，市场是只纸老虎，不需要我们流血流汗，只需要我们阅读和思考，就可以将它收服和驾驭。

对市场的了解，无非有两个方面。一个是对政策面、经济面和资金面的了解，这是对商品大势的了解；再一个就是对市场表现、主力操盘手法进行了解。这个阶段，是所有投资者都必须经历的阶段，包括索罗斯、克罗等投资大师。

2.6.2　自己是只真老虎

为什么面对一样的技术形态和一样的市场消息，不同的投资者会有不同的看法和不同的做单方法呢？实际上，人们对这个世界的了解，是基于这个世界在他头脑中所投射的部分。每个人的经历和所学所知是有限的，所以每个人的世界都是残缺的，都是真假难辨的，只是残缺的大小不同、真假的程度不同而已。

因此，你是怎么看待这个市场的，以及看待方式是否正确，完全取决于你自己的综合知识和判断能力。相比之下，市场是死的，而你才是活的，你只要一改变看法，"市场"可能就不再是原来的市场了。多变的你，才是真正的拦路虎。

自己这只老虎有 4 条腿，分别是市场认知、交易决策、交易行为和其他人士，如图 2.15 所示。

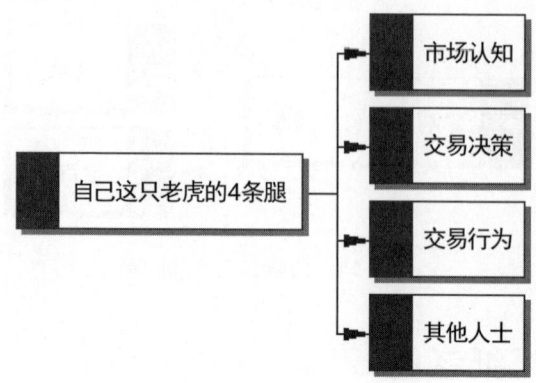

图 2.15 自己这只老虎的 4 条腿

1）市场认知

只有全面而系统化地认识市场，你才可能战胜对手，获得超过市场平均收益的投资回报。如果市场明明是上涨趋势行情，你非要猜顶做空，非要逆市场而动，那么你非要为自己的错误市场认识埋单不可。当然，如果市场明明是震荡行情，你非要按趋势方法来操作，来回止损就变成正常现象了。

2）交易决策

当你有了一定的市场认知后，就会形成自己的交易理念，加上你的性格和习惯，就会形成你的交易决策。市场本身经过了你的过滤，怎么变动都几乎在自己的考虑之中，因而市场已不再可怕，不再神秘；而基于市场认知上的交易决策，则如同作战战略和经营战略一样，直接决定了你的成败。冲动的、盲目的、不稳定的交易决策，会将你的交易引向失败和亏损。

3）交易行为

交易行为是对交易决策执行的过程，似乎非常简单，动动手就可以了。但实际上，几乎所有工作难点，都不在于决策的形成，而在于正确的执行。

事实上，很多交易行为往往会受到市场的冲击而发生改变，导致交易决策在犹豫、冲动、恐惧、患得患失中无法顺利执行。所以对于大多数投资者来说，在控制交易行为上所做的努力要远远大于其他环节。

4）其他人士

有一些投资者，对市场其他人士的指点和小道信息具有较好的免疫能力；但更多的投资者，不具备抵抗诱惑和拒绝偷懒的能力。在互联网时代的今天，无人可以隔离信息，几乎也无人敢于隔离信息。真假难辨的信息就像蜜糖一样引诱着无数投资者冲向海滩。

人们需要信息，但最终多数人也毁于信息，绝大部分没有独立自主能力的交易者将最终被市场吞没。

对于自己这只真老虎，"行"是最关键的，但这个"行"需要有意识地引导或强制性地执行。知易行难，我们要在此多下功夫。

2.6.3 交易冠军马丁·舒华兹的自我认知

马丁·舒华兹是华尔街最著名的短线操盘手之一，他参加过10次全美投资大赛中的4个月期竞赛项目，获得9次冠军，1次亚军。在这几次投资大赛中，平均投资回报率高达210%。

马丁·舒华兹经历过两次典型的自我分析过程，一次发生在他自己从证券分析师到进行短线操作之前；另一次发生在进行大规模基金操作失利之后。

马丁·舒华兹进行短线操作，利用短短几年的时间，把4万美元变成了2000万美元。但在他成为成功的专业操盘手之前，做了十来年的证券分析师工作。在经历了10年不如意的工作之后，马丁·舒华兹被自己的不成功所困惑，迫切希望寻求改变。在他转变之前，先和他对象进行了一番自我分析。他喜欢自由自在，希望为自己工作，数学很好，并且对数字反应很快，适合短线操作。由于参加过海军陆战队，有良好的纪律性。经过一番分析之后，他为自己设定了目标，即成为一名短线操盘手，结果他成功了。

马丁·舒华兹在短线操作成功之后，见到很多基金操作人建立了投资基金，希望开创一番事业，结果经历一年多的运作后，成绩不理想。

马丁·舒华兹经过自我分析之后发现，自己喜欢快进快出，不喜欢中长期持仓，这对于短线操作非常有利，但对于获取持续稳定增长利润的基金是不利的，因为快进快出意味着交易成本增加。经过一番分析之后，他果断解散了基金，重新得心应手地操作起自己的资金来，并取得不错的战绩。

提醒：马丁·舒华兹自身适合短线操作，不擅长中长线投资，因此，在他经过实践总结出自身特点后，果断放弃了不适合自己的投资模式，而专心于自己擅长的投资模式，保证了持续的盈利。

2.6.4 投资大师杰姆·罗杰斯的自我认知

量子基金创始人，人称"奥地利股市之父"的世界投资大师杰姆·罗杰斯在毕业后进入投资行业之前曾对自己进行过一番剖析，"那时觉得最好不过的就是投资行业，不需要投资许多钱，而我也没有钱，只要够聪明，肯动脑筋，了解时事就够了。我对世界大事又特别关心，同时也特别喜欢读书。这样……我可以做自己喜欢做的任何事情，而且他们付钱请我去做，我觉得那是我遇到过的最好的事。"

在经过这番分析之后，杰姆·罗杰斯就以极大的热情投入投资行业，最终获得巨大成功。

2.7 期货交易时机选择最重要

无论做任何事,把握时机都是非常关键的。在期货市场,由于价格的快速变化,使投资者资金盈亏的速度比其他行业要快得多。因此,时机的选择在期货市场就显得更为重要。虽然准确地把握时机是一件非常不容易的事情,但投资者仍应该坚持不懈地朝这个方向努力,在学习和实战中将自己的操作始终围绕着把握时机这一核心,不断提高自己的技巧。只要坚持下去,投资者最终会踏上市场的节奏,随市场起舞。

有自己明确的做单方法后,耐心等自己做单条件出现,只要做单条件出现了,即时机出现了,就要果断出击。如果做单条件没有出现,只能耐心等待时机的出现。下面通过具体实例来讲解。

图 2.16 显示的是豆一指数的日 K 线图。

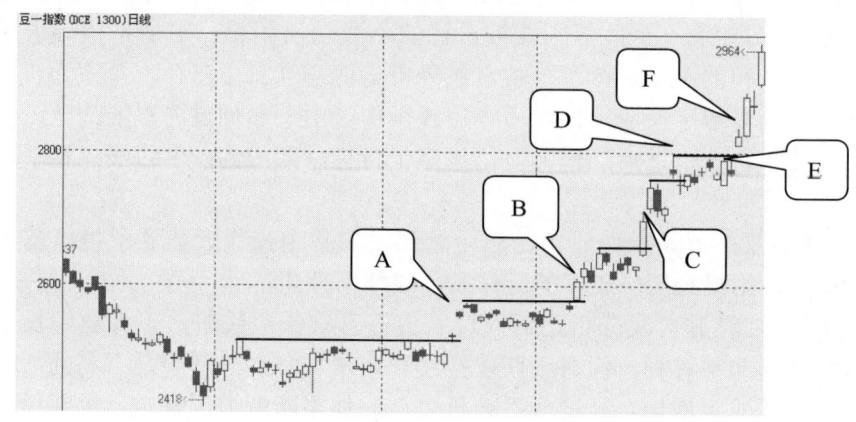

图 2.16 豆一指数的日 K 线图

下面通过大豆的 K 线走势来讲解一下突破做单法的时机选择。

大豆的价格经过一波下跌之后,创出 2418 元低点,然后开始横盘震荡盘整,经过一段时间震荡盘整后,在 A 处,价格突破了震荡平台的高点,这意味着震荡行情有望结束,后市有望迎来震荡上涨行情。所以 A 处是不错的介入多单的位置,即突破做单介入位置。

随后价格跳空上涨,但几天上涨后,再度陷入震荡。多单可以耐心持有,也可以逢高出局观望,耐心等调整完毕突破后再做多。

价格又震荡了 14 个交易日,在 B 处,再度突破,这里要敢于介入多单,虽然价格相对于震荡时的价格偏高,但你要明白,震荡之后就是上涨行情,所以不能恐高,要果断追高介入。

在这里需要说明的是,突破做单法,虽然做单点位偏高一些,但由于不参与震荡行情,你一入场就会有盈利,持有心情很好,易于做波段。如果在震荡时期介入,在

反反复复的震荡之中，你会不断改变自己的看法，从而不断止损，很可能导致行情真正突破时不敢再次介入。

同时，C 处也是一个不错的突破做单好位置。

当然，什么方法都有错误的时候，否则大家都用这种方法，都不会赔钱了。在 D 处，价格再次突破了前期高点，但随后没有继续上涨，而是再度回到震荡平台之内，这里是需要及时止损出局观望一下的。

在 E 处，一根中阳线向上攻击，但没有突破前期震荡平台的高点，不能想当然地介入，只有成功突破再介入。如果你中阳线追高介入，第二天价格没有继续上涨，你的心态可能会发生变化，有可能止损出局。那么接着价格在 F 处，突破了震荡平台的高点，你可能就没有勇气追高买进了，从而失去一波不错的上涨行情。

2.8 期货交易盈利是唯一目的

这一理念看似简单易懂，但是在实际交易中，有许多投资者却经常违背这一基本理念，有时是为了寻求刺激，有时是为了证明自己是多么正确，有时是为了跟市场赌气等，作为一名期货市场的投资者，其交易的唯一目的就是为了追逐利润，任何与这一目的相违背的交易都必须杜绝。

为了达到盈利的目的，下面几条原则要特别加以注意。

（1）交易时要寻找相对的安全点入场，这样可以有效地保护投资者的资金。

（2）有所为，有所不为。要在看明白时再操作，或者说追求符合交易原则的利润，不符合交易原则的交易坚决不做。

（3）不要一味追求成功率，期待每一笔交易都盈利是不可能的，要将追求盈利率和成功率有机地结合起来。最终的成功应该体现在最终的盈利上，而不是一次交易的成功。

2.9 期货市场是非线性的

市场是人类社会和自然界的一部分，影响价格变动的因素很多，在诸多因素的作用下，价格基本以非线性的方式运动。这一基本理念正在为所有投资者所接受。但令人不解的是市场中仍有相当一部分投资者热衷于用公式化的方法去解决，其中典型现象就是以指标、公式作为决策的重要手段。投资者不妨想一想，指标和公式都是以线性公式为出发点而设置的，用线性的、公式化的方法能真正解决非线性的问题吗？

2.10 期货交易的致命天敌

期货交易的致命天敌共有8个,分别是过量交易、保守性交易、自负性交易、报复性交易、激进性交易、怯懦性交易、侥幸性交易和预测性交易。

2.10.1 过量交易

投资者自我毁灭的最好方法就是过量交易,即投入过量资金。具有赌博心理的投资者,总是希望一朝发迹。像赌棍一样频频加注,恨不得把自己的身家性命都押在期市上,直至输个精光。

投资是时间的函数,也是漫漫的长跑。因此并不是要你跑得如何快,而是如何跑完全程。我们经常看到一段时间内出现盈利很高的投资者,如3个月获利500%,但从长期来看他们的总体盈利并不高。即短期盈利高并不能说明你一定成功,如果你能保持长期稳定的收益,那才是真正的成功。

重仓或满仓操作虽然有可能使你快速致富,但更有可能让你的财富迅速缩水。事事无绝对,即便是基金也不可能控制突发事件的影响。财富的积累和时间成正比,靠小资金盈取大波段的利润,实现资金的稳步增长才是成功之道。

2.10.2 保守性交易和自负性交易

当真正的重大行情来临时,应该迅速重拳出击,扼住时机的命门。但保守性交易者此时却犹豫不决,畏首畏尾,不是有计划地重仓出击,从而会错过一波大行情。

谈到自负性交易,就不得不说如下几个人物。

美国证券史上有名的资深分析家汉克·卡费罗,曾创下连续22个月盈利不亏损的纪录;贝托·斯坦普在华尔街创下一单赚取10亿美元的纪录;而迈克·豪斯则曾经7年雄踞华尔街富豪榜第一名。

但是他们的结局却有些相似:卡费罗死时身上只有5美元;贝托·斯坦普被几百名愤怒的客户控告诈骗而入狱10年,出狱时一文不名;而迈克·豪斯更惨,他在45岁就破产自杀了。

为什么会有这样的结局呢?原因很简单,他们都有一个共性,就是投资操作成功的概率总是远远高于众人,但奇怪的是,在他们自我感觉最好、自觉伟大时,99次成功所积累的金钱却没能经受住一次"决战"失利造成的损失。

提醒:越是自我感觉良好、充满自信,就越不容易承认自己在市场上会犯错,就越难以说服自己及时断臂止损。结果就是总会有一次让你败在市场的滚滚车轮之下。

2.10.3　报复性交易和激进性交易

报复性交易是指当你感到背叛、怒不可遏时,你想要报复而进行的交易。注意,在期市中,如果你想要报复,最好趁早撤身,否则必定会被市场撞得粉身碎骨。

激进性交易是指在趋势市场中,总是在大涨后寻顶,在大跌后寻底。总想阻拦大势,自己一声断喝趋势逆反,继而经常做与趋势走向相反的操作,也经常被趋势套牢。还有一些投资者在做错方向后,竟然还逆势加仓,等待反弹时扳回老本。可当价格反弹时,他们又希望市场能够转势,让自己捡个"天上掉馅饼"的机会。

很多新期民,喜欢抢反弹。抢反弹可不可以?如果方法对了,当然可以,否则犹如刀头舔血。

例如,从空中落下一把刀,你应不应该去接?很显然不能接,只要等它落地后,再踢它几脚,不动了,你再去捡。

这与抢反弹是相同的,必须等价格企稳了再去操作,否则抢反弹就会使你伤痕累累。

2.10.4　怯懦性交易和侥幸性交易

怯懦性交易的表现是:买进时害怕诱多,害怕假突破;卖出时害怕诱空。总之买卖操作时犹豫不决,从而导致大好时机从眼前白白消失。具有这种投资心理的人,买卖操作时,原本制订的计划,考虑好的投资策略,因受他人的影响而临时常常改变。

侥幸性交易是指投资者做错了,不是主动止损认输,而是来了犟脾气或心存幻想,即"我就不信它不涨,我就不信它天天跌不反弹"。

在期市中交易,一定要记住一个原则:当事情有可能变坏时,得到的一定是最坏的结果,这就是著名的墨菲法则。对于这个法则,比较形象的解释是:如果桌子上有一块面包,面包的一面有奶油。当面包从桌子上跌落到名贵的地毯上时,一定是有奶油的那一面向下。

盈利和亏损在期市中都很正常。盈利了,要根据行情及时获利了结;亏损了,要根据行情及时止损出局。

2.10.5　预测性交易

有些投资者总是凭主观臆断市场的顶部和底部,结果是被套在山腰上,砍也砍不动,最终导致大亏的结局。

有些老期民随着预测能力的提高,越来越坚信自己的观点,认为趋势会按自己的想法改变。事实上,希望如何与实际如何是两回事,"希望"在人生的其他领域无疑是成功的动力,可在期市中却是制胜的阻力。

期市交易,具有广泛的参与者,价格涨跌依据供需、经济、政治等多种因素,最终取决于市场买卖双方实力的较量。当整个市场的买盘强于卖盘时，走势向上成为定局；当整个市场卖盘压过买盘时，价格向下也是必然。

很有意思的是，大部分投资者在应该最大胆时，却最为小心翼翼，反之同样。手中持有筹码时，他们总是觉得涨势有限，总是在回调时过早出局。手中没有筹码时，看着价格一天一天的大涨，心中那个后悔呀，一旦追高买进，结果下跌又开始了。

2.11 自己的期货交易系统要从复杂到简单

在期货市场上，分析、研判市场的方法很多，投资者在初涉市场阶段，应该尽可能地多学习各种专业知识及分析方法。这一阶段，学习、使用的方法比较多，操作方法还形不成体系，尚处于一种相对复杂甚至有些混乱的状态。

在随后的一个阶段，投资者应该逐渐剔除一些在实战中被证明是无效的理念和方法，经过提炼筛选后，将行之有效的理念和方法保留下来。同时，要对各种各样的市场情况从本质入手认真思考，在思考过程中不断体悟。当对市场的理解有一种通达的感觉时，投资者就可以用自己对市场本质的理解将各种分析、研判方法串联起来，逐渐建立适合自己的交易体系、交易系统。进入这一阶段，交易体系会相对清晰、简单。再经过一段在实战中不断修正、提炼的过程，最终建立一套简单而实用的交易系统，也就是达到所谓的"无招胜有招"的境界。

由于投资者个人的基本素质、悟性、用功程度各不相同，这个过程需要的时间和最终能否达到目标都不确定，但是，投资者要想在市场中成为真正的赢家，交易体系、交易系统由复杂到简单是一个必须经历的过程。

第 3 章
期货交易原则的实战技巧

期货交易原则介于期货交易理念和期货实战技巧之间,起着承上启下的作用,它是期货交易理念的具体化,而实战技巧是期货交易原则的具体化。本章首先讲解期货交易原则的基础知识,然后讲解资金安全原则的实战技巧、小亏损大盈利原则的实战技巧、止损与止赢原则的实战技巧、风险控制原则的实战技巧、风险收益比原则的实战技巧、交易模式多样化原则的实战技巧,最后讲解亚当理论十大守则和江恩的24条守则。

3.1 初识交易原则

期货交易原则实际上就是交易理念的具体表现,是投资者在投资时必须遵循的原则。没有正确的交易理念,在复杂的市场行情、自我贪婪和恐惧的心理面前,无法真正地坚持交易原则,这样我们的投资策略就变成了"花拳绣腿"。

正确的期货投资需要遵循的交易原则有6项,分别是资金安全、小亏损大盈利、止损与止赢、风险控制、风险收益比、交易模式的多样化。

3.2 资金安全原则的实战技巧

资金安全原则,就是"留得青山在,不怕没柴烧"。投资者在具体实战交易时,要把亏损限制在可控范围内,这样才能保住继续投资的本钱,在期货市场中长期生存下来。

3.2.1 资金安全并不是指投资不亏钱

在期货交易中,没有一笔交易是绝对安全的,即没有一笔交易是一定可以赚钱,不会亏钱的。这里说的资金安全并不是指投资永不亏钱,而是指每笔交易一旦出现亏损,要尽可能少亏。这样投资者就经得起亏损,从而保有继续投资的本钱,不会伤害资本的元气,这才是资金安全的精髓。

例如,某期货投资者账户中的资金有50万元,如果某一笔交易做错后,亏损5000元,亏损比例为1%(5000÷500,000×100%=1%)。这时投资者心态是很平静的,认为这次亏损是值得的,为了获利投资收益,亏损就是成本。

即使这样的亏损出现几次,投资者心里也可以接受,因为一旦投资者看对行情,亏损就会很快赚回来,并且有可能变亏损为盈利,甚至出现大盈利。例如亏损三次,每次亏损1%,三次共亏损3%,一旦盈利则获利丰厚到120%或以上,这样长期下来,盈利是必然的。

但如果一笔交易做错后,亏损的不是5000元,而是5万元,亏损比例为10%(50,000÷500,000×100%=10%)。这样连续亏损三次,亏损比例高达30%,这时投资者心态就很难平静了,对行情的判断可能就不再客观、冷静、清醒,可能会晕招连连。这样的交易就没有遵循资金安全原则,使继续交易受到限制。

一般来说,期货投资者的亏损不要超过15%,这样,对投资者继续交易影响不大,否则投资者的心态会大乱,操作就会失去理智,后果是相当可怕的。需要注意的是,期货投资者一旦出现较大亏损,最好的方式是停止操作,关掉电脑,让自己先冷静下来再说,总之保住资金永远是第一位的。

第 3 章　期货交易原则的实战技巧

下面举例来说明一下，图 3.1 显示的是鸡蛋指数的日 K 线图。

图 3.1　鸡蛋指数的日 K 线图

鸡蛋期货的价格经过一波明显的下跌之后，开始宽幅震荡。在这一段行情中，如果按照趋势行情来做，就会出现连续亏损，但只要限制亏损，一旦真正的趋势行情来了，就可以把亏损赚回来，并且可以实现较大的赢利。

在 A 处，价格跌破了震荡平台的低点，这在理论上是看空的，也是可以做空的。所以在 A 处应做空单。但随后价格没有继续下跌，反而收了一根中阳线，由于价格仍在 5 日均线之下，所以空单仍可以持有。但接着价格继续阳线上涨，并且站上 5 日和 10 日均线，此时就要及时认亏，即卖出空单。

随后价格沿着 5 日均线一路上涨，并且在 B 处突破前期震荡平台的高点，由于当前是下跌趋势，所以这里要做多，也要轻仓。轻仓做多后，价格继续上涨，但很快又跌破前期震荡平台的高点，这意味着突破是假突破，所以这里多单要及时出局，即卖出多单。

同理，按趋势思路来做，在 C、D、E 处都要做空单，但这几单都会以止损出局。连续做错几单后，投资者的心态也许会很乱，但只要每单限制亏损，保持资金安全，保持心态平静，把握住大势机会，后面就会实现赢利，并且赢利会很大。

首先从价格走势可以看出，虽然价格在宽幅震荡，但高点是不断下移的，即大的方向仍是下跌趋势。所以在 F 处要敢于做空，原因是价格反弹后，又在次高位震荡，震荡后跌破震荡平台，并且跌破 10 日均线，这样就可以沿着均线做空了。

价格跌破 10 日均线后,继续下跌,又跌破 30 日均线,这表明均线已经走坏,空单可以继续持有,并且要耐心等待反弹继续做空。

价格跌破 30 日均线后,没有继续下跌,出现了反弹,反弹到 30 日均线,即 G 处,所以 G 处又是一次极佳的做空机会。

随后价格就开始沿着 10 日均线下跌,并且在 H 处跌破前期震荡平台低点,这意味着新一波下跌行情开始,所以空单可以继续持有,可以利用盈利继续做空。这样不仅可以把前面亏的钱赚回来,并且盈利是相当丰厚的。

3.2.2　一定要未买先思卖

香港首富李嘉诚在做一笔生意时首先考虑的不是如何赚大钱,而是如何保住本钱,即未买先思卖。即事先做好最坏的设想,随时做好应对不确定性的思想准备。李嘉诚举例说,如果天气预报的是大晴天,但你也要做好准备,如果几分钟后发布"十号风球"怎么办?

期货投资也要这样,在进入市场之前,要做好最坏的准备,做好在什么情况下离场的准备。这样在诸多的不确定性的情况下,要做到进可攻、退可守的准备,避免自己入市后出现不利情况时而不知所措。

总之,保持资金安全是第一位的,而赚钱是第二位的。保持资金安全即是投资制胜的基础,也是期货市场其他交易原则的基础,是整个投资的基石。

3.2.3　资金安全的实现方式

资金安全的实现方式有 3 种,分别是期货投资资金的比例、整个交易过程都要保持资金安全、资金安全原则要与其他原则配合运用,如图 3.2 所示。

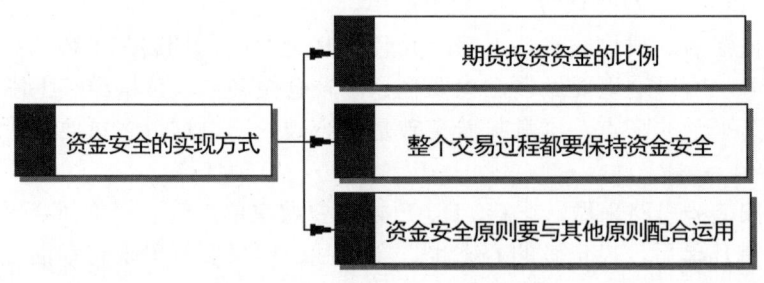

图 3.2　资金安全的实现方式

1）期货投资资金的比例

期货市场是诞生财富神话的沃土，但也是高风险的市场。所以不要相信一夜暴富的神话，不要把自己手中的资金全部投入期货市场，特别是不要借钱炒期货。期货投资资金最好占自己总资金的10%左右，这样即使这笔资金出现大的亏损，也不影响生活。这样在期货交易中就可以保持一个相对平静的心态，技术分析才不会变形，才会有比较好的投资回报。

2）整个交易过程都要保持资金安全

在整个期货交易中，资金安全要深入你的骨髓，不要太过在意每笔交易的赢亏，要注意整个交易过程中的资金安全，要注意长期效益。

首先，在期货入场交易前，要努力寻找高胜率、大赢利机会。所谓高胜率是指入场交易赢利的概率很大，有60%以上的概率才可以入场交易；所谓大赢利是指入场交易的时机是一个趋势转折点，可以是一个3~5天的短期趋势转折点，也可以是一个月左右的中期趋势转折点，最好是长达三个月或三个月以上的长期趋势转折点。这种机会，就是在损失极小的前提下，可以获取最大收益的机会。

其次，在入场交易之后，一旦出现不利的信号，要遵守规则避免出现大的交易失误，遇到风险要及时出局观望。

最后，在出现亏损时，投资者要对自己的行为负责，不要找借口。这时千万不要对自己说，"市场太坏了，专门跟我作对"。要敢于承认错误，平静地接受结果，分析自己操作中的失误，以避免下次再犯同样的错误。

3）资金安全原则要与其他原则配合运用

要实现资金安全，往往需要与其他原则配合运用，具体如下所述。

（1）风险收益比原则，是实现资金安全的基础。在期货交易中，一定要找风险收益比等于或大于1:3的机会。即只亏损1000元，收益为3000元或以上的机会。

（2）资金安全原则的有效运行，离不开小亏损大赢利原则。资金安全原则的精髓就是限制亏损，让赢利最大化增长。

（3）资金安全原则的执行，与止损和止赢原则的灵活运用相关。止损与止赢的时机关系着资金安全原则能否有效执行。

3.2.4　资金安全的错误认识

资金安全的错误认识有4种，分别是投资有风险，所以什么也不要做；赚钱马上平仓；跟市场战斗；抱有侥幸心理，如图3.3所示。

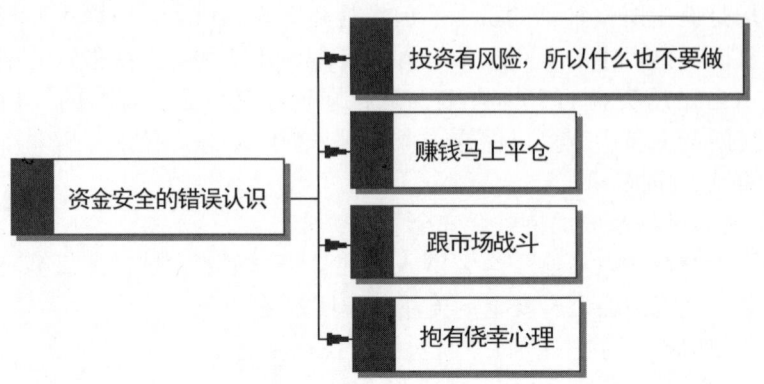

图 3.3　资金安全的错误认识

1）投资有风险，所以什么也不要做

很多人认为，既然投资有风险，为什么还要投资呢？不投资不就安全了吗？即什么都不用做，就可以避免亏损。这种想法也太天真了，由于通货膨胀的存在，你手中的现金财富天天都在贬值。

例如，改革开放40年来，人民币的购买力大约下降了80%。猪肉从每斤1.5元上涨到12元多；汽油每升2元多上升到了6元多；城市房价从1000元左右每平方米上涨到2万多每平方米；袜子从1元多一双上涨到10元多一双。

还有人统计，如果在改革开放之初时，拥有100万元，单纯放到现在，只值当年的15万元。

有风险所以不投资，这是投资者恐惧心理的一种表现。这类投资者认为，赚大钱就要冒大风险，所以保持资金安全的方法，就是完全不冒险。对于这类投资者来讲，利润和损失是相关的，就像一枚硬币的两面：要想赚取100元，投资者必须承受损失100元（可能会更多）的风险。

可实际情况是，投资者可以通过寻找低风险高收益的机会，以避免上述赚大钱就要冒大风险的悖论。

2）赚钱马上平仓

点盈利就平仓走人；而单子一旦出现亏损，就会死扛，非要等这个单子不再亏损或变成盈利为止。这是非常不好的投资原则，赚钱马上平仓，这样就会失去赚大钱的机会；亏损的单子死扛，很可能造成本来是小亏，后来变成大亏，最后甚至爆仓的结果，让你永远离开期货市场。

提醒：赚小钱，亏大钱，长期交易是很难赚钱的，这是期货交易的大忌。

下面举例说明，图3.4显示的是沪铝指数的日K线图。

第 3 章 期货交易原则的实战技巧

图 3.4 沪铝指数的日 K 线图

沪铝的价格有一段时间宽度震荡，在这段时间，小张高抛低吸，几次赚钱马上平仓，让他赚了点小钱，可最后一波大幅上涨，做错了方向，又没有及时止损，最终把赚的钱赔进去，并且又亏了大钱。

在 A 处，沪铝价格又上涨到前期高点附近，并且有长长的上影线，这表明上方有压力，所以小张就开始做空。做空后，连续下跌两天，小张见好就收，赚了一些钱。

随后价格开始反弹，但反弹很弱，反弹结束后，价格再度下跌，当然小张的空单已出局，后面的下跌已与他无关了。

价格下跌到前期低点附近，即 B 处，再度企稳，小张认为是一个机会，就及时做多，但连续上涨三天后，又赚钱马上平仓了。随后价格虽有回调，但仍是震荡上涨，这时小张想的不是继续做多，而是等反弹到压力位做空。

在 C 处，即价格上涨到前期震荡平台高点附近时，小张认为机会来了，就做了空单。这一单还好，虽然价格没有出现明显的下跌，但仍盈利出局。

连续三次盈利操作，让小张信心开始膨胀，认为自己很牛。在 D 处，小张继续做空，做空后第二天下跌，小张很是高兴，认为自己是神操作，每次操作都是盈利的。可随后价格没有按小张的想法来，没有继续下跌，反弹连续拉大阳线。这一下把小张套住了，并且前期赚的三次钱，还没有这一次亏得多，账面出现了亏损。可小张认为价格这么高，一定会跌下来的，所以虽然心里很害怕，但仍继续持仓，没有止损。

在价格上涨过程中，出现了两次回调，在每一次的低点，即 E 和 F 处，小张都想止损出局,但一想到止损就会由账面亏损变成实际亏损,所以下不了手,结果错过出局的机会。

在 G 处,沪铝价格再度大涨,拉出大阳线,小张被强平了,亏了大钱。

如何避免赚钱马上平仓,又避免盈利变成亏损,是投资者在期货交易中必须慎重处理的重要问题。如果账户出现了浮动盈利,到底是继续持有,还是马上平仓呢?首先要看大势,当前的技术面和基本面都支持价格继续沿着持仓方向运行,这时就以持仓为主,让利润继续放大;如果技术面和基本面不支持价格继续沿着持仓方向运行,就要见好就收。其实,在这里你还可以问一下自己,如果手中没有仓位,在这个位置你是买进还是卖出。如果是买进,则持有手中的仓位;如果是卖出,则赚钱就走。

3)跟市场战斗

在期货交易中,有时市场走得好好的,就会突破转向。这样就会把你的交易计划打得乱七八糟,结果只能以止损告终。

在市场突然转向时,很多持有原方向单子的投资者总认为市场故意与自己作对,是市场在清洗自己,自己一旦止损,市场就会沿着原来的方向继续运行。这样就会产生对抗思维,就开始跟市场战斗。跟市场战斗,结果只能是遭受致命的失败,因为在市场中我们只能顺势而为,趋势才是我们最好的朋友。

下面举例说明,图 3.5 显示的是螺纹钢指数的周 K 线图。

图 3.5　螺纹钢指数的周 K 线图

在螺纹钢指数的周 K 线图中,如果投资者沿着震荡下跌思路来做,即沿着趋势的方向来做,就会大赚特赚。如果跟市场战斗,总想着螺纹钢价格已很低了,逢低买进,结果只能是遭受致命的失败。

跟市场战斗是期货投资者的禁忌。它会打乱投资者的推理过程，歪曲其逻辑，给其心理留下不好的阴影，还会扰乱其对市场的感知，使其不知所措，最终失去捕捉市场中的其他盈利机会。

4）抱有侥幸心理

在期货交易中，抱有侥幸心理，就会在自己仓位不利的情况下，一拖再拖，最终由小亏变成大亏，甚至变成巨亏。

其实在期货交易中不怕错，最怕拖。既然任何人都有机会在行情分析中犯错，聪明与愚蠢的区别就在于聪明人善于壮士断臂，错了不拖；愚蠢的人则被拖死。投资者一定要具备毫不迟疑、毫不留情的止损观念，打得赢就打，打不赢就走。可谋求高利润，而不必冒高风险。一般人为什么会拖呢？主要问题是侥幸心理作祟，不敢面对现实。

例如在某个价位买入做多后，行情下跌。一种心理就是"过一阵子也许会上升，看看再说吧！"其实这只是自己一厢情愿的想法。是否真的回升？谁敢保证！

不拖的话，不外三种后果：

第一，行情直跌下去的话，不用亏大钱。

第二，如果再跌多少又回升，低价重新买入，就比原来价位更优越。

第三，认赔之后行情正巧马上回升，不过吃一次亏而已！总是利多弊少。

十次买卖就算五次亏、五次赚，亏五次不拖，赚五次放尽，总计就是赚。"不怕错，最怕拖"，说来容易做到难。有时对行情大有信心，根本没想过止损；有时恃自己实力够硬要死守到底；有时简直麻木，"反正已亏了那么多，不在乎再亏多一点，再看一下吧！"等等。所以，一定要养成习惯，一进场就要按规定在思想上预备止损，预防万一。如果自己狠不下心，就指定让别人替自己下止损单。

3.3 小亏损大盈利原则的实战技巧

小亏损大盈利原则，就是我们常常说的"限制损失，让盈利最大限度地自由增长"，即在期货交易中，将损失限于小额，让盈利尽可能最大化，这样就可以利用少数盈利机会弥补多次小额亏损，最终实现盈利。

3.3.1 小亏损

所有的投资都有风险，所以亏损是期货交易的一部分，并且是不可或缺的一部分。投机大师索罗斯曾说过"投资本身没有风险，失控的投资才有风险"，即小亏损是投资的重要组成部分，是获得收益的成本，没有小亏损就没有大收益。

很多投资者因不能接受亏损，结果就造成了小亏损变成大亏损，大亏损变成巨损。其实，在期货交易中，不在于盈利多少，而在于出现亏损时，你如何正确地面对亏损。亏损不可怕，只要正视亏损仓位，并作出审慎而果断的决策。很多成功的期货投资者每年亏损的次数要远远高于盈利次数，之所以能成功的原因在于小亏损和大盈利。

投资者出现亏损之后，该怎么办呢？

首先要接受，即从心理上承认并接受自己的错误，只有这样才会有下面的果断决策；然后就是处理，即采取有效措施避免损失继续扩大，即止损；最后是止损后，平静心态，继续重新开始新的交易。

在这三个环节中，止损最难也最关键。止损是最痛苦的，它就像一把锋利的尖刀，可把投资者刺得鲜血淋漓、但又必须勇敢地活下去。当然，止损可以让投资者痛定思痛，变被动为主动，不断寻找新的盈利机会，最后由亏变盈，最终成为市场赢家。

小亏损做法的重要性可以利用鳄鱼法则来说明。

鳄鱼法则的意思是：假定一只鳄鱼咬住你的脚，如果你用手去试图挣脱你的脚，鳄鱼便会同时咬住你的脚与手。你愈挣扎，就被咬住得越多。所以，万一鳄鱼咬住你的脚，你唯一的机会就是牺牲一只脚，如图3.6所示。

图3.6　鳄鱼法则

在期货市场中，鳄鱼法则就是：当你发现自己的交易背离了市场的方向，必须立即止损，不得有任何延误，不得存有任何侥幸心理。鳄鱼吃人听起来太残酷，但期货市场其实就是一个残酷的地方，每天都有人被它吞没或黯然消失。

当你的资金从10万亏成了9万，亏损率是 $1\div10=10\%$，你要想从9万恢复到10万需要的盈利率也只是 $1\div9=11.1\%$。

如果你从10万亏成了7.5万元，亏损率是25%，你要想恢复的盈利率将需要33.3%。

如果你从10万亏成了5万，亏损率是50%，你要想恢复的盈利率将需要100%。

俗话说得好："留得青山在，不怕没柴烧。"止损的意义就是保证你能在市场中长久地生存。甚至有人说：止损＝再生。

3.3.2 大盈利

在市场趋势明朗的情况下，投资者应尽可能长期持仓，让赢利最大限度地增长，这是获取丰厚盈利的最佳选择。但在这个过程中，会出现一些小幅反向运动，这是市场杂音，最好不要理会，否则一旦卖出，很可能就会失去赚大钱的机会。

提醒：在明显的趋势行情中，一定要学会判断杂音，分清什么是大势，什么是反向小波动，注意不要乱了节奏，做错了方向。

下面举例说明，图3.7显示的是郑煤指数的日K线图。

图3.7　郑煤指数的日K线图

郑煤价格在一波大涨行情中，是沿着30日均线震荡上涨的，所以每当价格回调到30日均线附近都可以介入多单，然后中长期持有，就可以获得丰厚的投资收益。

需要注意的是，一旦介入多单，最好耐心持有，这样就会实现大盈利。但投资者一定要明白，在上涨过程中，价格不可能没有回调，所以每次回调时，重要的是不要认为价格涨得太多，要开始下跌，就开始做空，这样就看错了方向，如果不及时止损，就会出现大亏损。所以在A、B、C处，价格出现回调时，不是想着去做空，而是耐心等待价格回调到位做多。

3.3.3 小亏损大盈利的实现方式

在期货市场中，要实现小亏损大盈利有4种方式，分别是盈利做长线，亏损做短线；与止损止盈原则相结合；要耐心把握节奏；学会空仓，如图3.8所示。

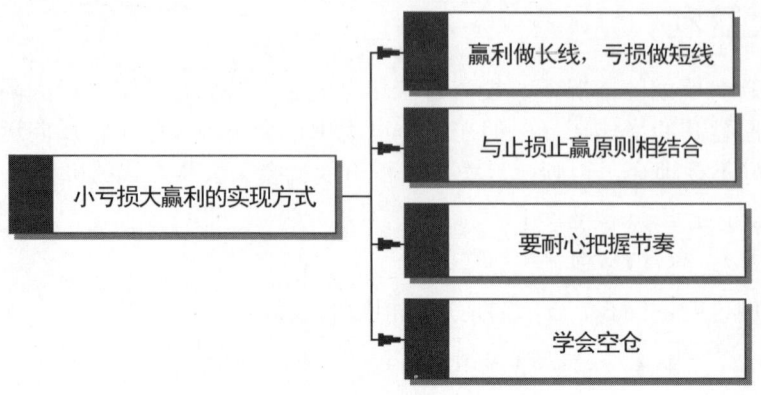

图 3.8　小亏损大盈利的实现方式

1）盈利做长线，亏损做短线

在期货交易中，投资者必须坚持一个原则，那就是在盈利的仓位做长线，亏损的仓位做短线，这是小亏损大盈利的精髓。如果投资者持有的仓位与市场趋势相同，那就尽可能地长期持有仓位，这样会有较大的盈利。如果投资者持有的仓位与市场趋势相反，就要及时止损。

判断趋势，可以利用均线，也可以利用趋势线。如果均线处于多头排列，即 5 日均线 >10 日均线 >30 日均线 >60 日均线，这时可以持有多单，只要价格不有效跌破 30 日均线，就可以继续持有，就可以实现利润最大化，如图 3.9 所示。

图 3.9　豆粕指数的日 K 线图

第 3 章 期货交易原则的实战技巧

豆粕价格在 A 处突破了所有均线，均线出现了明显的多头排列，这时介入多单，然后价格不跌破 5 日均线就可以持有。

随后价格沿着 5 日均线上涨，连续上涨 8 个交易日后，出现了回调，回调到 10 日均线附近，然后继续上涨，在这里可以看到，长期持有多单，就会获得几倍投资收益。

当然如果价格跌破 30 均线，多单就要出局了，即 B 处。

同样，如果价格处在上升趋势线上方，就可以介入多单，并且可以继续持有多单，一直到价格跌破上升趋势线，再卖出多单，如图 3.10 所示。

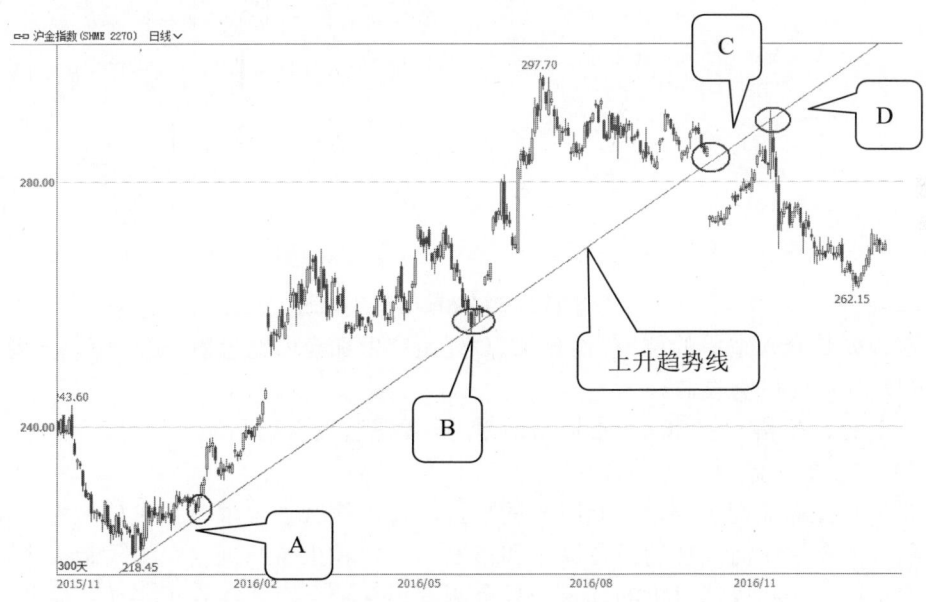

图 3.10 沪金指数的日 K 线图

在 A 和 B 处是比较好的介入多单位置，在 C 处价格跌破上升趋势线，所以多单要在这个位置出局。价格跌破上升趋势线，出现了反弹，正好反弹到上升趋势线附近，即 D 处，所以 D 处是极佳的多单出局位置，也是极佳的做空位置。

如果均线处于空头排列，即 5 日均线 <10 日均线 <30 日均线 <60 日均线，这时可以持有空单，只要价格反弹不突破 30 日均线，如果继续持有空单，就可以实现利润最大化，如图 3.11 所示。

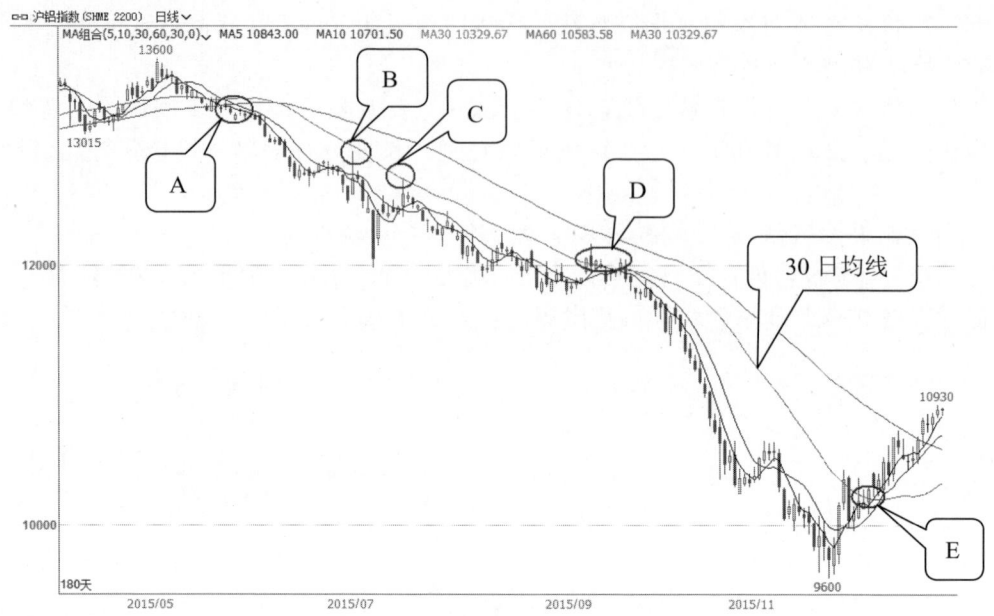

图 3.11 沪铝指数的日 K 线图

在 A 处是介入空单的位置,而 B、C、D 处是空单加仓做空位置,这些空单一路持有,就会翻好几倍的投资收益。

在 E 处,价格站上 30 日均线,所以空单要在这里出局。

2)与止损止盈原则相结合

止损和止盈原则主要是平仓时机的把握,可以这么说,限制损失放大盈利体现了盈利和亏损仓位如何处理的投资原则和精髓。止损和止盈原则决定了限制损失、放大盈利的执行方法和执行时机的选择。只有两者相互结合,才能真正实现止盈和止损的目标,达到限制损失、让盈利最大限度增长的目的。

3)要耐心把握节奏

在期货交易中,每次交易都必须制订和遵循交易计划,并且在整个交易计划中,一定要考虑出局的时机。如果交易计划不够完美,要尽最大努力进行完善。在进行交易时,一定要有耐心,耐心等待高胜率的交易时机出现,这样可以降低交易风险。

交易后,投资者要根据已制订的交易计划,既要有耐心又要有节制地对待自己的仓位。当亏损达到预定位后应果断止损出局,千万不能犹豫不决,让亏损越来越大。同样,当仓位出现盈利时,只要价格是按自己的交易计划走,就要耐心持有,不要一见盈利就止盈了。

最后,还要详细做好交易记录。期货投资者坚持做好交易记录,交易结束后,可以不断总结经验。如果交易成功,要总结成功经验;如果交易失败,就要寻找交易失败的原因,避免下次再犯同样的错误。

4）学会空仓

期货市场天天都有很多机会，但我们的资金是有限的，所以有时要适当的空仓，让自己充分地休息一下，保持交易平常心。"懂得休息，才能懂得工作。"所以期货投资者不要天天沉醉在市场中频繁交易，更不要试图抓住每一个市场机会。

（1）期货交易看起来很轻松，只需轻轻动动鼠标即可，其实不然。实际上，期货交易是一项复杂而又繁重的脑力劳动，投资者会受到体能的限制。

（2）期货交易会受到心理、情绪等因素的影响。心态不静、情绪不稳，肯定会影响投资者的判断力。所以适当休息一下，可以让自己放松，这样更能客观地分析行情，更能把握市场机会。

（3）期货市场虽然每天都有机会，但并不是每天都有好的交易机会。投资者要避免因为每天待在期货市场中，无论什么盈利机会都要操作，结果乱了节奏，不仅没有赚到钱，反而亏了大钱。

3.4 止损与止盈原则的实战技巧

止损与止盈原则是期货投资者的离场策略，其中止盈是指当投资者盈利时，让盈利仓位增长到何时平仓退出市场；止损是指当投资者亏损时，亏损多少时平仓退出市场。

3.4.1 止盈

止赢有 4 种方式，分别是转势止赢、回调到建仓价位立即止赢、技术位置止赢和回调 20% 止赢，如图 3.12 所示。

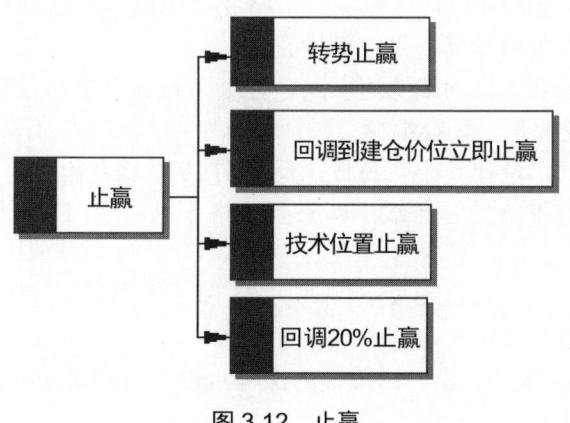

图 3.12 止赢

1）转势止赢

在期货交易中，当趋势开始时，介入单子，一直到这一波趋势转势，卖出手中的单子，是最佳的操作，也是盈利最大的操作。

需要注意的是，当市场价格走到重要的支撑位或阻力位时，要密切关注市场的动向，运用各种方法来分析研究市场是否有转势的征兆。经过分析后认为市场转势了，就要止赢。图 3.13 显示的是沪铝指数的日 K 线图。

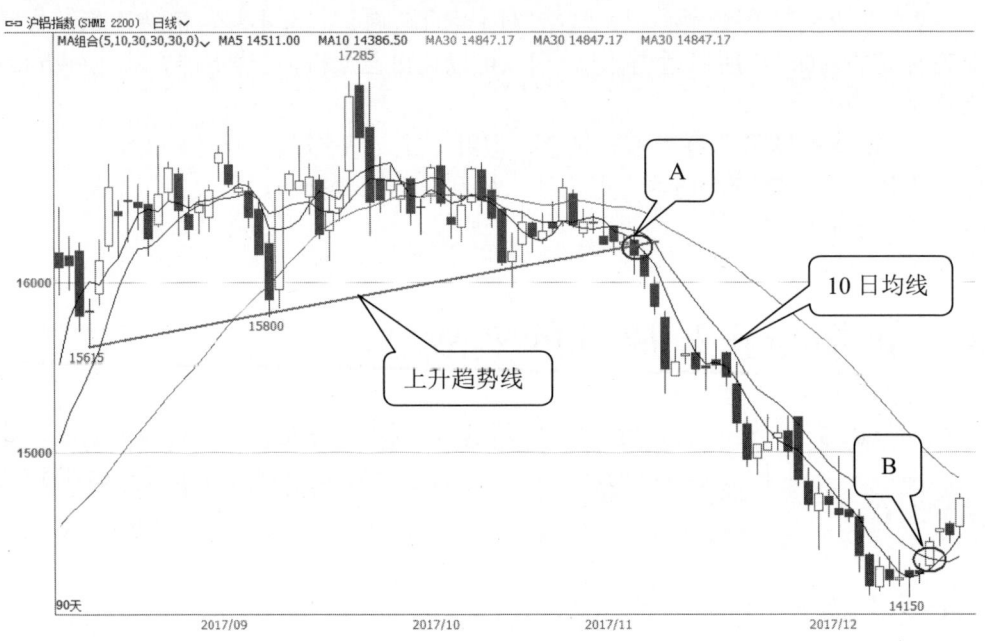

图 3.13　沪铝指数的日 K 线图

沪铝价格经过一波上涨之后，开始在高位震荡。经过近三个月的高位震荡后，在 A 处，价格跌破了上升趋势线，这意味着价格要开始进入下跌趋势，并且均线也形成了空头排列，所以 A 处就是转势做空的位置。

随后价格开始沿着 5 日均线快速下跌，连续下跌 3 个交易日后，出现了反弹，但反弹很弱，这表明反弹后，仍会继续下跌，所以空单以耐心持有为主。

在这里可以看到，反弹 5 个交易日，反弹到 10 日均线附近再度下跌，所以 10 日均线可以看作这一波下跌的趋势线，即只要价格不站稳 10 日均线，空单都可以继续持有。

从其后走势可以看出，在 B 处，价格站上 10 日均线，这表明价格要大幅反弹或反转了，所以 B 处就是转势止赢位置。

在 A 处做空，在 B 处止赢，是最佳的操作，也是盈利最大的操作。

2）回调到建仓价位立即止赢

在期货交易中，当投资者选好入市时机、按照交易计划入市交易时，如果事实证明投资者介入的是一波趋势行情，并且是顺势交易，那么就应耐心持有自己的仓位，让持有的仓位随着价格的变化而不断扩大盈利。千万不能因为市场出现小的调整，自己就乱了方寸，仓促间卖掉仓位，从而错过后市大的盈利机会。

但有一种情况是必须平仓的，那就是当市场价格回调到投资者建仓位置，仓位的盈利将近全部吃掉时，必须止赢平仓出局。

3）技术位置止赢

在期货交易中，当投资者持有趋势单，一般情况下，仓位头寸盈利都很丰厚。如果投资者十分害怕回调而吃掉一部分盈利，可以采取渐进止盈的办法来回避风险、扩大战果。

例如，某投资者建立多头仓位后，市场一路上涨，投资者的多头仓位盈利丰厚。一旦市场价格上涨到前期重要阻力位时，可以减仓1/3或1/2，继续持有其他仓位头寸，观望重要阻力位是否能突破。如果不能突破，平掉所有的仓位；如果能突破，可以在价格突破之后，把平掉的仓位再补回来，然后继续耐心持有，一直到转势为止。

4）回调20%止赢

在期货交易中，在仓位头寸盈利的情况下，没有急于平仓，而是紧随大势，不断扩大盈利，到适当时机平仓出局。为了避免盈利转化为亏损，止损价格设置在反向调整20%的水平上，这一方法的好处是稳扎稳打、步步为营，至少保证获得80%的浮动利润。

例如，某期货投资者交易豆粕期货合约，以3050元/吨买入1手合约，成交后豆粕合约价格上涨到3150元/吨。因为预测豆粕价格还会继续上涨，所以他决定继续持有豆粕合约。但为了防止市场突发利空，造成豆粕价格出现快速下跌，这样就会吃掉盈利，所以他把止损价格设在3130元/吨。如果市场突发利空，豆粕合约价格大幅下跌，下跌到3130元/吨，就会将合约卖出。

3.4.2 止损的方法

止损有3种方法，分别是按计划止损、和预期不相吻合止损、反向止损，如图3.14所示。

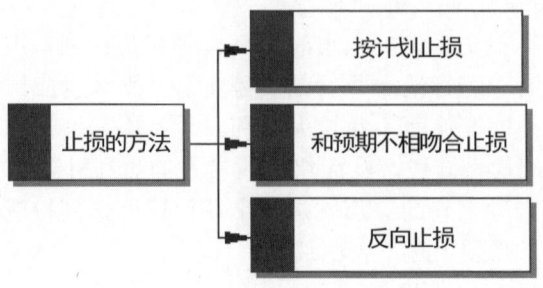

图 3.14 止损的三种方法

1）按计划止损

按计划止损，即在入场交易之前，投资者在制订交易计划时，根据自己的承受能力事先预设的止损。

按计划止损可以进一步分为资金止损、技术指标止损和 K 线形态止损，如图 3.15 所示。

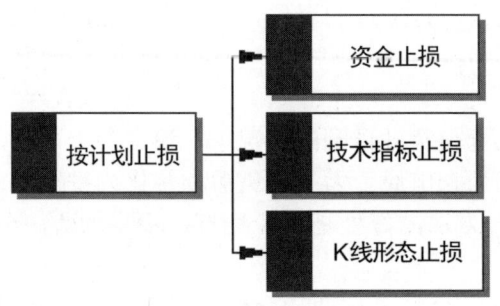

图 3.15 按计划止损

方法一：资金止损。

资金止损最简单，无须任何技巧，完全按照期货投资者对损失的接受程度而定。例如期货投资者进行一笔交易，其愿意接受的最大损失为 3 万元。如果非常不幸，判断失误，当损失达到 3 万元时，就要无条件地平仓出局。

方法二：技术指标止损。

期货投资者可以根据自己常用的一些技术指标（如均线、MACD、KDJ、BOLL 等）入市交易，当原来入场交易的理由消失后，就应该平仓出局，或市场出现应当离场的信号后，止损出局。

例如，豆油指数价格站上 5 日、10 和 30 日均线，均线形成多头排列，并且价格开始沿着 10 日均线上涨，这样可以进场做多，但如果价格突然跌破 10 日均线，就要止损出局，如图 3.16 所示。

第3章 期货交易原则的实战技巧

图3.16 豆油指数的日K线图

方法三：K线形态止损。

K线形态是指反转形态（头肩顶、双顶、双底、头肩底等）和持续形态（对称三角形、上升三角形、下降三角形、旗形、楔形、矩形等）。

以双顶为例，如果期货价格形成双顶，那么双顶的颈线就是一个重要的止损位置。即在双顶的颈线位置附近做空，只要价格不重新上涨到双顶的颈线上方，可以一直持有，直到转势止盈，如图3.17所示。

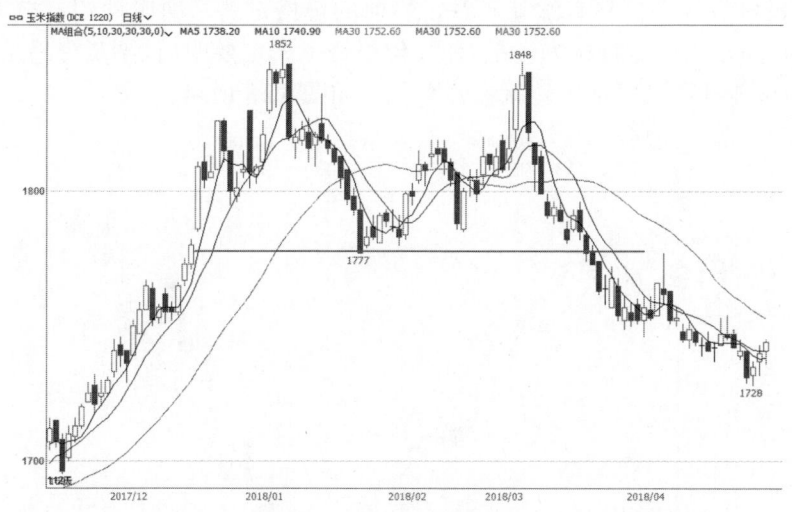

图3.17 玉米指数的双顶

2）和预期不相吻合止损

和预期不相吻合止损，是指当期货投资者在市场中建立仓位头寸后，发现市场并没有按自己预期的方向运行，要么重新出现震荡，要么出现反向运行，这时最好先止损出局观望。

3）反向止损

反向止损是指投资者入场交易后,立即发现自己的交易方向与市场价格的走势是相反的,这时要果断止损出局,重新审视自己的交易计划。

3.4.3 为什么止损那么难

止损是期货交易的安全阀,所有投资者都知道止损的重要性。但在实际操作中,止损是非常难的一个决定,因为这需要投资者克服内心感情的痛苦折磨,向市场认错。

很多投资者面对亏损犹豫不决,迟迟下不去手止损,关键还是心存侥幸,表现在3个方面,具体如下所述。

（1）不愿亏损的心理。宁愿让浮动亏损不断扩大,也不能接受止损平仓后的小幅亏损。投资者往往抱着这样的心理,"会不会明天市场就会反向运行呢？如果那样,我现在平仓不就亏了吗？"因此,不愿意及时止损,抱着侥幸心理希望能扛过去。但实际情况往往是由小亏损变成大亏损,最后变成巨亏,甚至爆仓出局。

（2）投资者认为大部分亏损仓位能够扛过去,甚至还能由亏变赢。在实际交易中,如果你的资金足够多,相当一部分亏损仓位确定可以扛过去,甚至由亏变赢。但投资者一定要明白,一旦出现一次大的反向趋势行情,你又习惯了扛行情,那么就这一次就会让你遭受灭顶之灾。

（3）投资者认为价格有涨就有跌,当前的价格走势是暂时性的,将来一定会朝自己持仓的方向运行。这种认为也是对的,但投资者一定要明白,期货交易是带杠杆的,你的资金很可能扛不到行情回转就被强平了,如图3.18所示。

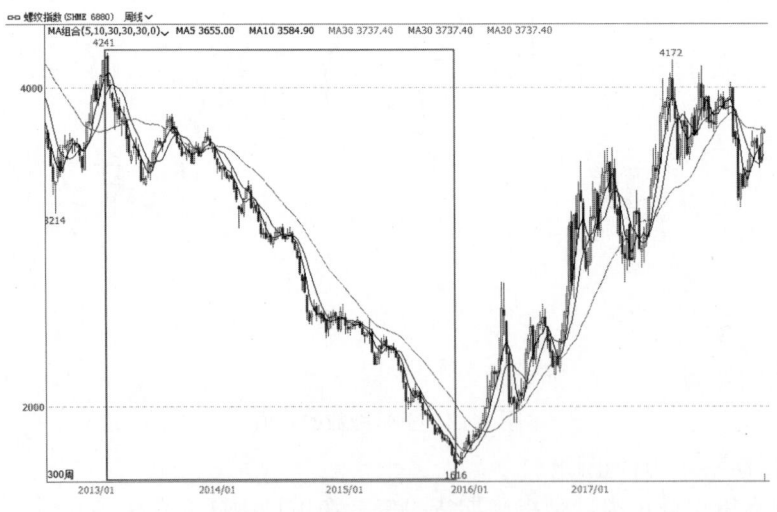

图3.18　螺纹钢指数的周K线图

在这一大波螺纹钢指数下跌行情中,价格从 4241 元一路下跌到 1616 元,下跌时间长达 2 年 10 个月,你如果持有多单,能扛过来吗?估计早就强平了。虽然从其后走势可以看到,价格又重新上涨。

3.4.4 止损与止盈的执行

在期货市场待得越久,越能明白止损的重要性,越能对止损大彻大悟,进而在期货市场上盈利。为了更好地执行止损与止盈,投资者还要注意以下三点。

(1) 对于交易仓位,必须有合理周全的止损止盈计划,并严格按照计划执行。

(2) 入场交易后,一旦出现亏损,就必须限制交易的规模和损失数额,可达到减少亏损、控制风险的目的。千万不能因为亏损乱加仓,乱操作,这样只能让自己陷入更大的被动,只能越亏越多。理智的做法是,当亏损达到亏损额度时,果断止损出局。

(3) 市场趋势不变时,对盈利头寸可以采用金字塔增仓方式,适当增加头寸,使盈利仓位得到最大限度增长。

3.5 风险控制原则的实战技巧

在期货交易中,资金安全原则是第一位的。但要实现资金安全原则,就需要风险控制原则配合才能实现。

3.5.1 什么是风险控制原则

风险控制原则是指投资者无论在什么情况下,都不能忽略或低估潜在的风险,要通过一系列措施将风险控制在可管理的范围之内,从而避免风险失控,给投资者造成重大损失。

投资大师索罗斯认为,"投资本身并没有风险,失控的投资才有风险"。其实可控的风险不可怕,可怕的是失控的风险。需要注意的是,风险往往在你放松警惕时悄悄来临。

3.5.2 控制每一笔交易的风险

控制每一笔交易的风险有两种方法,分别是确定最大损失限额和根据期货合约保证金确定损失限额,如图 3.19 所示。

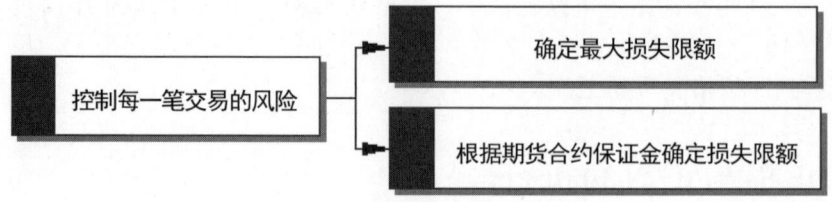

图 3.19 控制每一笔交易的风险

1）确定最大损失限额

确定最大损失限额，例如账户资金的 1%~5%，具体数目取决于账户资金规模的大小。对于小额资金账户来说，将损失限额控制在 1% 可能不具有实际操作意义，因为止损限额太小，期货市场价格略做波动，不可以止损出局。所以小额资金账户的损失限额的百分比要大一些。

确定最大损失限额，可以帮助投资者约束自己，用一种客观而系统的方式来控制损失，避免太多主观随意操作。

2）根据期货合约保证金确定损失限额

根据期货合约保证金确定损失限额，是指让每笔交易的仓位，与各自交易品种的最小保证金数额相等，将风险控制在这些保证金的一定比例内。期货交易的保证金是按照每笔交易来确定的，一般与市场的变异性相关联，并间接地与各市场的风险/收益潜力相联系。

3.5.3 避免过度交易

很多期货投资者感觉自己每天必须看盘，每天都得交易，并且一些投资者沉迷到以此为乐的地步。

很多投资者在震荡盘整中追涨杀跌，特别是在趋势的中后期，因为他们对趋势是否能延续犹豫不定。常常以为每一次短暂的上冲或下跌就是新的趋势的开始，于是在踏错市场震荡节拍的前提下频繁买卖。

当趋势真正来临的时候，投资者已经被市场的震荡搅得六神无主，心理上已经无法对趋势是否真的出现作出正确的判断，从而失去挽回损失的机会。这是投资者的一种通病，"症状"具体表现如下所述。

（1）手中无期货合约筹码时，手痒闲不住，非要买进不可。

（2）手中有期货合约筹码时，又莫名地恐慌，一旦市场朝反方向运行，就不知如何是好。

（3）总是认为机会不断，总是不停地操作，结果越操作越赔，越赔越操作。

究其原因，主要是因为没有良好的技术分析方法做后盾，心中没有大的运行趋势判断，从而导致心中没底。

看不懂行情不要紧，可以不操作，殊不知空仓休息也是一种操作方法。投资者要明白：正是"有利就要、寸步不让"的贪欲让你亏损不断，是你失败的重要原因之一。

3.5.4 避免冲动性交易

具有这种投资心理的投资者，在投资前，原本制订了计划，考虑好了投资策略。但受到了从众心理的影响，一有风吹草动，即当看到很多投资者纷纷入市时，不免心中发痒，经不住这种气氛的诱惑，就匆忙进场交易，具体表现如下所述。

坐在电脑前，眼睛盯着屏幕，市场有什么风吹草动都会看在眼中，脑子里却什么都不想，只注意眼前的行情表、数据、技术图表。同时，心里越来越紧张和焦虑，总觉得关键的时刻就要到了。

忽然，看到了"买进"信号，不过，没有马上采取行动，反而继续紧张地看着屏幕。心里想，前几天看到这种买进信号，就买进，结果买进不久就开始急转下跌，把自己套得很惨。如果再发生一次怎么办？应该再多等一会儿，待行情确定后再动手也不迟。这时他的手心开始冒汗，心跳开始加快，眼睁睁地看着可以大捞一笔的机会继续扩大。

这时，全身上下疯狂地分泌肾上腺素，心里忽然浮现了愤怒和挫折感。脸上出现痛苦的表情，嘴里先是低沉地吼了一声，接着提高声音说："不管了，我要下手了"，然后就按下了买入按钮。

可谁知刚下完单，发现行情忽然快速反转向下，就像心里担心的那样，心里后悔急了，喃喃地说："主力太狡猾了，专门跟我作对。"

相信新老投资者都经历过类似的场面。冲动是魔鬼，一定要克制自己，在市场中冲动就意味着送钱交学费，千万要小心呀！

3.5.5 交易前定义风险

交易前定义风险，是指通过摸清各种导致亏损的"潜在威胁"之后，进行交易，适当止损的方法。

交易前，为了摸清各种导致亏损的潜在风险，投资者需要从以下5个方面不断完善自己。

（1）首先问问自己对当前的期货市场了解多少，对影响期货合约的价格变动因素又了解多少，是不是听到其他投资者赚钱了就盲目进场交易。

（2）要深入地向市场学习，不仅要学习市场的技术分析方法，还要对不同期货合约的基本面进行深入的学习了解。

（3）做期货投资交易，一定要用闲钱来交易，这样就不会有太大的精神压力，没有压力就不会导致交易失误。

（4）要重视每笔交易的风险，及时止赢止损。
（5）按照风险/报酬比率入市交易。

3.5.6　交易中控制风险

入场交易后，一旦出现风险，投资者需要及时对风险进行客观分析和评估，进而采取相应的策略，具体步骤如下所述。

（1）正确客观地评估风险。
（2）出现风险后，制订应对风险的措施和计划。
（3）制订的计划能够覆盖风险，并将风险置于投资者的可控范围之内。
（4）采取有效、有力的措施控制风险。

3.6　风险收益比原则的实战技巧

风险收益比是预期回报与未来风险的比值。假设某段时间内某期货合约即将上升的空间为400元，而可能下跌的空间为100元，那么风险收益比就是1∶4。风险收益比是职业投资者每次进场之前都必须深思的问题，因为资金有限，而机会是无穷的，只有专注于大机会，集中资金打歼灭战，才有获取大利润的可能性。

谈到风险收益比，还要了解获胜率。获胜率是买入期货合约后在某一段时间内最终盈利的可能性，即将来是获利卖出而不是亏损卖出的概率是多少。

风险收益比和获胜率之间具有紧密的联系。假设投资者有10万元资金，始终选择风险收益比为1∶3的行情满仓做10次，同时设置止损位为买入价的-3%，即盈利目标为买入价的9%，那么

0胜时：亏损3万元

1胜9负时：亏损1.8万元

2胜8负时：亏损0.5万元

3胜7负时：盈利0.6万元

4胜6负时：盈利1.8万元

5胜5负时：盈利3万元

6胜4负时：盈利4.2万元

7胜3负时：盈利5.4万元

8胜2负时：盈利6.6万元

9胜1负时：盈利7.8万元

10胜时：盈利9万元

可见，只有投资者能在10次交易中赢得3次，即可小有盈利。如果风险收益比为1∶4时入场，则10次只有赢2次就可以保本。10次实现2次或3次获胜，则比较容易达到，关键是风险收益比，所以风险收益比是职业投资者需要考虑的问题。

一般来说，在能确定风险收益比的情况下，交易保本时所需的获胜率＝1÷（风险收益比的分子及分母之和）×100%。

例如，某投资者打算买入某期货合约，经过周密分析后，预计买入价为10,000元，止损价为9700元，止赢价为11,200元，那么风险收益比为(10,000－9700)∶(11,200－10,000)＝1∶4，所需获胜率＝1÷(4+1)×100%＝20%。即在不计算交易成本的情况下，交易者只需要20%获胜率就可以保住本金。

下面再来说一下获胜率与入市资金。

在风险收益比固定的情况下，是不是获胜率越高的行情投入的资金越多，其投资回报就越高呢？有研究者在长期获胜率分别是63%、60%、57%且报酬/风险比恒定的基础上，以电脑随机的方式进行了100次模拟交易，在不计算交易成本的情况下，得出结果如表3.1所示。

表3.1 长期获胜率与入市资金的关系

获胜率	投入5%	投入10%	投入14%	投入20%	投入30%	投入40%
63%	3.24倍	8.22倍	14.50倍	25.28倍	27.99倍	9.95倍
60%	2.40倍	4.50倍	6.23倍	7.49倍	4.37倍	0.78倍
57%	1.78倍	2.46倍	2.67倍	2.22倍	0.68倍	0.06倍

可见，在长期获胜率为63%的情况下，资金收益的增长倍数似乎一直随着入市资金的增加而增大，但当入市资金达到30%的比例时，资金收益的递增速度开始变慢，当入市资金达到40%的比率时，资金收益则开始大幅递减。为什么会出现这种现象呢？这是因为大资金所产生的小概率损失会大大影响总资金的收益率，这一点特别应被大资金投资者关注。

3.7 交易模式多样化原则的实战技巧

期货市场是一个多变的、无规律的市场，虽然可能在一段时间内呈现一定的规律，但这种规律总是短暂的。所以期货市场中的盈利模式是多样的。

3.7.1 什么是交易模式多样化

交易模式的多样化原则，是指投资者可以根据正确的投资理念和投资原则，寻找适合自己个性的期货交易模式，期货盈利交易模式是多样的。

在期货市场中，不存在固定的盈利交易模式。由于期货市场是T+0交易，适合做短线的投资者,可以找到短线的盈利模式;适合做中长线的投资者,可以找到中长线的盈利模式;适合把握大势操作的投资者,可以做战略的投资者;适合套利交易的投资者,可以做套利交易者。

3.7.2 日内交易模式

日内交易是通过赚取较小的价格波动、每天通过扩大交易次数做大交易规模实现盈利的一种交易方式。

1)日内交易的特点

日内交易的特点有 4 项,如图 3.20 所示。

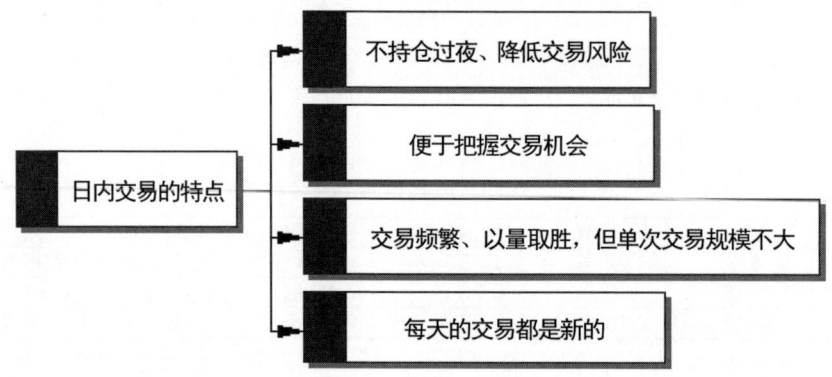

图 3.20 日内交易的特点

(1)不持仓过夜、降低交易风险。不承担隔夜持仓风险,当天开仓当天平仓。日内交易者在每天交易结束后,可以轻松地休闲,不用承担隔夜持仓风险,这种交易方式适合风险厌恶型投资者。

(2)便于把握交易机会。有利就尽快实现盈利,出现亏损马上止损,绝对不抱侥幸心理;防止突发事件而造成被动局面,使资金处于高度的灵活状态。

(3)交易频繁、以量取胜,但单次交易规模不大。

(4)每天的交易都是新的。

日内交易的盈利模式对投资者吸引力较强,因为不必经受漫长的等待,盈利亏损当日确认,但这种盈利模式只有少数投资者能够掌握,对人的综合素质要求极高,例如纪律性、自制力、心理素质、反应能力等。这种盈利模式还受投资规则限制,不适合机构投资。

2)日内交易的法则

日内交易的法则具体如下所述。

(1)日内交易,如果入市点是正确的,市场会随时对投资者的交易进行测试,并给出答案；如果投资者对入市点有怀疑，可以立即平仓，等到市场确认后再寻找合适价格入市。

（2）日内交易的好处是当对市场日内趋势判断正确时，可以当日获取利润，并于收市前平仓。

（3）投资者对于自己的交易既要有自信，又不能太自信，太自信容易使判断出现问题。

（4）充分利用中、长趋势，顺势而为，逆势而为交易有时也可以赚钱，但那是小概率事件。

（5）运用分时图、小时图等技术图形，进行交易。

（6）日内趋势交易，要求投资者对技术分析掌握较好，而且反应灵活。

3.7.3 中长线交易模式

中长线交易模式一般使用周线图、月线图、甚至季线图，另外，还有一套侧重于长期的良好技术分析系统，如均线等以及必备的耐性和纪律。

1）中长线交易的理念

利用大量（80%）小额的亏损，不断地测试、确认机会的出现，最终通过把握重大机会，实现少量（20%）巨额的盈利。

按交易 100 次为例来计算，亏损次数 80 次（100×80%=80），每次亏损 5%；盈利次数 20 次（100×20%=20），每次盈利 100%，下面来计算累计盈利。

累计盈利 = 20×100% － 80×5% = 1600%。

这种交易模式，是国内外市场 90% 的大赢家所采取的方式，所以你如果想成为大赢家，可以慢慢学习这种交易模式。

2）中长线交易的特点

中长线交易的特点有 3 项，分别是把握趋势的中间部分、持仓时间长、利润丰厚但要经受亏损的考验，如图 3.21 所示。

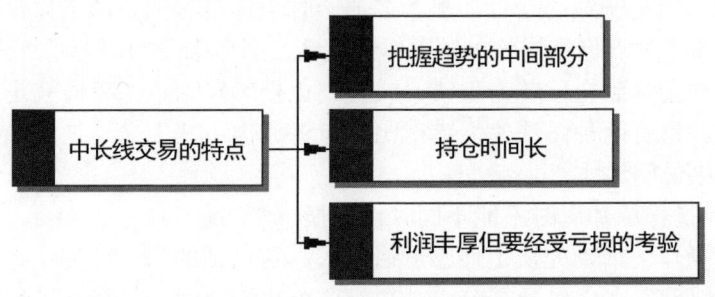

图 3.21 中长线交易的特点

（1）把握趋势的中间部分。不能在最低价处买入，也不能在最高价处卖出，放弃行情前、后两段的20%利润，利润主要来源于捕捉大行情中间80%的部分。

（2）持仓时间长。趋势型指标要求投资者的持仓时间都比较长，一般都有3个月甚至更长时间。

（3）利润丰厚但要经受亏损的考验。趋势型的优点是有大行情时，可以获得丰厚的利润；缺点是在震荡盘整行情中，会继续产生亏损，使投资者对自己和自己的交易系统产生怀疑。

3）中长线交易的法则

中长线交易的法则具体如下所述。

（1）只有在市场展现出强烈的趋势时，才可以放手进场交易。

（2）入市点有三种情况，分别是趋势反转时、长时间窄幅盘整突破时；大势反弹或回调50%附近处。

（3）趋势分析正确时，金字塔加仓。

（4）钱是靠"坐"着赚回来的，不是靠操作赚来的，只有用客观的方法判断趋势反转时才可以平仓。

3.8　亚当理论十大守则

亚当理论是美国人威尔德（J.W.Wilder）所创立的投资理论。威尔德于1978年发明了著名的强弱指数RSI，还发明了其他分析工具如PAR、抛物线、动力指标MOM、摇摆指数、市价波幅等。这些分析工具在当时的时代大行其道，受到不少投资者的欢迎，即使在今天的证券投资市场中，RSI仍然是非常有名的分析工具。但很奇怪，威尔德后来发表文章推翻了这些分析工具的好处，而推出了另一套崭新理论去取代这些分析工具，即"亚当理论"。下面来具体看一下亚当理论十大守则。

1）赔钱的仓位绝不要加码或"摊平"

如果你操作的是赚钱的仓位，那么在那个时点你是对的。如果你操作的是赔钱的仓位，那么在那个时点你是错的。如果你错的话，那么唯一的问题是"你会错多久？"唯一的答案是你会错到仓位转为赚钱，或直到止损触发为止。事情就是这么简单。如果你已经错了，只有两种做法使你错得比目前更离谱。其中之一是增加错误的仓位，其二在守则3中说明。

2）在开始操作或加码时不能不同时设止损

在你开始操作之前，先决定你愿意错多久。这句话的另一种说法是："这笔操作我愿意赔多少钱？"在你进场之前，必须作这个决定，因为只有在进场之前，才能作出客观的决定。一旦你处在市场之中，你就不再客观了。你已经建立了仓位，给了承诺。

现在,期望跟你冷静而计算妥当的客观性相互缠斗。这世界上绝没有精神上的止损这回事。除非把止损放进市场中,否则止损就不算是止损。

3)除非是朝操作所要的方向,否则绝不取消或移动止损

你会想朝操作反方向移动止损的唯一时刻,是操作仓位发生亏损,而且市场对你不利时,根据定义,在这个时点你是错的。你会错得更离谱的第二种方式,即是移动止损,导致你操作赔更多钱。请记住,你最后一次真正客观的时候,是在进场之前,决定止损的时候。如果你移动止损,那么期待之情便会完全压制住你冷静且算计妥当的客观性,而且你不再是个理性的操作者。恐惧可以发挥很好的效用,贪婪可以构成障碍,但期待之情一旦占上风,却会使人万劫不复。

4)绝不让合理的小损失演变成一发不可收拾的大损失,情况不对,立即退场,留得青山在,不怕没柴烧

只要有一次不遵守这十大守则中任何一条,万劫不复的亏损都可能发生,即只要你有一次"犯规"那就是这一次,市场会严重烧伤你。市场是个强敌,是在竞技场中与你搏斗的勇士。跟真正的斗士一样,你一犯错,它就会乘虚而入。只要你松懈一次,它就会攻击你脆弱的仓位,让你血流如注。许多优秀的操作者日进日出,严守这些成规,时时保持警觉,然后突然有那么一次,他们肯定自己是对的时候,而违反其中一条守则,放松警戒,开始期待,然后就是血流如注。短短几天内赔掉的,可能比一年赚的还多。我所知道有许多操作者,包括我自己在内,只因此一次的松懈,便赔掉所有的钱。我从没有见过,有人因遵守这些戒律,把裤子也赔掉的。从没有人因小针扎一下而流血致死的;要命的伤口才会如此!深长的伤口才会要人命。

5)一笔操作,或任何一天,不要让自己亏掉操作资金的10%以上

遵守以上四条守则,仍可能受到伤害。由于仓位很多,即使止损点很接近,许多或所有仓位如果对你不利,一天之内,你仍可能赔掉操作资金的10%以上。由于仓位太多,所以这种事情可能发生。有时候,你买的所有东西都齐步下跌,你卖的每样东西都并肩上扬。请记住,操作应该是一件乐事。为了享受乐趣,任何时刻都不要冒亏大钱的风险。

6)别去抓头部和底部,让市场把它们抓出来

亚当理论永远抓不准头部和底部。想去抓的人也抓不准。但是头部和底部终于出现时,亚当理论只会错一次。

多数操作者都想抓头部和底部。多少操作者也都赔了钱!多少操作者之所以想抓头部和底部,理由有二。自负和贪婪。抓住头部和底部,准确的概率比在拉斯维加斯玩吃角子老虎机还差。每个人都知道这种事,你的敌人也知道这种事,他偶尔会让你抓准一两次头部和底部,好让你上瘾,继续做这种事。这是种自负的旅程,好让你能告诉朋友:由于你敏锐地研判市场,你在低档买进了黄豆。这全是自负心理在作祟。你曾经有多少次买到最低点,而且真的抱着仓位,直到最高点才脱手?为什么不只等

反转确立呢？为什么要丢掉确立之前的所有利润呢？这全是贪婪在作祟。你有多少次因为不肯等候而赔了钱？即使你严格遵守前面的所有守则，但不顾这条守则，你仍然会赔钱。

7）别挡在列车前面

如果市场往某个方向爆炸性发展，千万别逆市操作，除非有强烈的证据，显示反转已发生(请注意，是已经发生，而不是将发生或应发生)。

超买的市场绝没有不能再涨的理由，超卖的市场绝没有不能再向下的理由。这是敌人喜欢布置的陷阱。把一张非常具有方向性的市场图拿给五岁的小孩看，问他明天要站市场的哪一边。这位小孩根本不懂什么叫超买、超卖，什么叫支撑、阻力，更别提更高深的技术分析。他不知道是曾经涨得多高，曾经跌得多低。他对什么叫基本面一无所知。他没有操作者的背景和经验。那么他会怎么告诉你，说他要站在市场的哪一边？这就是那么简单。别站在列车前面，要么就坐上去。

8）保持弹性

记住你可能会错，亚当理论也可能会错，世界上任何事情都可能偶尔出差错。记住亚当理论所说的是概率很高的事，而不是绝对肯定的事。

做对的次数愈多就愈容易失去弹性。你连续赚六七笔操作之后，这时你难免洋洋自得，使做法失去弹性。这就是你的大敌(也就是市场)等候你这么做的时候。它会跟你要回以前所赚的钱，外加一点儿鲜血。

9）操作不顺时，不妨缩手休息

如果你一再发生亏损，请退场到别的地方去度假，让你的情绪冷静下来，等头脑变得清醒再说。

多数操作者之所以会赔钱，其中一个理由是，不受约束的途径走起来最轻松。当你的财产值刚刚暴跌时，要放手一段时间是件相当难的事。这种时候来临时人们往往会坚守城池，奋战到底，直到反败为胜，然后才休息。你不愿承认自己最近所做的每件事都错了。你会告诉你自己，战斗还没有结束，这只是一时的挫败而已。以前你也曾经迅速扭转乾坤，这次你可以再来一次。现在就放手不等于承认失败，而且从头再来时，本钱会少很多。敌人喜欢跟有这种心态的操作者玩游戏。现在，操作者处于劣势。由于操作者受到很大的压力，必须迅速反败为胜，所以他比较难以保持客观的态度。他会冒平常自己不肯冒的险。现在他非常可能舍弃十大守则中的一些守则。不管操作者自己有没有想到，他现在的心态不是真的相信自己会赢，而是希望自己能赢。在这种情况下，很难要他缩手、度假、承认失败。但这是极少操作者能赢的理由之一，这也是最难走的路。

10）问问你自己，你全身从里到外是不是真的想从市场中赚一笔钱，并仔细听一些你自己的答案

有些人心理上渴望着赚钱，也有些人只是想找件事做。"认清自己。"如果你在

市场上操作真正的理由是想赚钱、想赚一些可以在年底花用的钱,那么迟早你会知道,一个人能不能从市场上赚钱,取决于他有没有遵守这十大守则。至于他赚多少钱,则取决于他进场和退场的方法。如果你从里到外问自己这个问题,并仔细倾听答案的话,你将了解这十大守则的价值。你将了解,你不会只因为使用亚当理论或其他任何方法,就可以成为赢家。亚当理论只是给你一个进场的理由。这个理由是:市场有很高的概率,往某个特定方向移动一段时间。

除非你所有的操作都依据这十大守则,否则亚当理论或其他任何方法,都不会准到让你不断赚钱。当你懂了这一点,你就会在市场上赚不少的钱,到年底可以花赚的钱。

3.9 江恩的 24 条守则

江恩留给后人的著作比较多,其预测技术涵盖了数学、几何学、星相学、宗教等方面的知识,但他的交易规则来自其多年的交易经验和市场统计。他认为,投资者在市场买卖中受到损失的原因有三项,具体如下所述。

1)在有限的资本上过度买卖,即操作过分频繁

市场上的短线和超短线操作是要求有很高的操作技巧的,在投资者没有掌握这些操作技巧之前,过分强调做短线常会导致不小的损失。

2)投资者没有设立止损点以控制损失

很多投资者遭受巨大损失就是因为没有设置合适的止损点,结果任其错误无限发展,损失越来越大。因此学会设置止损点以控制风险是投资者必须学会的基本功之一。还有一些投资者,甚至是一些市场老手,虽然设了止损点,但在实际操作中并不坚决执行,结果因一念之差,遭受巨大损失。

3)缺乏市场知识,是在市场买卖中损失的最重要原因

一些投资者并不注重学习市场知识,而是凭想当然办事或主观认为市场如何如何,不会辨别消息的真伪,结果接受错误信息,遭受巨大的损失。还有一些投资者仅凭一些书本上学来的知识指导实践,不加区别地套用,造成巨大损失。江恩强调的是市场的知识,实践的经验。而这种市场的知识往往要在市场中摸爬滚打相当长的时间才会真正有所体会。

江恩在晚年,总结了其 45 年来在华尔街的投资经验,最后认为规则重于预测,其中 24 条买卖守则(在国内的旧译本中是 21 条)作用相当大,具体如下所述。

将你的资本分为十份,每次入市买卖,损失不会超过资本的 1/10;
- ➢ 设下止损位,减少买卖出错时可能造成的损失。
- ➢ 不可过量买卖。
- ➢ 不让所持仓位由盈转亏。
- ➢ 不逆市而为,市场趋势不明显时,宁可在场外观望。

- 入市时要坚决，犹豫不决时不要入市。
- 只在活跃的市场买卖，买卖清淡时不宜操作。
- 分散风险，如果资金量大，可交易四五种股票。
- 避免限价出入市，要在市场中买卖。
- 可用止损位保障所得利润。
- 在市场上连战皆胜后，可将部分利润提出，以备急时之需。
- 买股票切忌只望收息。
- 买卖遭损失时，切忌加码，谋求拉低成本，可能积小错而成大错。
- 不要因为不耐烦而入市，也不要因为不耐烦而清仓。
- 赔多赚少的买卖不要做。
- 入市时设下的止损位，不宜胡乱取消。
- 做多错多，入市要等待机会，不宜炒卖过密。
- 与趋势保持一致，不应只做单边。
- 不要因为价位过低而吸纳，也不要因为价位过高而看空。
- 避免在不适当的时候金字塔式加码。
- 挑选小盘股加码做多，挑选大盘股做空。
- 永不对冲。
- 如无适当理由，避免胡乱更改所持仓位的买卖策略。
- 避免在长期成功或盈利后增加交易

提醒：投资者不要变成规则的收集者，而应理解它们产生的本意，要灵活应用，甚至自行修改，以为己用；另外，对于交易规则，只需领会其含义，而在具体执行和细节上，需要投资者制定自己的交易规则。只有自己在实战中获利的教训和规则，才更符合自己的交易习惯，并创造最大的价值。还要记住，是市场产生了规则，而不是规则产生了市场，切不可把市场当作规则里的市场。

第 4 章
期货交易计划的实战技巧

交易计划可以让投资者避免鲁莽行事,避免在交易不利的情况下乱操作,避免让亏损无限放大。因此,交易计划是成功的投资者与失败的投资者之间的重要区别,是期货赢家的重要因素。本章首先讲解交易计划的定义、组成及注意事项,然后讲解交易计划的基本内容以及交易计划的制订,最后讲解交易计划的实施。

4.1 初识交易计划

俗话说得好:"凡事预则立,不预则废。"在交易之前制订交易计划,是成功投资者的必修课。下面具体讲解一下什么是交易计划、交易计划的组成、交易计划的注意事项。

4.1.1 交易计划的定义

交易计划是指期货投资者在正确的投资理念和投资原则指导下,根据自己的个性及市场判断进行交易,并充分考虑各种可能的结果及所采取的相应措施,特别是在出现不利状况时的应对措施,以保证心态平静、理智、客观地进行交易的一种指导方案。

投资者一定要明白,一旦进场交易,盈亏就由不得你,完全由市场决定。所以投资者无法确保自己的交易每次都盈利,而盈利需要制订具体可行的交易计划。

4.1.2 交易计划的组成

期货交易计划主要由4个部分组成,分别是入市环节、资金管理、退出环节和意外发生时的应对措施,如图4.1所示。

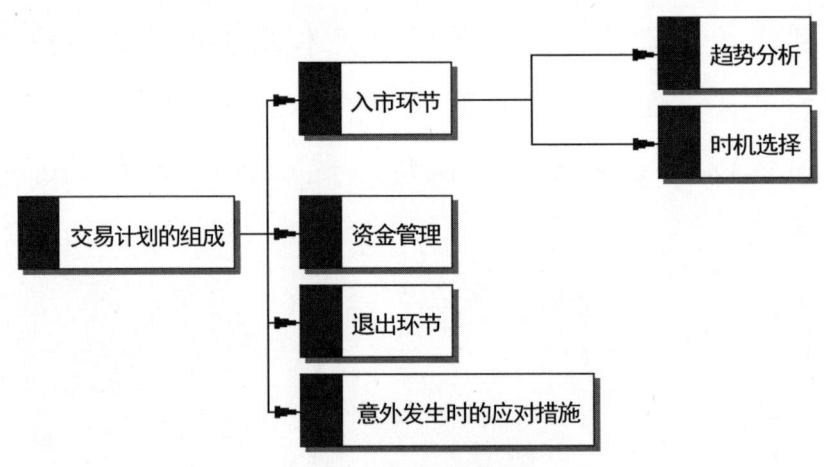

图4.1 交易计划的组成

1)入市环节

入市环节包括两部分,分别是趋势分析和时机选择。

趋势分析是交易计划的第一步,也是相当关键的一步。通过趋势分析,投资者首先必须明白当前是什么趋势,是上涨趋势、下跌趋势还是震荡趋势。假如是上涨趋势,那么是上涨趋势的初始阶段,还是上涨趋势的中间阶段,或是上涨趋势的末端。上涨

第4章 期货交易计划的实战技巧

趋势的初始阶段大多是震荡上行,所以可以轻仓做大趋势,也可以高抛低吸做波段操作;上涨趋势的中间阶段,行情往往是快速上涨,可以重仓持有多单为主,不要来回操作,这样很容易错过最佳盈利阶段;上涨趋势的末端,最好不要再操作,以持有趋势多单为主,当然如果你是短线高手,可以高抛低吸做短线操作。

时机选择,是交易计划的第二步,是建立在趋势分析的基础之上的,当然也是最关键的一步。有很多投资者看对了趋势,但由于时机选择错误,结果在趋势展开之前,就在来回震荡的行情中止损出局。这样不但出现了实际亏损,还错过了后面的盈利行情。

时机选择,就是具体的进场点,往往是由技术指标做参考依据,例如在上涨行情中,每当价格回调到均线支撑附近时,就可以以均线为止损,介入多单;再例如在下跌行情中,MACD指标出现死叉时,可以介入空单。

总之,趋势分析是用来告诉投资者该做多还是做空的,或者等待更好的交易机会;时机选择决定投资何时入市交易。

2)资金管理

资金管理是指决定入市交易后,要用多少资金进行交易,是重仓?轻仓?还是满仓?

资金管理的重点是资金配置和对交易仓位的止损阶位及盈利目标位的设定。资金配置包括投资组合的设计、多样化的安排、在各个品种上应当分配多少资金等。在盈利与亏损关系上,首先盈利目标要大于损失目标,一般比例为3∶1,因为只有这样,长期交易下来才会盈利。其实,盈利的次数与亏损的次数也很重要,所以要尽可能地提高获胜率。

3)退出环节

在期货交易中,进场容易出场难。特别是一些不专业的投资者,可能因为账户中有资金,就随随便便入场交易了;也可能看别人赚钱了,管不住自己就入场了。一旦入场,就由不得自己了,特别是一进场就被套,出场就更难了。所以,退出交易计划比入场交易计划更重要。

退出计划包括两部分,分别是盈利时退出和亏损时退出,如图4.2所示。

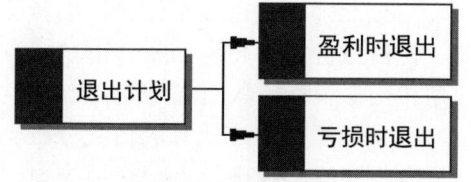

图4.2 退出计划

盈利时退出,就是止盈,是指投资者通过趋势分析,在恰当的时机入场交易后,制订计划在合理价位退出。一方面要尽可能地实现盈利,将该得到的利润保留住;另一方面还要避免盈利的单子变成亏损单子。

损时退出,就是止损,是指在行情不符合投资者预期时或行情突然变向时,要及时平仓出局,这样可以避免小亏损变成灾难性的大亏损,保留实力,以备再战。

退出计划可以让投资者无论碰到什么行情,都能保持心态平静,从而理智交易,将属于自己的盈利留下,同时又可避免出现大亏损。

4）意外发生时的应对措施

期货市场是变化莫测的，没有任何交易计划是完美无缺的。因此，在制订交易计划时，一定要有一定的弹性，考虑到期货交易中可能出现的各种情况，制订尽可能全面的应变措施，通过这种灵活性保持计划和市场同步、追随市场趋势交易。

应对措施主要是将投资者可能在市场上遇到的情况，都列举出来，并且考虑到在不同的情况下，应该采取什么样的应对措施。特别是当前行情走势与投资者预测的行情走势不一致时，应采取何种措施，即减仓、止损或反向操作。

4.1.3 交易计划的注意事项

在制订期货交易计划时，应适当考虑投资者的性格、经历、教育、对市场的理解、资金对风险的承受能力等。期货交易计划需要投资者保持耐心、严格遵守自己建立起来的投资原则，同时认真做好交易记录，以提供有价值的反馈信息，作为对期货交易计划评价和完善的依据，同时不断寻找新的方法。

在制订期货交易计划时，要注意两点，分别是深入认清市场和自我、执行合一，如图4.3所示。

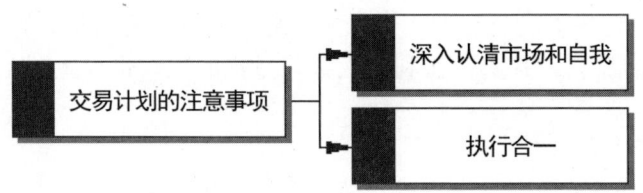

图4.3 交易计划的注意事项

1）深入认清市场和自我

"知己知彼，百战不殆。"期货交易时通过执行知己知彼理念，在交易计划制订前，将自身特点、交易判断、市场特点等有机结合，才能制订适合投资者个性的交易计划和交易策略，从而成为期货市场中的赢家。

"知己"是通过认真的自我分析、冷静思考，投资者明确自己在市场中的盈利目标、风险底线、性格特点、交易能力，确定自己的投资理念，选择适合自己的投资方式和盈利模式，确定适合自己、体现自己优势的期货交易计划。

"知彼"是通过认真地分析市场、认识市场，确定自己的投资原则，掌握正确的投资方法，明确资金管理的重要性，培养正确的投资心理以及建立对当前市场的运作趋势有着较为清晰的认识，这样就可以避免投资者进入市场后的盲目性和暴富心理，以正确的心态看待盈利和止损。当投资者对自己的期货投资理念、原则、方法深入认识后，就知道什么样的机会必须抓住，什么样的机会应当放弃。

2）执行合一

期货交易计划制订得再完美无缺，但在具体执行过程中，不能做到知行合一，也是失败的。所以，一旦制订了交易计划，就要不折不扣地执行，这样最终才能成为市场中的赢家。

4.2 交易计划的基本内容

交易计划的基本内容包括10项，分别是投资品种、资金大小、投资方式、进场位置、建仓数量、盈利目标和亏损限额、应变措施、时间周期、出场位置、意外情况的处理，如图4.4所示。

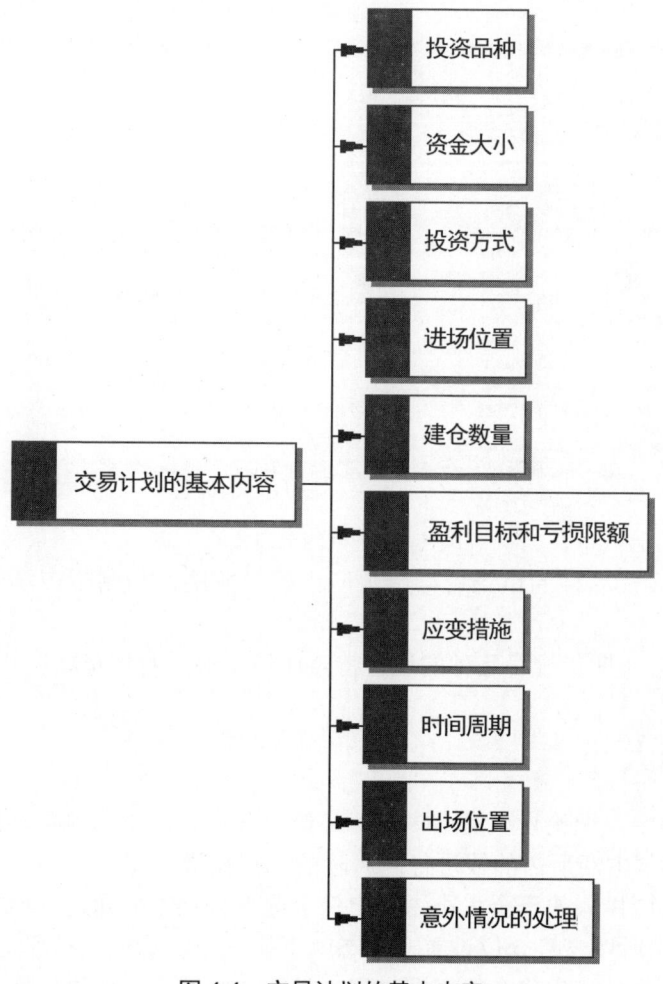

图4.4 交易计划的基本内容

4.2.1 投资品种

当前,期货市场投资品种越来越多,既有传统的期货投资品种,如铜、橡胶、PTA等;也有刚上市交易的期货投资品种,如苹果、鸡蛋等;还有国际化的期货投资品种,如原油、铁矿石等。面对越来越多的期货投资品种,投资者该如何选择期货投资品种呢?

投资者选择的期货投资品种应该具有以下4个特点。

(1)期货投资品种具有完善的现货基础,这样就可以保证随着期货合约到期日的临近,期货合约价格与现货价格趋向一致,从而降低了基差波动风险。

(2)期货投资品种要具有较好的流动性,即具有较大的成交量和持仓量,便于资金的进进出出交易。即在交易时,要选择主力合约,当前沪铜的主力合约是沪铜1807,如图4.5所示。

图4.5 沪铜的主力合约

(3)期货投资品种的市场价格趋势应当比较明朗,与国际市场同类品种具有联动性和互补性。

(4)投资者对期货投资品种的运行特点比较了解,对现货状况比较熟悉。

4.2.2 资金大小

在期货交易中,无论投入资金多少,最好这些资金是不影响生活所需的、赔得起的钱。千万不要拿生活所需的钱进行高风险的期货投资。

每笔交易中所投入的资金大小占账户资金的百分比不要超过50%,因为期货交易的杠杆是10倍,所以一旦仓位过重,心态就不能平静,易出现不理智操作。

一般交易,都是分步建仓的,即先用少量资金去试仓,如果价格走势符合预期,

第4章 期货交易计划的实战技巧

继续加仓介入；如果价格走势不符合预期，就先止损出局，由于仓位很轻，所以亏损是很少的。

4.2.3 投资方式

在期货交易中，投资盈利方式有很多种，如套利交易、日内超短线交易、波段交易、长线战略交易。

不同投资者一定要结合自己的资金大小、风险偏好、个人性格、经验技术，选择不同的投资盈利方式。如果你是期货短线高手，就可以采取日内短线交易方式；如果你是技术分析高手，并且是追求风险型投资者，就可以采取波段交易方式；如果你是稳健投资者，可以采取套利交易方式；如果是大型投资机构，如银行、投资基金、私募基金，可以采取长线战略交易方式。

4.2.4 进场位置

在对期货市场中短期趋势进行详细分析之后，投资者还要耐心等待比较有利的进场位置入场交易，建立相应的期货仓位头寸，进行期货交易。当然，如果你是大资金，并且长期投资期货市场，那么你可以采取区间进场方式，即进场位置是一个价格波动范围，如豆粕期货的进场价格区间 2730~2780 元/吨。

4.2.5 建仓数量

在期货交易中，一旦确定进场位置后，接下来就是根据自己账户资金大小来确定买卖多少手期货合约。这里采用 10% 的原则，即把总资金乘以 10%，就得出在每笔交易中可以使用的资金金额。假如总资金为 60 万元，那么每笔交易可以使用的资金金额就为 6 万元，如果投资大连商品交易所的大豆期货，每手大豆期货合约的保证金为 4000 元（5000×8%×10=4000 元），那么投资者可以用 6 万元买 15 手大豆期货合约。

需要注意的是，估算出建仓数量后，不要一次性建仓，这样可以避免失误后导致交易失败，应采取分批建仓方式，即可以先买 1 手来试仓，如果价格符合预期，继续加仓 5 手，如果价格继续符合预期，可以再利用技术指标在合适的位置加仓，直到最终建仓 15 手即可。

4.2.6 盈利目标和亏损限额

盈利目标和亏损限额是期货实战交易计划中的重要组成部分。这是因为它提出了明确的目标，避免投资者为获取一点盈利，而把整个交易计划搁在一边。

设定交易计划盈利目标的同时，还要考虑要承担的风险，因为利润是风险的产物。所以设置亏损限额，是一项防守计划，当期货交易出现意外而发生亏损时，可以马上运用止损指令以限制投资者的风险，及时平仓出局。

盈利目标和亏损限额的确定与买卖的确定是一致的。一般情况下，盈利目标至少是所能承受亏损限额的3倍，这样才能保证，如果三笔交易中有一笔盈利的话，整个交易就可以盈利。

4.2.7 应变措施

由于期货市场最大的确定性就是不确定，所以投资者的行情判断很可能与期货价格走势不一致，这就需要在交易计划中做好各种应变措施。这些应变措施包括三种，分别是减仓、止损和反向操作，但最重要的是止损。

止损包括三种，分别是按计划止损、和预期不相吻合止损、反向止损，这在第3章已详细讲解过，这里不再多说。

4.2.8 时间周期

在期货交易中，判断一笔交易的好坏，不仅要考虑风险收益的大小，还要考虑多长时间可以实现这样的风险收益，这就是交易的时间周期。

在相同收益的情况下，预期时间越短，意味着这笔交易的持仓风险越小，资金周转越快，在相同时间内获得的利润越高。例如，一笔交易预期3~5天，就可以获取10%左右的收益，这笔投资就比较划算。如果要获取10%左右的收益，需要几个月，甚至更久，那么这笔交易就不划算了。

4.2.9 出场位置

出场位置的选择，要根据期货市场的客观状况作出判断，并随着市场状况的变化进行适当修正。例如，投资者在进场交易之前，制定了一个出场目标位，当盈利目标达到后就出场。但实际情况是，投资者入场交易后，市场刚开始走势符合预期，即按着投资者预测的方向运行，但后来市场趋势发生了变化，这一盈利目标变得非常困难，这时投资者需要及时修正盈利目标，果断平仓出局。

4.2.10 意外情况的处理

在期货交易中，无论投资者如何完美地制订交易计划，但总会有出乎投资者意料之外的事情发生，所以投资者一定要做好意外情况的处理。

第 4 章 期货交易计划的实战技巧

在交易计划中，一定要对意外情况进行重点考虑，即列举出哪些事情属于意外事件。另外，一旦入场交易，出现超出交易计划的交易情况时，要果断停止交易，这是为了降低不确定事件对投资者的影响，是相当重要的。

4.3 交易计划的制订

交易计划的制订包括 5 个方面，分别是针对机会品种的胜算分析、进场计划、随机应对策略、出局的策略、纪律执行保障，如图 4.6 所示。

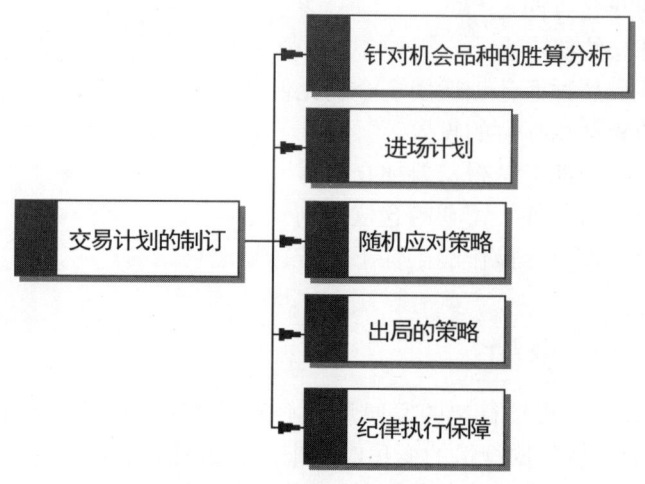

图 4.6 交易计划的制订

4.3.1 针对机会品种的胜算分析

首先要全面地分析当前期货品种的行情类别，是趋势状态，还是盘整状态。它的长期趋势是什么，中期趋势是什么，短期趋势又是什么。中期趋势处于长期趋势的什么阶段，短期趋势又处于中期趋势的什么阶段。操作的最低限制要求是：在中期趋势的发展阶段，注意在趋势的末端绝不允许冲动操作，这样就是把风险之刀架于颈项。

在此基础上，然后再分析，具体如下所述。

（1）期货品种的基本面分析，目前的政策导向、供求关系及市场规律。

（2）期货品种是否活跃，主力操盘有什么明显的特征。

（3）短期、中期、长期技术图形在价格趋势上是否一致。

（4）在期货市场中，相关品种的走势是否配合。

（5）期货品种走势的技术位置，目前是否处于短线趋势的起始点，附近是否有一个支撑位或阻力位，可否就近设置止损。

（6）这笔交易的风险多大，是否在承受范围之内。
（7）价格的波动空间有多大，潜在的风险报酬比是多少。
（8）目前是否是最佳介入时机。

4.3.2 进场计划

进场计划是以交易策略和方法为基础的，进场计划必须基于牢固的、合乎逻辑的理论基础，即必须是清晰的、唯一的，不能模棱两可，具体内容如下所述。

（1）大体进场的价位区间。
（2）进场的开仓方向。
（3）首次开仓的资金量。
（4）不同期货品种间计划运用资金的比例和关系。
（5）盘中的紧贴止损位的设置。
（6）走势符合预期，是否需要加仓？
（7）尾盘的留仓条件，留仓的仓位控制。
（8）必须保证在符合操作的条件下，按计划进场交易。

4.3.3 随机应对策略

不打无准备之仗。市场行情的发展具有不确定性，交易过程中千变万化，行情走势参差不一，投资者要根据行情的变化对未来一天或几天的走势进行预测。

（1）明天可能的走势有几种。
（2）针对明天将会出现的这几种走势，你将采取何种策略。
（3）在与预期相反的走势下，止损点位将如何调整？
（4）在走势符合预期的情况下，是否做进一步加仓动作？
（5）止赢位的大体的设置。

4.3.4 出局的策略

制订交易计划时，一定要明确在什么情况下退出已经进入的交易，出局的实质就是持仓理由的消失，具体如下所述。

（1）行情走势没有按预期走，在什么情况下止损出局；
（2）当走势顺应趋势，盈利目标应设在何处？在这个位置是减仓还是全部退出；
（3）当市场出现短暂盘整或回抽时，跟踪止损位怎样设置？应设在何处？
（4）当走势出现阶段性盘整震荡时，是否做减仓或清仓。

4.3.5 纪律执行保障

交易计划在操作过程中,可以根据市场行情变化不断地进行完善。但一旦制订,就必须保证其被坚决执行,这是相当重要的一环,具体如下所述。

(1)不是交易计划中的交易,坚决不做;没有真正的好机会只能等待和忍耐。

(2)当出现计划中的交易时,不能举棋不定,要坚决按计划进场交易。

(3)在交易过程中,要严格按计划进行控制。

(4)当出现计划中的出局或减仓条件时,必须不折不扣地执行。

注意,很多投资者认识到交易计划的重要性,也制订了比较客观的交易计划。但是非常遗憾,他费了好大劲制订的计划没有被本人执行,这是缺乏意志和自律的表现。

提醒:在投资市场,衡量投资成功与否,不是靠一次或几次的投资成败来评判的,而是要用是否持续严格执行自己的计划,是否是在控制了风险的基础上规范而稳定地交易来界定的。

4.4 交易计划的实施

交易计划的实施分 3 步,分别是严格执行交易计划、审时度势修改交易计划、定期审视交易计划,如图 4.7 所示。

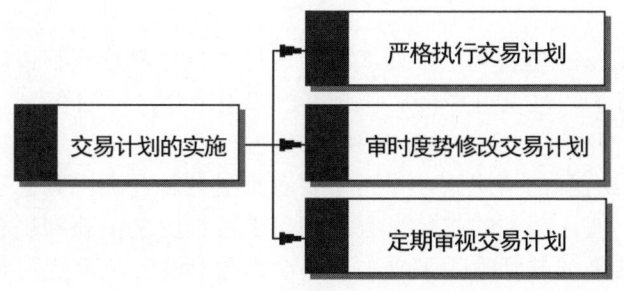

图 4.7 交易计划的实施

4.4.1 严格执行交易计划

交易计划制订后,下一步就是要严格执行交易计划。否则,制订的交易计划再好再完美,如果投资者面对利润的诱惑及早结束计划,或面对亏损,不能及时出局,其结果只能是失败。

严格执行交易计划包括 4 个方面,分别是每笔交易投入的最高资金限额不变、耐心等待交易机会、分批建仓、趋势明朗的情况下耐心持仓到盈利目标位,如图 4.8 所示。

1）每笔交易投入的最高资金限额不变

千万不能感情用事，心态好时，无论行情怎样，都重仓交易，结果常常亏掉以前大部分盈利；心态不好时，面对大好的机会，也迟迟不敢入场交易，或轻仓入场，得不到该获取的投资收益。

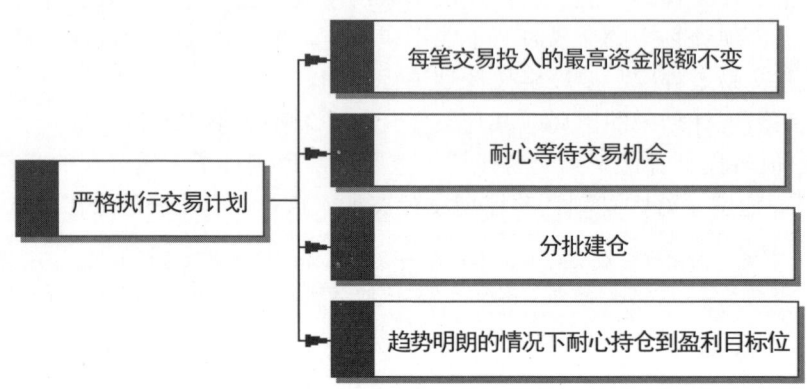

图 4.8　严格执行交易计划

2）耐心等待交易机会

没有好的机会，不要轻易进场交易。千万不要只想着，不进场就没有机会，其实期货市场就不缺机会，缺的是机会来了，你的资金没了。

3）分批建仓

第一次进场交易的建仓数量不要太大，这样如果自己预测行情出错，也不会亏损太多；如果预测对了，可以再择机加仓介入，即先试仓，再加仓。

4）趋势明朗情况下耐心持仓到盈利目标位

在行情对自己有利的情况下，千万不要有点盈利就仓促平仓了事，这样就会错过后面的大好行情，使该获利的收益没有得到。更可怕的是，获利平仓后，管不住自己的手，乱操作，结果把盈利给亏了进去，甚至由盈利变亏损，更可怕的是，由小亏损变成巨亏。

4.4.2　审时度势修改交易计划

在期货交易中，市场行情变化多端，为了与市场同步，在严格执行交易计划的同时，还需要让交易计划有一定的弹性，即按照期货市场价格的变化要求对交易计划进行修改和完善。

审时度势修改交易计划包括两部分，分别是目标价位和止损位的修改、触及止损或止赢后的操作修改，如图 4.9 所示。

第 4 章 期货交易计划的实战技巧

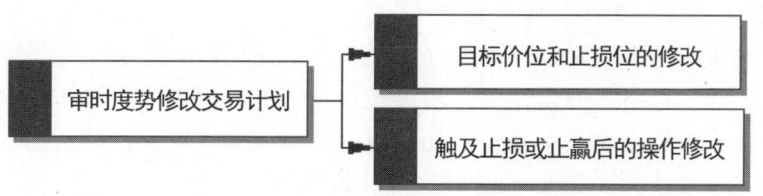

图 4.9 审时度势修改交易计划

1）目标价位和止损位的修改

投资者进场交易后，持有仓位头寸，如果市场没有按预期走，而是反向走，就要果断执行止损指令，平仓出局，这样可以减少亏损。

如果持有仓位头寸后，市场价格按投资者的预期走，可采用的策略是：在每周五收盘之后，本周价格与所建仓位头寸同步移动，这样便可以把止损位顺势推进本周价格变动的 50%（做多就是提高止损位，做空就是降低止损位）。这样就算趋势在某周突破反转，仍维持前几周的止损位。如果趋势一如既往向前发展，止损位将从无亏损变成盈利，如图 4.10 所示。

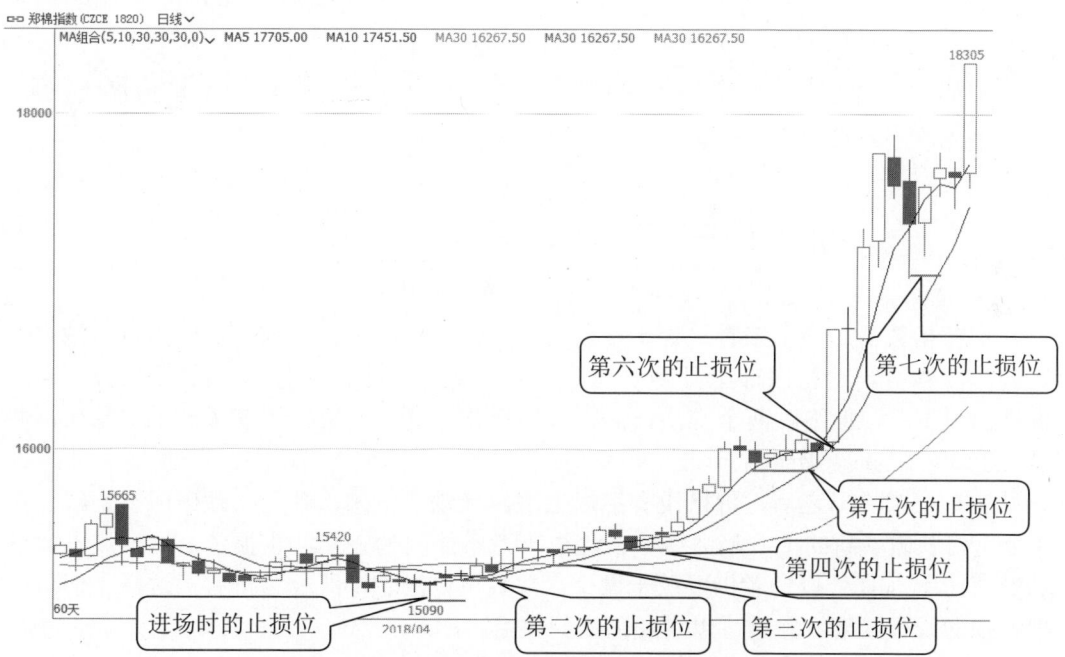

图 4.10 棉花指数的日 K 线图及止损位的上移

在多头趋势中，不断提高止损位，这样既是止损出局，其实也是动态止赢或被动止赢。

2）触及止损或止赢后的操作修改

投资者刚进场，价格就触及止损位，投资者应马上平仓认亏走人。需要注意的是，投资者止损之后，价格略做震荡后，再度按投资者的预期前行，这里投资者需要重新分析一下市场，一旦符合入市条件，还要重新入场交易，并重新修改自己的盈利目标位和止损位。图 4.11 显示的是白糖指数的日 K 线图。

图 4.11 白糖指数的日 K 线图

白糖指数从走势上来看，处于震荡下跌行情之中，因为白糖的价格高点是越来越低的。在 A 处，价格跌破上升趋势线，所以 A 处是一个做空位置。在 A 处做空后，价格出现下跌，但下跌两个交易日后，开始反弹，这一波反弹持续了 8 个交易日，并且站上 30 日均线，所以空单要止损出局。

空单止损出局之后，价格没有继续上涨，又跌了下来，并且又跌破所有均线。在 B 处价格跌破了新的上升趋势线，在这里千万不能因为上一波止损了，这一波不敢进场做空。所以 B 处投资者仍要敢于做空，并且可以沿着均线一路持有，这样不但可以把亏损的钱赚回来，并且可以实现翻倍的收益。

4.4.3　定时审视交易计划

在期货交易中，投资者在下午收盘之后，都要留下半个小时到一个小时的时间，进行复盘，进而审视交易并完善交易计划。定时审视交易计划包括 3 项内容，分别是

第4章 期货交易计划的实战技巧

更新交易系统和图表、修改已持仓位的退出位置、计划新交易,如图4.12所示。

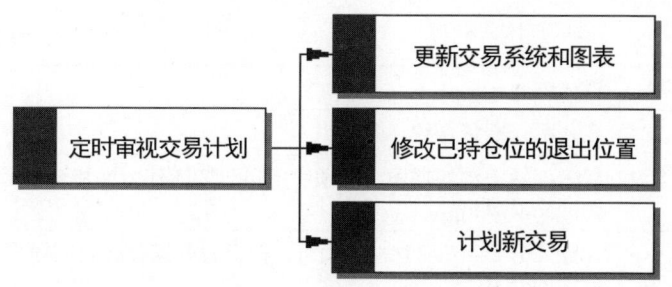

图4.12 定时审视交易计划

1)更新交易系统和图表

在期货交易中,每天都有不断的消息出现,有宏观经济面的,有期货品种自身基本面的,有国际局势面的……投资者也应该根据这些消息重新评估交易系统和图表。

2)修改已持仓位的退出位置

每天交易结束之后,投资者需要查看止损位置与当前的期货合约价格,重点观察这两个价格在目前的情况,是否需要修改,以降低市场风险。

3)计划新交易

决定是否在第二天进行新交易,如果需要进行交易,则需要决定具体的入市方案。当然,有些情况下,投资者可能要根据第二天的市场情况,决定是否入市交易。

需要注意的是,有效地审视交易计划,需要3项作为前提,分别是保留交易记录、分类交易分析、保留资产净值图表,如图4.13所示。

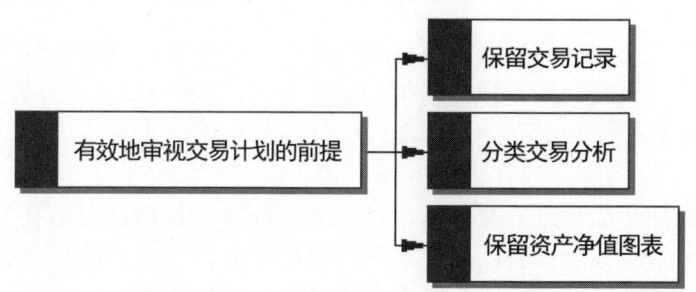

图4.13 有效地审视交易计划的前提

1)保留交易记录

为了帮助投资者随时对自己的交易进行分析,投资者需要保留自己的交易记录以备查看。同时,每天坚持写交易日志。通过写交易日志,投资者可以对自己制订的交易计划进行统计评估,这样就可以帮助投资者评估自己的操作绩效,认识自己的交易风险和交易优劣,不断完善自己的心理素质和操作规范。投资者最好动笔记录或利用电脑进行记录,不能仅凭记忆进行总结,具体格式如表4.1所示。

表 4.1 交易日志

日期：

记录对象	具体内容	自我分析
交易对象	买入哪只期货合约	
期货性质	买入期货合约的性质，此项可使自己知道什么期货合约适合你的交易风格	
交易时间	几点几分要买/卖它，此项可以使自己知道什么时间段最适合你的交易	
交易动机	为什么要买/卖它，此项可以使自己知道交易动机是否合理	
预期获利目标	你计划的卖出点，此项有助自己掌握盈利情况，且分析自己的止盈水平	
预期止损目标	你计划的止损点，此项有助于分析自己的止损水平	
实际资金管理	加仓/减仓的变化，此项有助于知道自己在资金管理上的策略是否合理	
实际盈亏情况	在该期货合约上的盈亏，此项有助于知道自己的成功率和平均获利及亏损额	
预期/实际持有时间	持有该期货合约的时间，此项有助于知道自己适合做多长时间的交易	
决策过程分析	亏损交易的认赔速度是否够快？盈利交易的持有时间是否太长？是否太快出场？是否确实遵守了交易规则？等等	

2）分类交易分析

在期货交易中，要学会把交易分成不同类型，这样可以判断哪些交易模式有效，哪些无效。例如，可以将交易分成做多类和做空类，投资者可以发现尽管自己喜欢做多，但自己做空交易平均获利更高。这种观察明显地意味着纠正多头一边的偏差是非常可取的。

另外，根据期货品种划分交易后，投资者可能发现，自己交易某类期货品种，赚钱的机会远远大于赔钱的机会；而交易另一类期货品种，赚钱的机会远远小于赔钱的机会。这样，就可提醒投资者哪些期货品种更适合投资者的交易特点。

3）保留资产净值图表

资产净值图表表明投资者每天账户资产净值的数值。该图表的主要功能是，当资产净值出现急剧变化时提醒投资者警惕。例如，如果投资者的资产净值经过长时间的震荡上行后，突然急剧下行，这时投资者需要减少仓位并重新判断市场趋势。

提醒：资产净值突然急剧下行的原因有三点，一是市场趋势发生了转变；二是投资者当前的交易方法不适合当前市场行情；三是最近的不利交易太多。

第 5 章
期货交易的资金管理技巧

投资大师巴菲特曾有一句名言：投资成功的秘诀有三个，第一，尽量避免风险，保住本金；第二，尽量避免风险，保住本金；第三，坚决牢记第一、第二条。本章首先讲解资金管理的定义和作用，然后讲解资金管理的3个方面和三位一体的盈利策略以及如何建仓、加仓和减仓，最后讲解资金管理的一致性、国际投资大师的资金管理技巧和国储铜事件。

5.1 初识资金管理

在期货市场中,资金管理关系到我们要承担的风险,关系到市场操作的生命,它是"市场生存之本"。

5.1.1 什么是资金管理

资金管理是指投资者对自己资金在投资方向和投资节奏上的管理,其中包括投资组合的设计、整体账户的风险承受度、每笔交易的初始风险承受度、如何设定交易规模、如何进行仓位调整、账户的整体增长期望值、在顺境或挫折阶段的交易方式等方面。

一般来说,基本面分析主要是针对买卖什么期货合约的问题;技术性分析主要是针对何时买卖期货合约的问题;而资金管理主要是针对买卖多少的问题。

交易行为的整体由3部分构成,分别是交易对象、交易时间和交易数量,如如图5.1所示。

交易行为的成功,则取决于这三个要素的整体成功,任何一个要素的失利都可能导致整个交易行为的失败。

但是很多投资者,常常偏重于选择期货品种和选时,却常常忽略交易资金

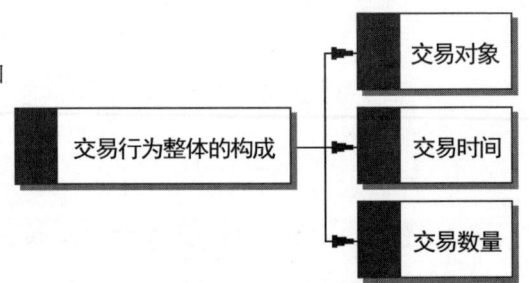

图5.1 交易行为整体的构成

的使用策略。实际上,这里隐藏着巨大的风险。为什么一个成功率达到80%的投资者却最终是亏损的,而一位成功率仅有30%的投资者却最终是盈利的?原因就在他们的资金分配方式和资金管理技巧上。前者总是小赢,只是出现了两次重仓的大亏损,于是便把所有的盈利输完还搭上部分本金;后者则总是小单上的出错,但一旦看准了时机则会大胆加仓,于是最终扭转了亏损的局面。

5.1.2 资金管理的作用

我们常常把相当多的精力用在期货市场预测上,而不是用在控制自己行为上,总是力求找到最准确的分析方法,力求找到最值得交易的行情,力求找到交易的圣杯……

这样,不仅让我们陷入了茫然不可知的窘境,也使我们失去了更多的市场机会。相反,即使我们能够找到最值得交易的行情,也往往无法确信那就是最值得交易的行情。再加上复杂多变的交易心理和短暂的行情反复,看对而做不对的情况时常发生。

既然做对比看对更重要,那么如何才能做对呢?做对不在于对行情趋势的准确把握程度,而在于其对未来趋势的应变能力。这常常涉及对风险的评估、对胜率的判断、

第5章 期货交易的资金管理技巧

对市场机会大小的估算、对未来行情适应能力以及在建仓、加仓、减仓、平仓等环节中的经验。

简单地说，做对的通用做法是：没有值得进场的机会时，坚决不进；有值得进场一试的机会时，轻仓进场；出现行情判断失误时，及时出场；出现重大盈利机会时，分批加仓；高涨后趋势停滞不前时，立即减仓；高涨后趋势明确掉头时，马上离场。

有无资金管理方法是区别赢家和输家的关键，成功的投资者总是把正确的资金管理方法列为赚钱的头条原则。无论你是什么类型的投资者，也无论你用什么方式从市场中盈利，如果你不知道如何管理交易资金，是很难在市场中获得长久生存的。最佳投资者并不是那些偶尔赚最多钱的人，而是那些总是赔得最少的人，他们的风险容忍度通常都是比较低的。

莽撞冲动的驾驶者即使拥有世界上最好的赛车，在长达数月的赛跑中，也不一定就可以跑赢一辆由稳重的驾驶者所驾驶的普通汽车。同样，如果你不懂如何有效地管理好资金，也最终会在一次很小的失败概率中以破产而告终。通常来说，越想快的人，越爱想快的方法，往往越容易出事；而越是慢的人则越看重稳妥的方法，反而能驶到胜利的彼岸。

资金管理方法，是我们应对不确定市场的盔甲，它能增强你抵抗市场风险的能力，获得异于常人的生存空间。好的资金管理方法的作用，如图5.2所示。

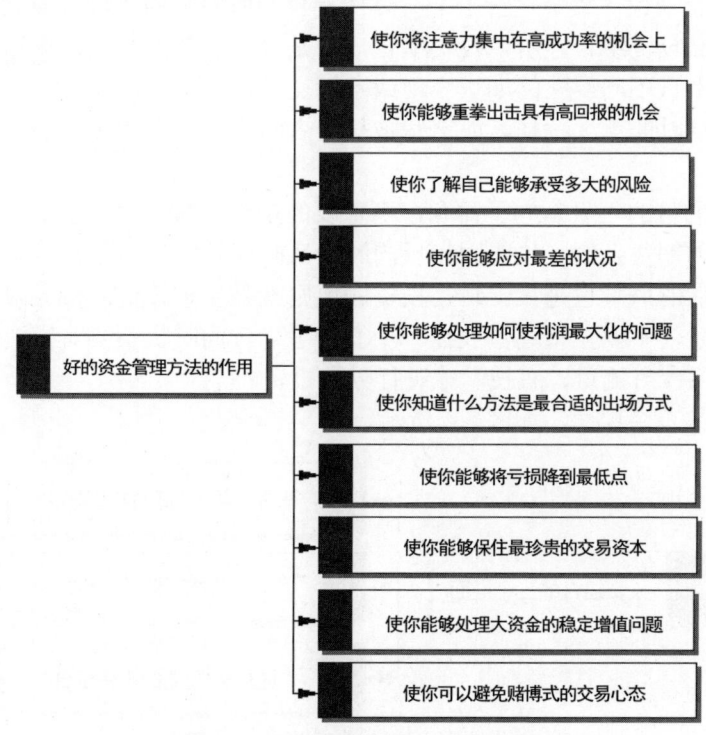

图 5.2 好的资金管理方法的作用

5.2 资金管理的3个方面

资金管理是投资者对投资资金在投资方向和投资节奏上的管理,如果投资者仅仅运作于期货市场,那么将涉及三个方面,分别是组合(投入方向)、仓位(投入多少)和时机(如何进出),如图5.3所示。

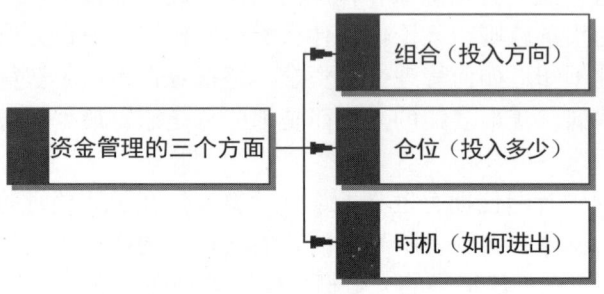

图 5.3 资金管理的三个方面

5.2.1 组合:投入方向

对于大资金来说,集中投资于某一只期货合约所面临的风险比较大,所以必须做分散投资,建立投资组合。所谓投资组合,就是投资者依据某些市场理论和经验,将资金分别投到多只不同属性的期货合约或不同交易市场中,以避免单一品种、单一市场出现反向运动时的重大亏损,而这些被投资者锁定并介入的多个品种和市场,就称为投资组合。

投资组合的目的不只是为了盈利,更重要的是为了防止大资金的系统性风险。因为相关性越强的期货合约,趋势同步反向时的风险就越大;而越是重仓的单一期货合约,趋势反向后的风险也越大。组合投资的原则就是要求投资者最大限度地降低单一品种的投资风险,不要"将鸡蛋放在一个篮子里",同时也不要对投资对象采取平均主义的做法,而应有侧重、有技术地进行分散投资。

投资组合的三个层面,如图5.4所示。

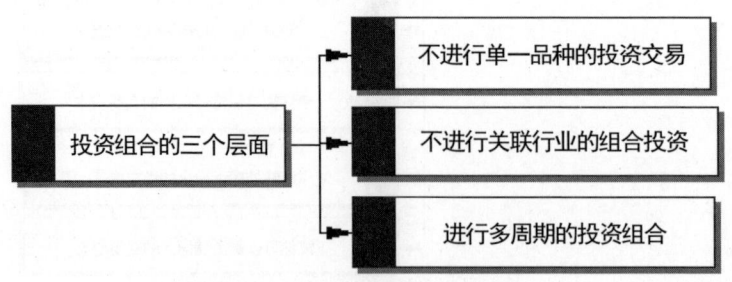

图 5.4 投资组合的三个层面

1）不进行单一品种的投资交易

交易对象可以包括期货合约、股票、债券、权证、黄金、白银等品种。

2）不进行关联行业的组合投资

例如，有色金属行业和农产品行业的关联度较低，可以同时考虑。

3）进行多周期的投资组合

交易中应包括长线投资品种和短期交易品种。

在运用投资组合时，我们要注意把握资金分散的度。分散是指对非关联交易品种的分散，但它本身也要讲究集中的原则，不能无限制地进行分散，造成开杂货铺现象。

一般来讲，面对 47 种期货品种，我们能有精力管好的期货合约数量不会超过 5 只，这 5 只期货合约还有可能涵盖了短、中、长线三类交易品种。

5.2.2 仓位：投入多少

仓位是指投资者在期货合约上的持仓数量或资金投入。仓位往往有两种界定方式，一种是额定仓位，即计划在某期货合约上的持仓数量或资金投入总额；另一种是流动仓位，即仓位将有一个从零到部分满额直至全额，而后又逐渐减至零的过程，它始终处于一种流动的状态，如图 5.5 所示。

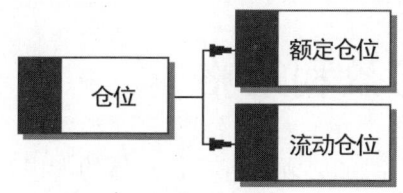

图 5.5 仓位

对额定仓位的计算比较简单，只需要符合投资者一贯的交易风格，并对报酬／风险比进行评估后即可确认。对于流动仓位的管理比较复杂，它需要投资者严格执行建仓、加仓、减仓、平仓等环节上的管理标准，同时需要投资者具有丰富的交易经验。

对于仓位的管理，最简单的方法就是：风险大而盈利大时，持仓数量减少；风险小而盈利大时，持仓数量增大；做短线交易时，持仓数量减少；做长线交易时，持仓数量视报酬／风险比而增加。

具体到策略上，有三步。

（1）根据行情的性质来确定入市资金。趋势行情中使用 50% 的资金；震荡市场使用 20% 的资金。

（2）根据交易对象的报酬／风险比来确定建仓资金。对于期货合约来说，当风险＜收益时可以及时介入，甚至加仓；当风险＞收益时不可介入，甚至考虑减仓；当风险＝收益时，没有必要进场，若有期货合约可以继续持有。

（3）根据投资者的交易风格来控制仓位。不同的投资者有不同的交易风格，自然就会看准不同的交易时机进行建仓、增仓、减仓、平仓等操作，于是其流动仓位就可以得到有效控制。

5.2.3 时机：如何进出

在买卖期货合约时，如果资金量或持仓量比较大，投资者往往很难一次性交易完所要买卖的期货合约数量，因此应该给自己规定一个交易时间和买卖价格的限制。

例如，在购买期货合约时，投资者可预先确定好最佳买入区间、次佳买入区间和适合买入区间，并做好每个价格区间的资金投入准备；而在减仓和平仓时，也必须考虑好适合的价格区间和时间段，避免和主力出货时间相冲突。

事实上，期货市场和期货合约的运作是有周期的，在什么时段介入什么品种是投资者应该具备的市场经验；而在什么时段进行建仓、加仓、减仓、平仓等操作，则是技术分析混合市场经验的结果；随同的操作数量，则取决于长期进行资金管理后所获得的经验。

组合、仓位和时机，这三个方面常常牵一发而动全身。当市场风险增大时，不仅投资组合应作出调整，品种仓位也会作出调整，调整的时机也会同步考虑。

5.3 三位一体的盈利策略

为了获取长远的盈利，我们必须进行三位一体的考虑，如图5.6所示。

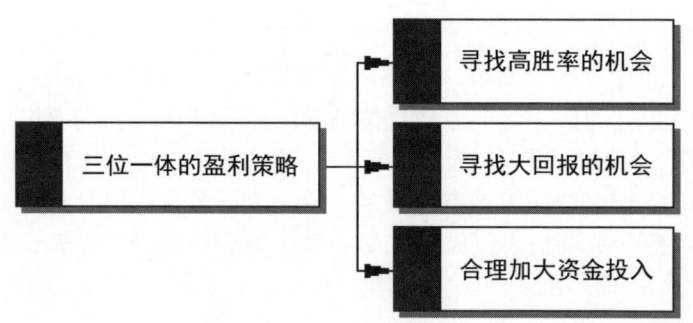

图 5.6 三位一体的盈利策略

5.3.1 寻找高胜率的机会

寻找高胜率的机会，需要投资者具有良好的分析功底和丰富的市场经验，但最重

要的是耐心等待。耐心等待比分析更重要，好的交易机会从来不是分析出来的，而是等出来的。

很多投资者之所以屡屡亏损，其实自己也不知道原因，那就是每次没有等到较有把握的机会就匆匆地入场。严格来讲，高胜率的机会都不会很确定，往往是投资者一厢情愿的看法，而即使是有90%的获胜率，如果行情偏偏走到了剩下的10%的概率里，亏损也一样会发生，而且此时的亏损往往会更大，因为投资者会根据高胜率来加大投入资金比例。

所以，寻找高胜率的机会虽然很重要，但投资者也不要过于指望高胜率，并据此盲目加大资金的投入。

5.3.2　寻找大回报的机会

对于短线交易来说，报酬/风险比必须达到2∶1时才值得我们进场操作；对于中长线来说，报酬/风险比必须达到4∶1才值得进场操作。

这样的机会一般不难寻找，但问题是既然找到了大回报的机会，也预料到了后期的赢利空间，但投资者无法忍受其后过程中的小亏损或小盈利，不能等到大赢利的到来。

要知道，用多次小亏损换一次充足的盈利，不仅是投资者必须具备的经验，也是世界级交易大师的成功之道。尽管交易大师都非常看重高胜率这个条件，但他们的交易成功率却往往不会高于50%，这是他们极其看重止损，同时敢于在看准的时机上进行加仓的结果。

所以，对于短线交易来说，需要提高自己的交易成功率；而对于中长线交易来讲，则需要适应"用丢掉高成功率的代价来换取大回报"的盈利模式。

5.3.3　合理加大资金投入

重仓出击最有信心的品种和重仓出击最有信心的点位，是投资者利润最大化的必然措施。不加大资金投入力度，不集中持有优势品种，投资者就难以真正实现以多次小亏损换一次充足盈利的战术。

但投资者也不要过于确信自己的判断，因为即使是90%的获胜率，也不能保证你一定就会盈利；而这样的高概率，恰恰是诱使你加重投入的陷阱，是使你最终翻船的"阴沟"。合理的方法是将资金投入比例控制在10%~50%之间，即使出现了重大的投资亏损，也有机会重新入市博弈。

5.4 如何建仓、加仓和减仓

对于投资者来讲，特别是对于拥有大量资金的投资者来说，其持仓策略不可能是一成不变的。如果一直重仓操作，容易造成因判断失误所带来的巨大亏损；如果一直轻仓操作，又容易失去获取大利润的宝贵机会。

我们不能控制市场，但可以控制自己，即控制自己的仓位。对仓位的管理，其实就是资金管理，这直接影响着投资者的心理和决策，并最终影响投资者的投资收益和投资效率。

5.4.1 建仓的方法

建仓是一个比较专业的问题，通常有两种方式，一种是根据自己的交易原则调配仓位，即先明确资金投入额度，再考虑最大亏损承受额度。

例如，投资者将9万元资金三等分，计划买三只期货合约，在购买第一只期货合约时，无论如何看好期货合约行情，都只会投入3万元；开始购买期货合约时，按照小单试场，顺势加仓，势明满仓的原则，将3万元资金全部投入；在资金分批投入的时候，再根据技术止损的方法，设置止损点位并随价格的上涨而抬高止损点位；止损点可以是现今价格的-5%，也可以是-10%，也可以根据技术形态设置止损点。

另一种建仓方式比较死板，是一种先确立止损额度，后考虑资金投入的方法。

例如，假设投资者有10万元资金，单次交易能承受的最大亏损额为3%，即3000元，如果期货合约价格为5000元，则投资者考虑止损点位是4900元，那么可购买的手数是3000÷[(5000－4900)×10]=3手（期货合约是10倍杠杆），能投入的资金为5000×3÷10=1.5万元，这样投资者可以一次性将这1.5万元投入到该期货合约中，也可以分批买入，但当期货合约价格下跌到4900元时，投资者要以亏损3000元清仓离场。

一般来说，第一种方法适合有资金管理经验的人，而后一种方法适合按计划进行交易或没有资金管理经验的人，两者最终要取得的结果都是一样的。

提醒：投资者首次建仓的资金不应超过可用资金的10%，剩余90%资金应视期货合约趋势发展情况而追加。总之，在趋势刚刚启动时或即将终止时，只持有少量的筹码，而在趋势上行的运行空间里持有大量的筹码。

5.4.2 加仓或减仓的方法

对于资金的加仓与减仓，常常有三种方法，如图5.7所示。

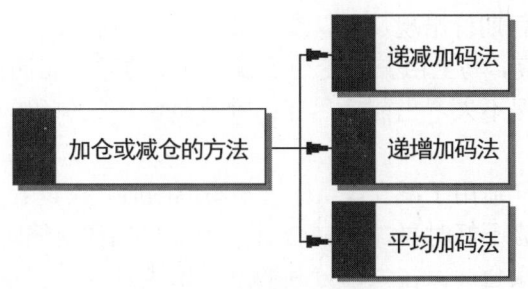

图 5.7 加仓或减仓的方法

1）递减加码法

当投资者认为未来价格还能上涨但涨幅空间有限时，即可采用递减加码的方式建仓，这种方式又称金字塔加码法。例如首次建仓的资金为 5 万元，第二次加仓资金为 3 万元，第三次加仓资金为 1 万元。

2）递增加码法

当投资者认为未来股价还有很大增长空间时，即可采用递增加码法，这种方式又称倒金字塔法。例如首次建仓的资金为 1 万元，第二次加仓资金为 3 万元，第三次加仓资金为 5 万元。这样操作是一种比较提倡的操作方法，因为在行情开始，只能用少量资金谨慎测试行情的结果。

3）平均加码法

平均加码法是一种简单的加码方式，它只需将备用资金分为 2~4 等份，在行情看好的时候继续追加即可，每次追加的资金为 1 等份。这种方法介于前面两种方法之间，较为中庸。

如果行情是一帆风顺的话，那么上述三种方式都能赚钱。如果行情逆转的话，这三种方式哪种比较科学、哪种比较合理就立见高下了。

假设我们在 1920 元价位买入大豆合约，之后价格一路上扬，随后在 1955 元价位加码，到 2005 元价位又再加码。又假设手头上的资金总共可以做 70 手合约，如果以上述三种方式分配，就会产生如下三个不同的平均价：

倒金字塔式：在 1920 元价位买 10 手，1955 元价位买 20 手，2005 元价位买 40 手，平均价为 1978 元。

均匀式：在 1920 元、1955 元、2005 元三个价位都买入同等数量的合约，平均价为 1960 元。

金字塔式：在 1920 元价位买 40 手，1955 元价位买 20 手，2005 元价位买 10 手，平均价只为 1942 元。

如果大豆期价继续上扬，手头上的 70 手合约，均匀式加码比之倒金字塔式每吨多赚 18 元的价位；金字塔式加码更是比倒金字塔式多赚 36 元的价位。赚也是金字塔式优越。

反过来，如果大豆期价出现反复，突破 2010 元之后又跌回 1965 元，这一来，倒金字塔式由于平均价高，马上由赚钱变为亏钱，原先的浮动利润化为乌有，且被套牢；均匀式加码虽勉强力保不失，也前功尽弃；唯有金字塔式加码的货由于平均价低，依然有利可图。

上述三种方法同样适用于减仓。当行情不易判断时，投资者可以采用递增减码法，即先少量减仓，待见势不好时再加大减仓量；当行情犹豫退缩时，交易者则可采用递减减码法，即先大量减仓，保住大部分利润，只留少量仓位在市场中继续承受风险。当然面对上述行情，也可以采用平均法进行减仓。

注意，上述三种方法只适用于市场上升趋势或下降趋势明朗的情况，当行情在震荡盘整时，只适合轻单入场，做快进快出的短线交易。

5.4.3 平均价战术不可乱用

在期货交易中，平均价战术被很多人奉为经典，并且有相当部分投资者以这套战术从事期货交易。

平均价战术要点是：当市价于 A 点时，根据所搜集的资料判断行情会上升而买入，但可能基于某些因素而暂时下跌。故当市价下跌至 B 点时，更应买入（因原有资料显示行情会上升），这样，总体买入的价位就是 A 点与 B 点之间的平均价，比 A 点为低。一旦行情涨回 A 点，便可反败为胜。依照这个策略，如果行情从 B 点继续下跌，则在 C 点再买，再跌又在 D 点再买……总之平均价越拉越低，只要市价回升至平均价以上则可获厚利矣。

这套战术是否确实可行呢？虽不排除有时会成功的可能，但基本上相当危险。

首先，这种做法属于逆市而行，并非顺市而行，既然在 A 点买入后而行情下跌，已证明了原先认为大市会升的判断是错误的。"不怕错，最怕拖"是期货交易的首要原则。无论你信心有多大，只要你手上的合约出现浮动损失，就应按事前设好的止损点迅速认赔出场。如果一味地坚持自己最初的看法，一而再、再而三地逆市投入，只会招致越来越大的损失，期货是信用扩张 10 倍以上的生意，当你在 B 点再买时，你要先补足在 A 点买入的浮动损失；又跌在 C 点再买时，又要先补足在 A 点和 B 点买入加起来的浮动损失……这样就不是什么两套本钱、三套本钱所能应付的。有些人没有想到这一点，往往资金预算无法控制，半途就被断头。

有人说，资金充裕就可以用这一招平均价战术，有一段小反复当然可以，但遇到周期性转市，这套平均价战术就变成担沙填海，等于踏上不归路。

例如 2012 年 9 月，当时国内大豆期价在 5000 元/吨以上。如果当时你在 5000 元价位买大豆，大豆跌至 4800 元、4600 元、4400 元，你都坚持平均价战术，三年来大豆价格江河日下，最低跌至 3314 元，不破产才怪呢！所以，平均价战术真的不可乱用。

5.4.4 累进战术的应用

越来越多的投资者意识到孤注一掷的危害，分兵渐进的原则已成为大家的共识。但是，要真正落实分兵渐进仍有一个如何加码问题。而累进战术，正是分兵渐进原则的具体应用。

所谓累进战术，就是：假设你在 A 点买进，刚好被你抓住的是谷底，接着行情上扬到 B 点，你觉得涨势才起步，无理由急于套利，又在 B 点加入第二支兵买入乘胜追击。行情涨至 C 点，认为不过是一个大升浪的中间点，再加码第三支兵扩大战果，临近浪顶才"鸣金收兵，班师回朝"。因此，累进战术也可以称作顺势加码。

正确应用累进战术有三点是必须要注意的。

（1）赚钱时才加码，因为赚钱时加码属于顺市而行，顺水推舟。买入之后涨势凌厉再买或卖出之后跌风未止再卖，这样可使战果扩张，造成大胜。如果亏钱时加码却是逆市而行，在错误的泥潭越陷越深，所以，经验丰富的投资者都有一股加码的狠劲，但"只加生码，不加死码"。

（2）不能在同一个价位附近加码。比如你在 2090 元/吨时做了一笔大豆空头合约，应该等行情跌至 2050 元再做空第二笔，跌破 2000 元大关再做空第三笔。如果在 2090 元/吨时卖出第一笔，在市场牛皮之际，2080 元时又卖空第二笔，2065 元你再卖空第三笔，价位在 2080 元左右，这样一来岂不是变成孤注一掷了吗？一旦反弹上 2100 元怎么办？

（3）不要倒金字塔式加码。当你准备运用累进战术的时候，资金分配很重要，第二支兵应要比第一支兵少，第三支兵又应比第二支兵少。这样三支兵的平均价比较有利。相反，每次加码都比原来的多，做多头的话，平均价就会拉得越来越高；做空头的话，平均价就会压得越来越低，行情稍微反复，就会把原先拥有的浮动利润吞没，随时由赚钱变为亏钱。这是极为不明智的做法。

分兵渐进是正确的原则。一个正确的原则必须配以正确的策略才能收到好的效果。做好上述三点事项，累进战术方可发挥威力。否则，"正经也会被歪嘴和尚念歪"，适得其反。

5.5 资金管理的一致性

在期货实战交易中，很多投资者总是在经历几次获利后，喜不自胜，大胆做单；遇到几次亏损后，惊恐懊恼，萎缩萎靡；今天循序渐进长线不成，明天重仓赌博全线出击。

期货交易不是儿戏，不是随随便便玩玩，不是冒险，不是赌博，不是消磨无谓的时光，这是一项事业，必须站在职业的角度去体味，去奉行其原则和纪律，并且还要加上"始终一贯"四个大字。没有一致性的原则，不能恪守既定纪律的人注定办不成什么大事。

期货市场只有赢家和输家，可靠的交易计划结合稳健的资金管理，就是你成为赢家的诀窍。但是如果你没有办法遵守纪律、自觉地贯彻执行这些道理，那么你仍要经历痛苦，这是因为技术的高低、理论的多寡和稳定盈利之间没有必然的关系。

想知道成功的投资者赚钱的秘诀是什么并不难，想知道自己投资失利的原因也不难，真正的难点在于我们必须约束自己去做应该做的、正确的事情。因此有了可靠的交易计划和稳健的资金管理原则之后，一致性地制定原则和一致性地执行就成为决定我们投资能否成功的关键。

5.6 知行合一是投资的最高境界

资金管理所解决的问题，事关我们在期货市场的生死存亡。作为成功的投资者，谁笑到最后，谁就笑得最美，资金管理增加的恰恰就是所谓赢到最后的机会。

很多投资者在交易之初，总是试图寻找所谓一劳永逸的万能钥匙，然后其即便输光也没弄明白，把他引入万劫不复迷宫的却正是他这种异想天开的思维。

当然，对行情的研究与把握必不可少，如果你的买卖信号成功率很低，那么再好的资金管理也很难改变你投资的命运，资金管理改变的只是账户资金运行轨迹的幅度，但绝不能改变其运行的方向，但这并不是问题的关键所在。很多投资者不知道市场是随机和规律的结合，任何想完全、彻底、精确地把握交易的想法，都是狂妄、无知和愚蠢的表现，能够完美地把握每次机会只是高不可攀的梦想。事实上，真正的成功就是在把握市场韵律的基础上，严格资金管理，控制风险，扩大盈利，实现复利。

坚持资金管理，做到大赢小亏，稳定地盈利，从小做起，随着岁月的流逝，小流也将汇集成复利的海洋。一个投资高手的表现应该是，能够连续多年获得稳定持续的复利回报，经年累月地赚钱而不是一朝暴富。

成功必然来自坚持正确的习惯方法和不断完善的性格修炼，坚忍、耐心、信心并顽强执着地积累才是职业的交易态度。利润是风险的产物，而非欲望的产物。风险永远是第一位的，不论何种情况下，都要严格制订和执行资金管理计划，不让账户资金出现非正常的回落。能否明确、定量而系统地从根本上限制你的单次和总的操作风险，是区分赢家和输家的分界点，随后才是天赋、勤奋、运气以博取更大的成绩。

5.7 国际投资大师的资金管理技巧

他山之石,可以攻玉。我国期货市场仅有 20 多年的历史,而欧美国家成熟期市已有一百多年的历史,并且出现了不少投资大师,他们的资金管理技巧是值得我们学习的,下面来具体看一下国际投资大师的资金管理技巧。

5.7.1 海龟资金管理法则

海龟资金管理法则具体如下所述。

1) 决定每一笔交易你愿意承担多大的风险

说白了,就是你在一笔交易中能亏得起多少钱而不心疼。一般来讲,不超过本金的 2%。具体多少,要根据你投入的资金量和你的赌性来定。

2) 搞清楚你将要进行的交易的风险程度,然后确定交易的规模

也就是说,根据期货交易品种的活跃程度、波动幅度、止损价格的位置,除以第一步的金额,得出你最佳的交易手数。不要超过该手数,如果超过,那是过度交易,风险极大。

3) 跟踪你的交易,向前推进

期货投资者,要根据行情的变化,逐步提高止损价格。

4) 注意你的风险点

承受小额的损失,而不要把它变成不可收拾的巨大损失。止损要坚决,到了一定要走。

5) 回顾你的表现

期货投资者要不断总结,不断进步,从自己的失败中吸取教训,是最快的进步方法。

5.7.2 江恩资金管理法则

江恩资金管理法则具体如下所述。

(1) 将你的资本分成十等份,每次交易不要冒损失 1/10 以上资本的风险。

(2) 永远采用止损单来保护你的交易,在建立头寸后立即设定止损单。

(3) 永远不要用大头寸(大仓位)来过度交易。这会违反你的资金规则,记住"安全第一"。

(4) 不要让利润变为损失。当市场向你预期方向运动,并且利润超过了你所冒风险的 2 倍时,移动你的止损位,这样当市场触发你新设的止损单时,你将不会损失初始的资本金。

(5) 心存疑虑时,观望或者出场。

（6）没有好的理由，不要平仓。根据规则，用止损单来跟踪你的顺势仓位，以保护你不断积累的利润。

（7）积累盈利。这条规则很重要，当你取得了一系列交易的成功后，从中取出一些钱，放入盈利账户，这笔钱只在紧急或恐慌的境况下动用。

（8）不要在亏损的头寸上摊低损失，永远不要！这是交易者犯下的最严重错误之一。

（9）不要因失去耐心而出市，不要因焦虑等待而入市。

（10）避免截断利润，让损失奔跑。

（11）进入市场并设置止损单后，永远不要取消止损单。

（12）避免过于频繁的交易，避免过于快速的进出。

（13）在长时间成功，或做了一系列利润丰厚的交易后，避免增加交易活动。积累你的盈利，并且不要过于快速地增加交易仓位。胜利会冲昏你的头脑，并毁掉其他明智而良好的交易。

5.7.3 墨菲的资金管理要领

一个优秀的交易高手的定义应该是，能够连续多年获得稳定持续的连续复利回报，经年累月地赚钱而不是一朝暴富，常赚而不是大赚，资本市场的高额利润应来源于长期累积低风险下的持续利润的结果，职业交易者只追求最可靠，只有业余低手才只关注利润最大化和满足于短暂的辉煌中。这也是多数人易现辉煌，难有成就的根本原因。

重仓和频繁交易导致成绩巨幅震荡是业余低手的表现，且两者相互作用，互为因果。坚忍，耐心，自信并执着地积累成功才是职业的交易态度。是否能明确、定量、系统地从根本上必然地限制住你的单次和总的操作风险，是区分赢家和输家的分界点，随后才是天赋，勤奋，运气得到尽可能大的成绩，而成绩如何，其中相当大地取决于市场，即"成事在天"。至于输家再怎么辉煌都只是震荡而已，最终是逃不脱输光的命运。

从主观情绪型交易者质变到客观系统型交易者是长期积累沉淀升华的结果：无意识——意识到——做到——做好——坚持——习惯——融会贯通——忘记——大成。小钱靠技术（聪明），大钱靠意志（智慧）。长线（智慧）判方向，短线（聪明）找时机。智慧成大业，聪明只果腹。聪明过了头就会丧失智慧（为自作聪明），所以我们要智慧过人而放弃小聪明（为大智若愚）。这里的意志应理解成为坚持自己的正确理念和有效的方法不动摇。

止损是以一系列小损失取代更大的致命的损失，它不一定是对行情的"否"判断（即止损完成不一定就会朝反方向继续甚至多数不会，但仅仅为那一次"真的"也有必要坚持，最多只是反止损再介入），而只是首先超过了自己的风险承受能力，所以

资金的最大损失原则（必须绝对≤资产的5%）必须严格遵守。至于止损太频繁的损失需要从开仓手数和开仓位、止损位的设置合理性及耐心等待和必要的放弃上去改进。

大行情更应轻仓慎加码（因行情大震荡也大，由于贪心盲目加码不仅会在震荡中丧失利润，更会失去方向从而破坏节奏彻底失败）。

仅就单笔和局部而言，正确的方法不一定会有最好的结果，错误的方法也会有偶然的胜利甚至辉煌，但就长远和全部来看，成功必然来自坚持正确的习惯方法和不断完善的性格修炼。

大自然本身是由规律性和大部分随机性组成，任何想完全、彻底、精确地把握世界的想法，都是狂妄，无知和愚蠢的表现，追求完美就是表现形式之一，"谋事在人，成事在天。"，于人我们讲是缘分而非最好，于事我们讲究适应，能改变的是自己而非寄望予外界提供。

利润是风险的产物而非欲望的产物，风险永远是第一位的，是可以自身控制和规避但不是逃避，因为任何利润的获得都是承担一定风险才能获取的回报，只要交易思想正确，对于应该承担的风险我们要从容不迫。正确分析预测只是成功投资的第一步，成功投资的基础更需要严格的风险管理（仓位管理和止损管理），严谨的自我心理和情绪控制（宠辱不惊，处变不惊）。心理控制第一，风险管理第二，分析技能重要性最次。必须在交易中克服对资产权益的过度关注或掺杂进个人主观需求原因，从而引发贪婪和恐惧情绪放大造成战术混乱，战略走样最终将该做好的事搞得彻底失败。交易在无欲的状态下才能有更多收获，做好该做的而不是最想做的。市场不是你寻求刺激的场所，也不是你的取款机器。任何事物，对它的定义越严格，它的内涵越少，实际的可操作性才越强。在我们的交易规则和交易计划的构成和制订中，也必须如此从本质和深处理解和执行，这样才能保证成功率。

盯住止损（止赢），止损（止赢）是自己控制的（谋事在人）；不考虑利润，因为利润是由市场控制的（成事在天）！

学习心得

第 6 章
期货交易的实战分析技巧

期货交易是一个残酷的博弈过程,在这里充满了机遇和风险,也充满了欺骗和谎言。如果想要在期货市场中生存,就必须学习各种分析技术,即基本面分析和技术分析。本章首先讲解分析技术的基础知识,然后讲解期货交易的基本面分析,最后讲解期货交易的技术分析。

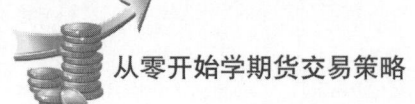

6.1 初识分析技术

要想在期货市场中成为赢家,必须要有正确分析和预测期货价格变化趋势的能力,因为这是期货交易成败的关键。每一个期货投资者都必须十分重视期货价格变化趋势的分析和预测。分析和预测期货价格走势的方法很多,但基本上可划分为基本面分析和技术分析两种。

6.1.1 初识基本面分析

基本面分析是研究商品价格涨跌的长期性因素和根本性因素,是通过分析期货商品的供求状况及其影响因素,解释和预测期货价格变化趋势的方法。

商品供求状况及影响其供求的众多因素对现货市场商品价格具有重要影响,所以,通过分析商品供求状况及其影响因素的变化,可以帮助现货交易者预测和把握商品期货价格变化的基本趋势。

需要注意的是,基本面分析是长线交易者最重要的分析方法,是把期货商品的内在价值分析放在首位,这也是技术分析者成功操作的前提,否则就会掉入市场主力设计好的陷阱。

6.1.2 初识技术分析

技术分析是以预测期货市场价格变化的未来趋势为目的,以图表形态、技术指标等为手段,对市场展开的包括归纳、排除、分析、确认、比较、决策、验证等在内的一系列的研究方法和手段。

技术分析的基本观点是:所有期货商品的实际供需量及其背后起引导作用的种种因素,包括交易市场上每个投资者对未来的希望、担心、恐惧、猜测等,都集中反映在期货商品的价格及交易量上,因而研究它们是最直接、最有效的。

技术分析有很多种,重要的有K线、K线形态、趋势、理论分析、各种技术指标等。另外,要注意技术分析是艺术,而不是科学,对于一种K线图,有许多种解释,到底哪一种正确,则是仁者见仁,智者见智。

6.1.3 基本面分析与技术分析的联系

基本面分析和技术分析,都认为期货商品价格是由供求关系所决定的。但基本面分析主要是根据对影响供需关系种种因素的分析预测期货商品未来的价格走势;技术分析则是根据价格本身的变化来预测期货商品价格的未来走势。

技术分析的逻辑是：只要价格上涨，不论是什么因素，需求一定超过了供给，后市理应看好；如果价格下跌，不管是什么原因，供给一定超过了需求，后市就应该看跌。

技术分析所依据的图表本身并不能导致市场的涨跌，它只是简明地显示了市场投资者现行的乐观或悲观心态，而技术分析者则可以从中窥出价格后期变化的可能性。

大多数投资者，要么说自己是技术分析派，要么说自己是基本面分析派，实际上很多投资者两者兼备。绝大部分基本面分析者对图表分析的基本立场有实用的了解，同时，绝大部分技术分析者对经济基础也至少有个走马观花的印象。

但问题是，在大多数情况下，图表的预测和基本面的分析南辕北辙。当一场重要的市场运动初露端倪时，市场常常表现得颇为奇特，从基本面上找不出什么理由。恰恰是在这种趋势萌生的关键时候，两种分析方法分歧最大。等趋势持续了一段时间后，两者对市场的理解又协调起来，可这个时候往往来得太迟，投资者已经无法下手了。

总之，期货市场价格是实体经济的超前指标，即是大众常识超前指标。实体经济的新发展在被统计报告等资料揭示之前，早已在市场上实际发生作用，已经被市场消化吸收了。所以说，一些最为剧烈的牛市或熊市在开始的时候，几乎找不到表明实体经济已改变了的资料，等到好消息或坏消息纷纷出笼时，新趋势早已滚滚向前了。

技术分析者往往非常自信，当大众常识同市场变化牛头不对马嘴时，也能够"众人皆醉唯我独醒"，应对自如。他们乐于领先一步，当少数派，因为他们明白，各种原因迟早会大白于天下，不过那肯定是事后诸葛亮，他们既不愿意也没有必要坐等，从而失去良机。

6.2 期货交易的基本面分析

期货交易是以现货交易为基础的。期货价格与现货价格之间有着十分紧密的联系。商品供求状况及影响其供求的众多因素对现货市场商品价格具有重要影响，因而也必然会对期货价格产生重要影响。所以，通过分析商品供求状况及其影响因素的变化，可以帮助期货交易者预测和把握商品期货价格变化的基本趋势。

在期货市场中，期货商品价格不仅受商品供求状况的影响，而且还受其他许多非供求因素的影响。这些非供求因素包括：金融货币因素、政治因素、政策因素、投机因素、心理预期等。因此，期货商品价格走势基本因素分析需要综合地考虑这些因素的影响。

6.2.1 供给对期货商品价格的影响

经济学的名言是:从长期看,商品的价格最终反映的必然是供求双方力量均衡点的价格。因此,商品供求状况对商品期货价格具有重要的影响。基本面分析主要分析的就是供求关系。

商品供求状况的变化与价格的变动是互相影响、互相制约的。商品价格与供给成反比,供给增加,价格下降;供给减少,价格上升。商品价格与需求成正比,需求增加,价格上升;需求减少,价格下降。

在其他因素不变的条件下,供给和需求的任何变化,都可能影响商品价格变化,一方面,商品价格的变化受供给和需求变动的影响;另一方面,商品价格的变化又反过来对供给和需求产生影响:价格上升,供给增加,需求减少;价格下降,供给减少,需求增加。

这种供求与价格互相影响、互为因果的关系,使商品供求分析更加复杂化,即不仅要考虑供求变动对价格的影响,还要考虑价格变化对供求的反作用。 期货商品供给分析主要有三个因素,如图6.1所示。

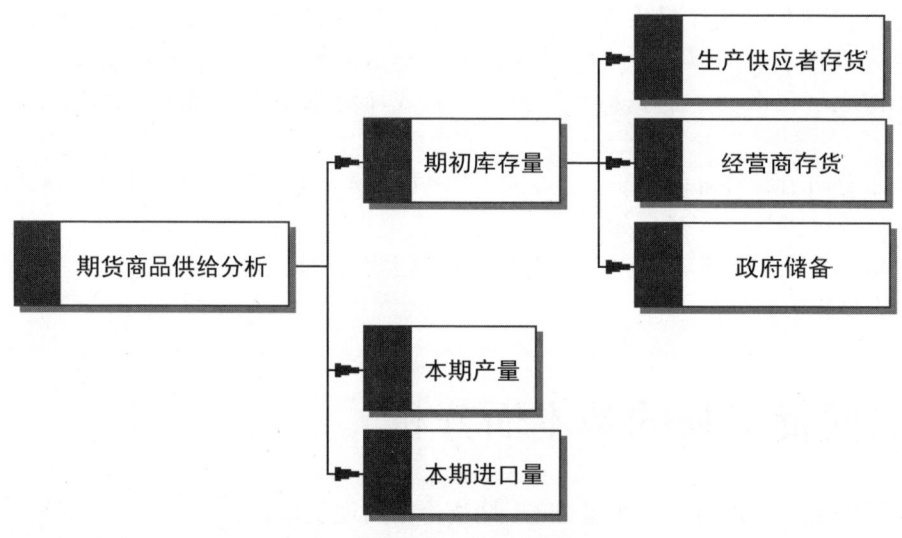

图6.1 期货商品供给分析

1)期初库存量

期初库存量是指上年度或上季度积存下来可供社会继续消费的商品实物量。根据存货所有者身份的不同,可以分为生产供应者存货、经营商存货和政府储备。

- ✓ 生产供应者存货和经营商存货可根据价格变化随时上市供给,可视为市场商品可供量的实际组成部分。
- ✓ 政府储备的目的在于为全社会整体利益而储备,不会因一般的价格变动而轻易投放市场。但当市场供给出现严重短缺,价格猛涨时,政府可能动用它来平抑物价,则将对市场供给产生重要影响。

2)本期产量

本期产量是指本年度或本季度的商品生产量。它是市场商品供给量的主体,其影响因素也甚为复杂。从短期看,它主要受生产能力的制约和资源、自然条件、生产成本及政府政策的影响。不同商品生产量的影响因素可能相差很大,必须对具体商品生产量的影响因素进行具体的分析,以便能较为准确地把握其可能的变动。

3)本期进口量

本期进口量是对国内生产量的补充,通常会随着国内市场供求平衡状况的变化而变化。同时,进口量还会受到国际国内市场价格差、汇率、国家进出口政策以及国际政治因素的影响而变化。

6.2.2 需求对期货商品价格的影响

商品市场的需求量是指在一定时间、地点和价格条件下买方愿意购买并有能力购买的某种商品数量。期货商品需求分析主要有三个因素,如图6.2所示。

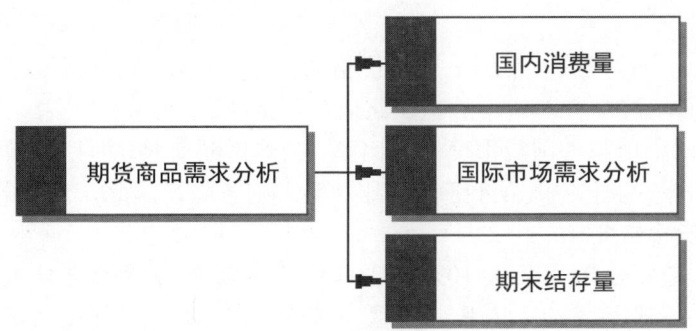

图6.2 期货商品需求分析

1)国内消费量

国内消费量主要受消费者的收入水平或购买能力、消费者人数、消费结构变化、商品新用途发现、替代品的价格及获取的方便程度等因素的影响,这些因素变化对期货商品需求及价格的影响往往大于对现货市场的影响。

2)国际市场需求分析

稳定的进口量虽然量值大但对国际市场价格影响甚小,不稳定的进口量虽然量值小,但对国际市场价格影响很大。出口量是本国生产和加工的商品销往国外市场的数量,它是影响国内需求总量的重要因素之一。分析其变化应综合考虑影响出口的各种因素的变化情况,如国际、国内市场供求状况,内销和外销价格比,本国出口政策和进口国进口政策变化，关税和汇率变化等。例如，我国是玉米出口国之一，玉米出口量是影响玉米期货价格的重要因素。

3）期末结存量

期末结存量具有双重作用，一方面，它是商品需求的组成部分，是正常的社会再生产的必要条件；另一方面，它又在一定程度上起着平衡短期供求的作用。当本期商品供不应求时，期末结存将会减少；反之就会增加。因此，分析本期期末存量的实际变动情况，即可从商品实物运作的角度看出本期商品的供求状况及其对下期商品供求状况和价格的影响。

6.2.3　利率和汇率对期货商品价格的影响

期货商品交易与金融货币市场有着紧密的联系。利率的高低、汇率的变动都直接影响商品期货价格变动。

1）利率

利率调整是政府紧缩或扩张经济的宏观调控手段。利率的变化对金融衍生品交易影响较大，而对商品期货的影响较小。

2）汇率

期货市场是一种开放性市场，期货价格与国际市场商品价格紧密相连。国际市场商品价格比值必然涉及各国货币的交换比值，即汇率。

汇率是本国货币与外国货币交换的比率。当本币贬值时，即使外国商品价格不变，但以本国货币表示的外国商品价格将上升，反之则下降，因此，汇率的高低变化必然影响相应的期货价格变化。

据测算，美元对日元贬值10%，日本东京谷物交易所的进口大豆价格会相应下降10%左右。同样，如果人民币对美元贬值，那么，国内大豆期货价格也会上涨。主要出口国的货币政策，如巴西在1998年其货币雷亚尔大幅贬值，使巴西大豆的出口竞争力大幅增强，相对而言，大豆供应量增加，对芝加哥大豆价格产生负面影响。

6.2.4　经济波动周期对期货商品价格的影响

商品市场波动通常与经济波动周期紧密相关，期货价格也不例外。由于期货市场是与国际市场紧密相连的开放市场，因此，期货市场价格波动不仅受国内经济波动周期的影响，而且还受世界经济的景气状况影响。

经济周期一般由衰退、萧条、复苏和繁荣四个阶段构成，如图6.3所示。

第6章 期货交易的实战分析技巧

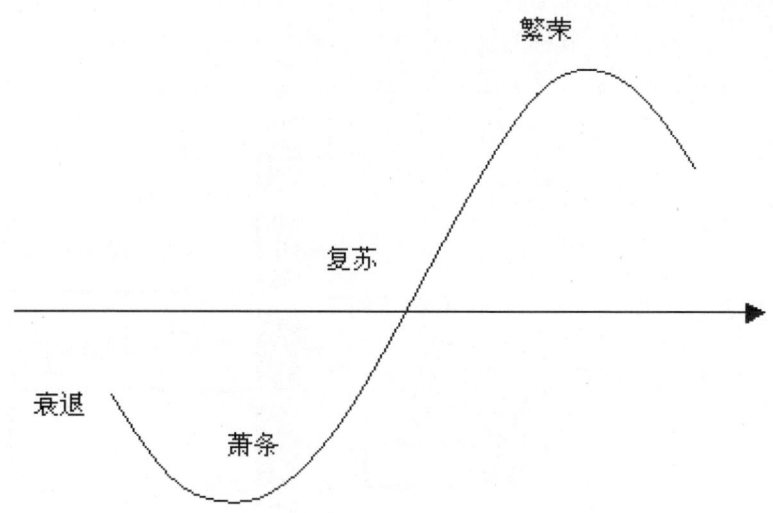

图6.3 经济波动周期的四个阶段

- ✓ 衰退阶段出现在经济周期高峰过去后，经济开始滑坡，由于需求的萎缩，供给大大超过需求，价格迅速下跌。
- ✓ 萧条阶段是经济周期的谷底，供给和需求均处于较低水平，价格停止下跌，处于低水平上。
- ✓ 复苏阶段开始时是前一周期的最低点，产出和价格均处于最低水平。随着经济的复苏、生产的恢复和需求的增长，价格也开始逐步回升。
- ✓ 繁荣阶段是经济周期的高峰阶段，由于投资需求和消费需求的不断扩张超过了产出的增长，刺激价格迅速上涨到较高水平。

在整个经济周期演化过程中，价格波动略滞后于经济波动。这些是经济周期四个阶段的一般特征。

例如，在20世纪70年代初期，西方国家先后进入所谓的"滞胀"时期，经济大幅度衰退，价格却仍然猛烈上涨，经济的停滞与严重的通货膨胀并存。

而80～90年代以来的经济波动幅度大大缩小，并且价格总水平只涨不跌，衰退和萧条期下降的只是价格上涨速度而非价格的绝对水平。当然，这种只涨不跌是指价格总水平而非所有的具体商品价格，具体商品价格仍然是有升有降。

进入90年代中期以后，一些新兴市场经济国家，如韩国、东南亚国家等，受到金融危机的冲击，导致一些商品的国际市场价格大幅下滑。但是，全球经济并没有陷入全面的危机之中，欧美国家经济持续向好。

因此，认真观测和分析经济周期的阶段和特点，对于正确地把握期货市场价格走势具有重要意义。

如何才能准确把握经济波动周期呢？经各国统计部门和众多经济学家、统计学家对经济数据进行广泛的统计分析表明，一些指标循环运行领先于经济周期，被称为先行指标；也有一些指标循环运行与经济周期同步，被称为同步指标；还有一些指标循环运行滞后于经济周期，被称为滞后指标。通过对多个指标的研究，投资者可以对宏观经济运行作出初步判断。经济指标如图6.4所示。

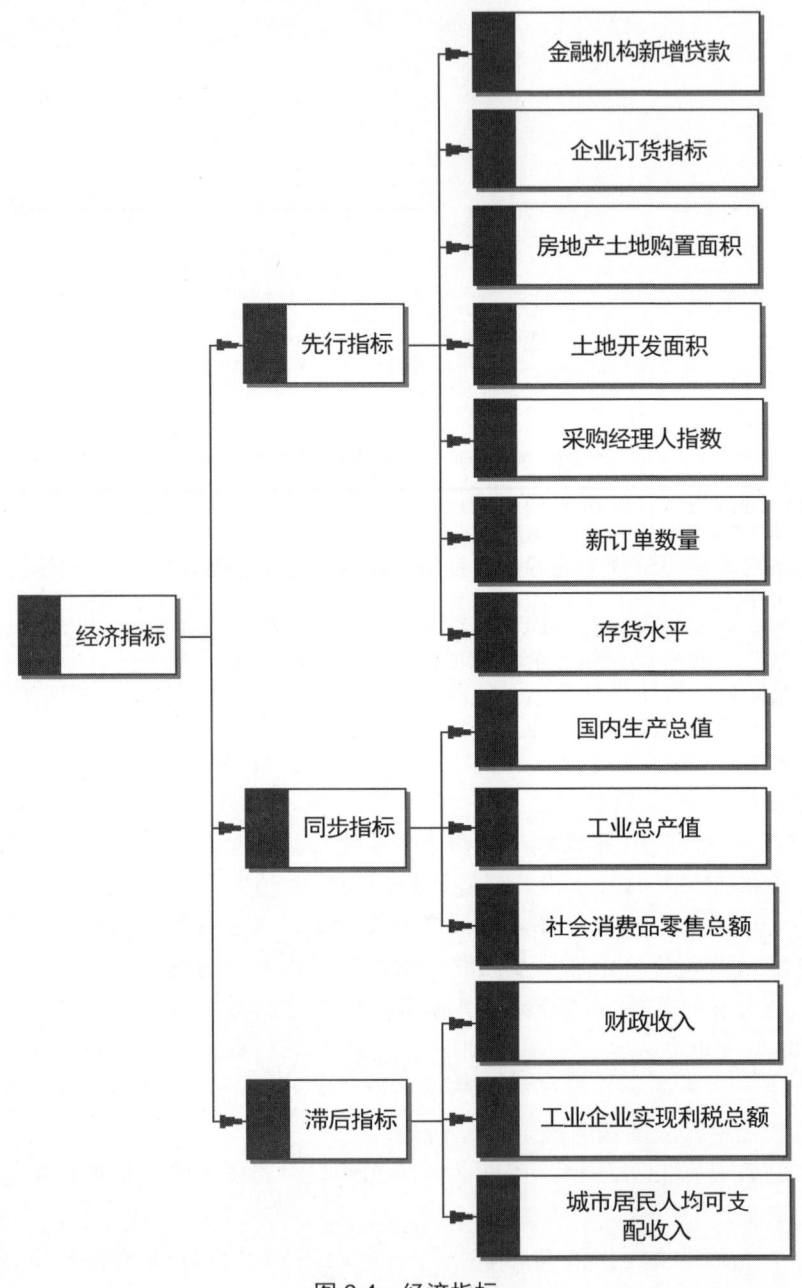

图6.4　经济指标

1）先行指标

先行指标，又称超前指标或领先指标，是指在总体经济活动达到高峰或低谷之前，先行出现高峰或低谷的指标。利用先行指标可以预测总体经济何时扩张，何时达到高峰；何时收缩，何时落至低谷。先行指标很多，主要有金融机构新增贷款、企业订货指标、房地产土地购置面积、土地开发面积、采购经理人指数、新订单数量、存货水平等。

2）同步指标

同步指标，又称一致指标，是指其达到高峰和低谷的时间与总体经济活动出现高峰和低谷的时间大致相同的指标。同步指标可以描述总体经济的运行轨迹，确定总体经济运行的高峰和低谷位置。同步指标很多，主要有国内生产总值、工业总产值、社会消费品零售总额等。

3）滞后指标

滞后指标，又称落后指标，是指其达到高峰和低谷的时间晚于总体经济活动出现高峰和低谷的时间的指标。该指标有助于分析前一经济循环是否已结束，下一循环将如何变化。滞后指标很多，主要有财政收入、工业企业实现利税总额、城市居民人均可支配收入等。

6.2.5 政治和政策因素对期货商品价格的影响

期货市场价格对国际国内政治气候、相关政策的变化十分敏感。政治因素主要指国际国内政治局势、国际性政治事件的爆发及由此引起的国际关系格局的变化、各种国际性经贸组织的建立及有关商品协议的达成、政府对经济干预所采取的各种政策和措施等。这些因素将会引起期货市场价格的波动。

政策的影响是指在国际上，某种上市品种期货价格往往受到其相关的国家政策影响，这些政策包括农业政策、贸易政策、食品政策、储备政策等，其中也包括国际经贸组织的协定。在分析政治因素对期货价格影响时，应注意不同的商品所受影响程度是不同的。例如，国际局势紧张对战略性物资价格的影响就比对其他商品的影响大。

6.2.6 期货商品基本面信息的查看方法

下面以当前常用的期货软件，即赢顺云行情软件（国际期货）为例来讲解期货商品基本面信息的查看方法。

提醒：赢顺云行情软件（国际期货）的下载地址为 http://www.cifco.net。软件的下载、安装都比较简单，这里不再多说。

1）24 小时实时资讯信息的查看

打开赢顺云行情软件，单击菜单栏中的"资讯"选项，弹出下一级子菜单，如图 6.5 所示。

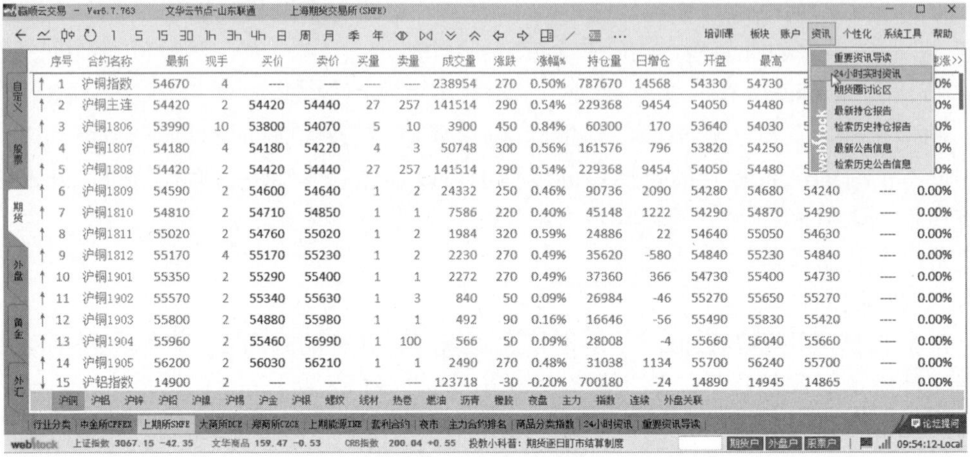

图 6.5　下一级子菜单

单击"24 小时实时资讯"选项，就可以看到金融投资市场的 24 小时实时资讯信息，如图 6.6 所示。

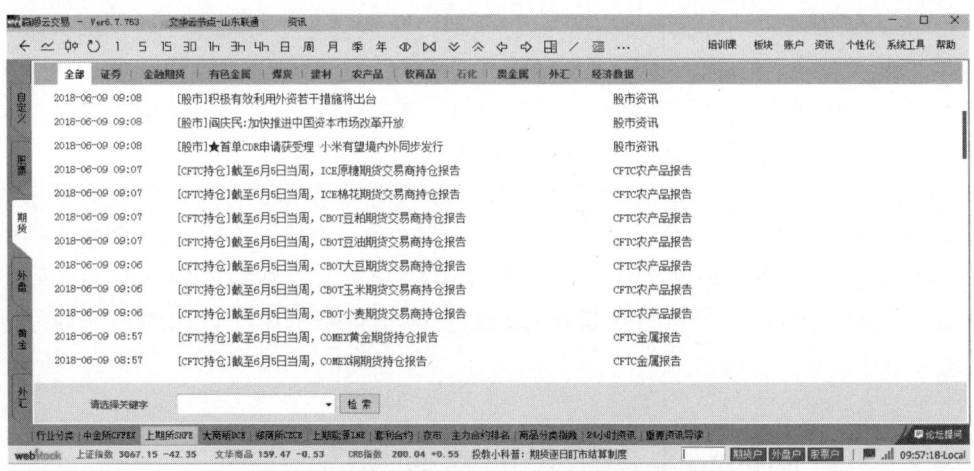

图 6.6　金融投资市场的 24 小时实时资讯信息

还可以分类查看期货商品的实时资讯信息，比如单击"有色金属"，就可以看到有色金属期货商品的 24 小时实时资讯信息；单击"农产品"，就可以看到农产品期货商品的 24 小时实时资讯信息。在这里单击"有色金属"，如图 6.7 所示。

第 6 章　期货交易的实战分析技巧

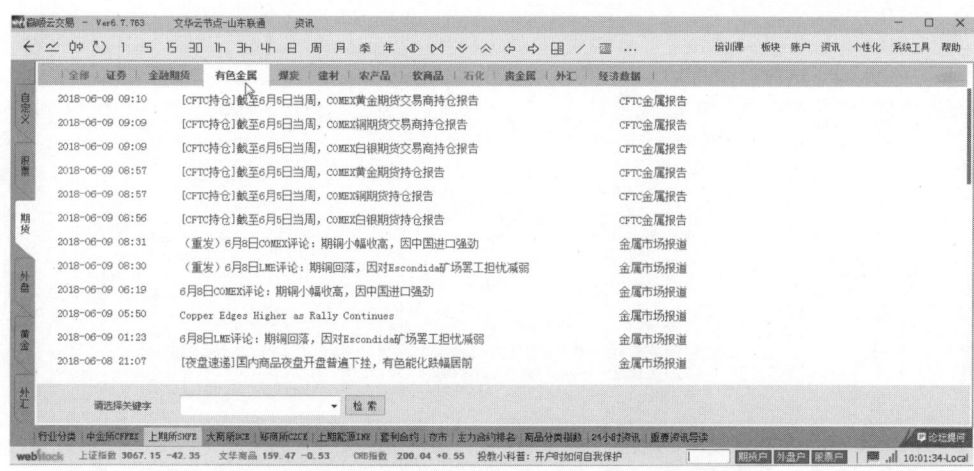

图 6.7　有色金属期货商品的 24 小时实时资讯信息

如果想查看具体的某条信息，只需双击即可。在这里双击 "6 月 8 日 COMEX 评论：期铜小幅收高，因中国进口强劲"，如图 6.8 所示。

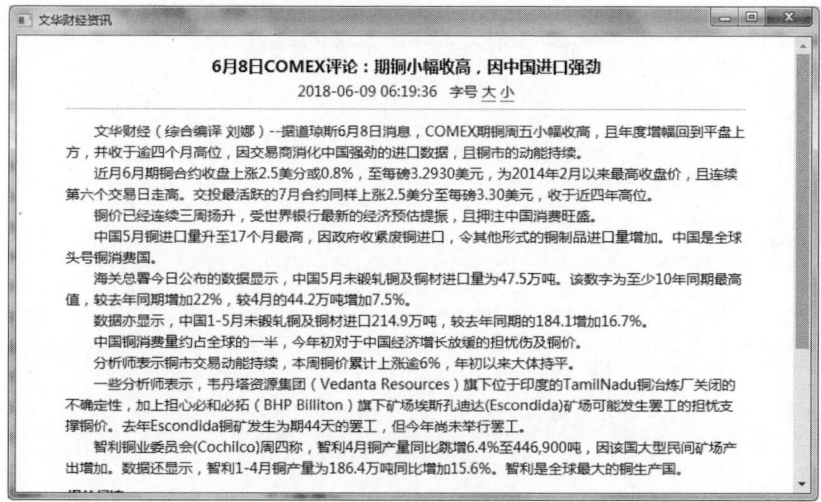

图 6.8　查看具体的某条信息

2）期货商品研究报告的查看

单击菜单栏中的 "资讯/重要资讯导读" 选项，就可以看到期货商品研究报告信息，如图 6.9 所示。

— 129 —

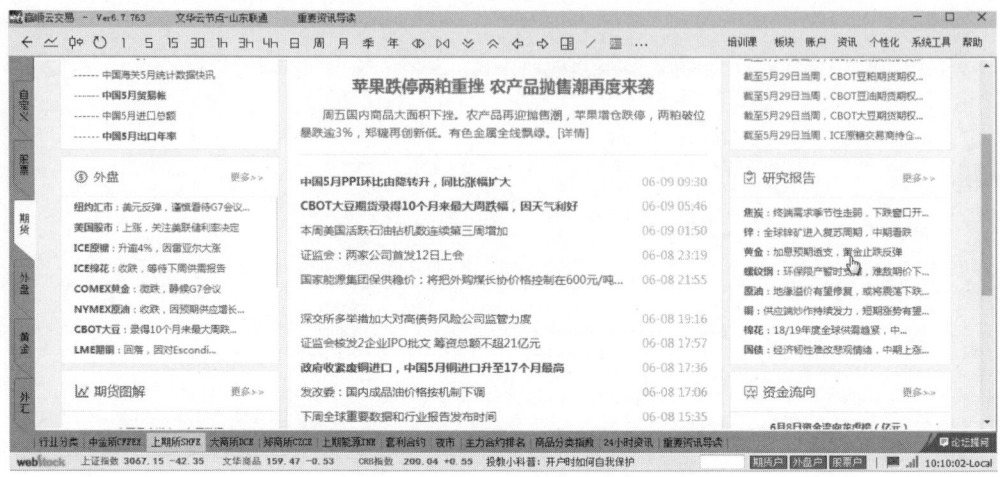

图6.9 期货商品研究报告信息

如果要查看某期货商品的研究报告，只需单击相应标题即可。在这时单击"黄金：加息预期透支，黄金止跌反弹"，结果如图6.10所示。

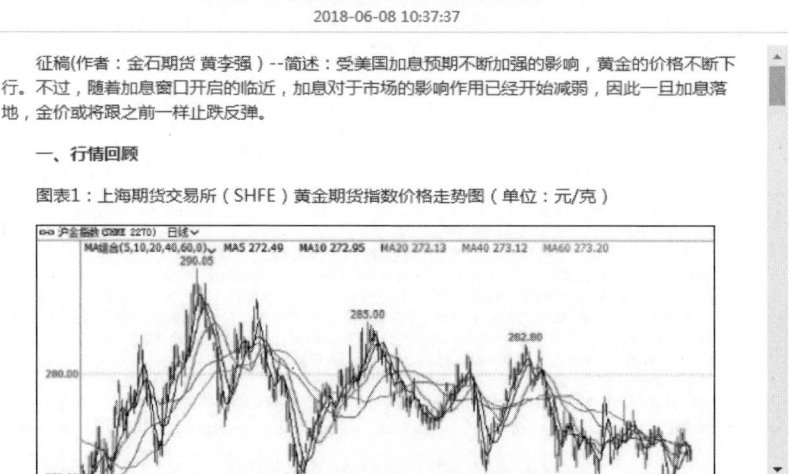

图6.10 黄金期货商品的研究报告

首先看到的是黄金的行情回顾。向下拉动垂直滚动条，可以查看黄金的因素解读、后市预测等信息，如图6.11所示。

第 6 章　期货交易的实战分析技巧

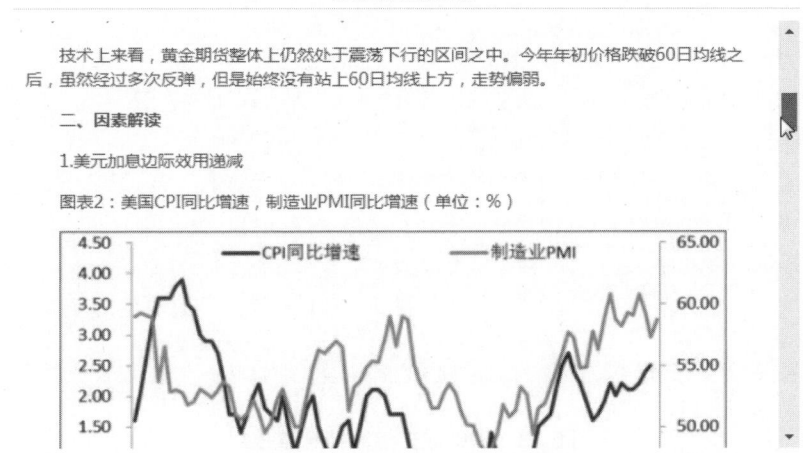

图 6.11　黄金的因素解读

3）成交量和持仓量的查看

单击菜单栏中的"资讯/最新持仓报告"选项，就可以看到所有期货品种的最新持仓报告，如图 6.12 所示。

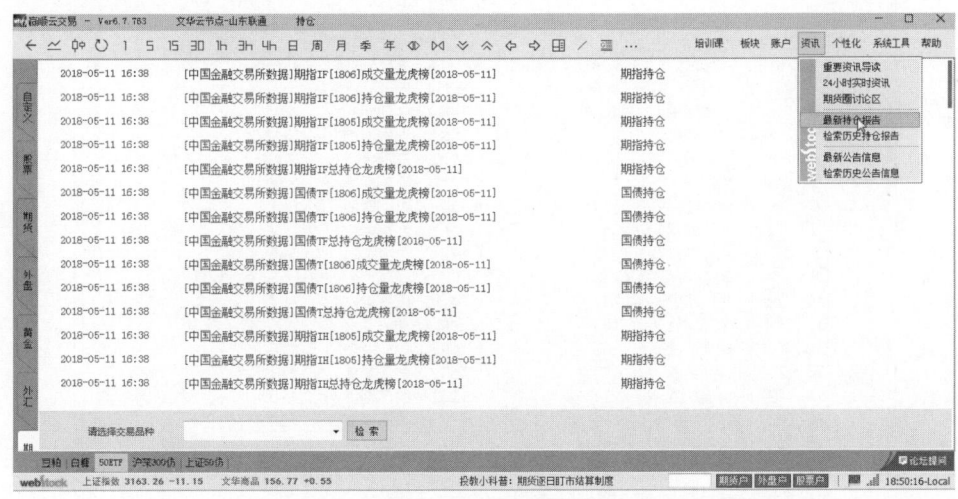

图 6.12　所有期货品种的最新持仓报告

单击"请选择交易品种下拉列表框"对应的下拉按钮，然后选择"沪铜"，单击"检索"按钮，就可以看到沪铜成交量和持仓量信息，如图 6.13 所示。

— 131 —

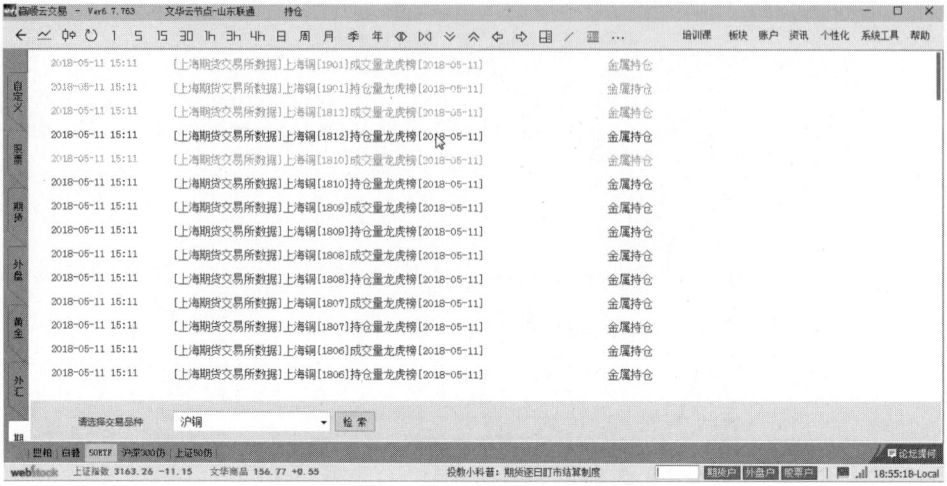

图 6.13　沪铜成交量和持仓量信息

单击“[上海期货交易所数据] 上海沪铜 [1812] 持仓量龙虎榜 [2018-5-11]”，就可以看到上海沪铜 [1812] 持仓量龙虎榜，如图 6.14 所示。

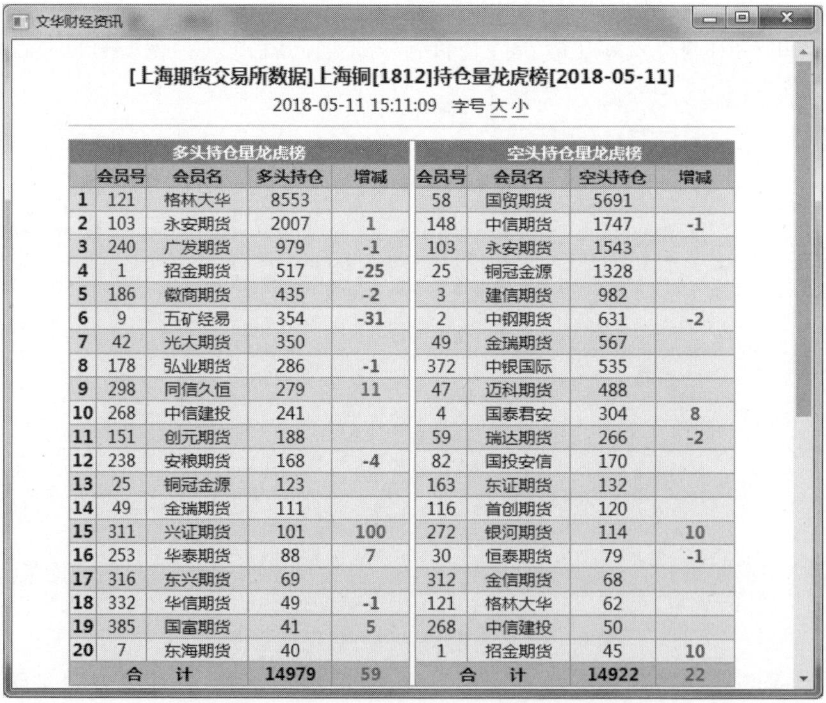

[上海期货交易所数据]上海铜[1812]持仓量龙虎榜[2018-05-11]

2018-05-11 15:11:09　字号 大 小

	多头持仓量龙虎榜				空头持仓量龙虎榜			
	会员号	会员名	多头持仓	增减	会员号	会员名	空头持仓	增减
1	121	格林大华	8553		58	国贸期货	5691	
2	103	永安期货	2007	1	148	中信期货	1747	-1
3	240	广发期货	979	-1	103	永安期货	1543	
4	1	招金期货	517	-25	25	铜冠金源	1328	
5	186	徽商期货	435	-2	3	建信期货	982	
6	9	五矿经易	354	-31	2	中钢期货	631	-2
7	42	光大期货	350		49	金瑞期货	567	
8	178	弘业期货	286	-1	372	中银国际	535	
9	298	同信久恒	279	11	47	迈科期货	488	
10	268	中信建投	241		4	国泰君安	304	8
11	151	创元期货	188		59	瑞达期货	266	-2
12	238	安粮期货	168	-4	82	国投安信	170	
13	25	铜冠金源	123		163	东证期货	132	
14	49	金瑞期货	111		116	首创期货	120	
15	311	兴证期货	101	100	272	银河期货	114	10
16	253	华泰期货	88	7	30	恒泰期货	79	-1
17	316	东兴期货	69		312	金信期货	68	
18	332	华信期货	49	-1	121	格林大华	62	
19	385	国富期货	41	5	268	中信建投	50	
20	7	东海期货	40		1	招金期货	45	10
	合	计	14979	59	合	计	14922	22

图 6.14　上海沪铜 [1812] 持仓量龙虎榜信息

单击"[上海期货交易所数据]上海沪铜[1812]成交量龙虎榜[2018-5-11]",就可以看到上海沪铜[1812]成交量龙虎榜信息,如图6.15所示。

	会员号	会员名	成交量	增减
1	78	海通期货	135	-38
2	311	兴证期货	128	101
3	1	招金期货	35	30
4	9	五矿经易	31	9
5	96	南华期货	29	2
6	272	银河期货	29	5
7	385	国富期货	27	-3
8	108	金汇期货	25	25
9	319	西部期货	24	5
10	298	同信久恒	23	-20
11	148	中信期货	22	-9
12	55	中天期货	15	15
13	257	华西期货	15	
14	186	徽商期货	12	-17
15	271	渤海期货	12	5
16	338	广州期货	10	8
17	323	东吴期货	9	4
18	4	国泰君安	8	7
19	253	华泰期货	8	5
20	69	申万期货	4	-4
		合 计	601	130

图6.15 上海沪铜[1812]成交量龙虎榜信息

通过沪铜成交量和持仓量龙虎榜信息,可以看到哪些机构在加仓,哪些机构在减仓,这样更加有利于投资者对沪铜后期走势进行判断。

6.3 期货交易的技术分析

技术分析重在分析期货商品价格行情的历史走势,通过其历史行情走势来预测和判断价格的未来变动方向。在进行技术分析时,应坚持由远及近的原则,即从长期趋势研究着手,分析月K线图和周K线图,然后再分析较短的时间周期内的K线图,如日K线图、分钟K线图等。这样就可以明大势,并从市场细节动向中寻找有利的出入市时机。

注意,技术分析之所以能够成立,是建立在三个基本假设基础上的。如果投资者不认可这三个假设,那么技术分析就不可取了。技术分析成立的前提条件如图6.16所示。

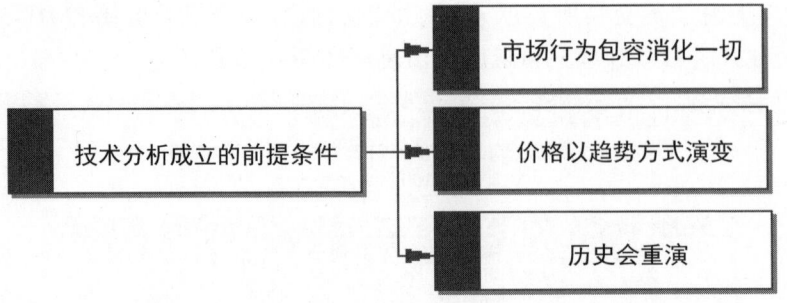

图 6.16 技术分析成立的前提条件

这三个基本假设，字数不多，但可谓字字含金。在过去刚开始学习时，有点儿不以为然，但随着学习的深入，了解的加深，才慢慢发现，这三个由前人通过技术分析得到的智慧的总结，确实是蕴含着博大精深的深意。

6.3.1 市场行为包容消化一切

市场行为包容消化一切，看起来有点儿绝对化。这样的绝对字眼本不该出现在"没有绝对"的技术分析研究中。投资者要明白，技术分析是没有绝对的，但却有"概率最大"的。为何不少投资者把技术分析看成一门艺术，本质上就是由于这里有一个任人发挥的空间，没有绝对，但有概率最大。谁的研判准确率高，那么就相应地代表了其在这个市场中所具有的艺术水平。

提醒：投资者一定要明白，学会技术分析后，不要以为自己天下无敌了。随着技术分析水平慢慢提高，你会渐渐明白技术分析的艺术性。

市场行为包容消化一切，是指能够影响期货商品价格的任何因素，包括政治、经济、政策、供求关系、投机心理、内幕消息、自然灾害等，这些因素实际上都反映在其价格之中。

提醒：这个断语，听起来有些武断，但是你花工夫推敲推敲，就会明白确实是这样的。

我们知道，如果需求大于供给，价格必然上涨；如果供给大于需求，价格必然下跌，这个供求规律是所有经济的、基础的预测方法的出发点。

我们把它掉过来，那么，只要价格上涨，不论是因为什么具体的原因，需求一定超过了供给，其后市看好；如果价格下跌，也不管什么原因，供给一定超过了需求，其后市看淡。

其实，技术分析者通常不理会价格涨跌的原因，而且在价格趋势形成的早期或市场正处在关键转折点时，往往没有人确切了解市场为什么如此这般古怪地动作。恰恰是在这种至关紧要的时刻，技术分析者常常独辟蹊径，一语中的。所以，随着你实战水平的提高，遇上这种情况越多，"市场行为包容消化一切"这一点就越发显出不可抗拒的魅力。

顺理成章，既然影响市场价格的所有因素最终必定要通过市场价格反映出来，那么研究价格就足够了。所以江恩曾经说过，如果你坐在自己家中或者自己的办公室里，静静地研究你的图表（K 线图），并依据明确无误的迹象进行交易，你就可以取得更大的成功。

实际上，技术分析者是通过研究价格图表及大量的辅助技术指标，让市场自己揭示它最可能的走势，而不是凭他的"精明"来征服市场。

6.3.2 价格以趋势方式演变

"趋势"，可别小看这两个字，它在技术分析里可以带给你无限的机会，同时也可能带给你无限的风险，就看你如何去对待这个问题了。

技术分析的核心就是趋势，技术分析的意义是：要在一个趋势发展的早期，及时准确地把它揭示出来，从而达到顺着趋势交易的目的。

技术分析者认为，对于一个既成的趋势来说，下一步往往是沿着现存趋势的方向继续演变，其掉头反向的可能性要小得多。

当然，趋势是有尽头的，在向上的"趋势"里，最终的结局往往就是变成一个向"下"的趋势，反之也相同。"没有只涨不跌的商品，也没有只跌不涨的商品"这句话完全可以看成是对"趋势"上下运动的较为明了的注解。价格以趋势方式演变，并且其趋势倾向于持续发展，如图 6.17 所示。

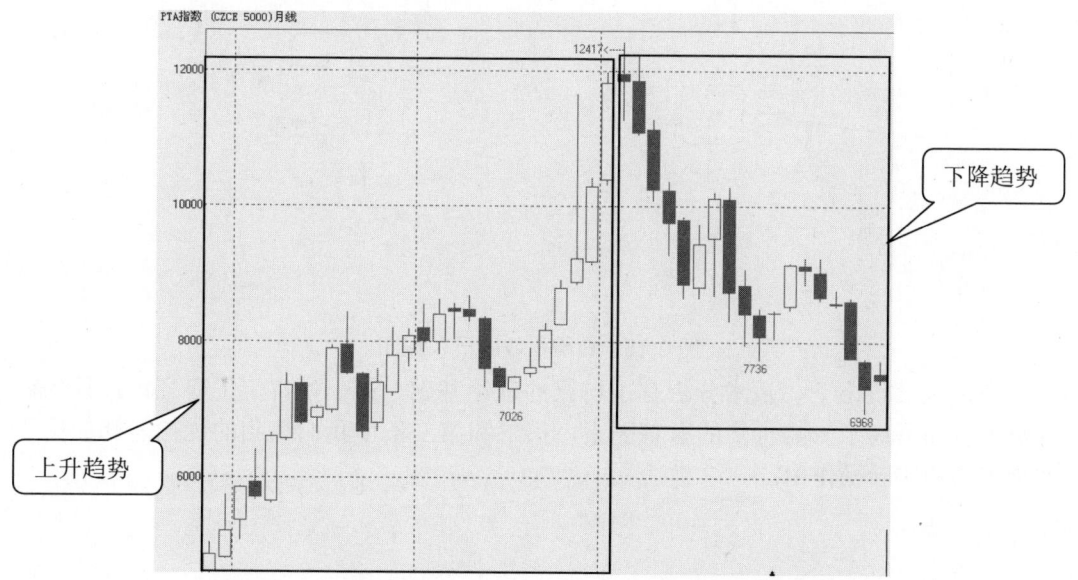

图 6.17 价格以趋势方式演变，并且其趋势倾向于持续发展

6.3.3 历史会重演

技术分析和市场行为学与人类心理学有着千丝万缕的联系。比如价格形态，它们通过一些特定的价格图表形状表现出来，而这些图形表示了人们对某市场看好或看淡的心理预期。其实这些图形在过去的几百年里早已广为人知、并被分门别类地加以区分。既然它们在过去很管用，就不妨认为它们在未来同样有效，因为它们是以人类心理为根据的，而人类心理从来就是"江山易改本性难移"。"历史会重演"说得具体点就是，打开未来之门的钥匙隐藏在历史里，或者说将来是过去的翻版。

图 6.18 显示的是白糖指数的日 K 线图。在 A 处，价格有效突破底部形态的颈线位后，出现了一波不错的上涨行情，如果在这一波行情中赚到了钱。那么在 B 处，价格再次有效突破底部形态颈线时，你就要敢于大胆做多，从而抓住其后的上涨行情。

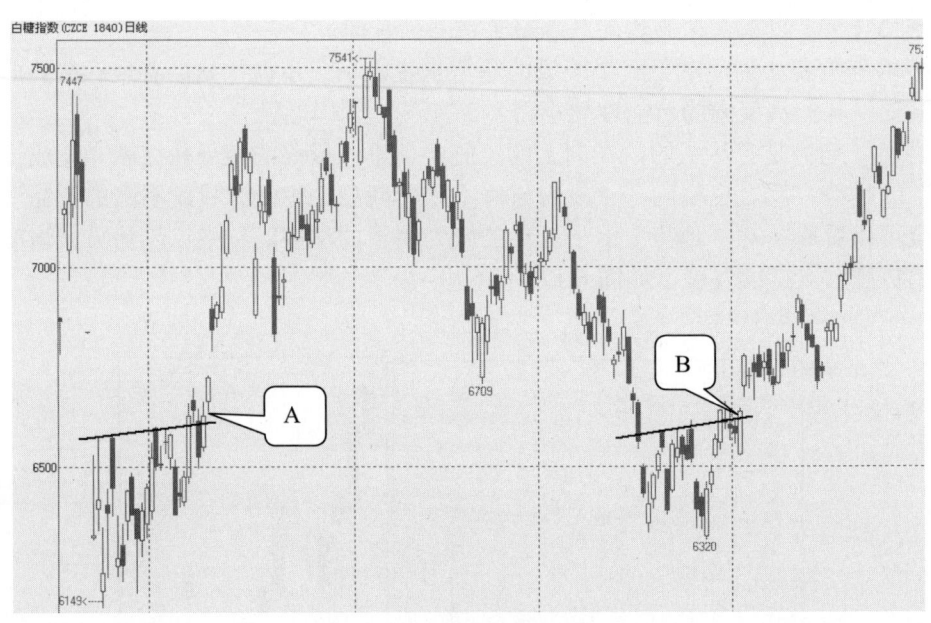

图 6.18　白糖指数的日 K 线图

在三大假设之下，技术分析有了自己的理论基础。第一条肯定了研究市场行为就意味着全面考虑了影响价格的所有因素，第二和第三条使我们找到的规律能够应用于期货市场的实际操作中。

6.3.4 技术分析的类型

技术分析发展到今天，形成了多种技术分析门派，创造了多种独立的技术分析体系。主要的技术分析方法有5种，如图6.19所示。

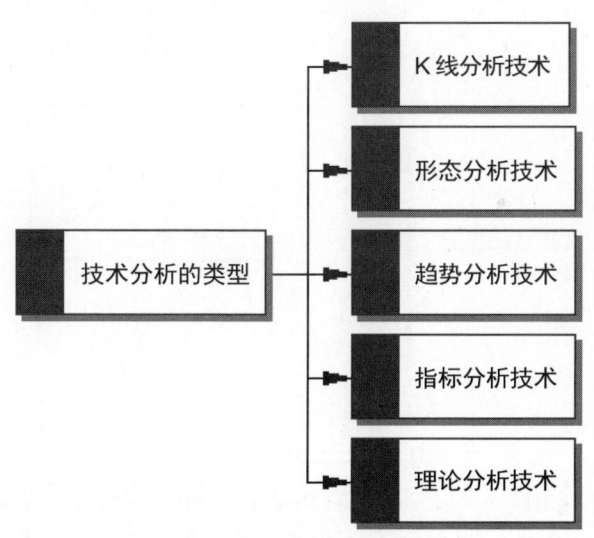

图 6.19　技术分析的类型

1）K线分析技术

K线分析技术，主要是利用单纯的K线图来预测价格的未来走向。价格是一切变化的前提，是趋势运动里最重要的研究部分。最高价、最低价、开盘价、收盘价等都显示在K线图上，是绝大部分技术指标的先行指标和统计基础。

所以，研究K线就可以获得当前期货市场多、空力量的对比状况，并能进一步判断出市场多、空双方谁更占优势及这种优势是暂时的，还是决定性的。

K线分析技术包括两种，分别是单K线模式和多K线模式，如十字星、大阳线、大阴线、红三兵等。

图6.20显示的是郑棉的日K线图。郑棉价格连续大幅下跌后，又开始急跌，连续跳空低开大阴线，逼多头交出手中的筹码。价格大幅下跌后拉出一根带有上影线的大阳线，这里是超跌快速反弹，第二交易日又大幅下跌，第三个交易日又低开。总之，通过低位的连续逼空，让多头胆战心惊，让他们在恐惧中交出手中的筹码。

期价经过大幅下跌后，进入底部区域，任何大阳线和大阴线都是为主力建仓做多服务的。

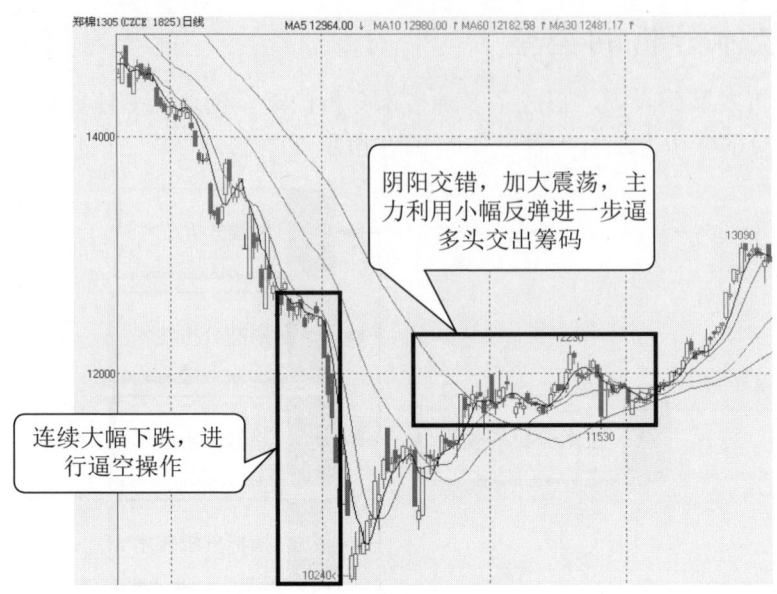

图 6.20　郑棉的日 K 线图

按下键盘上的"Ctrl"+"→",向右移动 K 线图。在这里可以看到在上涨过程中,大阴大阳,都是为了洗盘,洗盘后还会继续上涨,如图 6.21 所示。

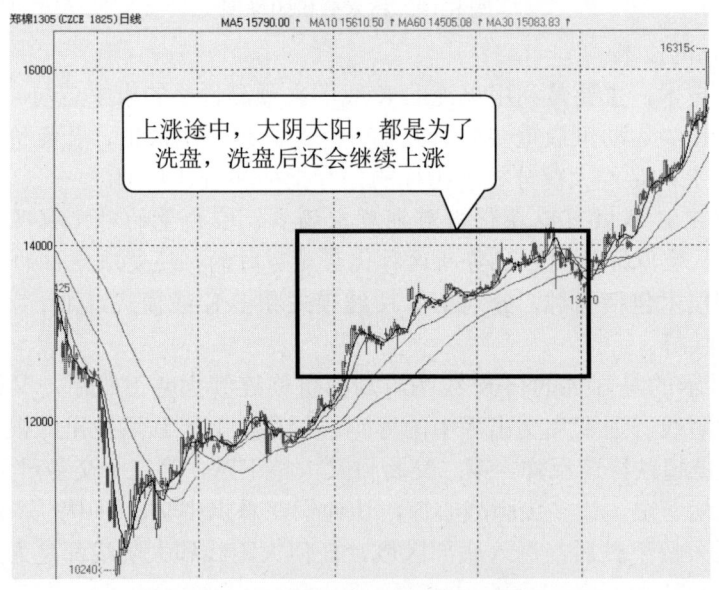

图 6.21　上涨途中的大阴线和大阳线

按下键盘上的"Ctrl"+"→",向右移动 K 线图。期价经过多次大幅拉升后进入高位区,大阴大阳都是为了出货或做空建仓服务的,如图 6.22 所示。

第6章 期货交易的实战分析技巧

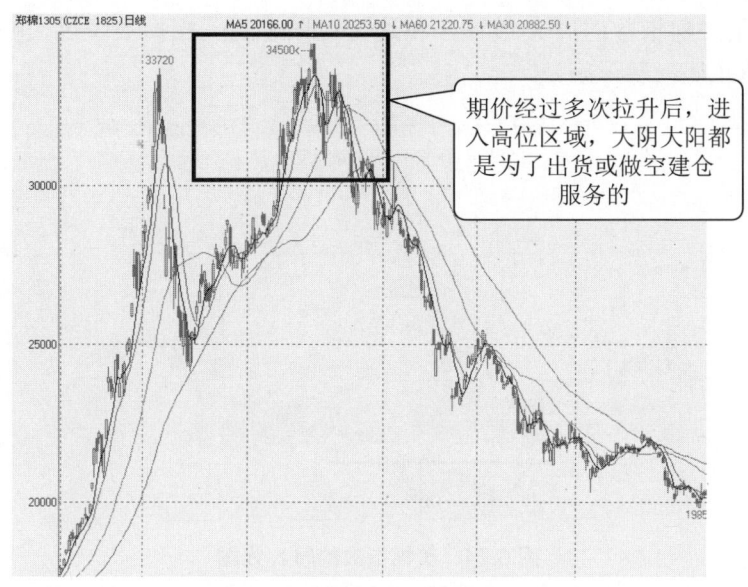

图6.22 高位区域的大阳线和大阴线

2）形态分析技术

在价格起起落落的时候，常常会在K线图表中留下一些投资者购买或抛售的预兆。形态分析技术，是根据K线图中过去所形成的特定价格形态预测价格未来发展趋势的一种方法。当然，这也是一种纯粹的经验性统计，因为在商品抛售或抢购的过程中，K线图表常常会表现出一些可以理解的、重复的价格形态。

著名的价格形态主要包括反转形态（双重底、头肩底、头肩顶、双重顶等）和各种持续形态（上升三角形、矩形等）。

图6.23是豆粕指数的日K线图，在这里可以看到豆粕指数经过连续拉升后，在顶部形成了双重顶反转形态。

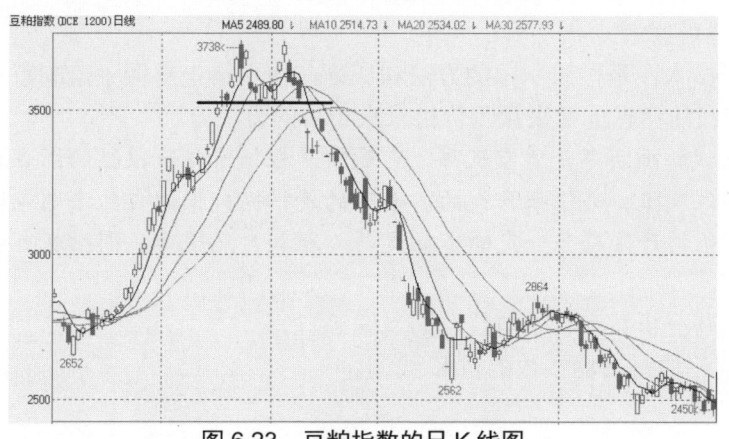

图6.23 豆粕指数的日K线图

图 6.24 是美棉指数的周 K 线图，在这里可以看到美棉指数经过大幅下跌后，在底部形成了双重底反转形态。

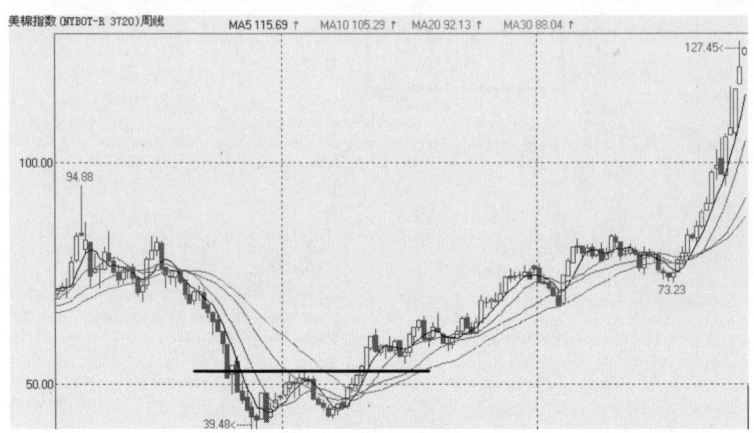

图 6.24　美棉指数的周 K 线图

图 6.25 是灿稻指数的日 K 线图。在这里可以看到看跌的矩形和看涨的矩形。

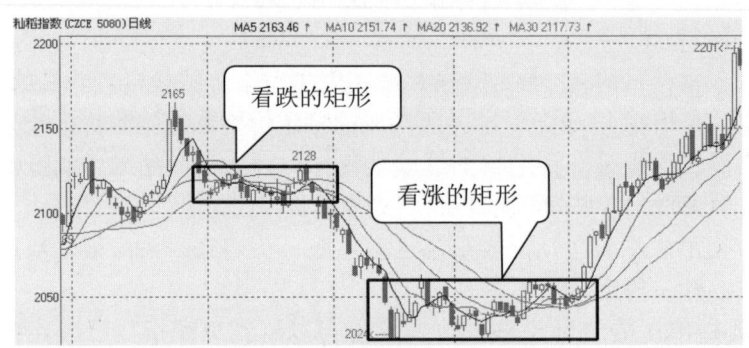

图 6.25　灿稻指数的日 K 线图

3）趋势分析技术

趋势分析技术，是按照一定的方法和原则，在价格走势图中绘制直线，然后根据 K 线和这些直线的穿越情况来预测价格未来走势的方法。

当然，切线的画法不是凭空乱画，它通常是根据价格阶段性的高点或低点，以及趋势的支撑部位或阻力部位来画线的，也有的是根据神秘的自然法则或数学规律来画线的。这些线条的产生符合一定的市场交易心理和自然规律，因而在有些时候也会产生一定的作用。

常用的趋势分析技术有趋势线、通道线等。

图 6.26 显示的是白糖指数的日 K 线图。

第 6 章 期货交易的实战分析技巧

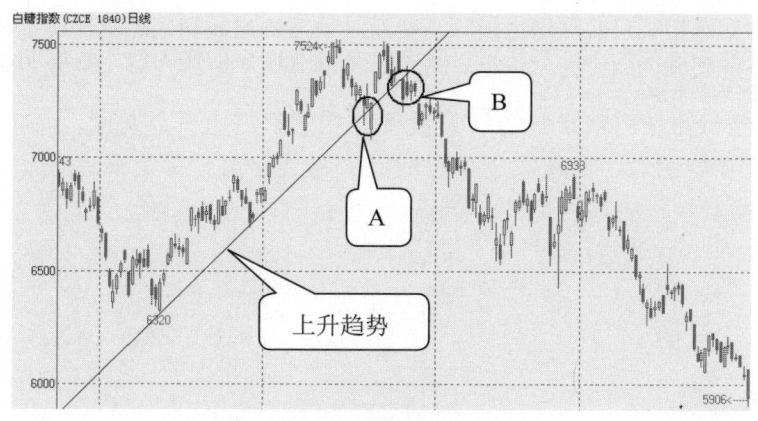

图 6.26 白糖指数的日 K 线图

白糖的价格创出 6320 元低点后,开始不断拉升上涨,经过 45 个交易日的上涨,创出 7524 元高点,但创出高点这一天,价格收了一根十字线,这表明多空双方搏杀很激烈。

创出高点后的第二个交易日,价格高开低走,收了一根光脚阴线,这表明下跌力量较强,随后不断震荡下跌,当价格下跌到上升趋势线附近,即 A 处。价格先是跌破了上升趋势线,但仅一天,并且当天收了一根低开高走的大阳线,随后又站上了上升趋势线。所以 A 处是一个上升趋势线的假突破,是一个看多信号,仍可以短线逢低做多。

价格继续上涨,但上涨到 7500 元附近,出现了滞涨,然后开始震荡下跌,在 B 处,价格跌破了上升趋势线。在这里要注意,价格跌破了上升趋势线后,连续四天都没有站上上升趋势线,这表明价格很有可能已有效跌破上升趋势线。所以如果手中还有多单,要及时出局,并且可以逢高做空。

4)指标分析技术

指标分析技术,是通过对原始数据(开盘价、收盘价、最低价、最高价、成交量、成交金额、成交笔数)的处理,反映市场某一方面深层的内涵,这些内涵是很难通过原始数据直接看出来的。不同的处理方法可产生不同的技术指标,即每一种技术指标都对应着一种处理原始数据的方法。

目前,应用于股市的技术指标有几百种,按照不同的计算原理和反映状况,可大致分为趋向指标、反趋向指标、量价指标、压力支撑指标等。

- ✓ 趋向指标:是识别和追踪有趋势的图形类指标,其特点是不试图猜顶和测底,如均线、MACD 指标、SAR 指标等。
- ✓ 反趋向指标:又称振荡指标,是识别和追踪趋势运行转折点的图形类指标,其特点是具有强烈的捕顶和捉底的意图,对市场转折点较敏感,如随机指标 KDJ、强弱指标 RSI 等。
- ✓ 量价指标:是通过成交量变动来分析捕捉价格未来走势的图形类指标,其特点是以"成交量是市场元气"为依据,揭示成交与价格涨跌的关系,如 OBV 指标、VOL 指标等。

- 压力支撑指标：又称通道指标，是通过顶部轨道线和底部轨道线，试图捕捉行情的顶部和底部的图形类指标，其特点是具有明显的压力线，也有明显的支撑线，如 BOLL 指标。

图 6.27 显示的是白糖指数的日 K 线图。在明显的上升趋势中，每当价格回调到布林通道线的中轨附近，出现做多的 K 线或 K 线组合时，都是不错的做多买入点。

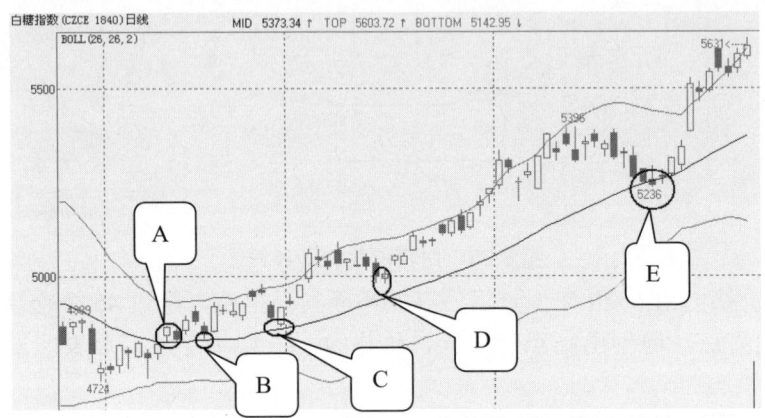

图 6.27　白糖指数的日 K 线图

白糖的价格经过一波下跌之后，探明了 4724 元低点后，开始震荡上行。在 A 处，跳高站上了布林通道线的中轨，这表明价格开始转强，后市只要价格不跌破布林通道线的中轨，就要坚持逢低做多思维。

在 B 处，价格回调到布林通道线的中轨附近，并且最低点正好得到布林通道线的中轨的支撑，这时可以做多，止损于中轨附近即可。

随后价格就开始上涨，经过几天上涨之后，上涨到布林通道线的上轨，出现了滞涨，这时多单可以减仓或出局，然后耐心等待价格的回调。

价格随后出现了回调，回调到布林通道线的中轨附近，即 C 处，价格再次止跌，所以 C 处是新的加仓做多位置。

在 D 处，价格经过几天回调之后，虽没有回调到布林通道线的中轨，但回调五个交易日后，出现了见底小阳线，表明下跌动力不足，可以轻仓介入做多。随后价格继续上涨，然后再逢低介入多单。

在 E 处，价格经过连续下跌之后，回调到布林通道线的中轨附近，注意在这里有一天，价格收盘跌破了布林通道线的中轨，但第二天又重新站上布林通道线的中轨，这表明跌破是诱空，所以在这里要敢于做多，并且很可能是一波较大上涨行情的开始。

在明显的下跌趋势中，每当价格反弹到布林通道线的中轨附近时，出现做空的 K 线或 K 线组合时，都是不错的做空点。图 6.28 显示的是 PVC 指数的日 K 线图。

第 6 章　期货交易的实战分析技巧

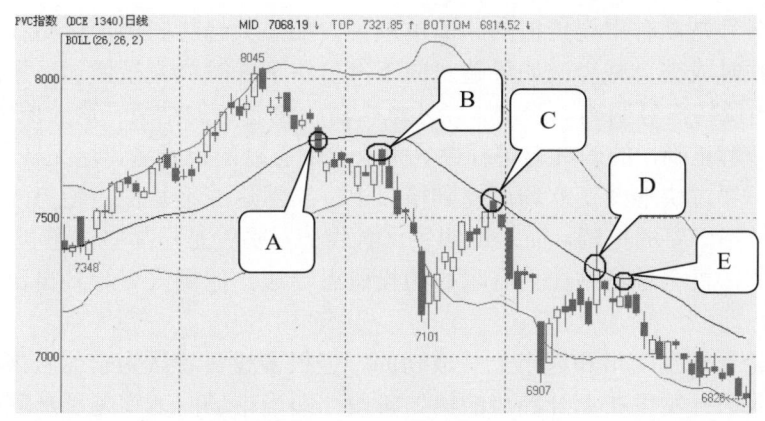

图 6.28　PVC 指数的日 K 线图

　　PVC 的价格经过一波反弹，最高创出 8045 元高点，然后开始震荡下跌。在 A 处，一根中阴线跌破布林通道线的中轨，这意味着下跌空间打开，前期空单持有者，应继续逢高做空。

　　价格跌破布林通道线的中轨后，没有立即大幅下跌，而是做横向盘整，虽有反弹，但始终在布林通道线中轨之下，所以当价格反弹到布林通道线的中轨附近时，都是不错的做空位置，即 B、C、D 和 E 处，都是不错的做空位置。

提醒：对于指标的应用，虽然要记住经典图形的意义，但要根据大势和主力特征进行认真识别，因为有时很可能是主力发的假信号，即通过操纵价格绘制的假指标图形，如果投资者信以为真，很可能一买就套，一卖就涨。

5）理论分析技术

　　技术分析的研究要有理论支持，市场中的理论非常多，但常用的确实不是太多。比较常用的投资理论有道氏理论、波浪理论、江恩理论、相反理论等。

　　（1）道氏理论。道氏理论是所有市场技术研究的鼻祖，是由查尔斯·道提出的，是一种反映市场总体趋势的晴雨表。大多数人将道氏理论当作一种技术分析手段，这是非常遗憾的一种观点。其实，"道氏理论"的最伟大之处在于其宝贵的哲学思想，这是它全部的精髓。

　　道氏理论的基本原则有 2 个，分别是平均价格包容消化一切因素和市场具有三种趋势（主要趋势、次要趋势和短暂趋势）。

　　道氏理论的相互验证原则包括 3 种，分别是价格验证、成交量验证、趋势终结验证。价格验证是道氏理论中最有争议也是最难以统一的地方，然而他已经接受过时间的考验。任何仔细研究过市场记录的人士都不会忽视这一原则所起到的作用。而那些在实际操作中将这一原则弃之不顾的交易者总归是要后悔的。这就意味着，市场趋势中不是一种指数就可以单独产生有效信号。道氏认为成交量虽然是第二位的，但作为验证价格的信号是具有重要价值的。简单地说，如果大趋势向上，价格在上涨时成交量增加，下跌时成交量减少；如果趋势向下，价格下跌时成交量增加，上涨时成交量减少。只有当反转信号明确显示出来，才意味着一轮趋势的结束，这一原则争议很多，但如果对其理解正确，的确具有可行性。对于过于急躁的投资者，这无疑是一个警告，告诫投资者不要过快地改变立场而撞到枪口上。当然这并不是说当趋势改变的信号已出现时还要做不必要的拖延，而是说明了一种经验，那就是与那些过早买入（或卖出）的投资者相比，机会总是站在更有耐心的投资者一边，他们只有等到自己有足够把握时才会采取行动。

道氏理论在辨别牛市和熊市上是成功的，但很多投资者认为它信号来得太迟。道氏理论的买入信号发生在上升趋势的第二阶段，即当市场向上穿越了从底部弹起的第一个峰值时。一般来说，信号发生之前，已上涨20%～25%了。任何理论在市场面前都不可能没有失误，但投资者要充分利用理论的长处，对于道氏理论，我们只能用于捕获市场重要运动中幅度最大的中间阶段。

（2）波浪理论。波浪理论是艾略特发明的一种价格趋势分析工具，也是一种完全靠观察得来的规律总结，用于分析指数价格的走势，还是世界股市分析运用最多，而又最难以了解和精通的分析工具。

艾略特认为，不管是股票还是商品价格的波动，都与大自然的潮汐、波浪一样，一浪跟着一浪，周而复始，具有相当程度的规律性，展现出周期循环的特点，任何波动均有迹可循。因此，投资者可以根据这些规律性的波动预测价格未来的走势，在买卖策略上灵活应用。

波浪理论认为价格变动的循环是由8次波浪构成的，其中有5次上升浪和3次调整浪，即"八浪循环"。在8个波浪完毕之后，一个循环完成，走势将进入下一个"八浪循环"。时间的长短不会改变波浪的形态，波浪可以拉长，也可以缩短，但其基本形态保持不变，如图6.29所示。

在8个波浪中，第1～5波浪为上升波浪，其中1、3、5波浪为推动浪，第2、4浪为上升波浪中的调整浪。每个波浪又可分成数个中波浪，每个中波浪又可分成许多小波浪，一个完成的股市循环总共可细分为144个小波浪。

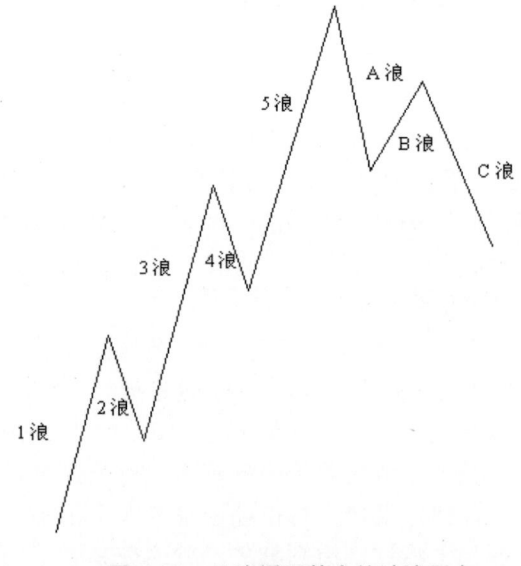

图6.29　八浪循环基本的波浪形态

第6章 期货交易的实战分析技巧

波浪理论在具体运用中,常常会遇到较为难以分辨的情况,发现几个同时可以成立的数浪方式。所以,投资者有必要了解各个波浪的特性。

第1浪:在整个波浪循环开始后,市场上大多数投资者并不会马上就意识到上升波段已经开始。所以,在实际走势中,大约半数以上的第一浪属于修筑底部形态的一部分。由于第一浪的走出一般产生于空头市场后的末期,所以,市场上的空头气氛以及习惯于空头市场操作的手法未变,因此,跟随着属于筑底一类的第1浪而出现的第2浪的下调幅度,通常都较大。

第2浪:上面已经提过,通常第2浪在实际走势中调整幅度较大,而且还具有较大的杀伤力,这主要是因为市场人士常常误以为熊市尚未结束,第2浪的特点是成交量逐渐萎缩,波动幅度渐渐变窄,反映出抛盘压力逐渐衰竭,出现传统图形中的转向形态,如常见的头肩底、双底等。

第3浪:第3浪在绝大多数走势中,属于主升段的一大浪,因此,通常第三浪属于最具有爆炸性的一浪。它的最主要的特点是:第3浪的运行时间通常会是整个循环浪中最长的一浪,其上升的空间和幅度亦常常最大;第三浪的运行轨迹,大多数都会发展成为一涨再涨的延升浪;在成交量方面,成交量急剧放大,体现出具有上升潜力的量能;在图形上,常常会以势不可挡的跳空缺口向上突破,给人一种突破向上的强烈信号。

第4浪:从形态的结构来看,第4浪经常是以三角形的调整形态运行。第4浪的运行结束点,一般都较难预见。同时,投资者应记住,第4浪的浪底不允许低于第1浪的浪顶。

第5浪:在股票市场上,第5浪是三大推动浪之一,但其涨幅在大多数情况下比第3浪小。第5浪的特点是市场人气较为高涨,往往乐观情绪充斥整个市场。从其完成的形态和幅度来看,经常会以失败的形态而告终。在第5上升浪的运行中,二三线股会突发奇想,普遍上升,而常常升幅极其可观。

A浪:在上升循环时,A浪的调整是紧随着第五浪而产生的,所以,市场上大多数人士会认为市势仍未逆转,毫无防备之心,只看作一个短暂的调整。A浪的调整形态通常以两种形式出现,平坦型形态与三字型形态,它与B浪经常以交叉形式进行形态交换。

B浪:B浪的上升常常会作为多方的单相思,升势较为情绪化,这主要是市场上大多数人仍未从牛市冲天的市道中醒悟过来,还以为上一个上升尚未结束,在图表上常常出现牛市陷阱,从成交量上看,成交稀疏,出现明显的价量背离现象,上升量能已接济不上。

C浪:紧随着B浪而后的是C浪,由于B浪的完成顿使许多市场人士醒悟,一轮多头行情已经结束,期望继续上涨的希望彻底破灭,所以,大盘开始全面下跌,从性质上看,其破坏力较强。

波浪理论最大的不足是应用上的困难，波浪的层次确定和波浪起始点的确认是应用波浪理论的难点。面对同一个波浪形态，不同的人会产生不同的数法，而不同的数浪法产生的结果可能相差很大。另外，因为忽略了成交量的研究，波浪理论不能运用于个股选择上，而仅仅适应于事后验证。

（3）江恩理论。江恩理论是由投资大师威廉·江恩（Willian D.Gann）大师结合其在股票和期货市场上的骄人成绩和宝贵经验提出的，是通过数学、几何学、宗教、天文学的综合运用，建立的独特分析方法和测市理论。

江恩理论的两个基本要素是价格和时间。江恩通过江恩圆形、江恩螺旋正方形、江恩六边形、江恩"轮中轮"等图形将价格与时间完美地融合起来。在江恩理论中，"七"是一个非常重要的数字，江恩在划分市场周期循环时，江恩经常使用"七"或"七"的倍数，江恩认为"七"融合了自然、天文与宗教的理念。

百分比回撤是江恩理论中比较简单、比较实用的一种技术，并且可以与几何角度协同起来使用。

江恩的百分比回撤把价格分成八等份，分别是1/8（12.5%）、2/8（25%）、3/8（37.5%）、4/8（50%）、5/8（62.5%）、6/8（75%）、7/8（87.5%）、8/8（100%）。把价格运动分成三等份，分别是1/3（33.3%）、2/3（66.6%）、3/3（100%）。

江恩认为：不论价格上升或下降，最重要的价位是在50%的位置，在这个位置经常会发生价格的回调，如果在这个价位没有发生回调，那么，在62.5%的价位上就会出现回调。在江恩价位中，50%、62.5%、100%最为重要，他们分别与几何角度45度、62.5度和90度相对应，这些价位通常用来决定建立50%回调带。投资者计算50%回调位的方法是：将最高价和最低价之差除以2，再将所得结果加上最低价或从最高价减去。当然，价格的走势是难以预测的，我们在预测走势上应该留有余地，实际价格也许高于也许低于50%的预测。

几何角度也是一种比较简单、实用的一种技术，该技术是从市场显示的顶或底出发，按照一定的角度引出的一组趋势线，这些角度是由价格和时间的相互关系所决定的，其中45度最重要。

45度代表江恩主要的上升或下降趋势线。在牛市中，只要价格维持于上升45度线的上侧，则牛市持续有效。而在熊市中，只要价格维持于下降45度线的下侧，则熊市持续有效。市场对45度线的突破，通常构成主要的趋势反转信号。

在45度线上，价格和时间正好处于完美的均衡状态，如果这条趋势线被跌破，就表示上述关系已被打破，趋势就可能发生变化。下面通过2来组合时间和价格的比例关系，可以作出更陡峭的或更平缓的几何趋势线。1×1表示45度线，1×2表示63.75度线，即是下一个更陡峭的线，位于45度线的上方，表示单位时间内，价格增长2个单位，即上升速度是时间变化速度的2倍。再下一个是1×4表示75度线，表示单位时间内，价格增长4个单位。再下一个是1×8表示82.5度线，表示单位时间内，

价格增长 8 个单位。

在 45 度线下方,下一个更平缓的直线是 2×1 表示 26.25 度线,表示在 2 个单位时间内,价格上涨 1 个单位,即上升速度是时间变化速度的 1/2 倍。再下一个更平缓的直线是 4×1 表示 15 度线,表示在 4 个单位时间内,价格上涨 1 个单位,即上升速度是时间变化速度的 1/4 倍。再下一个更平缓的直线是 8×1 表示 7.5 度线,表示在 8 个单位时间内,价格上涨 1 个单位,即上升速度是时间变化速度的 1/8 倍。如图 6.30 所示。

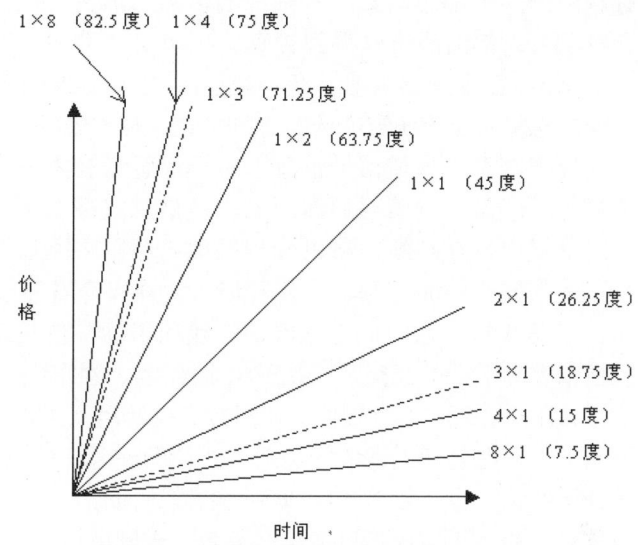

图 6.30 江恩时间 × 价格几何角度直线

注意,图 6.30 中包括了 1×3 和 3×1 两条直线,这两条直线是把价格运行三等分,所以在周 K 线图和月 K 线图中更有用途。江恩时间 × 价格几何角度直线,在上升趋势中,是支撑线;在下降趋势中,是阻挡线。在上升趋势中,如果价格跌破其中的一条直线,就意味着将跌到下一条直线。同理,在下降趋势中,上涨突破其中一条直线,就意味着将涨向上一条直线。

(4)相反理论。相反理论的基本要点是投资买卖的决定全部基于群众的行为。它指出不论在任何投资市场,当所有人都看好时,就是牛市开始到顶;当人人看淡时,说明熊市已经见底。只要你和群众意见相反的话,致富机会永远存在。

相反理论的基本内容共有 5 项,具体如下所述。

(1)相反理论并非只是大众看好,我们就要看淡,或大众看淡时我们便要看好。相反理论会考虑这些看好看淡比例的趋势,这是一个动概念。

(2)相反理论并不是说大众一定是错的。大众通常都在主要趋势上看得对。大众看好,市势会因这些看好情绪变成实质购买力而上升。这个现象有可能维持很久。直至到所有人看好情绪趋于一致时,趋势会发生质的变化——供求的失衡。

(3)相反理论从实际市场研究中发现,赚大钱的人只占 5%,95% 都是输家。要做赢家只能和群众思想路线相背,切不可以同流。

(4)相反理论的论据是在市场行情将转势,由牛市转入熊市前一刻,每一个人都看好,都会觉得价位会再上升,无止境地升。大家都有这个共识的时候,会尽量买入。升势消耗了买家的购买力,直到想买入的人都已经买入,而后来资金却无以为继,牛市就会在所有人看好声中完结。相反,在熊市转入牛市时,就是市场一片淡风,所有看淡的人士都想沽货，直到他们全部都沽货，已经再无看淡的人采取行动，市场就会在所有人都沽清货时见到谷底。

（5）在牛市最疯狂，但行将死亡之前，大众媒介如报纸、电视等都会反映普通大众的意见，尽量宣传市场的看好情绪。人人热情高涨时，就是市场暴跌的先兆。相反，大众媒介懒得去报道市场消息，市场已经没有人去理会，报纸新闻，全部都是市场坏消息时，就是市场黎明的前一刻，是最沉寂最黑暗的时刻，曙光就在前面。大众媒介永远都采取群众路线，所以和相反理论原则刚刚违背。这反而成为相反理论借鉴的资料。大众媒介全面看好，就要看淡，大众媒介看淡反而是入市时机。

总体来讲，从时间上来看，K线和指标分析技术有利于短线交易；趋势和形态分析技术有利于中长线交易。从结果上来看，这四类技术分析方法尽管考虑的出发点和表达方式不尽相同，但是彼此并不排斥，在使用上可以相互借鉴和融合。但投资者要明白，市场上不存在确切无误的指标或公式，即使是那些最常见的、总体上最可靠的分析方法和分析结论，也只能以一种概率性的表述而存在，不可能不出问题。因为市场的本质是博弈对立的，正与反不可能那么清楚，否则就没有人会输钱，更不会有人赢钱。

6.3.5　技术分析的优缺点

技术分析的优缺点如图6.31所示。

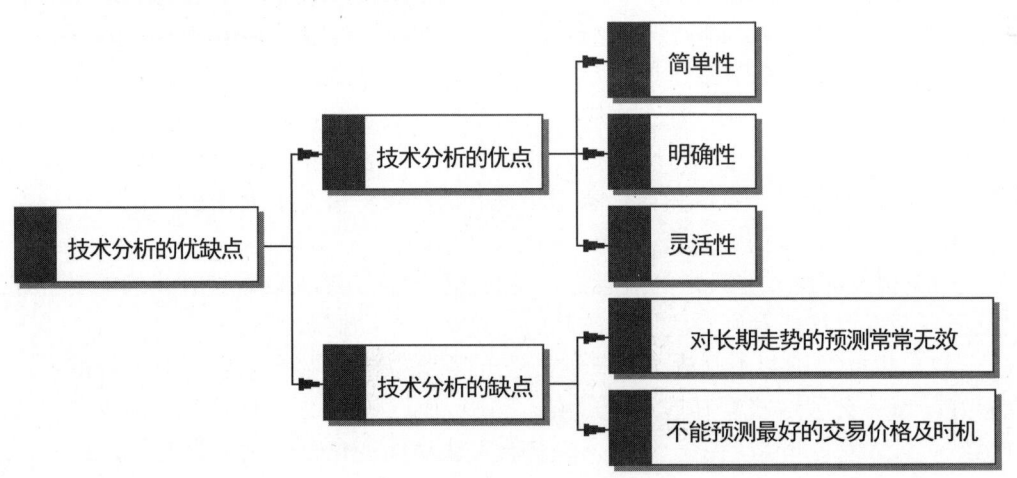

图6.31　技术分析的优缺点

技术分析的优点共有三项，分别是简单性、明确性和灵活性。

1）简单性

价格走势图把各种变量之间的关系及其相互作用的结果清晰地表现出来，把复杂的因果关系变成了简单的价格走势图。以图看势，就很容易把握价格变化的趋势。

2）明确性

在图表中可以出现明显的底部或顶部形态，也可以看到各种买卖信号，它们的出现可以提示投资者做好交易准备。同样，一些主要的支撑位或均线被突破，往往也意味着巨大的机会或风险来临。这些就是技术分析的明确性，但明确性并不等于准确性。

3）灵活性

技术分析可以适用于任何交易媒介和任何明间尺度，不管是做期货、外汇、黄金、股票，无论是分析上百年的市场走势，还是几个小时的标的物价格走势，其基本技术分析的原理都是相同的。只要调出任何一个标的物的价格走势图，就可以获取有关价格的信息，并进行走势分析，即预测其未来走势。

技术分析的缺点共有两项，分别是对长期走势的预测常常无效和不能预测最好的交易价格及时机。

1）对长期走势的预测常常无效

技术分析只能分析期货商品短期价格走势的变化，决定期货商品长期价格走势的还是国家宏观政策、经济运行环境、市场资金供应、商品质地等因素，单纯运用技术分析来预测长期的价格走势，其准确性往往较差。

2）不能预测最好的交易价格及时机

技术分析只能预测未来一段时间内总的价格走势，不能指出该时期内的最高价在何处，也不能指出该时期内的最低价在哪里，更不能指出每一次上升或下跌的持续时间。

总之，技术分析是客观事物，其使用者是人，如果投资者不懂心理控制、资金管理、交易技巧、市场特征等，单靠技术分析这一条腿走路，在一个具有较多不确性的交易市场中，是不可能成为赢家的。

6.3.6　技术分析与出入市时机的选择

我们炒期货，一般都是先分析市场行情，然后选择出入市时机。期货市场的杠杆作用注定了时机是交易成败的关键。投资者要明白，即使你看对了大趋势，仍然存在赔钱的可能。因为期货交易是保证金交易，保证金在10%左右，价格朝不利的方向哪怕变化并不大，你也有可能被扫地出门。

提醒：这与股票交易不同，价格跌了，你可以拿着等一等，一般价格总有一天会涨回来，从而由投机变成了投资。

在期货市场中，"买了走着瞧"这一套行不通。在市场预测阶段，技术分析或基本分析都可以采用，但是到了选择具体出入市时机时，就只能靠技术分析了。

也就是说，只要做交易，就得按部就班地完成这两个步骤：第一步即预测市场，可以是基本面分析，也可以是技术分析，也可以是综合应用；第二步即出入市时机，只能依靠技术分析。

6.3.7 技术分析的反面意见

在讨论技术分析时,往往会出现一些大同小异的疑问,如预言自我应验、过去能预测未来吗等。下面来详细讲解一下。

1)预言自我应验

有不少投资者也许心中会有这样的疑问。

近年来,绝大部分K线形态流传广泛。很多投资者把它们牢记于心,常常根据K线形态不约而同地行动,于是每当K线形态发出看涨或看跌的信号时,买者或卖者一拥而上,结果产生了"预言自我应验"的现象。

事实上,K线形态很客观,而研读K线形态是门艺术。K线形态几乎从来没有清楚到能让有经验的投资者意见一致的时候。疑虑重重、困惑不解、仁者见仁智者见智才是家常便饭。

即使大多数投资者预测一致,所见略同,他们也不一定在同时以同样的方式入市。有些投资者也许预计到信号将会出现,便"先下手为强";还有些投资者等信号出现后再下手;也有一些投资者等信号出现并验证后再下手。因此,所有人在同一时刻以同一方式入市的可能性甚微,如图6.32所示。

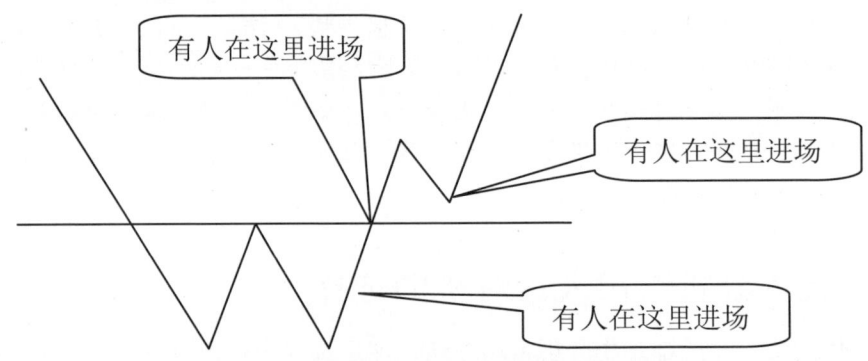

图6.32 不同的投资者在不同的位置入场

投资者一定要明白,唯有供求规律才能决定牛市或熊市的发生和发展。技术分析者势单力薄,绝不能平白无故地靠自己的买进或卖出引发市场的重大变化。要是能做到这一点,早就该发大财了。

2)过去可以预测未来吗

用过去的价格走势信息能否有效地预测未来价格走势呢?关于这个问题,投资者之间存在着比较大的争议。很多投资者常常拿这个问题来反对技术分析,并且常常因此来嘲笑技术分析者。

首先我们要明白,每一种预测方法,从天气预报到基本面分析,都是建立在对历史数据的研究之上,除了这些资料,我们还能依靠什么资料呢?

从统计学的角度来看，统计学包括描述统计学和推导统计学。在技术分析中，以K线图表来显示价格的运动轨迹属于描述统计学；分析价格并作出预测则属于推导统计学，如图6.33所示。

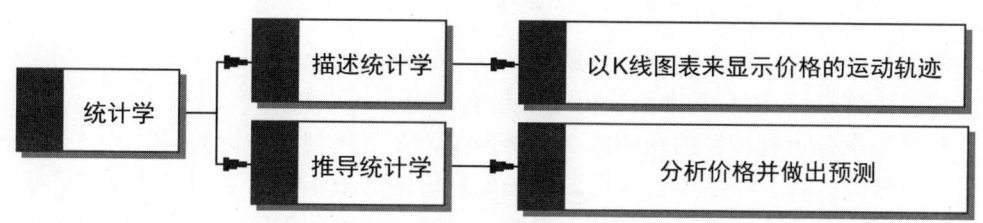

图6.33　过去可以预测未来吗

所以，技术分析同其他任何一项预测一样，都是建立在历史数据资料之上的。如果投资者怀疑技术分析在这方面的立足点，那么只好把所有以过去研究未来的学问一股脑儿都推翻，当然其中包括基本面分析。

提醒：技术分析最大的优势是不用担心数据资料的可信度；而基本面分析则有数据资料和预测推断在可信度上的双重风险。

3）随机漫步理论

随机漫步理论，又称随机游走，是指期货商品价格的变动是随机且不可预测的。期货商品价格的变动，就像一个在广场上行走的人一样，价格的下一步将走向哪里，是没有规律的。在期货市场，价格的走向受到多方面因素的影响。一件不起眼的小事也可能对市场产生巨大的影响。

所有的投资市场确实都具备一定的随机性，或者说"噪声"，但以为所有的价格变化都是随机的，却并非实情。

投资者可以想一下，当市场趋势明朗时，这个趋势对我们是否有用呢？我们是否可以把它当成我们的朋友呢？具有实战经验的投资者都知道，趋势一旦走出来，就是我们最好的朋友，只要我们顺势而为，并且能好好地把握趋势的节奏，我们就可以成为市场中的大赢家。

对于刚入门的投资者来说，期货商品的价格好像都在胡乱地运动，没有规律。其实如果我们不理解具体的过程和规则，任何过程都会显得杂乱无章。

例如，一张心电图，在外行看来，就像一长串杂乱无章的噪声，可在一个训练有素的医生眼中，其中每个小波折都充满了意义，肯定不是随机的。

对没有花工夫研究期货市场行为规律的投资者来说，市场运行可能是随机的。随着实战经验和技术的提高，随机的错觉逐渐消失，慢慢就会出现价格的运动是随机和规律的结合。

提醒：K线图表可以帮助那些能够读懂它的人，更确切地说，是那些可以把看到的图表信息消化吸收的人。

6.3.8 技术分析应用注意事项

技术分析作为一种投资分析工具，在应用时应该注意以下三点。

1）技术分析应该与基本面分析结合起来使用

虽然技术分析有较高的预测成功率，但是，在运用技术分析的同时，必须注意结合基本面分析。对于商品期货来讲，制约期货价格的根本因素是商品的供求关系，而基本面分析恰恰是从分析供求关系入手的。因此，技术分析应该与基本面分析结合起来使用。

2）注意多种技术分析方法的综合研判，切忌片面地使用某一种技术分析

投资者应全面考虑各种技术分析方法对未来的预测，综合这些方法最终得出一个合理的多空双方力量对比的描述。实践证明，单独使用一种技术分析方法有相当大的局限性和盲目性。如果应用多种技术分析方法后得到同一结论，那么依据这一结论出错的机会就很小，而仅靠一种方法得到的结论出错的机会就大。为了减少自己的失误，应尽量多掌握一些技术分析方法。

3）前人和别人得出的结论要通过自己实践验证后才能放心地使用

由于期货市场能给人们带来巨大的收益，上百年来研究期货的人层出不穷，分析的方法各异，使用同一分析方法的风格也不相同。前人和别人得到的结论是在一定的特殊条件和特定环境中得到的，随着市场环境的改变，前人和别人成功的方法在自己使用时却有可能失败。

第 7 章
期货交易的短线策略

短线交易是非常重要的获利方式,它是所有临盘实战交易的基础。无论是长线交易还是中波波段交易,均是建立在动态的即时短线技术操作之上。本章首先讲解短线交易的定义、目的、周期和类型,然后讲解短线交易的特点和原则以及短线波段交易、日内趋势波段交易、日内炒手交易,最后讲解短线交易的分时图实战技巧。

7.1 初识短线交易

在期货市场中,很多投资者都喜欢短线交易,那么到底什么是短线交易呢?只有了解一下专业意义上的短线交易概念,才能从业余晋升到专业,才能有资本进场与主力一较高低。

7.1.1 什么是短线交易

凡是利用短线周期技术系统所进行的临盘实战分析和临盘实战操作,都可称为短线交易。短线周期技术系统具体指的是日线及日线级别以下的交易周期,包括日线交易、60分钟、30分钟、15分钟、5分钟、1分钟交易等。

短线交易可以分为两种,分别是短线波段交易和日内短线交易。其中日内短线交易又可分两种,分别是日内趋势波段交易和日内炒手交易,如图7.1所示。

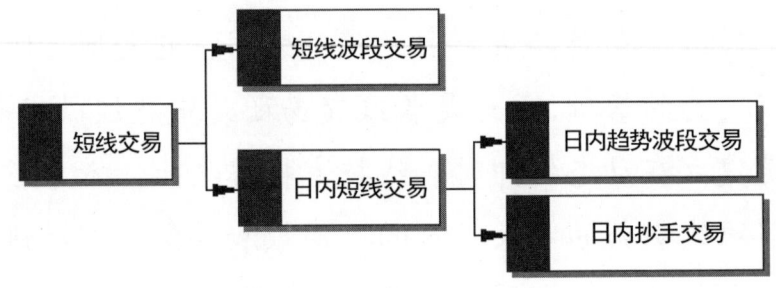

图 7.1 短线交易

很多期货操盘手从事的就是日内炒手交易,其特点是当日频繁交易,每次交易赚取微利,通过增加当日交易次数来累积赢利。

期货市场实行 T+0 交易制度,所以投资者建仓后,如果有赢利,马上就可以平仓卖出。但有时如果行情趋势继续运行,短线交易也可以继续持有几个交易日,直到一波趋势完结为止。

总之,短线交易的根本目的,是为了不参与价格运动中的调整,以便在最短的时间里达到成功避险或获取最大安全利润的目的。

7.1.2 短线交易的目的

由于期货短线交易以追求价差收益为目的,所以对短线投资者来说,期货商品的绝对价格以及供求关系等影响因素并不是最重要的。短线投资者更关心期货价格是否有相当幅度的频繁涨跌,从而有利可图。一般情况下,短线投资者喜欢流动性强、价格波动幅度大的期货商品。

需要注意的是，在期货市场中，获利的方式有多种，短线交易只是其中的一种。如果你的性格不适合进行短线交易，硬是随意进行短线交易，那么就会增加交易成本和交易压力，使自己常常处于深度疲惫的状态，最终失去市场感觉，从而让自己的交易处在巨大的风险之中。

提醒：期货交易有三种交易方式，分别是短线交易、中长线交易和套利交易。一般情况下，短线交易比套利交易风险大，但比中长线交易风险小；而短线交易比套利交易收益大，但比中长线交易收益小。

7.1.3 短线交易的周期

短线交易的周期因人而异。有的投资者当天买当天卖，有的做多买进后的第二天，只要价格不继续上涨，就会逢高卖出；而有的则喜欢根据自己的止损位提前设立出局条件，如果价格继续上涨，就会上浮止损位，直至止损位被跌破为止；还有的交易者则喜欢进场后，就一直盯着某一重要均线（如 5 日均线），只要价格不跌破该均线，就一直持仓。

7.1.4 短线交易者的类型

在期货短线交易中，不仅要正确认清市场，还要真正了解自己。短线交易者可分为 7 类，分别是经济型交易者、开创型交易者、逆势型交易者、情感型交易者、多疑型交易者、投机型交易者、冒险型交易者，如图 7.2 所示。

1）经济型交易者

经济型交易者喜欢物美价廉，即在做多时，喜欢价格先下跌，下跌到支撑位，企稳后再介入多单；在做空时，喜欢价格先反弹，反弹到压力位，反弹无力时再介入空单。

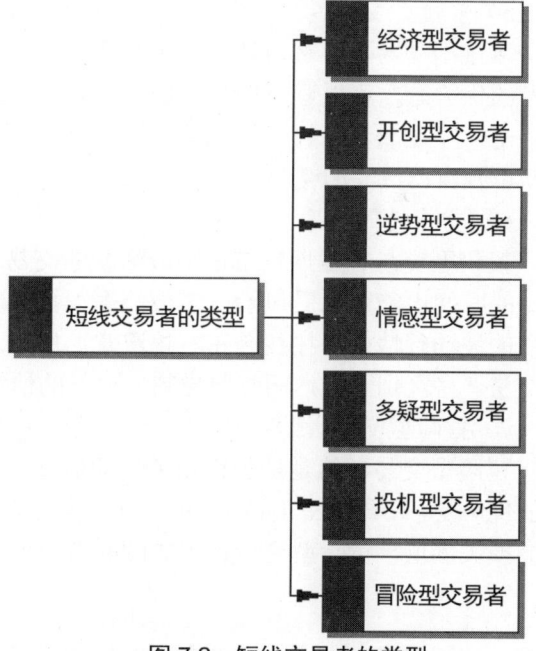

图 7.2 短线交易者的类型

经济型交易者的优势是，能够以较低的风险获得较高的回报。经济型交易者的劣势是，可能失去难得的机会，也可能被较低的价格所误导，短线做多抄底抄到半山腰。这种类型的交易者，一定要克服始终求廉的心态，机会成熟时不应过多考虑价格而应果断买进。

2）开创型交易者

开创型交易者注重变化，富有想象力。开创型交易者的优势是，用自己的眼睛来观察，不讨价还价，即只看重趋势，善于从表象中发现本质。开创型交易者的劣势是，交易一旦开始，证明自己的判断对错需要较长时间，一旦发现自己错了，结果往往是损失惨重。所以，开创型交易者要学会分批建仓，逐步投资，避免偏执。

3）逆势型交易者

逆势型交易者追求以最小的风险获得最大的回报。逆势型交易者的优势是，善于从不合理中发现机会，往往有丰厚的回报。逆势型交易者的劣势是，并非所有的逆势操作都有丰厚的回报，有时恰恰相反，可能过早卖出或预期错误。逆势型交易者尤其应注意，在面对陷阱时，需及时调整、克服自己的固执。

4）情感型交易者

情感型交易者大多倾向于以自我为中心，不喜欢变化。情感型交易者的优势是，从一而终，除非交易机会把握得很差，多数是能够获得相应的投资回报。情感型交易者的劣势是，总自以为是，认为自己永远是对的，有时可能与市场走得越来越远。情感型交易者需要注意，绝对忠诚是有害的，要学会随机应变。

5）多疑型交易者

多疑型交易者要么对期货市场知道得太多，要么对期货市场一无所知。多疑型交易者的优势是，可以避免期货市场中的陷阱，很少会出现巨额亏损。多疑型交易者的劣势是，往往故步自封，常常失去好的交易机会。多疑型交易者需要抛弃完美主义，重新审视自己放弃的交易。

6）投机型交易者

投机型交易者是期货市场中最活跃的交易者，他们技术精湛、操作灵活，往往在较短的时间内能够承受风险，多数能赢得持续投资回报。投机型交易者的缺点是，在剧烈的波动行情中，往往会左右挨巴掌。所以，投机型交易者需要将短线交易和中长线交易严格区别开来，同时要控制好自己的情绪。

7）冒险型交易者

冒险型交易者就是期货市场中鲁莽的交易者，多数被人们称为赌徒。冒险型交易者的优势是，只要判断正确，就可以获利丰厚。冒险型交易者的劣势是，一旦判断失误，就会损失惨重。冒险型交易者需要做好遭受打击的准备，培养坚强的意志。

7.2 短线交易的特点

短线交易有4个特点，分别是交易频率高、持仓时间短、单笔获利少、资金使用率高，如图7.3所示。

第 7 章 期货交易的短线策略

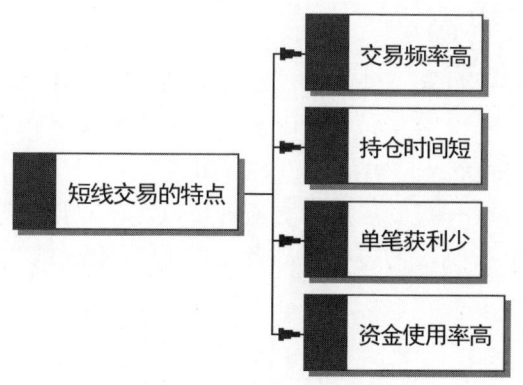

图 7.3 短线交易的特点

7.2.1 交易频率高

短线交易频率远远高于中长线交易，也远远高于套利交易。实际上，短线交易往往是通过降低亏损的次数、提高盈利的次数、扩大盈利的余额来提高盈利率。

期货交易参与者是相当多的，并且成交活跃，再加上独特的"T+0"交易方式，给短线交易者提供了较大的活动空间和较多的短线获利机会。另外，期货交易本身投机性就较强，日内波动较大，短线机会丰富，一天交易十几个来回的机会经常出现。例如，某操盘手曾经在一天内做过 300 多次交易，并且当日全部平仓。

7.2.2 持仓时间短

在期货市场，短线交易的持仓时间从几秒到几天不等。短线交易者欲持仓时间短，并且快速地进出市场，这就要求短线交易者必须对市场有敏锐的观察力和感受力，从而能够迅速抓住机会进行交易，进而实现盈利。

短线交易者可以避免某些突发性的消息、政策、意外事件以及外盘期货走势的不利影响，降低交易风险。另外，日内交易还可以避免持仓风险，因此承受更低的交易风险，盈利更为简单清晰。

7.2.3 单笔获利少

在期货交易中，短线交易虽然每次只能赚取百分之几甚至更少的利润，积少成多之后，累积起来的利润可能就很可观。

短线交易虽然获利不高，但是比较稳定，其盈利模式是通过每日稳定的低盈利率累积实现全年较高的总盈利率。

7.2.4 资金使用率高

短线交易的资金高度灵活,有助于应付日常生活、工作中对资金的不时之需。特别是期货日内短线交易的资金,处于高度灵活状态,投资者持仓不过夜,每天都是新的开始,每天都可以用独立、冷静的观点看待市场。

"弱水三千,我只取一瓢",短线交易者可以高于长期投资者的资金比率进行交易,而期货市场的 T+0 机制,为短线交易者提供了便利条件,并且可以帮助交易者把损失控制在一定范围内。

7.3 短线交易的原则

短线交易所累积的收益是令人羡慕的,但是其风险也是比较大的。交易者要想成为一名稳定的短线赢利高手,就要遵循 5 项原则,分别是不要频繁操作、择品种不如择时、重势不重价、不能把短线变中线、短线交易不是目的,如图 7.4 所示。

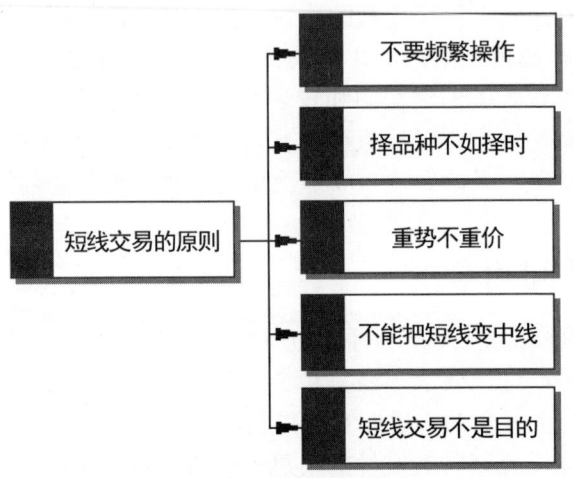

图 7.4 短线交易的原则

7.3.1 不要频繁操作

做任何事情,如果想成功就必须讲究天时、地利、人和,顺势而为,短线交易也如此。

只有当我们所预期的交易环境出现时,只有当市场所提供的机会远大于风险时,才值得我们进场交易。

短线交易的目的,是寻求最佳的市场机会,而不是捕捉所有的市场机会,对于这一点，我们一定要注意。

7.3.2 择品种不如择时

"择品种不如择时"是期市中的谚语，它意味着交易者只有等到某概念出现、某板块崛起、某资金流激进等有利时机时，才可顺势而为，入场交易。至于交易者选择什么期货商品反而是第二位的考虑因素，因为只要是能获利的低风险机会，往往来自整个市场或某一板块的崛起，而不是来自某一种期货商品的单独行为。

做投机的大忌，是心浮气躁，瞎猜乱撞，这会使交易者失去理智，决策失误。所以，交易者做短线交易一定要有耐心，要能心定神闲地等待介入时刻的到来。但在等待的时间里，一定要随时注意行情的变化，时时进行分析思考。

7.3.3 重势不重价

短线交易必须密切关注趋势，但不要过多地关注期货商品价格。即使是已经涨得较高的期货商品，如果综合分析显示其还有继续上涨的能力，那么作为短线商品，该期货商品仍然可以买进；反之，即便价格便宜的期货商品，如果没有出现上涨的趋势，也不能轻易抄底介入做多。

自然界和期货市场都遵循"强者恒强，弱者恒弱"的规律，一些期货商品之所以能维持上涨趋势，是由于"上涨"本身把它的属性激活了，因此只需少许推动力量即可使其继续走强；而另一些期货商品之所以长期不涨，则是因为投资属性呆滞，缺乏市场追捧的人气。

7.3.4 不能把短线变中线

有不少交易者，一旦被套就会把短线交易变成中线交易，为的只是不将账面亏损转化为实际亏损，但这种做法很不明智，原因有下述四点。

（1）这是明显违反短线交易原则的做法，交易者一旦有了第一次违反，就会有第二次违反，将会形成破坏交易规则的恶性循环。

（2）短线交易看重的是期货商品的"势"，既然市场人气和资金优势都不存在了，那么继续持仓往往就会导致巨大的亏损。

（3）如果被套的期货商品将来可以解套，往往其他同类期货商品也会在同期上涨得更多，因为它们早已把市场人气吸引过去了。

（4）短线交易一般都是追高建仓，这和做中长线交易的逢低吸纳是两码事，这样的追高建仓行为一旦被套，就会导致解套的时间更加漫长，使交易者本该流动的资金困死一方。

7.3.5 短线交易不是目的

在金融市场中,有"长线是金、短线是银"的说法。其实长线既不是金,短线也不是银,它们都只是一种获利的方法。用得好,则都是金,用不好,则都是泥。

我们不能为了"做短线"而做短线,要知道,短线交易仅仅是一种获利的方法,而不是我们交易的目的。也就是说,我们一定要视大势来展开短线操作,当情况更有利于中长线交易时,我们应该采取中长线交易方式;如果大势变成震荡盘整,那么短线交易最好;如果大势变成窄幅震荡,这时最好空仓观望。

7.4 短线波段交易

短线波段交易方式,一般是波段操作,持仓时间周期虽短,但也有几天或者稍长一点的时间周期。

7.4.1 什么是短线波段交易

短线波段交易是投资者通过研判行情,当行情趋势明朗时,及时跟进,顺势而为,在行情反转时再获利出局。

在期货短线波段交易中,跟随市场是投资者的唯一选择,不去试图打败市场,不尝试摸顶也不抄底,趋势出来才进行交易,并且设置止损,让赢利自己奔跑。

一般情况下,成功的短线波段交易,需要过硬的技术功力、正确的资金管理和严格的心态控制。

7.4.2 短线波段交易要把握大势

做短线波段交易,不等同于今天买明天卖,或者当天买当天卖,它是趋势形成后的追逐趋势行为。短线波段交易者不仅是技术分析高手,还应该是基本面分析高手,即要熟知经济周期运行规律,善于从宏观战略上进行思考,从大势上对期货商品价格走势进行把握,高屋建瓴,避免犯"只见树木、不见森林"的错误。

从道氏理论上来讲,尽管短线波段交易属于短线行为,但也不要忽视中长期走势。一般来讲,对于某一期货品种做短线时,应当将月K线、周K线、日K线、60分钟K线、30分钟K线、15分钟K线、5分钟K线等周期同时观察,当他们同时同向时,才是短线安全与收益最大化的保证。

7.4.3 短线波段交易的过程

短线波段交易的过程可分为 5 步，分别是确认趋势方向、制定交易方案、确定交易入场时机、执行计划果断平仓、反思并总结，如图 7.5 所示。

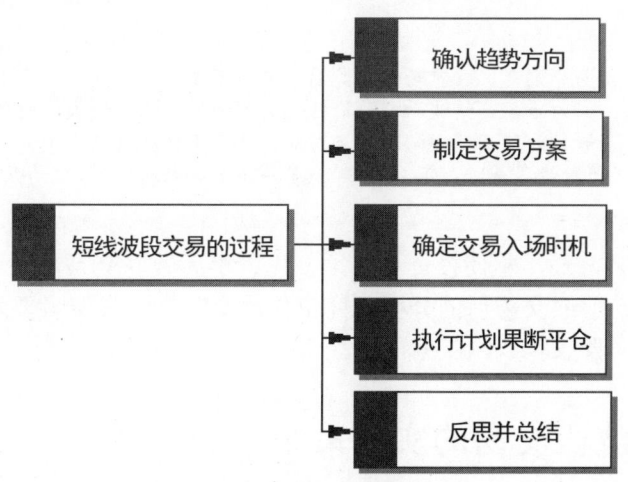

图 7.5 短线波段交易的过程

1）确认趋势方向

趋势方向的确认包括日线、周线和月线，特殊情况下还要考虑季线和年线。周线和月线可以帮助投资者确定期货商品的中线运行方向，如果中线趋势是向上的，那么投资者最好以做多为主，假如做空，一定要见好就收。如果中线趋势是向下的，那么投资者最好以做空为主，假如做多，一定要见好就收。

2）制定交易方案

制定交易方案，是一个很重要的工作，投资者应根据自己对市场的判断，制订一份操作计划，里面至少应包括操作的方向、介入的时机、仓位的控制、止损的位置、止盈的位置、可能的风险收益比等。

3）确定交易入场时机

在制订计划后，进行交易应谨慎选择入场时机，并且选择的切入点应得到市场的确认，减少没有把握的交易，拥有足够的耐心等待合适的交易机会。正如金融市场的名言"钱是等来的，不是交易来的。"

4）执行计划果断平仓

只有市场符合投资者预先指定的交易计划，并确认交易时机已经来临，才能进场交易，否则再好的交易机会，宁不错过，也不要打乱交易计划。同时还要制订获利出局计划和原则，不能因为对市场焦躁而出局。

另一方面，如果市场向着投资者的方向大幅前进，你不明白个中原因，了结额外收获，至少应该跟随仓位头寸设立止盈位置。

例如，期货市场中的常胜将军兰迪•麦凯从几千美元开始交易，最后赚到几千万美元。在第一年的交易中，兰迪•麦凯从2000多美元赚到7万美元；在第二年的交易中，从7万美元赚到100万美元。随后几年，兰迪•麦凯连续盈利，最后赚到几千万美元。

提醒：兰迪•麦凯的交易原则是，在市场价格变动之前，不要进行交易，而要等到市场行情开始波动后进行交易。因为市场行情波动前，价格趋势不明朗，风险较大；同理，价格波动末期由于人们获利平仓等行为使市场方向不定。因此，只有价格波动的中间部分才是轻轻松松捞钱的好机会。当交易赚钱容易时入市，而当赚钱变得不太容易时出市，这是兰迪•麦凯的交易风格。

5）反思并总结

短线波段交易方式，驱使投资者必须事先、事后做好交易功课，即花费大量的时间和精力进行交易前或交易后的分析研究工作。交易后，投资者要及时对当天的情况进行总结、检讨，吸取教训，避免再犯。

7.4.4 短线波段交易的实战策略

短线波段交易的实战策略主要表现在7个方面，分别是选择较好的入场时机、交易热点市场和活跃月份合约、正确使用限价指令和市价指令、保护性止损和跟进性止损的设置、不要轻率进场交易、保持持续性获利、管理风险，如图7.6所示。

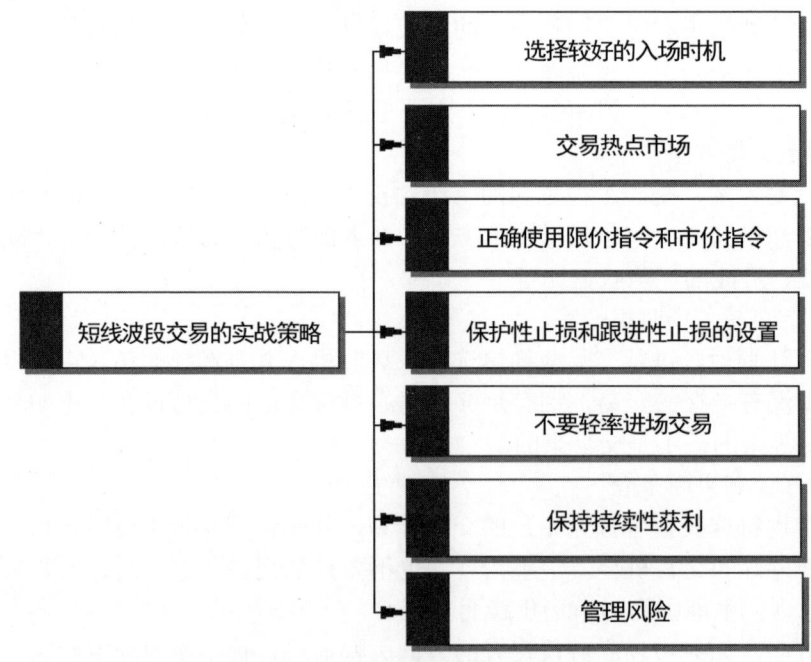

图7.6 短线波段交易的实战策略

第7章 期货交易的短线策略

1）选择较好的入场时机

短线波段交易也要顺势而为，所以交易首先要判断市场是上涨趋势，还是下跌趋势。在上涨行情中，下跌都是短暂的，并且下跌幅度不大，所以应该以逢低做多为主，如果做空，属于逆市交易，一定要轻仓，并且一旦有不好信号，就要及时出局。在下跌行情中，上涨都是短暂的，并且上涨的幅度不大，所以应该以逢高做空为主，如果做多，属于逆市交易，一定要轻仓，并且一旦有不好信号，就要及时出局。

另外，在入场交易时，还要评估一下风险与收益前景，一般入市的风险与收益比最好低于1∶3。

2）交易热点市场

热点市场是指一段时间内某个市场的交易量、资金量、持仓量都比较大，期货价格波动比较频繁，但又不太过剧烈，投资者换手率比较高，备受投资者关注的市场。

在热点市场，投资者就可以利用频繁的价格波动，在短时间内就可以实现盈利，并且成交量大，市场流动性好，便于大资金进进出出。

3）正确使用限价指令和市价指令

在期货交易中，有两种交易指令，分别是限价指令和市价指令。

限价指令是指定一个价格，当市场价格低于这个价格时买进；或者指定一个价格，当市场价格高于这个价格时卖出。它的特点是可以按照投资者的预期价格成交，成交速度相对较慢，甚至有时无法成交。限价指令以价格优先、时间优先的原则排序。

市价指令，又称随行就市，是指按照市场当时最好的价格立即买（卖）某一特定交割月份期货合约的交易指令。市价指令的优点是交易可以迅速有效地完成，因为场内交易人员在接受了该指令后，就意味着有权立即执行交易指令。市价指令的缺点是交易的结果不一定使客户十分满意，因为这种指令的交易风险较大，特别是在市场价格波动十分剧烈时。

在短线波段交易中，如何更好地使用限价指令和市价指令呢？一般情况下，开仓应谨慎，所以以限价指令为主；而平仓则以市价指令为主。

这是因为，开仓时限价指令可能错过一些机会，但不会出现大的损失，而平仓时投资者已经持有仓位，市价指令成交速度更快，这样可以防止突发事件造成大的损失，因为平仓时最怕犹豫不决，拖拖拉拉，这样会导致亏损越来越大。

4）保护性止损和跟进性止损的设置

所有投资者都不想谈止损，因为止损意味着实际亏损，意味着投资失利。但在实际操作中，水平再高的投资者也不可能不出差错。但水平高的投资者往往会把亏损限定在较小范围，并且一旦盈利会尽可能让盈利最大化。止损可分为两种，分别是保护性止损和跟进性止损。

保护性止损是指当损失达到一定的程度时，立即对冲了结先前进行的造成该损失的交易，以便把损失限定在一定的范围之内。

跟进性止损与保护性止损明显不同，跟进性止损是专门针对短期获利交易的，有时可能会结束于一个中等趋势甚至是长期的市场顶部，特别是在一轮异乎寻常的逃逸性运动中，跟进止损的优点就更为突出，不仅可以确保应有的较高收益，而且可以节省宝贵的时间并增加市场机会。

下面来看一下止损点设置的有关问题。

（1）无论在什么情况下，都要用百分比而不是用价格来表示止损距离，5%~10%是一个合理的幅度。尽管不同性格的投资者可以采用不同的比例，但是对于不同价格和不同敏感度的品种，仍需设置不同的止损距离。一般情况下，期货价格较低的品种，止损距离可以适当放宽，反之则应缩小。

（2）入场交易后，止损价位一般设在上一局部小底部以下，而且要以收盘价为准，以避免被盘中震荡过早地清洗出局。

（3）在期货价格按投资者预期的方向运行时，可以采用跟进性止损方式。可以使用5日均线，或前一个交易日收盘价下方3%的位置。

（4）当出现较大的成交量而没有形成突破时，要及时取消原来的保护性止损，将之置于该收盘价下方2%左右的位置。

5）不要轻率进场交易

很多投资者都知道，如果总是观望而不去交易，就不可能获得收益，所以他们总是急匆匆地进场交易。在期货市场中，有很多投资者往往看到市场中有一点儿风吹草动，就马上行动，进场交易，结果这种盲目的交易往往给投资者带来很大的潜在风险，往往让自己陷入一次不必要的交易，结果当真正交易机会来临，却没有胆量或精力去交易了。

所以，投资者不要轻易进场交易，一定要耐心等待机会。没有九成的把握，就继续观望，宁可错过，也不能盲目入场。

6）保持持续性获利

保持持续性获利包括三个方面，具体如下所述。

（1）要学会坦然面对失败。

（2）调整心态，提高行情分析能力，可以增加持续性获利的概率。将每天都看成一个新的开始，这往往是投资者持续获利的一个重要原因。

（3）交易获利后，减量交易，并学会适当放松自己。当持续获利一段时间后，投资者要减量交易，即把获利的资金转到银行账户上，并且轻仓交易。这是因为投资者获利后，往往心生大意，交易会放松、随意起来，结果往往造成不必要的亏损。

7）管理风险

"古来圣贤皆寂寞"，逃避孤独是大众的选择。短线操作，思路要尽量不放过每个机会，跌到一定幅度就要果断斩仓等。作为短线高手，要对市场摸得准、反应快，

第 7 章　期货交易的短线策略

够敏捷,并且心理承受能力高,但最重要的是会管理风险,即一旦出错,往往会第一时间果断出局,绝不会拖泥带水。

7.5　日内趋势波段交易

日内趋势波段交易,首先是日内交易,无论盈利还是亏损,当日建仓当日平仓;其次是趋势波段交易,即捕捉日内波段进行波段交易。

7.5.1　日内趋势波段交易的特点

与短线波段交易和日内炒手交易相比,日内趋势波段交易有两个特点,具体如下所述。

(1) 采用日内趋势波段交易方式,不持隔夜仓,这与短线波段交易不同。
(2) 与日内炒手交易相比,持仓时间稍长。

期货日内趋势波段交易者,会拒绝市场在时间和空间上所出现的投资机会和利润诱惑,根据市场日内波动提供的微小交易机会,用简练、单一的操作方法进行波段操作;或者交易者个人对市场某一品种具有某种直觉时,进行波段操作和频繁交易,盈利积少成多,从而最终成为市场的赢家。

7.5.2　日内趋势波段交易的优势

日内趋势波段交易的优势有两点,具体如下所述。

(1) 每天交易结束后,交易者因为没有隔夜持仓,所以可以一身轻松地去休息,而不必担心第二天的期货商品价格走势和风险。日内趋势波段交易方式,适合业余交易者参与,有时间就操作,没有时间就不参与,当天入市交易,当天平仓。
(2) 每一笔交易的损失都不大,这样交易者不会因为一笔交易出现失误,亏损太大。累积小的利润,积小成大,一样可以取得超常的战绩。这种方式,特别适合中小资金博取大利,并且风险很小。

7.5.3　日内趋势波段交易的条件要求

内趋势波段交易的条件要求有 5 点,分别是健康的生活方式、心态适度兴奋、注意力要集中、强化日常盘感实训、严格遵守交易纪律,如图 7.7 所示。

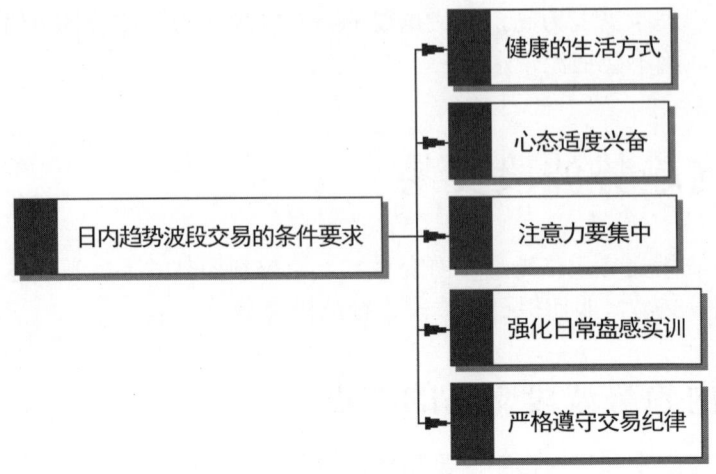

图 7.7　日内趋势波段交易的条件要求

1）健康的生活方式

日内趋势波段交易方式，是一种耗费大量体力、脑力的交易方式，这种紧张的工作状态要求交易者在交易时，精力集中、判断灵敏、交易灵活。面对这种紧张的生活，交易者需要学会调整生活方式，该放松时放松、该紧张时紧张，从而保持体力和状态的平稳。

2）心态适度兴奋

日内趋势波段交易者，在期货交易中，要保持一种适度的兴奋感，以保持交易的弹性。在期货交易中，如果缺乏适度的兴奋感，整个人容易陷入一种停滞状态中，无法对行情作出及时反应。

交易者心态如果过于兴奋，可能在短时间内速度很快、效率很高，但很快体力和神经就会衰弱下来，导致兴奋和颓废情绪交替出现，这种不平稳的心理状态容易失去方向感而左右挨耳光。

3）注意力要集中

在期货交易中，日内趋势波段交易者要注意力集中，但不能过分集中精力。因为过分集中精力，会使人过分集中而无法注意到别的东西，还会在不知不觉中让身体变得紧张而无法长时间持续。所以，投资者在交易过程中，在集中精力的前提下，应当适度放松，不宜过度紧张。

4）强化日常盘感实训

刚入市交易的期货交易者，可以通过模拟交易、轻仓小量交易等方式反复练习自己的交易方法，提高自己的交易技巧，提高反应速度和下单速度，进而培养对市场价格作出直接反应的"盘感"。

提醒：盘感是交易者对盘面未来瞬间走势的一种视觉思维，是在观察盘面即时走势时，从心理上所作出的第一反应。

5)严格遵守交易纪律

日内趋势波段交易者,一定要严格遵守交易纪律,只有这样,才可能成为赢家。另外,当交易者感觉自己的情绪或者状态不是很好时,要及时平仓出局;只有当交易者感觉自信和乐观时才能交易。

7.5.4 日内趋势波段交易的原则

日内趋势波段交易的原则有 5 项,分别是不锁仓;顺势,不抢反弹;耐心等待好的时机,不频繁交易;不将亏损拖到第二个交易日;达到目的位就止盈,如图 7.8 所示。

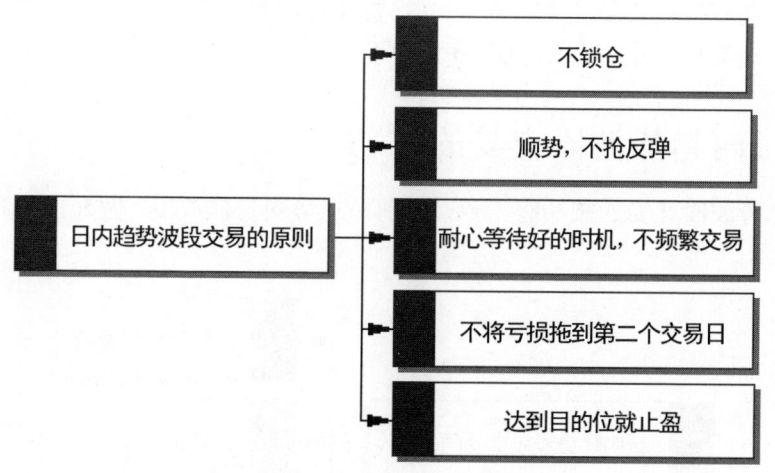

图 7.8 日内趋势波段交易的原则

1)不锁仓

所谓锁仓,一般是指投资者进行数量相等但方向相反的开仓交易,以便不管价格向何方运动均不会使持仓盈亏再增减的一种操作方法。

锁仓最大的原因在于投资者输不起,不敢面对亏损的现实。锁仓最大的后患在于大多数投资者并没有把解锁当作一种开仓再平仓的过程,显得较为随意,通常会造成更大的损失。

同时,锁仓还占用了双倍保证金,花了双倍的手续费,没有创造任何收益,却隐藏着风险。

2)顺势,不抢反弹

日内短线只有两种走势,要么单边,要么震荡。一般情况下,单边走势占 80%,而小幅震荡占 16%,而反转占 4%。所以日内趋势波段交易,最好是顺势,不要抢反弹逆市操作。

3）耐心等待好的时机，不频繁交易

交易操作方向判断之后，应调整自己的心态，心里不踏实不要进场交易，要耐心等待好的位置出现。平仓也是一样，如果进场点正确，市场会立即向着有利的方向发展，所以也要耐心持仓，从而实现利润最大化。

4）不将亏损拖到第二个交易日

止损，并不是指一定要亏损很多才止损，其实进场交易后，如果心里不踏实就要尽快出场。另外，进场交易后，如果仓位头寸出现了亏损，千万不能加仓摊低成本，也不能把亏损扛到第二天。既然错了，就要及时了结，明天继续新的操作。

5）达到目的位就止盈

日内交易的盈利如果达到预定的目的位，就要马上平仓，再寻找其他好的交易机会，这样可以充分提高资金的使用率。需要注意的是，日内平仓单应该在收盘前20分钟内尽量处理掉。另外，收盘前20分钟不做单。

7.5.5 日内趋势波段交易的技巧

日内趋势波段交易的技巧有三点，分别是趋势交易抓波段、做好止损和做好止盈，如图7.9所示。

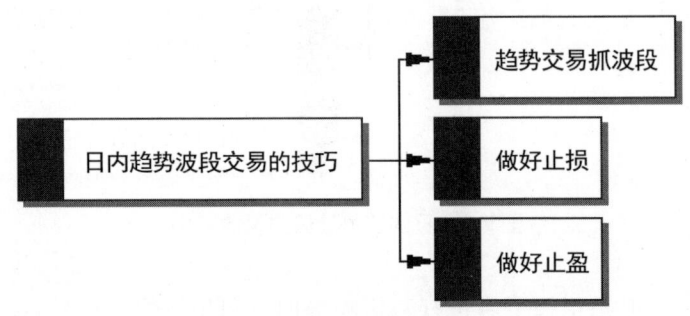

图7.9　日内趋势波段交易的技巧

1）趋势交易抓波段

在进行日内趋势波段交易判断趋势行情或突破行情发生时，要敢于及时追进，行情停顿时马上离场。分波段分别进行交易，优点是持仓时间短，并且相对安全，但无法实现暴利。

日内趋势波段交易，贵在灵活机动，寻找一切能够快速盈利的机会。一旦机会出现，马上出击，如果行情不符合预期，迅速撤离。

日内趋势波段交易包括三个关键点，具体如下所述。

（1）由于不同信号准确率不同，所以对不同的信号，投入的资金大小不同。
（2）在行情回调时，采用金字塔加码的方式，增加利润。
（3）一旦发现减仓、平仓信号，要坚决果断离场。

2）做好止损

日内趋势波段交易一般以每个交易日最大亏损金额为止损的最高原则，即只要亏损金额达到设定金额，当天应无条件停止操作。例如，某投资账户有10万元资金，每天设定最大的亏损额度为3%，那么亏损达到3000元就要无条件退出，当天不再交易。

之所以采取这一措施，原因在于两点，具体如下所述。

（1）人性的弱点是很难接受亏损的，一旦亏损总想赚回来，持有这种心态就容易胡乱操作，心态失衡，致使亏损不断扩大。

（2）交易亏损说明交易者当日心态不佳，这时就应该关闭电脑，好好休息一下，调整一下自己的心态，绝对不可恋战。这样就可以避免亏损后的意气操作，防止亏损不必要地扩大。

日内趋势波段交易方式还可以在每笔交易中设定止损点，每次进行交易之前应根据市场判断，设置好明确的止损点。只要价格达到设定的止损价格，就要无条件平仓。

3）做好止盈

日内趋势波段交易该如何止盈呢？一般情况下，当日的单子不管有多大的盈利，如果刚开始进场就设定为短线日内交易，收盘前一定要获利平仓，这样就可以消除隔夜持仓的风险。

盘中止盈可以根据一天的波动幅度，设定几个变动价位作为止盈点进行止盈。例如，日内趋势波段交易者在4500元做多大豆期货合约后，价格出现了上涨，投资者第一止盈位置是在买入建仓位置，绝不能将盈利的单子变成亏损。如果价格上涨到4530元，就可以抬高止盈位，如设置在4520元；如果价格继续上涨，上涨到4550元，可以继续抬高止盈位，如设置在4540元。如果大豆期货合约价格跌破4540元，就要先止盈平仓出来。

7.6 日内抄手交易

日内抄手交易，又称超级短线，是指投资者当日买进当日平仓，绝不持仓过夜的交易方式。

相对于日内趋势波段交易来说，日内抄手交易方式的操作更加频繁。日内抄手交易完全靠盘感进行交易，它并不追求基本面、技术面或其他进出理由，也不探究期货价格波动背后的原因。

7.6.1 日内抄手交易的特点

日内炒手交易的特点有 5 项，分别是持仓时间很短、不关心基本面信息、重在把握当前、靠盘感来交易、多空都操作，如图 7.10 所示。

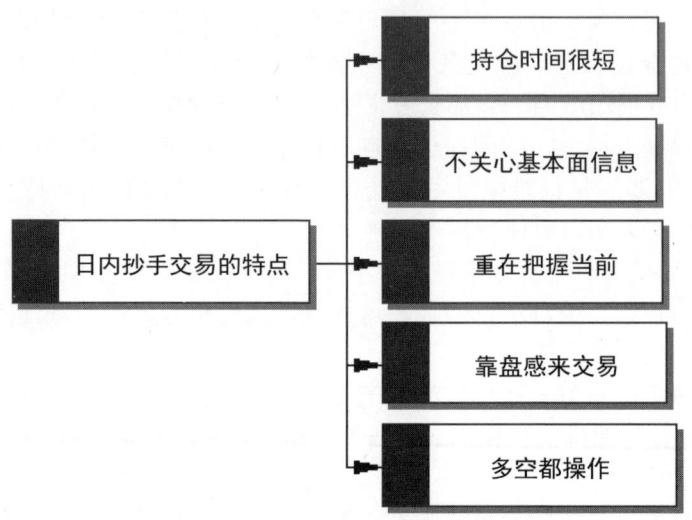

图 7.10 日内抄手交易的特点

1）持仓时间很短

日内抄手交易的持仓时间是很短的，原则上在 10 秒之内开新仓必须平仓，即开仓后行情如何预期方向发展，在扣除手续费后赚取 2~5 个点，就要及时平仓出局。如果开仓后，行情没有按预期方向发展，要立即平仓出局，哪怕这笔交易不亏不盈或略有小亏，也要马上出局。

2）不关心基本面信息

如果投资者依据基本面进行操作，实际是因果逻辑在市场和操作中的运用。日内抄手交易不是依据因果逻辑进行操作的，而是依据本能的反应来赚取当日无数个波段的价差收益。

另外，从时间上看，基本面变化的时间跨度较大，对日内反复双向多空交易操作不利。日内抄手交易者更像一个冲浪运动员，他的买卖皆是出于本能的反应而不是思考。

3）重在把握当前

日内抄手交易者只关心当前，并不关心过去和将来，而且也没有狂妄到觉得自己知道太多的东西。他们只知道现在，也就是只把握现在，所有让他们脱离现在的操作处境都是他们一定要避免的。

预测和预期的本质也是因果逻辑式的，或者是那种无法找到真实依据的玄学为基础的。所以预测和预期是日内抄手交易者要避免的。

4）靠盘感来交易

所谓盘感，是指在期货市场里看盘分析K线等技术指标时所产生的感觉。当你达到了这种境界就是武侠小说里说的"无招胜有招"，不论在牛市还是熊市，只要价格能够波动，达到盘感境界的投资者定能挣钱于无形之中。

既然盘感这么重要，那么日内抄手交易者如何训练盘感呢？具体如下所述。

（1）坚持每天复盘，并按自己选择合约的方法选出目标期货合约。复盘的重点在于浏览所有期货合约走势，副业才是找目标合约。在复盘过程中选出的期货合约，既符合自己选择合约的方法，又与目前的市场热点具有共性，有板块、行业的联动，后市走强的概率才高。复盘后你会从期货合约的趋同性发现整体的趋势，从期货合约的趋同性发现板块。

（2）对当天涨幅、跌幅在前的期货合约再一次认真浏览，找出期货合约走强（走弱）的原因，发现你认为正确的买入（卖出）信号。对符合买入条件的期货合约，可进入你的备选合约池并予以跟踪。

（3）实盘中主要做到跟踪你的目标合约的实时走势，明确了解其当日开、收、最高、最低的具体含义，以及盘中主力的上拉、抛售、护盘等实际情况，了解量价关系是否正常等。

（4）条件反射训练。找出一些经典底部启动期货合约的走势，不断地刺激自己的大脑。

（5）训练自己每日快速浏览动态报价窗口的能力。

（6）最核心的是掌握一套适合自己的操作方法，方法来自上面的这些训练。

5）多空都操作

日内抄手交易者是没有真正的多空概念的，他们依据市场惯性和市场的自我验证进行交易，每个行情阶段都是双向的，大多入场点还往往是逆市的高点或低点。

7.6.2 日内抄手交易的原则

日内抄手交易的原则有10项，分别是主动性原则、独立性原则、客观性原则、微分化原则、亏损时不加仓原则、盈亏相当原则、停止交易原则、不持仓过夜原则、单量相对稳定原则、第一时间原则，如图7.11所示。

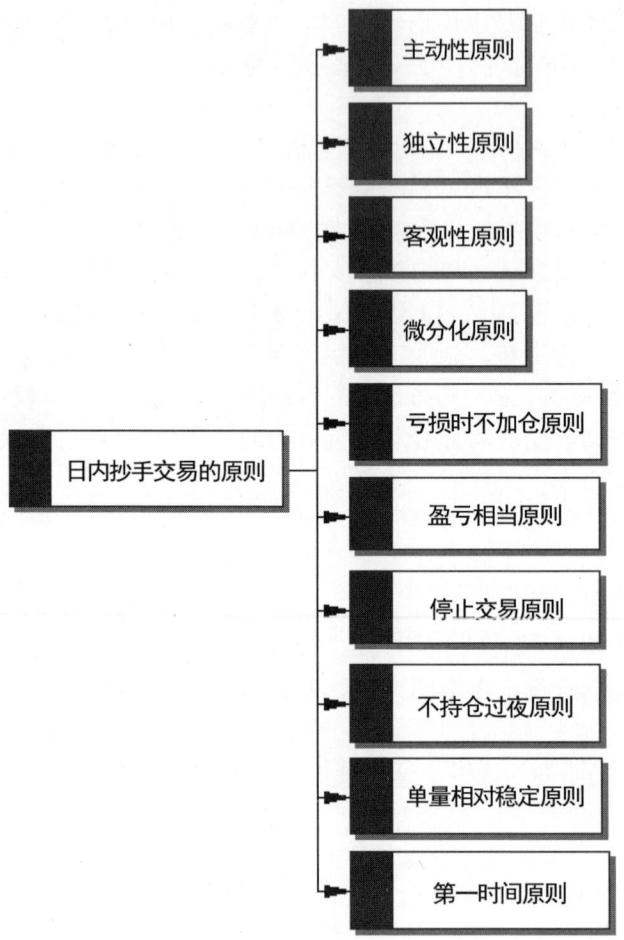

图 7.11 日内抄手交易的原则

1）主动性原则

日内抄手交易者"主动"进进出出，主动把控期货交易的风险与盈利，从而实现期货交易盈亏自己说了算。

2）独立性原则

日内抄手交易者的一笔交易无论盈亏，都与下一笔交易毫无关系。日内抄手交易者绝不能因为一笔交易的盈亏状况或进出价格高低，而影响到下一笔交易的果断进出。

3）客观性原则

日内抄手交易者，最不能容忍的是：头脑中事先已"主观"地认定了当日行情是上涨或下跌，主观地认为当前只能做多或只能做空，这是日内抄手交易者绝对不能具有的错误思维。

日内抄手交易者不管基本面如何、消息面如何、主力如何、价格是太高还是太低、

持仓是盈或是亏，技术指标是否背离等，只需客观地"紧紧地跟随"当时盘面价格波动情况做单即可。

4）微分化原则

把盈利、亏损和持仓的时间都"微分化"，控制在价差的几元钱之内。持仓时间最长 2~3 分钟；最短就几秒。果断地进出，绝不能以任何理由长时间持有亏损的单子。例如，螺纹钢价格从 3890 元涨到 3891 元，仅跳动 1 个价位，即就涨了 1 元钱，只要超过螺纹钢的手续费，日内抄手就要准备平仓。

5）亏损时不加仓原则

有一些期货交易者，在持有亏损单时，不是采取马上"主动"退出原则，而是"死扛"，有的甚至不断加仓摊低成本。这是最失败的做法，往往最后大亏出局。

6）盈亏相当原则

盈亏相当原则，是指每一笔交易赚与赔的金额大体相同。日内抄手交易者之所以赚钱，是靠"概率"来取胜的。假如每一笔交易赚与赔的金额相同，每天交易 50 次，其中有 40 次赚，10 次赔，也就是说，保持高的胜率，那么就可以赚钱。

7）停止交易原则

日内抄手交易伏特加如果某日一开始就很不顺，连续几笔交易都是亏的，那么当达到某个亏损金额时，要立即平仓，停止当天任何交易，避免当日连续亏损造成大额亏损。

8）不持仓过夜原则

无论什么时候、什么状况、是亏是盈，每日收盘之前，必须全部平仓。这样，日内抄手交易者可以回避隔夜风险，轻松掌握输赢的主动权。

9）单量相对稳定原则

无论账户资金有多大，只做一个固定的手数。不要因为连续盈利，就多做几手，也不能因为交易不顺，少做几手。

10）第一时间原则

只在期货价格转向的第一时间入市。没有踏准节拍的，过了第一时间就不要再追了，耐心等待第二个转向点的到来。

7.6.3 日内抄手交易的技巧

日内抄手交易的技巧主要表现在 4 个方面，具体如下所述。

（1）应有敏锐的市场洞察力和充足的看盘时间。日内抄手交易者，要能及时发现市场短线热点，并且在入场交易后，设定止损位，这是铁的纪律，也是超短线操作的重点。

（2）超短线切入点往往在价格波动 1~2 个价位时介入，后面惯性波动的第三四或五个价格就准备平仓。目前所有的期货交易软件都有预埋单功能，特别适合短线交易。

(3) 开仓交易后，如果期货价格停滞不动，当务之急是做好不亏不盈出场的准备，甚至略亏也要出局。此时市场盘面表明，入场点可能错了，行情往往没有向预想的方向发展。

(4) 日内抄手交易者，精力要高度集中，略有犹豫就可能出现亏损，或打乱交易节奏，这样会影响交易者的心态。

7.7 短线交易的分时图实战技巧

日 K 线图都是直上直下的，注意即使是同样的模样和同样的成交量，但其形成的过程是不会相同的。分时走势图诠释了日 K 线的形成过程和由来，具有重要的盘后分析和盘中交易参考价值。对于短线投机者或决定当日交易的投机者来说，分时走势图是其主要参考依据。

7.7.1 初识分时图

图 7.12 显示的是 2018 年 8 月 28 日 PTA 主力合约的分时走势图。

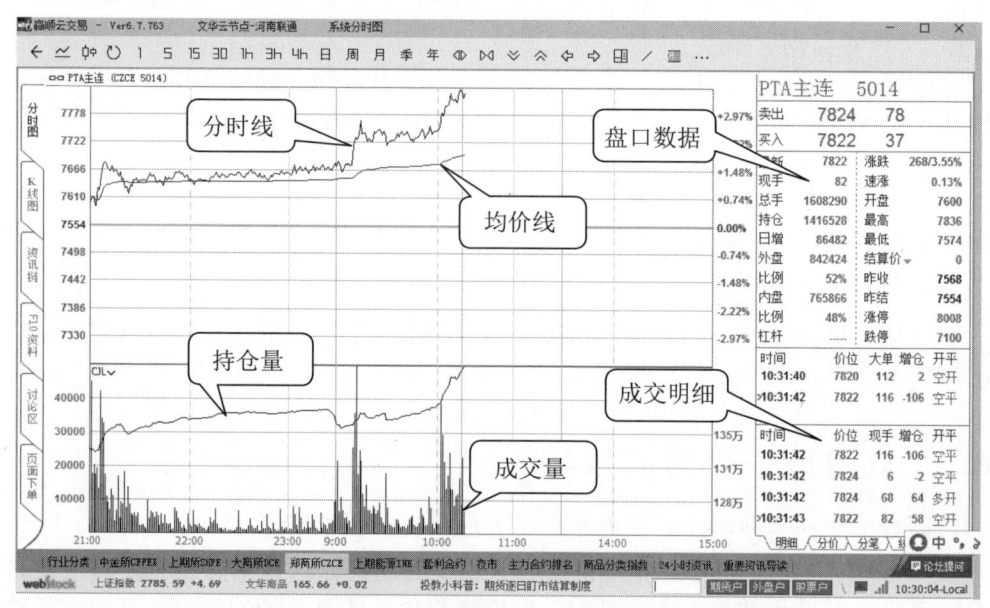

图 7.12 2018 年 8 月 28 日 PTA 主力合约的分时走势图

1) 分时线

分时线就是把每分钟最后一笔成交价格连接起来，所得到的分时线。

在价格波动过程中，每分钟之内都会有多笔成交。所以，每分钟没有过去，分时

第7章 期货交易的短线策略

线就会处于波动状态之中,直到这一分钟过去之后,这个点才可以确定下来。

因此,分时线无法显示价格在这一分钟之内的变化,只能显示这一分钟最后一笔成交的价格。

注意,由于分时线忽略了每分钟内的其他成交价格,所以分时线有一定的片面性,这个缺陷需要交易者利用成交明细加以弥补。

2)均价线

均价线的计算公式是:每分钟的平均价格=每分钟的成交额÷成交量,因此由每分钟的平均价格形成的点连成的那条曲线就是均价线。它反映的是当日每分钟内入市资金的平均持仓成本,均价线好比商品的价值,分时线好比商品的价格。因此,分时线围绕均价线上下波动,反映了均价线对价格走势的支撑和打压作用。

(1)均价线的支撑作用。当分时线处于均价线上方时,它每次向下回落触及均价线后受到支撑,就会重新上涨。

(2)均价线的打压作用。当分时线处于均价线下方时,它每次向上反弹触及均价线后受到打压,就会重新回落。

注意,利用均价线的支撑和打压作用,可以进行短线操盘。当分时线处于均价线上方,若回落到均价线后重新起涨时,可以买入,以获取更大的利润;相反,当分时线处于均价线下方,若反弹到均价线后重新回落时,应立即卖出,以减少更大的损失。

3)成交量

成交量显示的是每分钟内的所有成交手数,注意其单位不是金额,而是成交手数。成交量柱体的高低,反映了资金交易的积极性。成交量柱体越高,表明多空交战的激烈程度越强;成交量柱体较低,表明多空双方都处于休整状态。

从PTA主力合约2018年8月28日的分时走势图来看,成交量柱体时而放大,时而缩短,这表明资金一会儿集中介入,一会儿又处于暂缓交易状态。

对成交量的分析,主要关注其放量的程度以及柱体放长时的连续性,也就是通常所说的是否放量以及量能放大时是否可以延续。

提醒:成交量所衡量的是迫切性,它是市场上投资者交易需求所产生的结果,因为在市场上没有比亏损部位来的更紧迫的事情。从任何图形分析,都可以看出市场输家正在做什么,所以技术操作者都会监视市场中的迫切性(也就是成交量),以评估当时价格方向的强度(上涨、下跌或盘整)。

4)持仓量

持仓量指的是买入(或卖出)的头寸在未了结平仓前的总和,一般指的是买卖方向未平合约的总和,也叫订货量。

持仓量的变化意味深长,为了掌握其中的奥秘,我们需要了解一下每笔交易是如何影响持仓量的。每一笔交易完成后,持仓量就会有三种可能的变化,分别是增加、减少和不变。下面来看一下这些变化是如何发生的,如表7.1所示。

表 7.1　每一笔交易对持仓量的影响

买方	卖方	持仓量变化
买进新多头头寸	卖出新空头头寸	增加
买进新多头头寸	卖出原有多头头寸	不变
买回原有空头头寸	卖出新空头头寸	不变
买回原有空头头寸	卖出原有多头头寸	减少

下面对表中的信息进行解释。

第一种情况是，买方买进新多头头寸和卖方卖出新空头头寸，这表明市场中有人加入了做多队伍，同时有人加入了做空队伍，持仓量增加，也表明参与多空对决的人越来越多，市场中的资金越来越多。

第二种情况是，买方买进新多头头寸和卖方卖出原有多头头寸，这表明有人加入了做多队伍，但同时也有人退出了做多队伍，持仓量不变，也表明参与多空对决的人不变，市场中的资金没有增加也没有减少。

第三种情况是，买方买回原有空头头寸和卖方卖出新空头头寸，这表明有人退出了做空队伍，但同时也有人加入了做空队伍，持仓量不变，也表明参与多空对决的人不变，市场中的资金没有增加也没有减少。

第四种情况是，买方买回原有空头头寸和卖方卖出原有多头头寸，这表明有人退出了做空队伍，但同时也有人退出了做多队伍，持仓量减少，也表明参与多空对决的人在减少，市场中的资金在减少。

所以，投资者在每个交易日结束之后，通过观察持仓量的变化，就能确定资金到底是流入市场，还是流出市场。根据这个信息，我们就能对当前趋势的强弱程度做出一些推测。

5）盘口数据

卖出：挂单委托卖出的价格（7824），其后面的数值是卖出的手数（78）。

买入：挂单委托买入的价格（7822），其后面的数值是买入的手数（37）。

最新：即最新价格，是指刚刚成交的一笔交易的成交价格。

涨跌：是指现在的最新价格与前一天收盘价相比，涨跌的钱数（268）和涨跌幅度的百分数（3.55%）。

现手：是指当前成交的这一笔交易的成交量。

涨速：是指当日盘中单位时间内涨幅的大小。

总手：是指从当天开盘以来所成交的全部手数。

开盘：即开盘价，是指当天第一笔交易的成交价格。

持仓：是指从当天开盘以来仍没有平仓的手数。

最高：是指当天开盘以来各笔成交价格中最高的成交价格。收盘时"最高"后面显示的价格是当日成交的最高价格。

日增：是指持仓量与昨日收盘价对应的持仓量的差。为正则是今天的持仓量增加，为负则是持仓量减少。日增就是持仓的增减变化情况。

最低：是指当天开盘以来各笔成交价格中最低的成交价格。收盘时"最低"后面显示的价格是当日成交的最低价格。

外盘：又称主动性买盘，是以卖出的报价成交。当外盘累计数量比内盘累计数量大很多，并且价格上涨时，说明很多人在抢着买进。

提醒：外盘下面有个比例，是指外盘累计数量占全部内外盘累计数量的比。

结算价：是指当天交易结束后，对未平仓合约进行当日交易保证金及当日盈亏结算的基准价。在没有收盘之前，结算价为0。

昨收：是指上一个交易日的收盘价格，在当天的行情变化中，它是固定不变的。

内盘：又称主动性抛盘，当内盘累计数量比外盘累计数量大很多，并且价格下跌时，说明很多人在争先恐后地卖出。

提醒：内盘下面有个比例，是指内盘累计数量占全部内外盘累计数量的比。

昨结：是指上一个交易日的结算价格，在当天的行情变化中，它是固定不变的。

涨停：是指以上一天的结算价增加6%。

跌停：是指以上一天的结算价减少6%。

6）成交明细

利用成交明细，投资者可以看到每笔交易的时间、价位、现手、增仓、开平等信息。另外，还可以看到当日大单的时间、价位、现手、增仓、开平信息。利用这些信息，投资者可以更细微地体会分时图的价格走势，更真切地观察主力的盘中异动。

7.7.2 分时图均价线的实战技巧

均价线在交易过程中具有非常重要的作用。均价线虽然仅仅是一条平滑的线，但它在即时短线分析中具有很重要的参考价值。另外，均价线还是当天结算价在盘中不断变化的体现，由于涉及资金的持仓成本，所以其具有很多重要的特征。

1）均价线的助涨功能

均价线代表了当天某一时刻入场资金的平均持仓成本，而当天操作的资金数量由于庄家占据了绝大多数份额，因此，均价线可以说是庄家持仓成本线。

如果价格已形成明显的上涨趋势，场外资金会促进进场做多，新入场的资金不断促进价格上涨，并抬高了市场的平均持仓成本。

由于均价线是多方资金的平均最低持仓成本，所以，多方肯定不希望价格跌破自己的持仓成本。因此，每当价格回落到均价线附近时，多方就会介入，从而把价格拉起。当价格远离均价线时，多方会主动获利了结，从而造成价格回落，当价格回落到均价线附近时，多方会再度介入，就这样价格形成了良性循环，不断震荡上行。

价格上涨时，进场做多，就好比顺水行舟，如果再遇上顺风，小舟自然会更快速地前行。这个顺风就可以理解为均价线的助涨功能。

图7.13显示的是焦炭主力合约的2018年6月22日至2018年8月2日的日K线图。

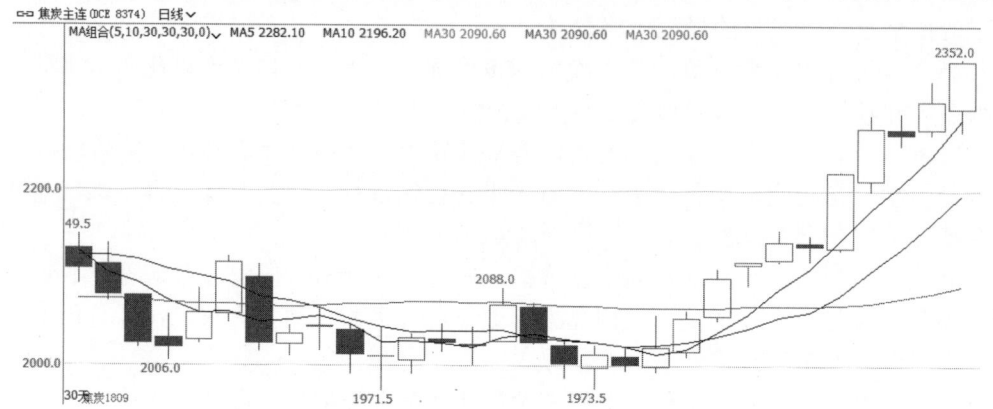

图7.13　焦炭主力合约的2018年6月22日至2018年8月2日的日K线图

从日K线图上看，价格处在明显的上涨行情中，因而这里可以继续沿着5日均线看多做多，在第二个交易日，即8月3日，应继续逢低做多。

图7.14显示的是焦炭主力合约的2018年8月3日的分时走势图。

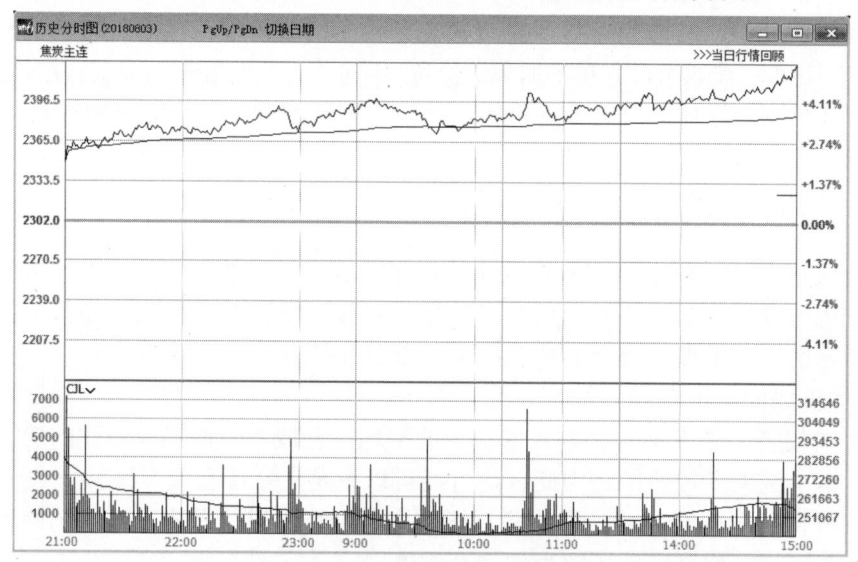

图7.14　焦炭主力合约的2018年8月3日的分时走势图

焦炭主力合约2018年8月3日出现了单边上涨行情，价格自开盘略有震荡后，就开始不断上涨，这为交易者提供了绝好的盈利机会。

从分时走势图来看，从晚上21:00开盘以来，价格就保持单边上涨格局，虽然也

第 7 章 期货交易的短线策略

有回调，但回调力度很小，每次回调到均价线附近，价格就会得到支撑再度上行。

当然，随着价格的不断上行，均价线也形成了明显的上涨趋势，一旦均价线形成了某种趋势，那么，它的方向就很难逆转。

在价格震荡上涨之时，如果均价线形成了明显的上涨趋势，这时的均价线就起到明显的支撑作用。即每当价格回调到均价线附近时，就会有新资金进场做多，所以这时的均价线就有助涨功能。

所以，当分时线和均价线保持同步上行时，做多是唯一选择，这样操作是最安全的，并且可以获利丰厚。

2）均价线的助跌功能

在价格处于明显的上涨趋势之中，均价线具有助涨功能；而在价格处于明显的下跌趋势之中，均价线具有助跌功能。

在均价线形成明显的下跌趋势时，就会促使分时线价格继续下跌，并且很容易出现快速下跌行情。原因是：均价线的下行，表明市场平均持仓成本在不断降低，已入场的空头获利不断增加，因此持仓更加坚定；而场内的多头由于亏损不断加大，心中非常恐慌，在这种状态下，多头很容易止损出局，从而加大卖方力量，从而使价格快速下跌。

如果均价线和分时线都处在明显的空头趋势中，我们就要坚持逢高做空的思维，千万不要认为，价格低了，不急着进场抄底。如果你抄底，你就会发现，低了还有更低，特别是被套后，不及时出来，很容易套得越来越深。

图 7.15 显示的是白糖主力合约的 2018 年 4 月 26 日至 2018 年 6 月 12 日的日 K 线图。

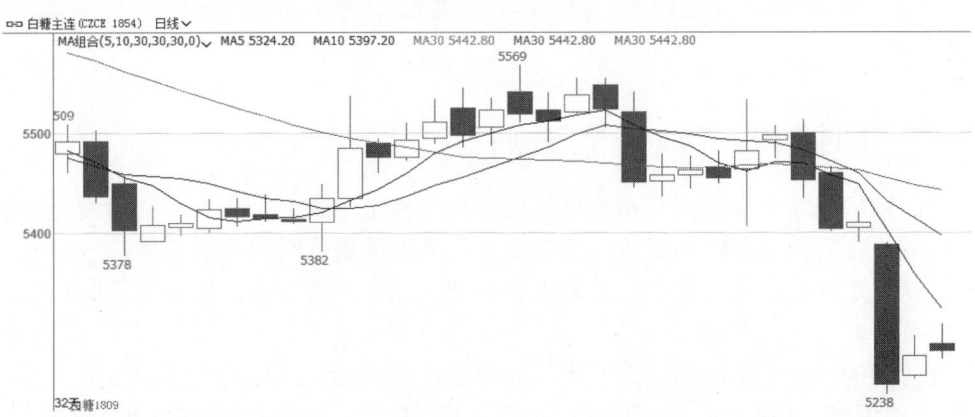

图 7.15　白糖主力合约的 2018 年 4 月 26 日至 2018 年 6 月 12 日的日 K 线图

从日 K 线图上看，价格处在明显的下跌行情中，因而这里可以继续沿着 5 日均线看空做空，在第二个交易日，即 6 月 13 日应继续逢高做空。

图 7.16 显示的是白糖主力合约的 2018 年 6 月 13 日的分时走势图。

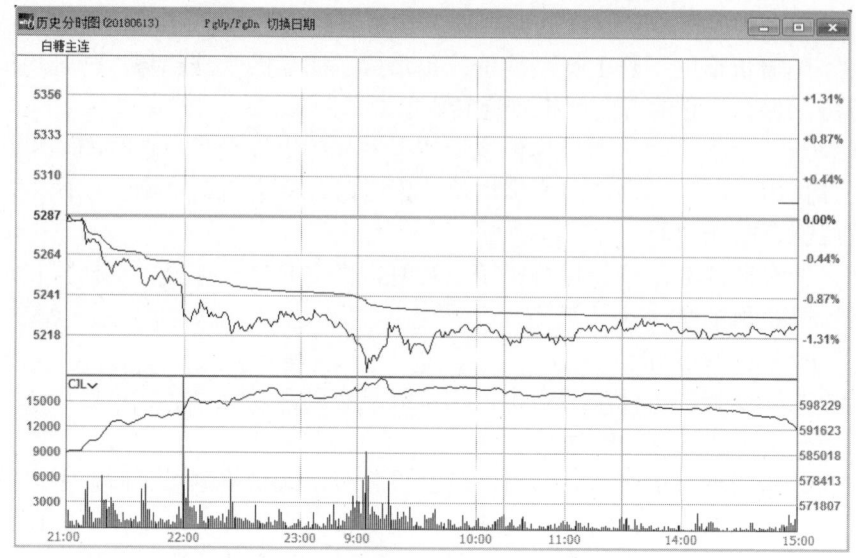

图 7.16　白糖主力合约的 2018 年 6 月 13 日的分时走势图

白糖主力合约 2018 年 6 月 13 日出现了单边下跌行情，价格开盘就快速下跌，然后开始震荡下跌，这为交易者提供了绝好的盈利机会。

白糖主力合约晚上 9：00 开盘略震荡后，就开始沿着均价线下跌。每当价格反弹到均价线附近时，就会有新的资金进场做空，从而导致价格继续下跌。

提醒：均价线的波动相对稳定，虽然改变分时线的趋势相对容易，但扭转均价线的趋势却比较难。所以，一旦均价线下行，就要坚持逢高做空的思维，这样操作比较安全，并且往往会有意外惊喜。

7.7.3　分时图的三波上涨法则

分时图的三波上涨法则是指价格连续出现三波上涨之后，要么直接短线见顶，要么出现较长时间或形态较为复杂的调整走势。所以如果分时图中的价格经过三波上涨之后，就不要再盲目地追涨了，否则很容易把自己套在短顶上，如果不及时止损，可能会损失惨重。

分时图的三波上涨法则，来源于艾略特的波浪理论。价格的标准上涨浪形是一浪上涨、二浪调整、三浪上涨、四浪调整、五浪上涨，即三个推动上涨浪形，两个调整浪形。

图 7.17 显示的是沪铜主力合约的 2017 年 12 月 21 日的分时走势图。

第 7 章 期货交易的短线策略

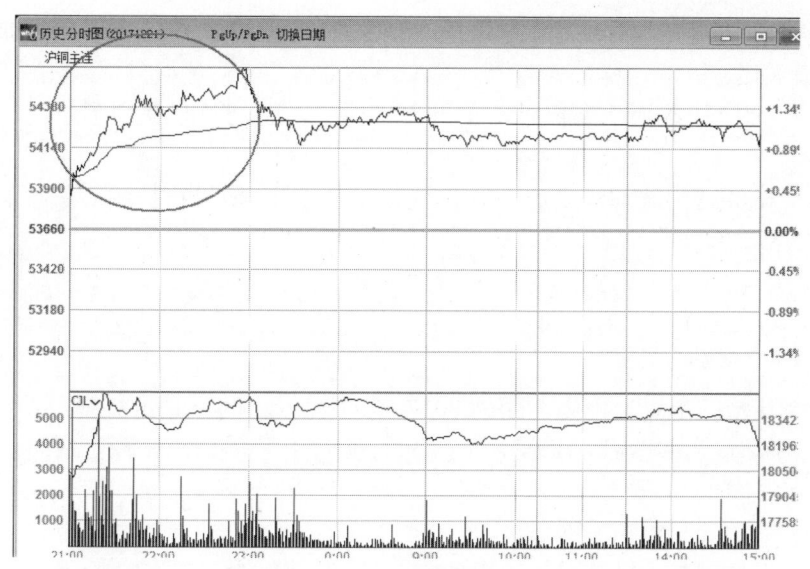

图 7.17 沪铜主力合约的 2017 年 12 月 21 日的分时走势图

沪铜主力合约晚上 9：00 开盘后，价格就开始一波明显的上涨行情，如果我们掌握了上涨波段的变化规律，就可以将多单持有到高点区间。

价格在上涨时，形成了明显的三波上涨态势，第一波涨幅时间最长，幅度也最大；第二波上涨幅度较小；第三波上涨速度较慢，最后出现一个急拉。

连续上涨，一定会耗费多方的动能，因此三波上涨走势后，我们就不能再盲目追涨了，同时，应当留意随时会出现的调整。

从其后走势可以看出，三波上涨之后，价格出现了一波急拉，随后就开始横盘整理。

掌握了分时图的三波上涨法则，投资者就不易再出现明显的追涨错误操作了，并且价格的上涨高点区间也容易判断出来。

当然，并不是所有的上涨都必然会形成三波。在整体市场多头迹象非常明显，资金做多力度极大或量能配合很好的情况下，这种规律可能会被打破。但只要把握住这三波上涨法则，就算错过了后期的上涨机会，也没有什么。毕竟市场中的机会到处都是。

7.7.4 分时图的三波下跌法则

分时图的三波下跌法则是指价格连续出现三波杀跌之后，要么直接短线见底，要么出现较长时间或形态较为复杂的反弹走势。所以如果分时图中的价格经过三波杀跌之后，就不要再盲目地看空做空了，否则很容易把自己套在短底上，如果不及时止损，可能会损失惨重。

明确了三波下跌法则，对我们来说作用是比较大的，具体有以下三点。

— 181 —

（1）在价格没有跌到位时，我们可以耐心持有空单，并且可以顺势加空，从而实现利润最大化。

（2）在价格基本杀跌到位时，不再盲目追空，而是及时获利了结，从而确保利润到手。

（3）价格经过三波下跌之后，由于做空力量很弱，所以在控制好风险的前提下，可以轻仓介入多单。

提醒：如果价格处于明显的下跌行情之中，经过三波下跌之后，也不要轻易抄底，否则也很容易被套。如果价格处于震荡行情之中，经过三波下跌之后，可以去抄底，但也要控制好仓位和风险，毕竟做单要顺势而为。

图 7.18 显示的是豆油主力合约的 2017 年 11 月 6 日的分时走势图。

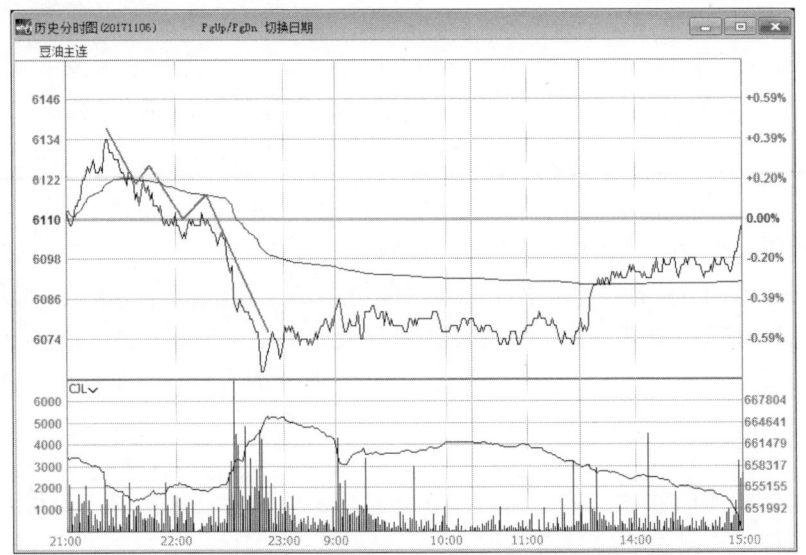

图 7.18　豆油主力合约的 2017 年 11 月 6 日的分时走势图

2017 年 11 月 6 日，豆油主力合约开盘先是两波上冲，随后价格就开始下跌。价格先是跌破了均价线，然后在均价线下方震荡下跌，从而完成了第一波下跌。接着价格出现了一小波反弹，但没有站上均价线，就开始了第二波快速下跌。虽然价格出现了反弹，但又开始第三波下跌，三波下跌之后空单要及时止赢。

从其后走势来看，价格经过三波下跌之后，就开始了震荡走势，盈利模式比较复杂，不太好操作。

7.7.5　价格继续上涨的判断技巧

当价格处在明显的上涨行情之中，投资者最关心的是价格是否还会继续上涨。如果能继续上涨，则可以继续持有多单，让利益最大化。当然，如果能判断价格还会继

第 7 章 期货交易的短线策略

续上涨,仍可以继续加仓做多,进一步增加投资收益。

如何判断价格是否还会继续上涨呢?这需要从三个方向入手,具体如下所述。

(1)关注上涨后的调整时间。

(2)关注上涨后的调整空间。

(3)关注价格调整时的量能变化。

1)利用调整时间判断价格是否会继续上涨的技巧

价格在分时图经过一波上涨之后,出现回调是必然的。因为经过一波上涨,短线获利单有主动止赢的,也要逆势做空的(即本来看空或想猜顶,看价格上涨了,就做空了)。在价格调整时,我们就要看作多力量和做空力量的对比情况了。如果做多力量很强大,那么就不会调整太长时间,因为调整太长时间,做多力量就不坚定了,所以做多主力会用很短的时间略做调整,然后继续上涨。

图 7.19 显示的是郑棉主力合约的 2018 年 5 月 29 日的分时走势图。

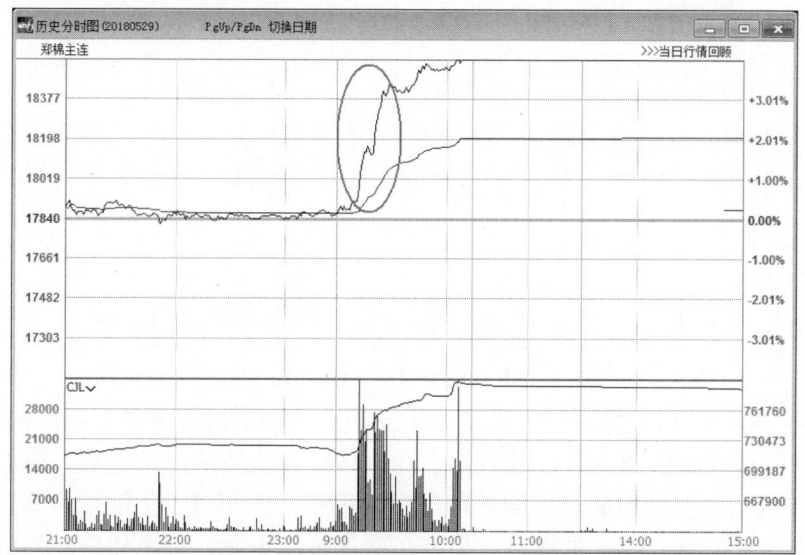

图 7.19 郑棉主力合约的 2018 年 5 月 29 日的分时走势图

2018 年 5 月 29 日,郑棉主力合约晚上 9:00 开盘后出现了较长时间的横盘震荡,上午 9:10 价格开始快速上涨。

在上涨途中,可以对价格调整时的时间进行分析,因为价格调整时间的长短,代表了多方交易的积极性和力量强弱。如果调整时间较长,说明空方有一定能力压住价格,在这种情况下,后期继续上涨的难度会比较大。如果调整时间短暂,就说明空方根本没有还手之力,多方力量超强,那么价格继续上涨的概率就很大。所以只要及时介入多单,盈利是比较容易的事。

通过图 7.19 可以看出,价格在上涨过程中,出现了回调,回调时间都比较短暂,这体现了多方力量强大和空方力量弱小,因此,后期继续上涨的概率较大。

— 183 —

2）利用调整空间判断价格是否会继续上涨的技巧

价格经过一波上涨之后，出现了调整走势，如果调整时间较短，那么就可以继续看涨。但如果调整时间略长，这时就需要结合调整时的空间进一步分析了。

调整时的空间，就是价格出现回调时的幅度。一般情况下，回调的幅度越小，则调整的力量越弱，价格继续上涨的概率越大。回调的幅度越大，说明调整的力量越大，价格越不易继续上涨。

图 7.20 显示的是郑棉主力合约的 2018 年 6 月 13 日的分时走势图。

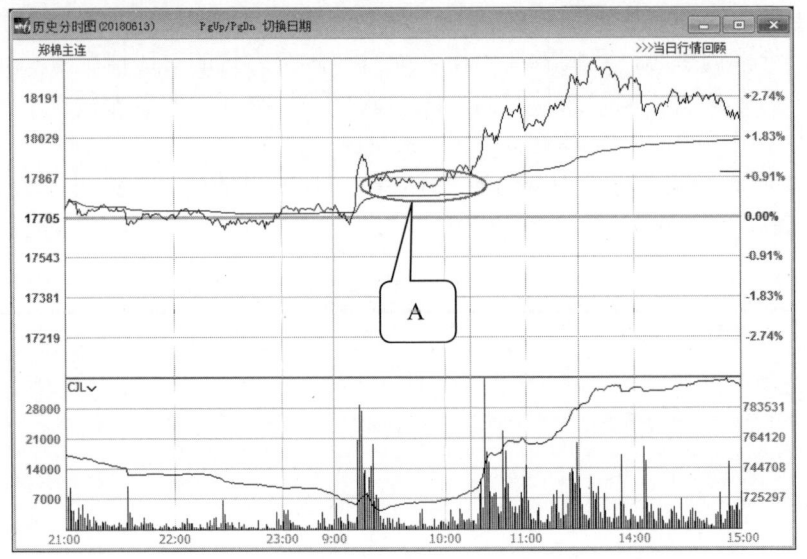

图 7.20　郑棉主力合约的 2018 年 6 月 13 日的分时走势图

2018 年 6 月 13 日，郑棉主力合约晚上 9：00 开盘后出现了较长时间的横盘震荡，上午 9：10 价格开始快速上涨，并且站上均价线。价格快速上涨之后，开始较长时间调整，即 A 处。需要注意的是，虽然调整时间很长，但相对于上涨幅度来说，调整的幅度并不大，几乎是一种横盘调整。另外，从均价线来看，价格始终在均价线上方，所以上涨力量仍偏强。

所以，在价格快速突破横盘调整区间上边线时，仍可以继续介入多单。

总之，在对调整进行分析时，调整时的空间最能反映出多空双方的力量对比。只要调整的空间不大，哪怕调整的时间长一些，价格也能继续上涨。因为价格调整的空间小，意味着空方力量不强，也意味着做多主力是为了清洗短线多单，以便更好地上涨。

所以，通过价格调整的力度变化，便可以精确判断出后期上涨将会延续，这样一来，就不会错过后期的主升浪行情。

3）利用调整时的量能变化判断价格是否会继续上涨的技巧

在判断价格是否会继续上涨时，我们应重点关注调整的时间和空间，但也不要忘

第 7 章　期货交易的短线策略

记量能分析。因为量为价先，没有成交量的有效配合，价格想要继续上涨也是很难的。

在价格调整时，对成交量的要求是，成交量是萎缩的，并且缩量缩得越小越好。成交量在调整区间明显萎缩，意味着之前的做多资金没有大规模平仓，并且调整时，也没有大资金进场做空，因此，价格后期继续上涨的概率就会很大。

将调整的时间、空间及量能变化进行综合分析，我们就可以全面了解盘中多空力量的对比情况，从而更加精准地判断价格是否会继续上涨。

图 7.21 显示的是郑棉主力合约的 2016 年 4 月 11 日的分时走势图。

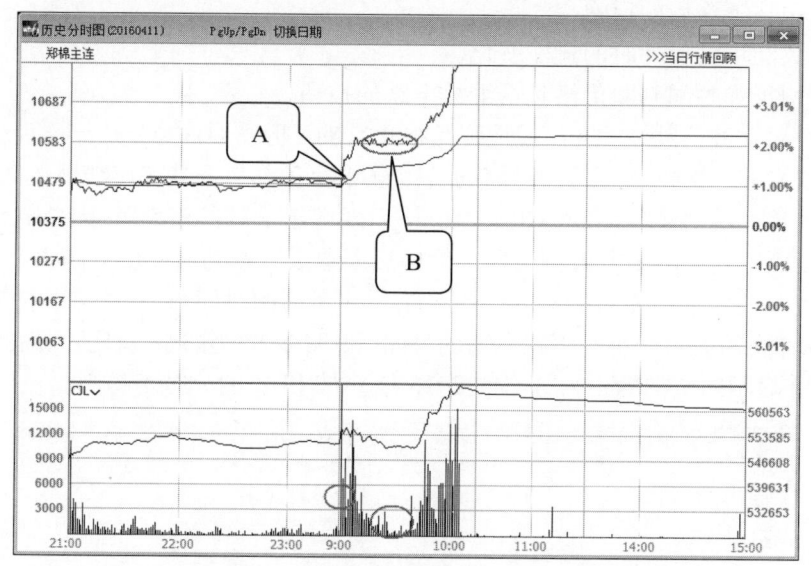

图 7.21　郑棉主力合约的 2016 年 4 月 11 日的分时走势图

2016 年 4 月 11 日，郑棉主力合约晚上 9：00 开盘后出现了较长时间的横盘震荡，上午 9：00 开盘价格开始放量快速上涨，即 A 处。经过这一波快速上涨，价格站上并站稳均价线。

价格快速上涨之后，出现了回调。在回调过程中，成交量快速缩量，并且回调幅度很小，这就意味着回调结束后，价格还会继续上涨，所以多单可以继续持有。如果手中的仓位很轻或没有多单，还可以再加仓做多。

从其后走势可以看出，在 B 处缩量回调结束之后，价格继续大涨，最后以涨停收盘，这样在 B 处介入的多单，短时间内就会有不错的投资收益。

提醒：价格在上涨时，明显地连续放量，而调整时，成交量明显萎缩，并且调整的时间和空间都很小，这是完美的价格继续上涨技术特征，价格继续上涨的概率会在 95% 以上，所以面对这种完美的技术特征，投资者要敢于大胆进场做多。当然，在价格实际波动过程中，并不会每次都出现完全的技术特征，但只要满足两个技术特征，就可以进场做多。另外，在实战过程中，有时价格波动太快，不会给我们太多的思考时间，略一犹豫，就会错失良机。所以，我们一定要多学习、多实战，将判断价格是否会继续上涨的方法培养成一种习惯的反应。

7.7.6 价格继续下跌的判断技巧

当价格处在明显的下跌行情之中，投资者最关心的是价格是否还会继续下跌。如果能继续下跌，则可以继续持有空单，让利益最大化。当然如果能判断价格还会继续下跌，仍可以继续加仓做空，进一步增加投资收益。

如何判断价格是否还会继续下跌呢？这需要从三个方向入手，具体如下所述。

（1）关注下跌后的反弹时间。

（2）关注下跌后的反弹空间。

（3）关注价格反弹时的量能变化。

1）利用反弹时间判断价格是否继续下跌的技巧

价格经过一波下跌之后，出现反弹是很正常的。但需要注意，每一次反弹的出现，都是多空双方的一次抗衡。反弹时间的长短意味着多方是否具有连续性抗衡的能力，反弹时间越长，说明多方的能力越大，价格后期继续下跌的概率就会越小。但如果反弹的时间很短，则说明多方力量很弱，价格后期继续下跌的概率就会越大。

反弹的时间是一个相对的概念，它是指反弹所需的时间与下跌形成时的时间的对比。如果反弹所需的时间小于下跌所需的时间，说明多方力量弱；反之，则空方力量弱。

图 7.22 显示的是白糖主力合约的 2018 年 6 月 13 日的分时走势图。

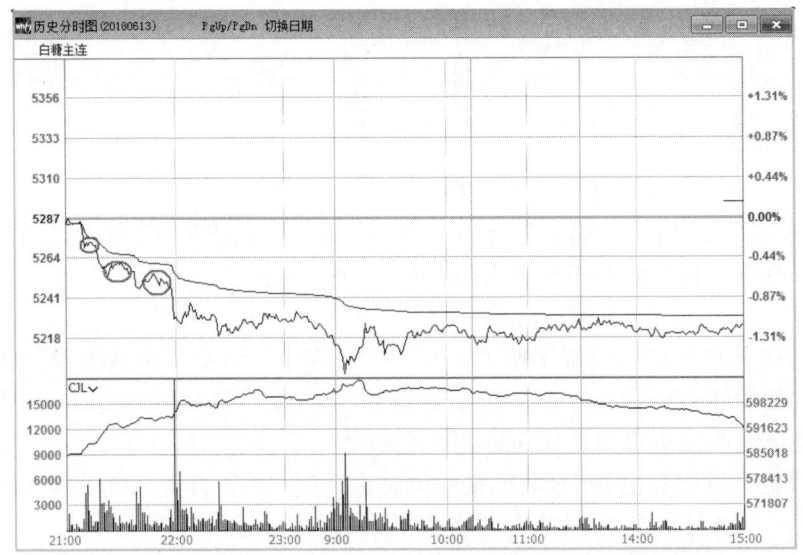

图 7.22 白糖主力合约的 2018 年 6 月 13 日的分时走势图

2018 年 6 月 13 日，白糖主力合约开盘略震荡，随后价格就跌破了均价线，并继续下跌。在这里可以看到价格在下跌时，虽有反弹，但反弹的时间都比较短，并且没有站上均价线，表明仍是空头力量强大，所以如果手中有空单可以耐心持有，如果没有空单，还可以继续介入空单。

第 7 章 期货交易的短线策略

就像体育比赛一样，哪个队可以长时间控制局面，哪个队就可以取胜；如果连局面都控制不了，怎么可能获胜呢？如果反弹上涨的时间远小于下跌所需要的时间，那么想改变下跌趋势是不可能的。

2）利用反弹空间判断价格是否继续下跌的技巧

价格经过一波下跌之后，出现了反弹走势，如果反弹时间较短，那么就可以继续看跌。但如果反弹时间略长，这时就需要结合反弹时的空间进一步分析了。

反弹时的空间，就是价格出现反弹时的幅度。一般情况下，反弹的幅度越小，则反弹的力量越弱，价格继续下跌的概率越大。反弹的幅度越大，说明反弹的力量越大，价格越不易继续下跌。

图 7.23 显示的是白糖主力合约的 2017 年 9 月 19 日的分时走势图。

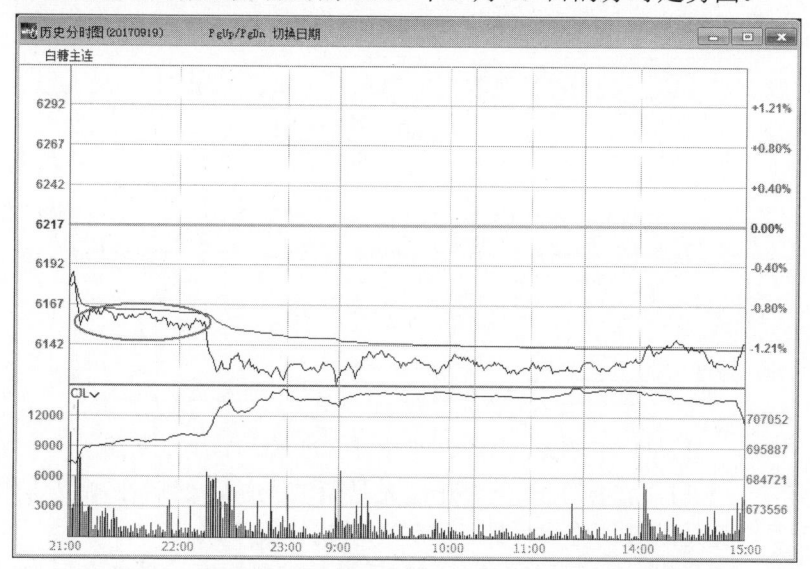

图 7.23　白糖主力合约的 2017 年 9 月 19 日的分时走势图

2017 年 9 月 19 日，白糖主力合约略反弹，就开始快速下跌，并且跌破均价线，然后沿着均价线下跌。

价格快速下跌之后，开始较长时间的反弹。需要注意的是，虽然反弹时间很长，但相对于下跌幅度来说，反弹的幅度并不大，几乎是一种横盘调整。另外，从均价线来看，价格始终在均价线下方，所以下跌力量仍偏强。

因此，在价格快速突破横盘调整区间下边线时，仍可以继续介入空单。

总之，在对反弹进行分析时，反弹的空间最能反映出多空双方的力量对比。只要反弹的空间不大，哪怕反弹的时间长一些，价格也会继续下跌。因为价格反弹的空间小，意味着多方力量不强，也意味着做空主力是为了清洗短线空单，以便更好地下跌。

3）利用反弹时的量能变化判断价格是否继续下跌的技巧

在判断价格是否继续下跌时，我们虽然应重点关注反弹的时间和空间，但也不要忘记量能分析。因为量为价先,没有成交量的有效配合,价格想要继续下跌也是很难的。

在价格反弹时,对成交量的要求是,成交量是萎缩的,并且缩量缩的越小越好。成交量在反弹区间明显萎缩,意味着之前的做空资金没有大规模平仓,并且反弹时,也没有大资金进场做多,因此,价格后期继续下跌的概率就会很大。

将反弹的时间、空间及量能变化进行综合分析,我们就可以全面了解盘中多空力量的对比情况,从而更加精准地判断价格是否会继续下跌。

图 7.24 显示的是白糖主力合约的 2018 年 2 月 9 日的分时走势图。

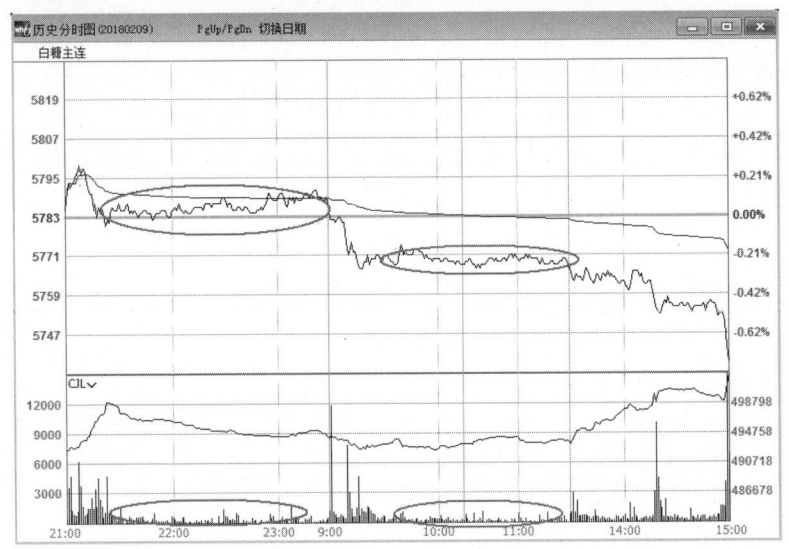

图 7.24　白糖主力合约的 2018 年 2 月 9 日的分时走势图

2018 年 2 月 9 日,白糖主力合约开盘先是两波上涨,然后在高位略作震荡,就开始快速下跌,先是跌破均价线,然后继续沿着均价线下跌。

价格快速下跌之后,出现了较长时间的反弹,需要注意的是,在反弹过程中,成交量明显缩量,并且反弹力量很小,价格始终在均价线下方,这表明空方力量比较强大。

经过较长时间反弹后,价格再度放量下跌,这表明下跌是良性的。快速下跌后,价格开始了较长时间的横盘调整,需要注意的是,价格始终在均价线下方,这对空方有利,另外,从调整空间来看,价格调整空间较小,有继续下跌的要求。最后再从成交量上看,价格成交量是萎缩的。综合判断后市价格继续下跌的概率较大。

价格较长时间震荡后,然后开始放量下跌。只要下跌是明显的放量,而反弹又是缩量,往往仍会继续下跌,这样空单可以继续持有。

提醒:价格在下跌时,明显地连续放量,而反弹时,成交量明显萎缩,并且反弹的时间和空间都很小,这是完美的价格继续下跌技术特征,价格继续下跌的概率会在 95% 以上,所以面对这种完美的技术特征,投资者要敢于大胆进场做空。当然,在价格实际波动过程中,并不会每次都出现完全的技术特征,但只要满足两个技术特征,就可以进场做空。另外,在实战过程中,有时价格波动太快,不会给我们太多的思考时间,略一犹豫,就会错失良机。所以,我们一

第 7 章 期货交易的短线策略

定要多学习、多实战,将判断价格是否会继续上涨的方法培养成一种习惯的反应。

7.7.7 分时图的做多技巧

价格如果已形成明显的上涨趋势,投资者都希望在合适的位置进场做多,从而实现盈利,到底该在什么位置介入多单呢?下面讲解一下分时图的做多技巧。

1)双底做多技巧

双底,又称 W 形底,因为其价格走势像 W 字母,是一种较为可靠的盘中反转形态,对这种形态的研判重点是价格在走右边的底部时,成交量是否会出现底背离特征。如果成交量不产生背离,W 形底就可能向其他形态转化,如多重底。转化后的形态即使出现涨升,其上攻动能也会较弱。这类盘中底部形态研判比较容易,形态构成时间长,可操作性强,适宜于短线爱好者操作或普通投资者选择买点时使用。

双底的第二个低点,往往略高于第一个低点,也是最佳进场做多的位置。因为这是空方力量最弱的位置,即空方已无力再创出新低。所以这个位置也最容易形成连续反弹的走势,如果这个位置敢于介入,往往会获利丰厚。当然如果价格跌破第一个低点,投资者就要及时止损出局。

图 7.25 显示的是螺纹钢主力合约的 2018 年 8 月 22 日的分时走势图。

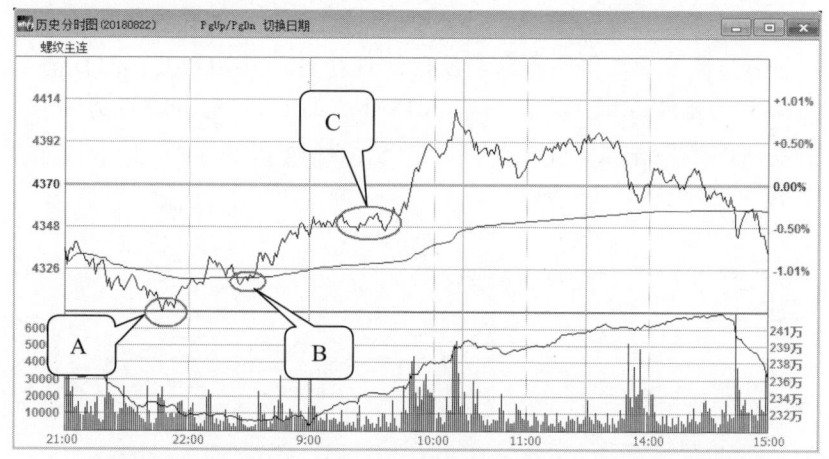

图 7.25 螺纹钢主力合约的 2018 年 8 月 22 日的分时走势图

2018 年 8 月 22 日,螺纹钢主力合约开盘略上冲,随后就开始震荡下跌,先是跌破均价线,然后反弹不过均价线,接着继续下跌。经过三小波下跌之后,在 A 处出现双底结构,这表明价格有望开始上涨了,所以可以以 A 处的低点为止损点,进场做多。

价格在 A 处见底后,就开始震荡上涨,先是站上均价线,然后又回调到均价线附近企稳,即 B 处。需要注意的是,在这一波上涨过程中,上涨是放量的,回调是缩量的,所以 B 处又是新的介入多单位置。

价格在 B 处企稳后，继续震荡小幅上涨，虽然涨幅不大，但始终保持上涨放量，回调缩量，这表明价格上涨良好，多单可以继续持有。

在 C 处，价格再度出现双底结构，所以仍可以介入多单。当然如果手中的仓位较重，就不要再加仓了。

C 处双底出现后，价格就开始快速上涨。需要注意的是，从大的结构来看，这里的快速上涨，已是第三波上涨了。由三波上涨法则可知，三波上涨之后，往往有大的回调，甚至出现反转走势，所以在快速急拉过程中，日内短线多单要注意止赢。

三波上涨结束后，价格先是快速回调，然后再度上涨。需要注意的是，再度上涨时，成交量是明显的缩量，即上涨无力，所以后市有继续下跌的可能。

从其后走势可知，上涨结束后，再度下跌，并且开始震荡下跌。

2）头肩底做多技巧

头肩底，其形状呈现三个明显的低谷，其中位于中间的一个低谷比其他两个低谷的低位更低。对头肩底的研判重点是量比和颈线，量比要处于温和放大状态，右肩的量要明显大于左肩的量。如果在有量配合的基础上，价格成功突破颈线，则是该形态在盘中的最佳买点。参与这种形态的炒作要注意价格所处位置的高低，偏低的位置往往会有较好的参与价值。

注意头肩底中，最低那个点，常常就是假突破走势。即当价格处于底部区间时，做多主力为了获取更多的低位筹码，往往会再创新低，从而让散户卖出手中的多单。当散户卖出手中的多单后，价格不跌，反而快速拉升，开始一波上涨行情。

图 7.26 显示的是螺纹钢主力合约的 2018 年 5 月 30 日的分时走势图。

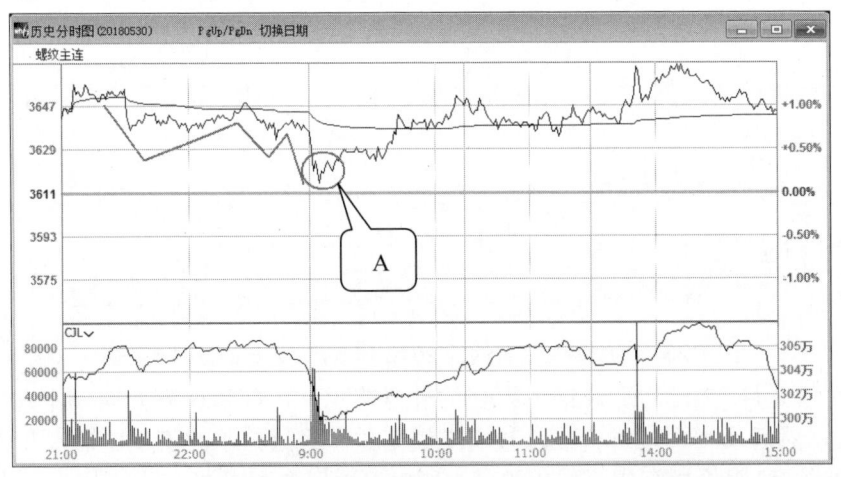

图 7.26　螺纹钢主力合约的 2018 年 5 月 30 日的分时走势图

2018 年 5 月 30 日，螺纹钢主力合约略震荡后，出现一波急拉，然后在高位震荡。在均价线附近震荡后，出现了快速下跌，跌破均价线。

快速下跌之后，价格开始反弹。反弹时间虽长，但反弹时成交量是缩量的，并且

第 7 章　期货交易的短线策略

始终在均价线下方，这意味着反弹结束后，还会下跌。

反弹结束后，再度下跌。随后再度反弹，但反弹仍很弱，反弹结束后继续下跌。三波下跌结束后，在 A 处出现了头肩底结构。这表明价格要反弹上涨了，所以在 A 处，空单要及时止盈，并可以最低点为止损点，逢低介入多单。

价格在 A 处见底后，开始连续反弹，先是站上均价线，然后继续反弹上涨。经过三小波上涨之后，出现了回调，回调到均价线附近价格再度启稳。需要注意的是，这时的量价配合得很好，即上涨时放量，回调时缩量，所以回调结束后还会继续上涨。

从其后走势可以看到，价格在均价线附近启稳后，再度上涨。

3）圆弧底做多技巧

圆弧底是指价格运行轨迹呈圆弧形的底部形态。这种形态的形成原因，是由于有部分做多资金正在少量地逐级温和建仓造成，显示价格已经探明阶段性底部的支撑。它的理论上涨幅度通常是最低价到颈线位的涨幅的一倍。

图 7.27 显示的是螺纹钢主力合约的 2018 年 6 月 1 日的分时走势图。

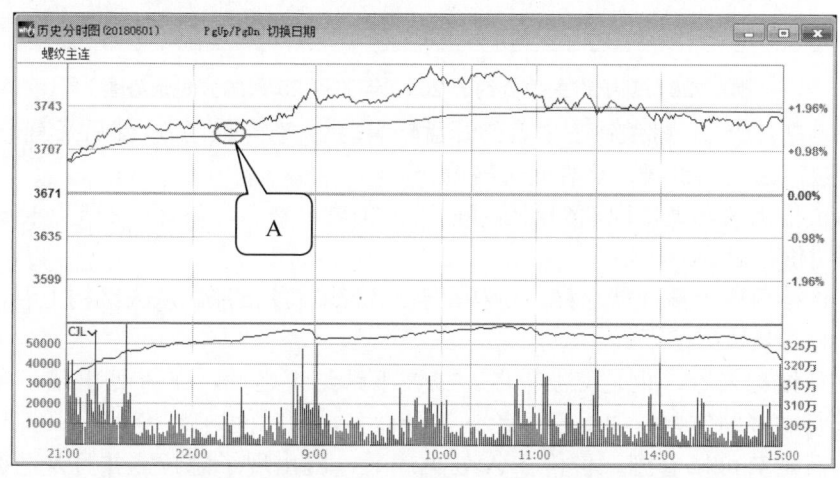

图 7.27　螺纹钢主力合约的 2018 年 6 月 1 日的分时走势图

2018 年 6 月 1 日，螺纹钢主力合约开盘就沿着均价线震荡上涨。需要注意的是，由于价格始终在均价线上方，所以多方始终控制着局面。另外，从成交量上看，上涨放量，下跌缩量，量能配合完美。

在价格震荡上涨时，也是在接近均价线附近时，分时图出现了圆弧底，即 A 处。这意味着做多资金正在逐级温和建仓，所以我们可以及时跟进。如果这时及时跟进多单，短时间就会有不错的投资收益。

4）V 形底做多技巧

V 形底，俗称"尖底"，形态走势像 V 形。其形成时间最短，是研判最困难、参与风险最大的一种形态。但是这种形态的爆发力最强，把握得好，可以迅速获取利润。

它的形成往往是由于主力刻意打压造成的，使价格暂时性过度超跌，从而产生盘中的报复性上攻行情。

图 7.28 显示的是螺纹钢主力合约的 2018 年 7 月 25 日的分时走势图。

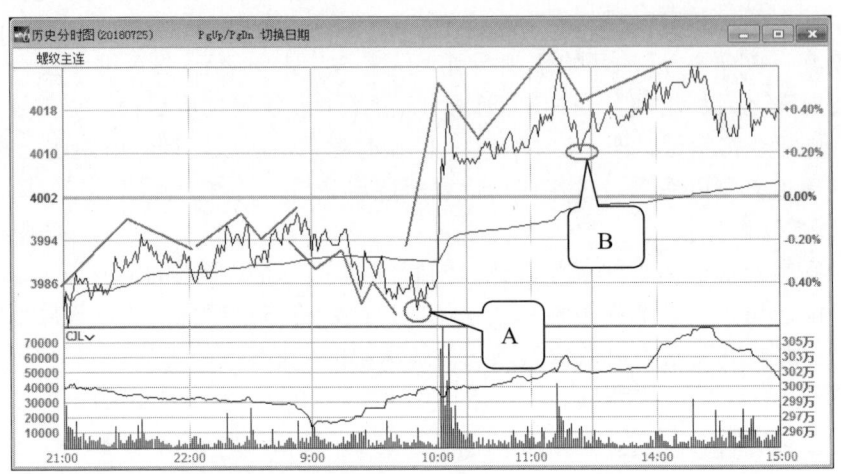

图 7.28　螺纹钢主力合约的 2018 年 7 月 25 日的分时走势图

2018 年 7 月 25 日，螺纹钢主力合约开盘略震荡后，有一波急跌，然后又有一波急拉。这一波急拉，站上均价线，这表明价格偏弱。

随后价格震荡回调，回调到均价线附近，再度启稳。需要注意的是，回调是缩量的，这表明价格启稳后，还会上涨。

随后价格再度上涨，就这样，价格沿着均价线震荡上涨。从大结构上看，完成三波上涨之后，开始震荡下行。

下跌从结构来看，也是三波下跌。三波下跌结束之后，在 A 处出现了 V 形底。所以 A 处是做多的位置。如果投资者在 A 处做多，短时间内就会获取暴利。

从其后走势可以看到，价格在 A 处见底后，就出现了急拉，并且是两波急拉。急拉后出现了回调，但回调相对上涨幅度来说不大，并且回调是缩量的，所以价格仍会上涨。

三波上涨结束之后，再度回调，在 B 处再度出现 V 形底。这时仍可以介入多单，原因有四，具体如下所述。

（1）从成交量上来看，价格在上涨时，成交量是放量的，而在回调时，成交量是缩量的，量能配合良好，支持价格继续上涨。

（2）从调整的时间来看，价格调整的时间相对于上涨来说，还是很短，支持价格继续上涨。

（3）从调整空间来看，价格仍在均价线上方，并且调整的空间并不大，也支撑上涨。

(4) 从大的波形来看,价格已完成了两大波上涨,仍有第三波上涨的可能,所以浪形结构,也支持价格上涨。

从其后的走势来看,在 B 处介入多单,仍有明显的获利机会。

5) 低点不断抬高做多技巧

低点不断抬高做多,是指盘中的走势已形成明显的上涨趋势,但分时图的波动幅度却较小,即频繁地上下震荡。如果对震荡的低点进行分析,则可以发现价格波动的低点呈现明显抬高迹象。这对于我们来说,就是不错的做多机会。

价格波动的低点不断抬高,意味着做多力量不断介入,虽然分时图暂时没有形成强劲的上涨态势,但价格后期继续上涨的概率非常大。所以投资者可以在抬高的低点处介入多单,或在价格向上突破时积极入场做多。

图 7.29 显示的是 PP 主力合约 2018 年 5 月 29 日的分时走势图。

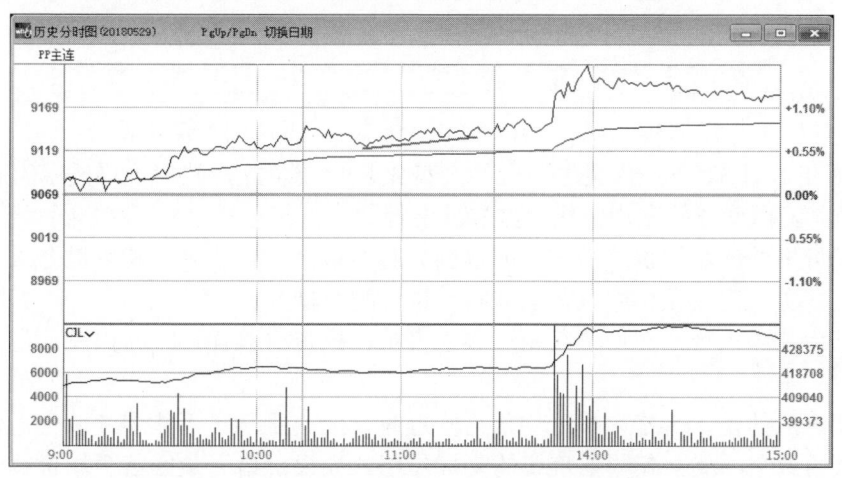

图 7.29　PP 主力合约 2018 年 5 月 29 日的分时走势图

2018 年 5 月 29 日,PP 主力合约开盘围绕着均价线反复震荡后,价格站稳均价线。价格站稳均价线后,开始连续上涨,虽然涨幅不大,但上涨良好。即价格上涨时放量,回调时缩量。

价格经过三波上涨之后,出现了回调,回调结束后又震荡上涨。虽然上涨的速度慢下来了,但整体不断上涨的走势不断,所以我们可以继续逢低介入多单。

在价格震荡上涨时,我们可以发现的规律是:调整的低点连续抬高,这意味着多方力量仍很强,空方根本无力与之对抗。在低点抬高的过程中,投资者可以入场做多。只要震荡的低点没有跌破,就可以继续持有。

6) 均价线支撑做多技巧

均价线是多空分界线,即如果价格在均价线上方,投资者就可以积极进行做多操作。特别是在分时线向下暂时回落接触或靠近均价线时,只要整体盘面保持明显的多头迹象，我们就可以在此介入多单。

图 7.30 显示的是焦炭主力合约 2018 年 5 月 31 日的分时走势图。

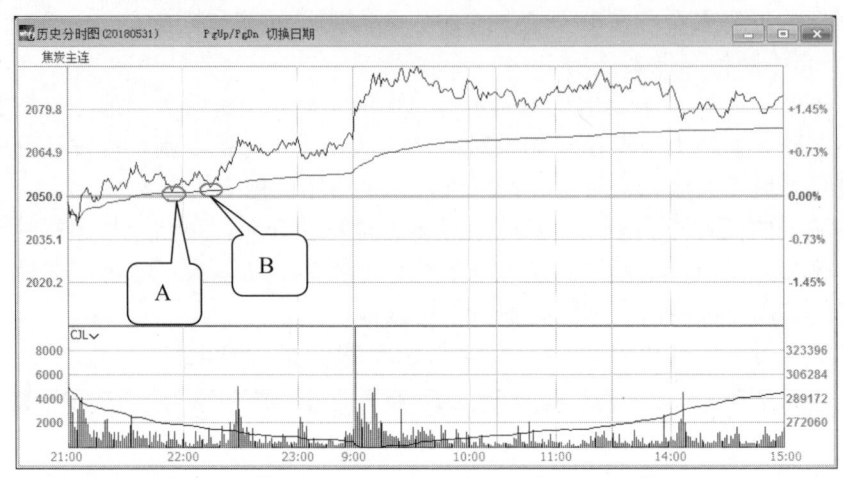

图 7.30　焦炭主力合约 2018 年 5 月 31 日的分时走势图

2018 年 5 月 31 日，焦炭主力合约开盘先是一波急跌，然后价格震荡上行，站上了均价线，随后就开始在均价线上方震荡上行。

由于价格始终在均价线上方，所以当分时线接近均价线时，就可以介入多单，即 A 和 B 处。更何况，在价格震荡上涨时，量价配合良好。

从其后走势来看，在均价线附近买入多单，投资可以在短时间内就获得丰厚的投资回报。

需要注意的是，价格在接近均价格附近时，成交量一定不能连续放大，否则过多的资金入场做空，就会减弱均价线的支撑作用。如果价格无量回落至均价线附近，就可以积极做多了。

7）放量做多技巧

在实际交易中，成交量的变化是相当重要的。因为量为价先，成交量体现了资金的操作方向和积极性，时常关注量能的经典变化形态，可以帮助我们决策恰当的进场时机。

放量做多，是指价格在自由波动时，成交量第一次形成明显放量、分时线向上攻击时入场做多操作。这种操作方法解决了价格盘中出现上涨时的介入时机问题，很多时候，价格出现较长时间的横盘，突然出现放量上涨，成交量的放量意味着资金突然介入，价格的上行意味着资金操作的方向向上，在资金刚刚入场的时候更跟进，这是放量买入最大的特点。

需要注意的是，放量买入也是一种风险，特别是第一次放量买入，在市场多头迹象并不是很明显的情况下，在初次放量区间介入，由于后期量能跟不上，容易使价格只形成一波上冲的走势。但只要对整体盘面进行了分析，在确定多方占优势的情况下使用这种方法，实现盈利是很容易的事。

图 7.31 显示的是螺纹钢主力合约 2018 年 5 月 24 日的分时走势图。

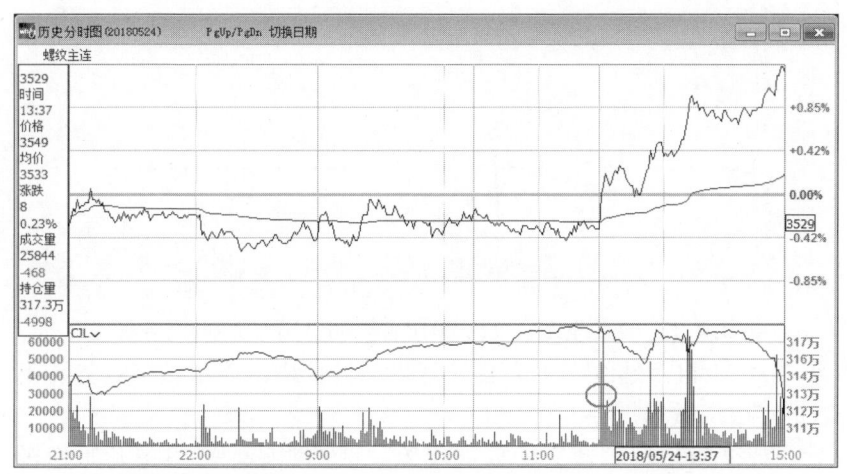

图 7.31　螺纹钢主力合约 2018 年 5 月 24 日的分时走势图

2018 年 5 月 24 日，螺纹钢主力合约围绕均价线反复震荡，可操作性差。下午 13:30 开盘后，价格出现了连续放量，这时的分时线开始向上攻击，这就是新的买入时机，即放量买入点。

从其后走势来看，价格放量上涨完第一波后，出现了调整，但调整是缩量的，并且调整的时间和空间不大，这意味着随时都有第二波上涨的可能，所以仍可以继续介入多单。

8）新高突破做多技巧

价格如果处在明显的上涨趋势中，那么价格的高点就会不断被突破，新的高点就会不断出现。每一次新高走势的出现，往往都意味着又一轮上涨行情的开始，所以我们一定要重视新高走势。

高点突破做多，就是指价格在波动时，被成交量的推动突破了前期盘中高点，在新高走势出现时，投资者应当积极地入场做多。

在新高突破做多时，投资者一定要注意以下两点。

（1）在突破走势出现时，成交量必须明显放大，如果没有得到资金的推动，价格很难有继续上涨的动能。

（2）要求整体盘面多头必须明显占上风，多头的力量越强越高。如果整体盘面不支撑，价格即使突破原来的高点，后期上涨的空间也不会太大。

图 7.32 显示的是螺纹钢主力合约 2018 年 7 月 31 日的分时走势图。

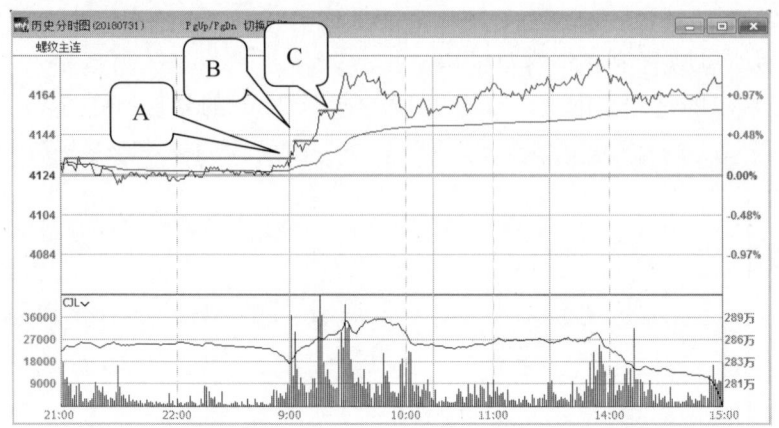

图 7.32　螺纹钢主力合约 2018 年 7 月 31 日的分时走势图

2018 年 7 月 31 日，螺纹钢主力合约开盘之后价格出现了震荡走势，由于成交量不大，所以很难出现做单机会。

在 A 处，成交量出现了密集的放大现象，这说明资金在盘中开始积极交易，同时分时线有力度向上形成了新高突破走势，这说明资金此时做多的态度坚决，在量价配合完美的状态下，投资者要敢于及时跟进多单。

资金想要价格在后期出现大幅上涨，就必须克服前期高点的重重压力，只有突破走势不断延续，上涨趋势才能得以保持。价格形成新高突破比较容易确认，在新高突破走势形成时，投资者需要做的就是对整体盘面的多空性质进行确认，一旦确定当天的盘面多头迹象非常明显，出现新高时，就要大胆地做多。

所以 A 处是一个很好的做多位置。同理，B 处和 C 处，也是不错的做多位置。

9）均价线突破做多技巧

均价线突破做多，是指价格在盘中波动时，始终处在均价线下方，但随后在成交量不断放量的推动下，不断上涨，分时线快速向上突破均价线压力。在突破均价线压力时，就是投资者入场做多的时机。

在使用均价线突破做多时，需要注意以下 3 项。

（1）要求日线级别的 K 线图处于明显的上涨趋势，这是为了避免假突破的出现，即便是价格后期暂时回落，在日线级别的 K 线图趋势向上的情况下，突破均价线开仓做多，风险也不大。

（2）要求当天整体盘面空方力量不能太大，如果跌幅过大，即使价格突破均价线，也不能做多，因为这样价格很容易重新回落。

（3）在分时线向上突破均价线时，要求成交量一定要连续放大，如果成交量不是放量突破均价线，则不能进场做多。

图 7.33 显示的是热卷主力合约 2017 年 3 月 20 日至 2017 年 7 月 28 日的 K 线图。

第 7 章 期货交易的短线策略

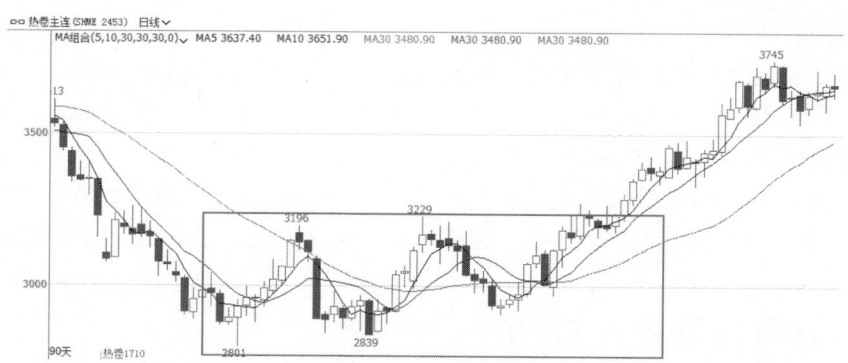

图 7.33 热卷主力合约 2017 年 3 月 20 日至 2017 年 7 月 28 日的 K 线图

热卷主力合约经过一波大跌之后，创出 2801 元低点，但创出低点这一天，价格却收了一根带有长长下影线的见底 K 线，所以这里就不能再过度看空了。

随后价格开始震荡盘整，震荡盘整了两个多月，然后一根中阳线实现了向上突破，这意味着长达两个月的盘整行情即将结束，新的一波上涨行情就要开始，投资者要及时介入多单。

接着价格开始沿着均线一路震荡上涨，这样手中的多单可以耐心持有。短线高手可以继续做日内多单。7 月 28 日，星期五，这一天，价格虽收小阴线，但价格仍在 5 日和 10 日均线上方，这表明价格一旦调整结束，仍会继续上涨，所以下一个交易日，即 7 月 31 日，星期一应继续逢低做多。

图 7.34 显示的是热卷主力合约 2018 年 7 月 31 日的分时走势图。

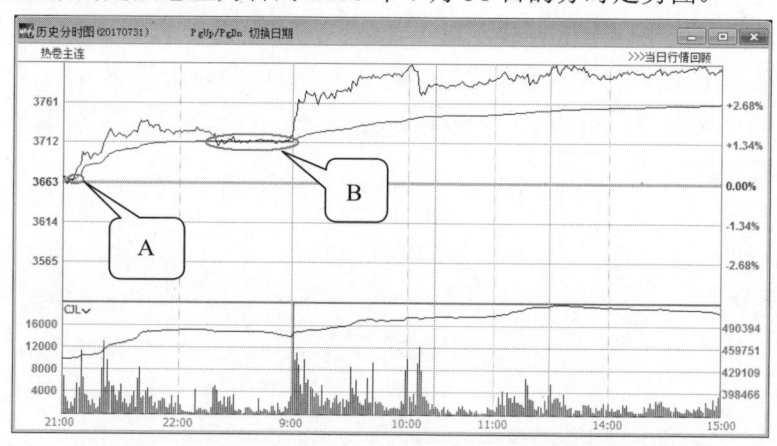

图 7.34 热卷主力合约 2018 年 7 月 31 日的分时走势图

2018 年 7 月 31 日，热卷主力合约开盘略有下跌，但由于日 K 线图价格处于明显的上升趋势中，所以即使分时线向下跌，也不能做空，而是等待做多机会的出现。

在 A 处，价格略有放量突破了均价线。由于均价线是多空分水岭，所以价格突破均价线，意味着分时图也开始看多了，所以 A 处可以介入多单。

在A处介入多单后,价格就开始明显的三波上涨,并且上涨是良性的,即上涨放量,回调缩量。三波上涨之后价格出现了较长时间的回调,但回调幅度不大。再没有跌破均价线,意味着多方力量很强,所以介入的多单可以继续持有,并且每当价格回落到均价线附近时,都可以介入多单。

所以在B处,即均价线附近,仍可以介入多单。从其后走势可以看到,经过较长时间的震荡后,价格再度放量上涨,这样在B处介入多单,短时间也有不错的盈利。

7.7.8 分时图的做空技巧

价格如果已形成明显的下跌趋势,投资者都希望在合适的位置进场做空,从而实现盈利,到底该在什么位置介入空单呢?下面讲解一下分时图的做空技巧。

1)双顶做空技巧

双顶,因其形状像英文的"M",所以又称"M头",这是一种较为可靠的盘中反转形态,对这种形态的研判重点是价格在走右边的顶部时,成交量是否会出现底背离特征。如果成交量不产生背离,M顶就可能向其他形态转化,如多重顶。转化后的形态即使出现跌势,其下跌动能也会较弱。这类盘中顶部形态研判比较容易,形态构成时间长,可操作性强,适宜于短线爱好者操作或普通投资者选择卖点时使用。

双顶的第二个高点,往往略低于第一个高点,也是最佳进场做空的位置。因为这是多方力量最弱的位置,即多方已无力再创新高。所以在这个位置价格也最容易形成连续下跌的走势,如果这个位置敢于介入空单,往往会获利丰厚。

图7.35显示的是郑棉主力合约2018年8月2日的分时走势图。

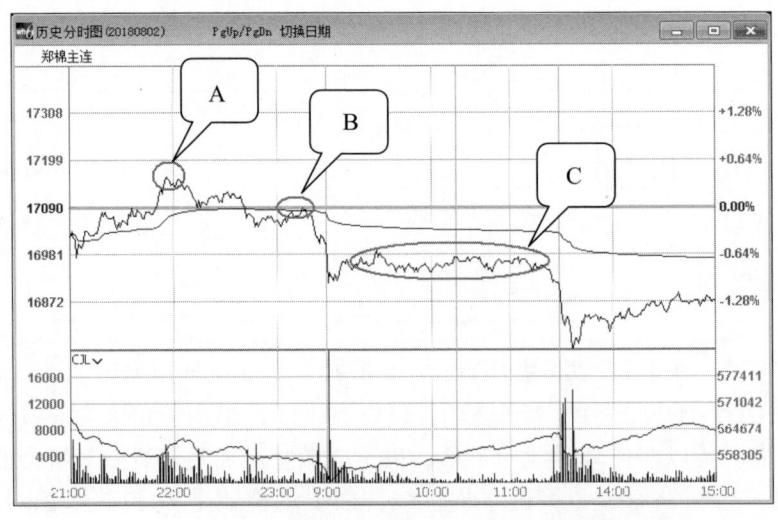

图7.35　郑棉主力合约2018年8月2日的分时走势图

2018年8月2日，郑棉主力合约开盘先是一波急跌，然后又是一波急拉，重新站上均价线。

价格站上均价线后，出现了回调，但回调没有跌破均价线，又开始第二波上涨，并且上涨是放量的，回调是缩量的，所以可以继续看涨。

第二波上涨结束后，价格又出现回调，这是一波强势回调，原因如下所述。

（1）价格始终在均价线上方，这表明多头主力始终控制着局面。

（2）价格在回调时，是明显的缩量，这表明量价形态良好，一旦回调结束，价格还有第三波上涨。

（3）从回调空间上来看，相对于上涨，回调空间不大。

所以在回调过程中，有多单的投资者可以继续持有，没有多单的朋友，可以轻仓介入多单。

第二波回调结束后，价格开始第三波上涨。第三波上涨结束后，在 A 处出现双顶结构，所以多单要及时止盈，并且可以以最高点为止损点，逢高介入空单。

三波上涨结束后，价格先是下跌到均价线附近，然后又反弹。需要注意的是，下跌是放量的，而反弹是缩量的，这表明下跌是真下跌，而反弹上涨可能是假的，所以空单可以继续持有。

反弹结束后，价格再度放量下跌，跌破均价线，这表明价格开始进入空头行情之中。

价格跌破均价线之后，又开始反弹，注意这里的反弹也是缩量，并且反弹到均价线附近再度受压下行，即 B 处。

需要注意的是，这一波下跌速度很快，并且是连续放量，这表明空头行情中，下跌的速度是比较快的，空单也常常在短时间内就有不错的盈利。

价格快速下跌之后，再度反弹，这一波反弹的时间很长，但反弹的空间不大，并且价格始终在均价线下方，即 C 处。这表明价格反弹结束后，还会下跌。

C 处反弹结束后，价格再度放量快速下跌。需要注意的是，这一波下跌已是第三波下跌，所以空单要在急跌时注意止盈。

2）头肩顶做空技巧

头肩顶，其形状呈现三个明显的峰顶，其中位于中间的一个峰顶比其他两个峰顶的高位更高。对头肩顶的研判重点是量比和颈线，量比要处于温和放大状态，右肩的量要明显大于左肩的量。如果在有量配合的基础上，价格成功跌破颈线，则是该形态在盘中的最佳卖点。参与这种形态的炒作要注意价格所处位置的高低，偏高的位置往往会有较好的参与价值。

注意头肩顶中，最高那个点，常常就是假突破走势。即当价格处于顶部区间时，做多主力为了获得更多的高位筹码，往往会再创新高，从而让散户卖出手中的空单。

当散户卖出手中的空单后，价格不涨，反而快速下跌，开始一波下跌行情。

图 7.36 显示的是硅铁主力合约 2018 年 5 月 28 日的分时走势图。

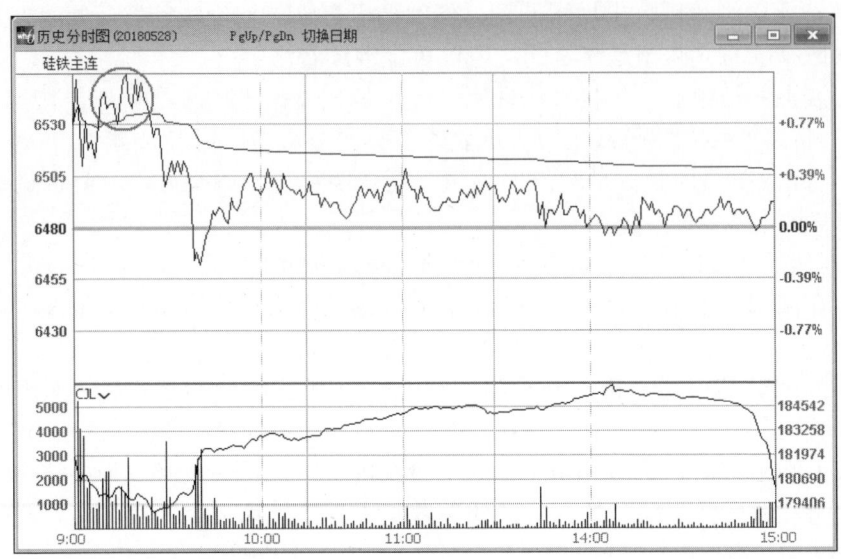

图 7.36　硅铁主力合约 2018 年 5 月 28 日的分时走势图

2018 年 5 月 28 日，硅铁主力合约开盘围绕均价线反复宽幅震荡，在震荡过程中出现了头肩顶结构。

头肩顶是一个顶部信号，所以手中有多单的投资者要注意止赢，并且以头肩顶的最高点为止损点，逢高建立空单。在这里可以看到，头肩顶出现后，价格先是一波急跌，跌破均价线，然后略有反弹，但反弹没有站上均价线，并且反弹时成交量是缩量的，所以空单可以继续持有，并且可以再介入空单。

反弹结束后，第二波下跌开始，注意第二波下跌速度也很快，并且成交量出现了明显的放量，这表明下跌是良性的。

第二波急跌结束后，价格再度反弹，反弹仍是缩量，并且反弹空间不大，所以反弹后还会有第三波下跌，即反弹时仍可以轻仓介入空单。

反弹结束后，价格再度下跌，这一波也是一波急跌，并且成交量很大。需要注意的是，这是第三波下跌，空单要注意止赢。

三波下跌结束后，价格出现了反弹，但反弹始终没有站上均价线，所以空头力量很强，但其后走势盈利模式不明显了。

3）圆弧顶做空技巧

圆弧顶是指价格运行轨迹呈圆弧形的顶部形态。这种形态的形成原因，是由于有部分做空资金正在少量地逐级温和建仓造成，显示价格已经探明阶段性顶部。它的理论下跌幅度通常是最低价到颈线位跌幅的一倍。

图 7.37 显示的是焦炭主力合约 2017 年 9 月 15 日的分时走势图。

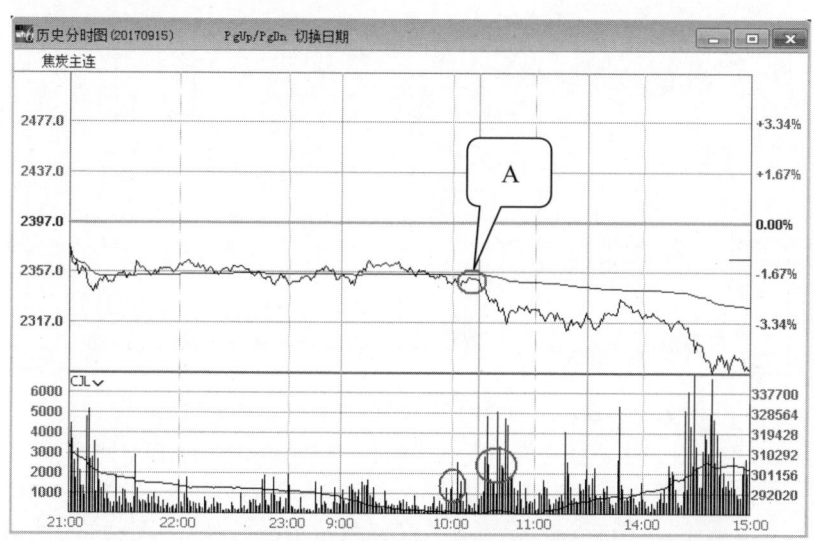

图 7.37　焦炭主力合约 2017 年 9 月 15 日的分时走势图

2017 年 9 月 15 日，焦炭主力合约开盘先是一波急跌，然后就开始长时间的窄幅震荡。在窄幅震荡过程中，价格始终围绕着均价线，从成交量上看，成交量一直很小，要耐心等着成交量的放大，不要急着进场，因为量为价先，只有放出量来，价格才会有大波动，也才会有较好的盈利机会。

在 A 处，价格出现了一个圆弧顶，在形成圆弧顶的过程中，价格略有放量，这表明有空单主动进场建仓了，另外价格始终在均价线下方，这意味着空方力量仍很强。

圆弧顶成立后，价格再度放量下跌，并且是连续放量，这意味着新的做空力量不断介入，所以手中的空单可以耐心持有，没有空单的可以继续介入空单。

4）V 形顶做空技巧

V 形顶，俗称"尖顶"，形态走势像 V 形。其形成时间最短，是研判最困难，参与风险最大的一种形态。但是这种形态的爆发力最强，把握得好，可以再迅速获取利润。它的形成往往是由于主力刻意打压造成的，使价格暂时性过度超涨，从而产生盘中的报复性下跌行情。

图 7.38 显示的是焦炭主力合约 2018 年 6 月 27 日的分时走势图。

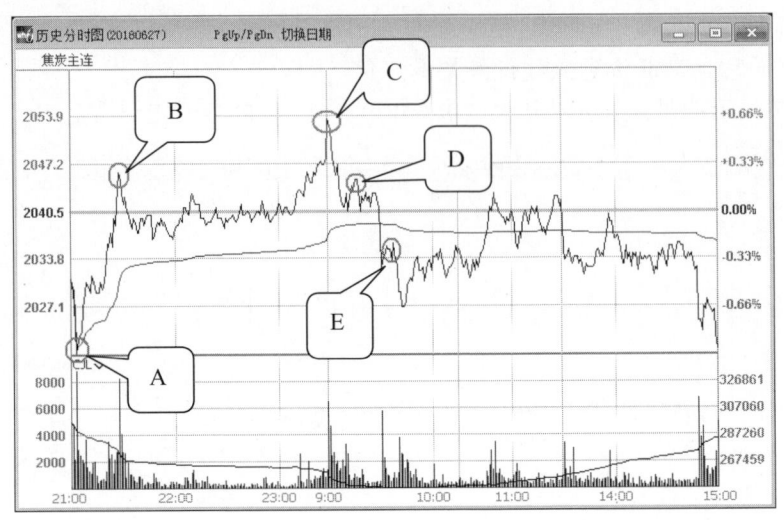

图 7.38　焦炭主力合约 2018 年 6 月 27 日的分时走势图

2018 年 6 月 27 日，焦炭主力合约开盘就是一波急跌，然后在 A 处形成一个 V 形底。接着就是一个急拉，完成第一波上涨。

第一波上涨结束后，价格略做震荡，再度急拉上涨，然后在 B 处，形成 V 形顶。快速上涨之后，往往会有回调，所以如果你手中有多单，在 B 处可以先止赢。

第二波上涨结束之后，出现回调，这一波回调时间比较长，但回调时是缩量的，并且价格始终在均价线上方，所以回调结束后，还会有第三波上涨，因此在回调到位时，可以轻仓介入多单。

回调结束后，价格再度急拉，即第三波上涨，再度出现 V 形顶，即 C 处。所以 C 处是多单止赢位置。

三波上涨结束后，往往会有大的回调，甚至反转。在这里可以看到 C 处见顶后，价格出现了急跌，跌到均价线附近，虽再度反弹，但反弹空间很小，并且反弹是缩量的，这表明反弹结束后，还会下跌。所以 D 处的 V 形顶是一个不错的做空机会。

D 处见顶后，价格再度下跌，这一次放量跌破了均价线，并且下跌速度很快。

第二波下跌结束后，价格再度反弹，出现了双顶结构，即 E 处。注意这里的反弹空间也很小，并且价格始终在均价线下方，所以 E 处仍可以介入空单。

E 处反弹结束后，价格又来一波快速下跌。需要注意的是，这已是第三波下跌，所以空单要注意止盈了。

5）高点不断降低做空技巧

高点不断降低做空，是指盘中的走势已形成明显的下跌趋势，但分时图的波动幅度却较小，即频繁地上下震荡。如果对震荡的高点进行分析，则可以发现价格波动的

第 7 章　期货交易的短线策略

高点呈现明显降低迹象。这对于我们来说，就是不错的做空机会。

价格波动的高点不断降低，意味着做空力量不断介入，虽然分时图暂时没有形成强劲的杀跌态势，但价格后期继续下跌的概率非常大。所以投资者可以在降低的高点处介入空单，或在价格向下突破时，积极入场做空。

图 7.39 显示的是焦炭主力合约 2018 年 7 月 2 日的分时走势图。

图 7.39　焦炭主力合约 2018 年 7 月 2 日的分时走势图

2018 年 7 月 2 日，焦炭主力合约开盘围绕均价来回震荡，注意这里成交量比较小，机会也很难捕捉。

上午 9：00 开盘后，价格放量急跌，跌破均价线，这表明价格要走空头趋势了。

价格急跌之后，出现了反弹。反弹时成交量是缩量的，并且反弹幅度很小，这表明反弹结束之后，价格还会继续下跌。

反弹结束后，价格开始震荡下跌。注意，反弹的高点不断降低，这意味着空方力量仍很强，多方根本无力与之对抗。在高点降低的过程中，投资者可以入场做空。只要震荡的高点没有突破，空单就可以持有。

从其后走势可以看到，价格虽然没有急跌，但最终跌幅很大，投资者的空单日内盈利丰厚。

6）均价线压力做空技巧

均价线是多空分界线，即如果价格在均价线下方，投资者就可以积极进行做空操作。特别是在分时线向上暂时反弹接触或靠近均价线时，只要整体盘面呈现明显的空头迹象，我们就可以在此介入空单。

图 7.40 显示的是焦炭主力合约 2018 年 3 月 7 日的分时走势图。

— 203 —

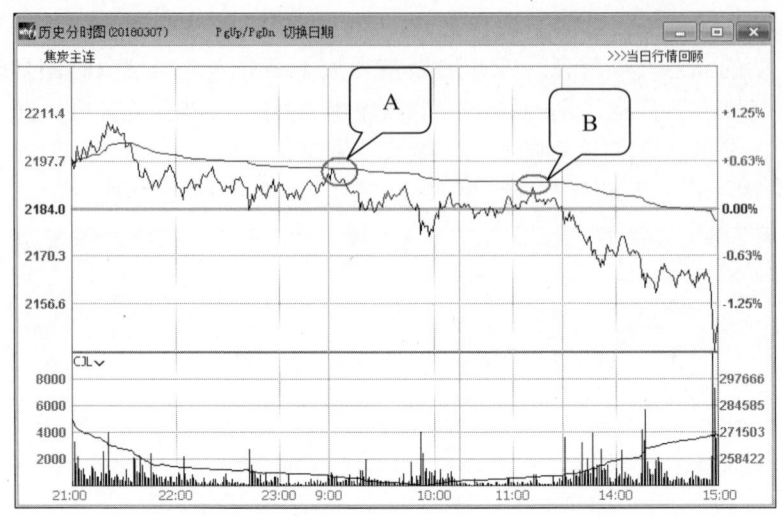

图 7.40 焦炭主力合约 2018 年 3 月 7 日的分时走势图

2018 年 3 月 7 日，焦炭主力合约开始沿着均价线震荡上涨，然后又慢慢下跌，跌破均价线，这表明价格由多头行情转为空头行情。

价格跌破均价线后，虽然有多次反弹，但由于成交量不能有效放大，所以每当反弹到均价线附近时，就会再度下跌。因此每当价格反弹到均价线附近时，都可以关注做空机会，即 A 和 B 处，都可以做空。

需要注意的是，价格在接近均价线附近时，成交量一定不会连续放大，否则过多的资金入场做多，就会减弱均价线的压力作用。如果价格无量反弹至均价线附近，就可以积极做空了。

7）放量做空技巧

在实战交易中，成交量的变化是相当重要的。因为量为价先，成交量体现了资金的操作方向和积极性，时常关注量能的经典变化形态，可以帮助我们决策恰当的进场时机。

放量做空，是指价格在自由波动时，成交量第一次形成明显放量、分时线向下杀跌时入场做空。这种操作方法解决了价格盘中出现下跌时的介入时机问题，很多时候，价格出现较长时间的横盘，突然出现放量下跌，成交量的放量意味着资金突然介入，价格的下行意味着资金操作的方向向下，在资金刚刚入场的时候及时跟进，这是放量做空最大的特点。

需要注意的是，放量做空也是一种风险，特别是第一次放量做空，在市场空头迹象并不是很明显的情况下，在初次放量区间介入，由于后期量能跟不上，容易使价格只形成一波杀跌的走势。但只要对整体盘面进行了分析，在确定空方占优势的情况下使用这种方法，实现盈利是很容易的事。

图 7.41 显示的是焦炭主力合约 2018 年 3 月 9 日的分时走势图。

图 7.41　焦炭主力合约 2018 年 3 月 9 日的分时走势图

2018 年 3 月 9 日，焦炭主力合约开盘围绕均价线反复震荡，在震荡过程中，由于成交量很小，所以没有好的介入机会。

价格经过长时间震荡后，突破放量下跌，这意味着新的资金开始入场做空，即新的一波下跌开始了，所以在放量下跌时，投资者可以第一时间跟进空单，短线时间内就会有不错的盈利。

从其后走势看，价格第一波放量下跌后，开始震荡反弹，但反弹的量能是萎缩的，反弹的时间虽然略长，但反弹的空间很小，所以继续下跌仍是大概率事件，所以手中的空单仍可以持有，并且可以继续介入空单。

8）低点跌破做空技巧

价格如果处在明显的下跌趋势中，那么价格的低点就会不断被跌破，新的低点就会不断出现。每一次新低走势的出现，往往都意味着又一轮下跌行情的开始，所以我们一定要重视新低走势。

低点跌破做空，就是指价格在波动时，在成交量的推动下跌破了前期盘中低点，在新低走势出现时，投资者应当积极地入场做空。

在低点跌破做空时，投资者一定要注意以下两点。

（1）在突破走势出现时，成交量必须明显放大，如果没有得到资金的推动，价格很难有继续杀跌的动能。

（2）要求整体盘面空头必须明显占上风，空头的力量越强越好。如果整体盘面不支撑，价格即使跌破原来的低点，后期下跌的空间也不会太大。

图 7.42 显示的是焦炭主力合约 2017 年 9 月 21 日的分时走势图。

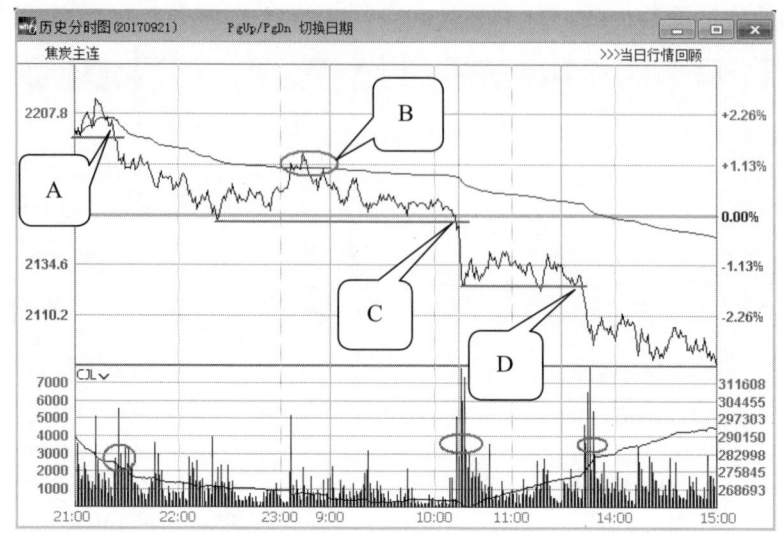

图 7.42　焦炭主力合约 2017 年 9 月 21 日的分时走势图

2017 年 9 月 21 日，焦炭主力合约开盘沿着均价线上冲两波，然后从高位开始震荡下跌，先是跌破均价线，然后又跌破开盘价，即 A 处。

需要注意的是，A 处成交量连续放大，这说明资金在盘中开始积极交易，同时分时线有力度向上形成了新低杀跌走势，这说明资金此时做空的态度坚决，在量价配合完美的状态下，投资者要敢于及时跟进空单。所以 A 处是一个比较好的做空位置。

价格经过较长时间较大幅度连续下跌之后，出现了反弹。首先反弹是缩量的，其次反弹没有有效突破均价线，再次反弹空间相对上涨空间来说，力度很小。因此，反弹结束后，还会继续下跌，所以 B 处也是不错的做空位置。

价格在均价线附近受压，即 B 处，又开始震荡下跌，然后在 C 处放量快速下跌，再创新低。

资金想要价格在后期出现大幅下跌，就必须克服前期低点的重重支撑，只有突破走势不断延续，下跌趋势才能得以保持。价格形成新低杀跌走势比较容易确认，在新低杀跌走势形成时，投资者需要做的就是对整体盘面的多空性质进行确认，一旦确定当天的盘面空头迹象非常明显，出现新低时，就要大胆做空。

所以 C 处是一个很好的做空位置。

同理，D 处仍可以介入空单，但需要注意的是，连续三波下跌之后，短线空单要注意止赢。

9）均价线跌破做空技巧

均价线跌破做空是指价格在盘中波动时，始终处在均价线上方，但随后在成交量不断放量的推动下不断下跌,分时线快速向下跌破均价线支撑。在跌破均价线支撑时,就是投资者入场做空的时机。

在使用均价线跌破做空时,需要注意以下 3 点。

(1)要求日线级别的 K 线图处于明显的下跌趋势,这是为了避免假突破的出现,即便是价格后期暂时反弹,在日线级别的 K 线图趋势向下的情况下,跌破均价线开仓做空,风险也不大。

(2)要求当天整体盘面多方力量不能太大,如果涨幅过大,即使价格跌破均价线,也不能做空,因为这样价格很容易重新反弹上涨。

(3)在分时线向下跌破均价线时,要求成交量一定要连续放大,如果成交量不是放量跌破均价线,则不能进场做空。

图 7.43 显示的是豆油主力合约 2017 年 8 月 18 日至 2017 年 11 月 14 日的 K 线图。

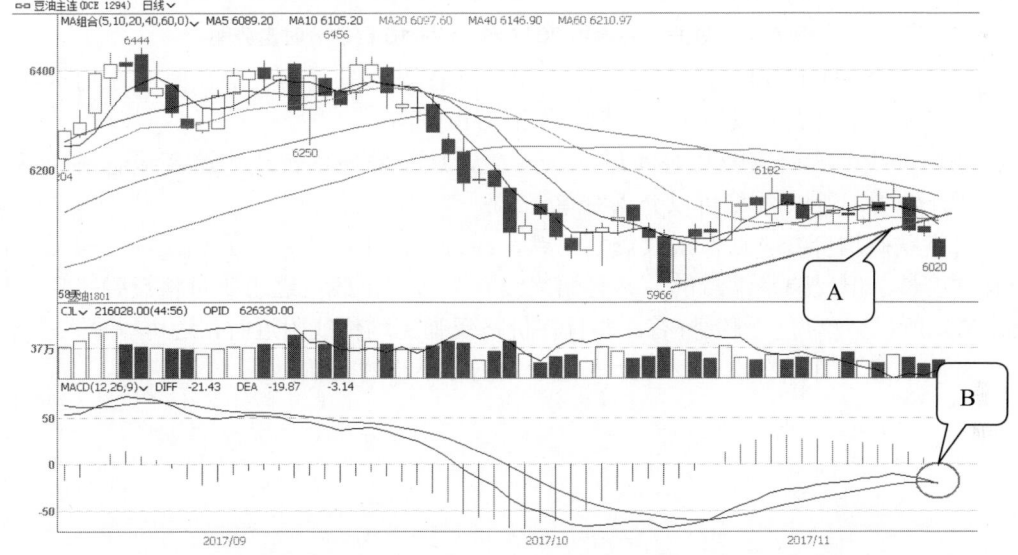

图 7.43　豆油主力合约 2017 年 8 月 18 日至 2017 年 11 月 14 日的 K 线图

从日 K 线图可以看出,豆油主力合约刚刚跌破震荡平台的上升趋势线,开始新的一波下跌行情,即 A 处。

从均线上看,均线正在黏合向下发散,也预示着新的一波下跌行情开始,这样的行情空单可以继续持有,并且继续逢高做空。

从 MACD 指标来看,即将死叉,这也预示着新的一波下跌行情开始,即 B 处。

所以,下一个交易日,即 11 月 15 日,应继续关注逢高做空机会。

图 7.44 显示的是豆油主力合约 2017 年 11 月 15 日的分时走势图。

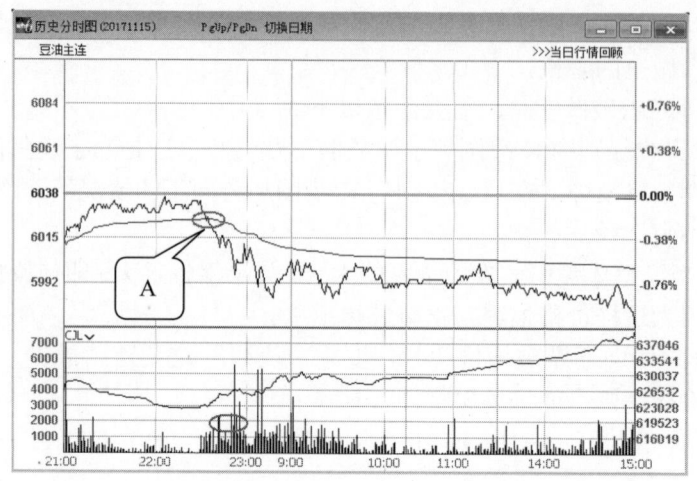

图 7.44　豆油主力合约 2017 年 11 月 15 日的分时走势图

2017 年 11 月 15 日，豆油主力合约开盘沿着均价线震荡上涨，然后在均价线之上反复震荡，由于成交量很小，所以看不清后市方向。

在均价线上方震荡较长时间后，在 A 处，放量跌破均价线，这意味着新的下跌行情要开始了，所以 A 处可以介入空单。

价格跌破均价线之后，继续震荡下跌，经过三波下跌之后，开始反弹。虽然反弹的时间较长，但反弹是缩量的，并且始终没有突破均价线，这表明价格反弹之后，还会下跌。所以空单可以继续持有，并且在价格反弹到均价线附近时，还可以介入空单。

从其后走势可以看出，反弹介入空单，仍有不错的收益。

第 8 章
期货交易的套利策略

套利交易就是发现不同市场、不同时间、不同品种之间的不合理价格差异,通过买入相对低估的品种、卖出相对高估的品种多次连环套利,最后锁定不合理价格波动中偏离正常价差部分的利润。本章首先讲解套利交易的定义、类型、优势及套利交易与单边交易的区别,然后讲解影响套利交易形成的因素、套利交易的操作原则以及跨期套利、跨商品套利、跨市套利、期现套利,最后讲解套利交易的风险和注意事项。

8.1 套利交易概述

套利交易是一种风险小、收益稳定的交易方式。那么到底什么是套利交易呢？套利交易与单边交易有什么区别呢？套利交易有哪些类型及优势呢？下面进行详细讲解。

8.1.1 什么是套利交易及相关概念

套利交易是指在买入或卖出某种期货合约的同时，卖出或买入相关的另一种合约，并在某个时间同时将两种合约平仓的交易方式。

套利交易的相关概念有三个，分别是基差、价差和套利的"腿"。

基差：某一特定地点某种商品的现货价格与同种商品的某一特定期货合约价格之间的差异。即基差=现货价格－期货价格。

价差：不同市场、不同时间、不同品种之间有关联的期货合约价格之间的差异。具体分为日期价差、市场间价差、商品间价差。对于其中日期价差的计算，在这里统一定义为：日期价差=近期月份价格－远期月份价格。

套利的"腿"：套利交易中建立的多头和空头仓位被称为套利的"腿"。在这里统一将建仓时价格高的期货合约称为"高腿"，价格低的期货合约称为"低腿"。

8.1.2 套利交易的类型

从操作方式来看，套利交易可分为4类，分别是跨期套利、跨商品套利、跨市套利和期现套利，如图8.1所示。

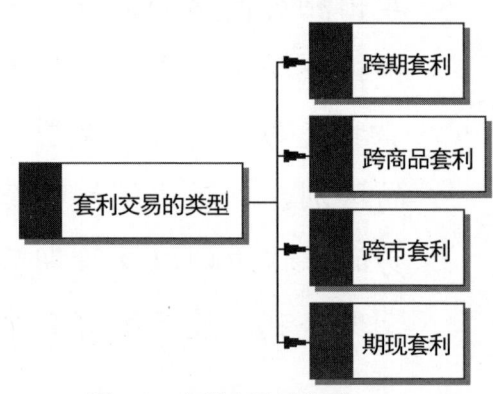

图8.1 套利交易的类型

1）跨期套利

跨期套利是指在同一市场（即同一交易所）同时买入、卖出同种商品不同交割月份的期货合约，以期在有利时机同时将这两个交割月份不同的合约对冲平仓获利。

例如，投资者发现7月份的棉花期货合约和9月份的棉花期货合约价格差异超出正常的交割、储存费，投资者就可以买进7月份的棉花期货合约，同时卖出9月份的棉花期货合约。过后，当9月份的棉花期货合约与7月份的棉花期货合约价格差不断缩小时，投资者就可以从价格差的变动中获取收益。

提醒：跨期套利与商品绝对价格无关，而仅与不同交割期之间价差变化趋势有关。

2）跨商品套利

跨商品套利是指利用两种不同的、但相互关联的商品之间的期货合约价格差异进行套利。即买进（卖出）某一交割月份某一商品的期货合约，而同时卖出（买入）另一种相同交割月份、另一关联商品的期货合约。

3）跨市套利

跨市套利是在两个期货交易所买进和卖出相同交割月份的期货合约，并利用可能的地域差价来赚取利润。通常，跨市交易既可在国内交易所之间进行，也可在不同国家的交易所之间进行。

4）期现套利

期现套利是指某种期货合约，当期货市场与现货市场在价格上出现差距时，从而利用两个市场的价格差距，低买高卖而获利。理论上，期货价格是商品未来的价格，现货价格是商品目前的价格，按照经济学上的同一价格理论，两者间的差距，即"基差"，应该等于该商品的持有成本。一旦基差与持有成本偏离较大，就出现了期现套利的机会。其中，期货价格要高出现货价格，并且超过用于交割的各项成本，如运输成本、质检成本、仓储成本、开具发票所增加的成本，等等。

8.1.3 套利交易的优势

套利交易的优势有6项，分别是有限的风险、更低的波动率、更低的风险、有效规避暴涨暴跌风险、更有吸引力的收益/风险比率、价差比价格更容易预测，如图8.2所示。

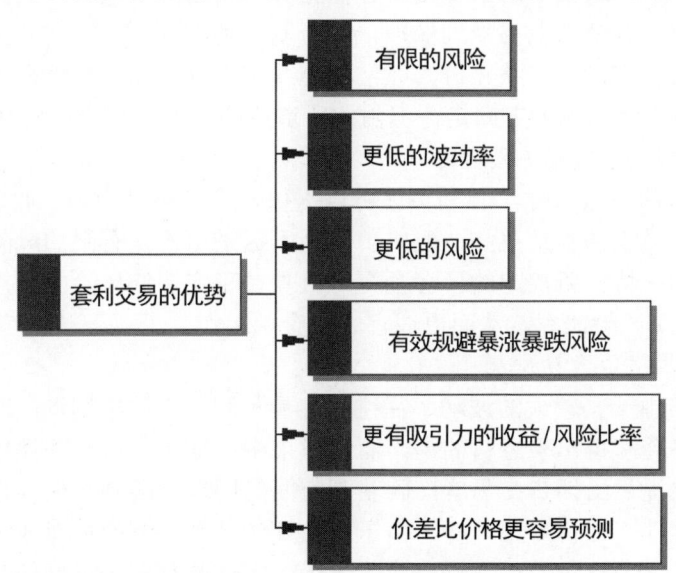

图8.2 套利交易的优势

1）有限的风险

套利交易是具有有限风险的期货交易方式之一。因为仓储中的商品有持有成本，所以很少发生价差超过历史某个水平的情形。这意味着可以在历史的高位或低位区域建立套利头寸，并且可以估算出所要承担的风险水平。

2) 更低的波动率

一般情况下，价差通常具有更低的波动率，因此套利者面临的风险更小。一般而言，价差的波动比期货价格的波动小得多。这是套利交易中的普遍现象，尤其是对于可以仓储且能再转抛到远月的期货品种。需要注意的是，不同商品价差的波动性是有差异的，例如玉米价差的波动率就小于大豆价差的波动率。许多商品价格的波动性都很强，需要日常监控。如果一个账户的资金波动很厉害，投机者必须存入更多的资金来防止可能的损失。

3) 更低的风险

因为套利交易的对冲特性，它通常比单边交易风险更小。这是我们在比较套利和单边交易时需要考虑的重要因素。投资组合理论表明，由两个完全负相关的资产构成的投资组合能最大限度地降低组合风险。套利是同时买卖两个高度相关的期货合约，也就是构造了一个由两个几乎完全负相关的资产构成的投资组合，该组合的风险自然大大降低了。

4) 有效规避暴涨暴跌风险

利用套利交易的对冲特性，可以有效地规避暴涨暴跌风险。因为政治事件、天气和政府报告等，期货价格可以暴涨暴跌，这会导致涨跌停，致使价格封死在涨跌停板上而无法成交。一个做反了的单边交易者在能够平仓之前会损失惨重；但是在同样的环境下，套利交易者基本上都受到保护。以跨期套利为例，由于套利交易者在同一种商品上既做多又做空，在涨跌停日，通常不会发生大幅亏损。虽然在涨跌停打开后，价差可能不朝交易者预测的方向走，但由此所造成的损失往往比单边交易小得多。

5) 更有吸引力的收益/风险比率

相比于给定的单边头寸，套利头寸可以提供一个更有吸引力的收益/风险比率。虽然每次套利交易收益不是很高，但成功率高，这是由价差有限的风险、更低的风险以及更低的波动率特性所决定的。套利交易有收益稳定、低风险的特点，所以它具有更吸引人的收益/风险比率，从而更适宜大资金的运作。

6) 价差比价格更容易预测

期货的价格由于其较大的波动率往往不容易预测，起码短期走向难以判断。在牛市中，期货价格会涨得出乎意料的高，而在熊市中，期货价格会跌得出乎意料的低。在价格趋势变化提供给期货交易者广阔获利空间的同时，因判断失误也会把交易者推至风险极大的境地。而价差不一样，由于商品期货具有特有的持有成本，它会围绕持有成本上下波动，一旦价差偏离持有成本太远，也许就是一个很好的套利机会。在各种力量（投机者、套期保值者和套利者）的作用下，价差一般会最终回归到合理范围内。正因为价差波动范围的有限性，使判断价差趋势较为容易，判断正确的概率比判断价格趋势要大得多。

8.1.4　套利交易与单边交易的区别

在期货市场中，套利交易与单边交易被不同的投资者所认同。事实上，大部分投资者都能接受单边交易，认为单边交易灵活，机会多、获利快，对于套利交易却大多不能理解。其实，细究起来，两者的区别显而易见，孰优孰劣，投资者可自行判断。套利交易与单边交易的区别主要表现在 5 个方面，分别是资金的利用率明显不同、时间的利用上明显不同、交易成本的明显不同、心理感受上的明显不同、获利机会的明显不同，如图 8.3 所示。

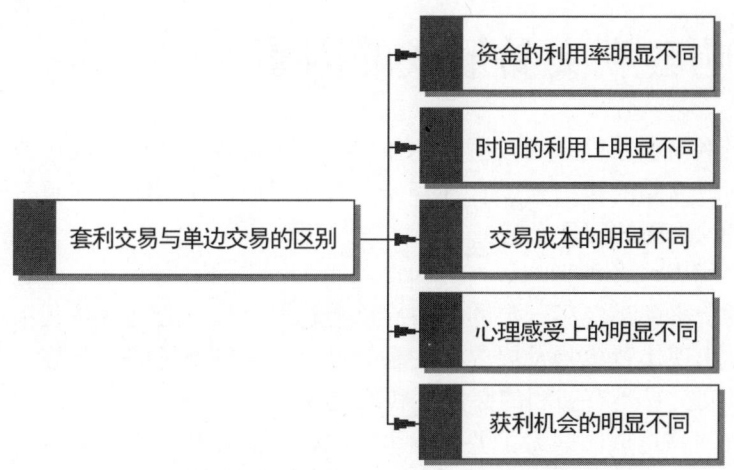

图 8.3　套利交易与单边交易的区别

1）资金的利用率明显不同

单边交易多采用轻仓出击，讲究快速、多次地把握机会而获利，以图实现资本增值。通常不会超过半仓。而套利交易时，一旦发现机会，完全可以做到半仓以上，通过资金的高利用率而获利。

2）时间的利用上明显不同

单边交易时，不管是做短线，还是中长线，其资金大部分时间应该是闲着的，资金的利用时间是很有限的。而套利交易时，资金大部分时间是在使用中，空闲的时间则很少。在利用时间换空间上，套利交易占有明显的优势。

3）交易成本的明显不同

单边交易中，除做趋势的长线交易者外，进出都较频繁，增加了手续费的支出。而套利交易时，持仓时间长而交易次数少，交易成本可以大大降低。

4）心理感受上的明显不同

在单边交易中，由于什么突然情况都有可能发生，所以交易者承受着很大的心理压力。在压力之下，投资者往往不能正常地执行操作，即使自己判断正确的头寸，也不一定能坚持拿住。而套利交易由于采用了对冲方法，使头寸的盈亏变化幅度得到了限制，降低了市场波动对交易者的心理冲击，有利于心态的稳定，能较好地持有自己认为合理的头寸。

5）获利机会的明显不同

单边交易虽然说可以根据市场变化，随时转换交易方向而获利，但是，多单只能在价格上涨时获利，空单只能在价格下跌时获利。而套利交易时，如果对套利双方的强弱判断正确，那么两合约的价格不管是上涨还是下跌，都可以实现获利。

8.2 影响套利交易形成的因素

不同的套利对象在同一市场因素的作用下，其价格的变化不同，或者说，同一因素对不同合约或商品的作用强度有强有弱，有正有反，作用时间有长有短，同时同一套利对象受多种不同的因素影响。

在有效市场中，各种影响价格的因素总能在一定的时间和空间中达到某种平衡，因此不合理的价格关系经历一定的时间后总会趋于合理，套利就是利用投资对象的价格或价格关系出现违背事物发展内在关系的机会，凭借市场的自我修正获取低风险盈利，因此，套利交易具有获利的必然性和确定性。

影响套利交易形成的因素主要有6个方面，分别是季节因素、持仓费用因素、进口费用因素、期现价差关系因素、压榨关系因素、相关性关系因素，如图8.4所示。

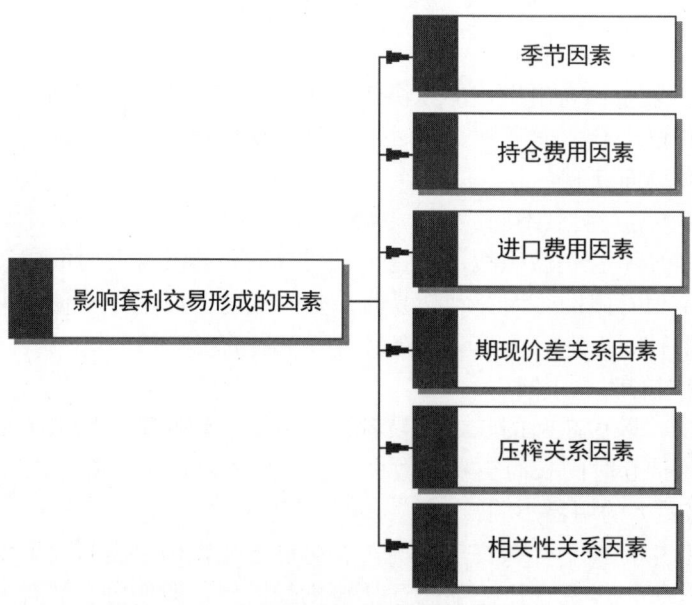

图8.4　影响套利交易形成的因素

8.2.1 季节因素

农产品有固定的生长、收获季节周期，金属等其他商品也有消费周期的存在，这些特性使商品期货价格在一定时间（如一年）内具有相对稳定的价格波动规律（这种波动规律与市场长期走势的叠加构成了市场运动的具体形态），从而使不同季节期货合约的价格表现有强有弱。以大连商品交易所的大豆期货合约为例，由全球大豆季节性生长规律所决定，各合约季节性强弱顺依次为 9 月、7 月、5 月、3 月、11 月和 1 月。期货套利往往买入 9 月和 5 月期货合约，同时卖出 11 月和 1 月期货合约，如图 8.5 所示。

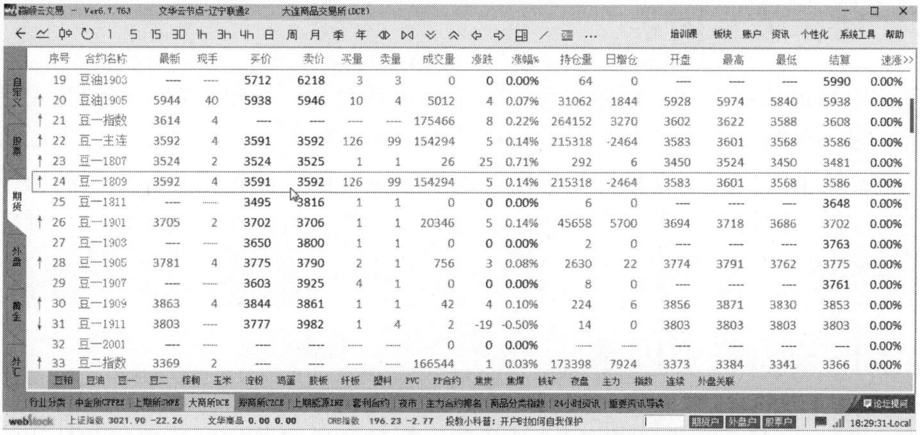

图 8.5 大连商品交易所的大豆期货合约

8.2.2 持仓费用因素

同一期货商品的仓储费用、交割费用、资金时间成本等费用相对稳定，在计算好费用总和的基础上，发现同一期货商品的不同月份合约价差与总费用的价差的不合理关系，寻找套利的机会。

8.2.3 进口费用因素

当某一国际化程度较高的商品（如原油、大豆）在不同国家的市场价差超过其进出口费用时，可以进行跨国际市场的套利操作。

进出口费用一般包括关税、增值税、报关检疫检验费用、运输费用、港杂费等。完成交易的方式可以是对冲平仓，也可以是实际进口交割。例如在国内期货市场，当美国大豆进口成本价格远低于大连大豆期货价格时，即可进行买入 CBOT 大豆合约，同时卖出大连大豆合约的跨市场套利操作。

8.2.4 期现价差关系因素

利用期货市场和现货市场的价格背离,可以寻找到低风险的套利机会。在商品产地现货价格确定的情况下,在计算好运输费用、仓储费用、交割费用、资金时间成本等费用总和的基础上,可以买入现货(或者预定现货)同时卖出相应的期货合约的套利操作,赚取期现价差超出运输、仓储、交割成本的差额利润。在国内目前的大豆、棉花期货市场中,这种以费用计算为依据的实物交割式套利操作很是流行。

8.2.5 压榨关系因素

在这里特指利用大豆、豆粕和豆油的压榨关系套利。由于豆粕、豆油是大豆的下游产品,在一定的时期内三者之间的价格关系是相对稳定的。理论上,如果以大连商品交易所市场上的大豆、豆粕期货价格及现货市场中的豆油价格计算出来的压榨利润值过高或过低,即可进行大豆、豆粕二者的套利操作。目前在期货市场中这种套利操作被广泛使用。

8.2.6 相关性关系因素

在一定时期内,某些商品间由于在使用上可以相互替代,因此通常存在相对固定的比价关系。例如,玉米与大豆在饲料用途上可以替代,当玉米比大豆的相对价格过高时,种植者将选择多种玉米,消费者将多选择大豆,使玉米的供给相对增加需求相对减少,从而提高大豆对玉米的比价,反之亦然。在大豆、玉米、小麦之间,铜和铝之间在条件允许的情况下都能进行比价关系套利操作。

8.3 套利交易的操作原则

当套利区间被确立,而当前的状态又显示出套利机会时,就可以进行套利操作,一般而言,要遵循的操作原则有5项,分别是买卖方向对应的原则、买卖数量相等原则、同时建仓的原则、同时对冲原则、合约相关性原则,如图8.6所示。

第 8 章 期货交易的套利策略

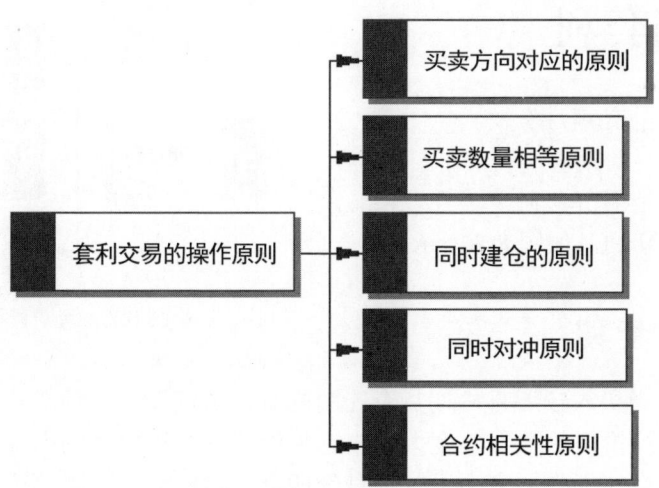

图 8.6 套利交易的操作原则

1）买卖方向对应的原则

在建立买入仓位头寸的同时建立卖出仓位头寸，而不能只建立买入仓位头寸，或是只建立卖出仓位头寸。

2）买卖数量相等原则

在建立一定数量买仓的同时建立同等数量的卖仓，否则，多空数量的不相配就会使头寸裸露（即出现净多头或净空头的现象）面临较大的风险。

3）同时建仓的原则

一般来说，多空头寸的建立，要在同一时间。鉴于期货价格波动时，交易机会稍纵即逝，如不能在某一时刻同时建仓，其价差有可能变得不利于套利，从而失去套利机会。

4）同时对冲原则

套利头寸经过一段时间的波动之后满足了一定的所期望的利润要求时，需要通过对冲来结算利润，对冲操作也要同时进行。因为如果对冲不及时，很可能使长时间取得的价差利润在顷刻之间消失。

5）合约相关性原则

套利一般要在两个相关性较强的合约之间进行，而不是所有的品种（或合约）之间都可以套利。这是因为，只有合约的相关性较强，其价差才会出现回归，亦即差价扩大（或缩小）到一定的程度又会恢复到原有的平衡水平，这样，才有套利的基础，否则，在两个没有相关性的合约上进行的套利，与分别在两个不同的合约上进行单向投机没有什么两样。

8.4 跨期套利

根据所买卖的交割月份及买卖方向的差异,跨期套利可以分 3 种,分别是牛市套利、熊市套利和蝶式套利,如图 8.7 所示。

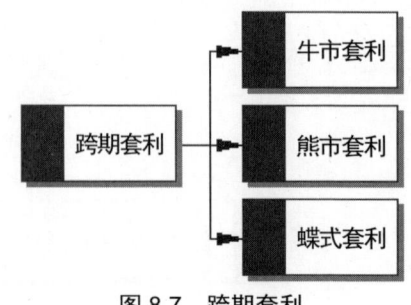

图 8.7 跨期套利

8.4.1 牛市套利

牛市套利是指买入较近月份期货合约的同时卖出远期月份期货合约套利。当预测较近月份期货合约价格的上涨幅度大于较远月份期货合约价格的上涨幅度,或者较近月份期货合约价格的下降幅度小于较远月份期货合约价格的下降幅度时,可通过牛市套利获利。因为这两种情况均代表近期合约的市场强于远期合约的市场,所以称为牛市套利。

例如,5 月 8 日,5 月份和 6 月份的沪深 300 股指期货合约价格分别为 3100 和 3160 点,某交易者预测价差会缩小,于是买进 1 手 5 月份合约的同时卖出 1 手 6 月份合约。到 5 月 20 日,5 月份的沪深 300 股指期货合约的价格上涨到 3140,6 月份的沪深 300 股指期货合约的价格上涨到 3170,此时交易者同时将两合约平仓。

这样,5 月份的沪深 300 股指期货合约的获利为 3140–3100=40 点;6 月份的沪深 300 股指期货合约的亏损为 3170–3160=10 点,这样该交易者总获利为 30 点。

这表明,在正向市场中,牛市套利,价差缩小会盈利,因为在较高的远月合约上进行的是卖出建仓交易,也可视为卖出套利。卖出套利,价差缩小会盈利。

如果在反向市场进行牛市套利,价差扩大会盈利,因为反向市场的意思是近月合约价格高于远月合约价格,而牛市套利是指买入近月合约的同时卖出远月合约,也就是买入的是高价合约,也视为买进套利,所以价差扩大时盈利,下面来举例说明。

例如,5 月 8 日,5 月份和 6 月份的沪深 300 股指期货合约的价格分别为 3180 和 3100 点,某交易者预测价差会扩大,于是买进 1 手 5 月份合约的同时卖出 1 手 6 月份合约。到 5 月 20 日,5 月份的沪深 300 股指期货合约的价格下跌到 3080,6 月份的沪深 300 股指期货合约的价格下跌到 2800,此时交易者同时将两合约平仓。

这样,5 月份的沪深 300 股指期货合约的亏损为 $3180-3080=100$ 点;6 月份的沪深 300 股指期货合约的盈利为 $3100-2800=300$ 点,这样该交易者总获利为 200 点。

总之,牛市套利就是买进近月期货合约的同时卖出远月期货合约,在正向市场中,属于卖出套利,价差缩小盈利;在反向市场中,属于买进套利,价差扩大盈利。

8.4.2 熊市套利

熊市套利是指买入远期月份期货合约的同时卖出近期月份期货合约套利。当预测较近月份期货合约价格的上涨幅度小于较远月份期货合约价格的上涨幅度，或者较近月份期货合约价格的下降幅度大于较远月份期货合约价格的下降幅度时，可通过熊市套利获利。因为这两种情况均代表近期合约的市场弱于远期合约的市场，所以称为熊市套利。

例如，5月8日，5月份和6月份的沪深300股指期货合约的价格分别为3100和3160点，某交易者预测价差会扩大，于是卖出1手5月份合约的同时买进1手6月份合约。到5月20日，5月份的沪深300股指期货合约的价格上涨到3140，6月份的沪深300股指期货合约的价格上涨到3280，此时交易者同时将两合约平仓。

这样，5月份的沪深300股指期货合约的亏损为3140–3100=40点；6月份的沪深300股指期货合约的盈利为3280–3160=120点，这样该交易者总获利为80点。

这表明，在正向市场中，熊市套利，价差扩大会盈利，因为在较高的远月合约上进行的是买进建仓交易，也可视为买进套利。买进套利，价差扩大会盈利。

如果在反向市场，进行熊市套利，价差缩小会盈利，因为反向市场的意思是近月合约价格高于远月合约价格，而熊市套利是指卖出近月合约同时买入远月合约，也就是卖出的是高价合约，也视为卖出套利，所以价差缩小时盈利，下面来举例说明。

例如，5月8日，5月份和6月份的沪深300股指期货合约的价格分别为3180和3100点，某交易者预测价差会缩小，于是卖出1手5月份合约的同时买进1手6月份合约。到5月20日，5月份的沪深300股指期货合约的价格下跌到2980，6月份的沪深300股指期货合约的价格下跌到2950，此时交易者同时将两合约平仓。

这样，5月份的沪深300股指期货合约的盈利为3180–2980=200点；6月份的沪深300股指期货合约的亏损为3100–2950=150点，这样该交易者总获利为50点。

总之，熊市套利就是卖出近月期货合约同时买进远月期货合约，在正向市场中，属于买进套利，价差扩大盈利；在反向市场中，属于卖出套利，价差缩小盈利。

8.4.3 蝶式套利

蝶式套利是由两个方向相反、共享居中交割月份合约的跨期套利组成。它是一种期权策略，它的风险有限，盈利也有限，是由牛市套利和熊市套利组合而成的。

蝶式套利，它是套利交易中的一种合成形式，整个套利涉及三个合约。在期货套利中的三个合约是近期合约，远期合约以及更远期合约，被称为近端、中间、远端。蝶式套利在净头寸上没有开口，它在头寸的布置上，采取1份近端合约、2份中间合约、1份远端合约的方式。其中近端、远端合约的方向一致，中间合约的方向则和它们相反。即一组是：买近月、卖中间月、买远月；另一组是：卖近月、买中间月、卖远月。两组交易所跨越的是三种不同的交割期，三种不同交割期的期货合约不仅品种相同，而且数量也相等，差别仅仅是价格。正是由于不同交割月份的期货合约在客观上存在着价格水平的差异，而且随着市场供求关系的变动，中间交割月份的合约与两旁交割月份的合约价格还有可能会出现更大的价差。这就造成了套利者对蝶式套利的高度兴趣，即通过操作蝶式套利，利用不同交割月份期货合约价差的变动对冲了结，平仓获利。

例如买进 1 手 5 月份的沪深 300 股指期货合约，卖出 2 手 6 月份的沪深 300 股指期货合约，买进 1 手 9 月份的沪深 300 股指期货合约。这样就实现牛市套利 + 熊市套利。

再例如卖出 1 手 5 月份的沪深 300 股指期货合约，买进 2 手 6 月份的沪深 300 股指期货合约，卖出 1 手 9 月份的沪深 300 股指期货合约。这样就实现熊市套利 + 牛市套利。

总之，蝶式套利的原理是：套利者认为中间交割月份的期货合约价格与两旁交割月份合约价格之间的相关关系将会出现差异。

8.5 跨商品套利

跨商品套利可以分为两种，分别是相关商品套利、原料与成品间套利，如图 8.8 所示。

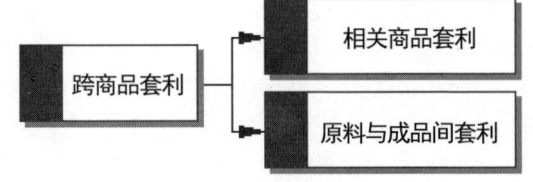

图 8.8 跨商品套利

8.5.1 相关商品套利

铜和铝作为两种最为主要的有色金属，自 1998 年以来两者之间价格的相关系数高达 84%，但在价格运行上二者并不完全同步，差价始终处于变化之中。套利者决定在 3 月 28 日买入 1 手 4 月份铜合约，价格为 16400 元 / 吨；同时卖出 1 手 4 月份铝合约，价格为 14300 元 / 吨，以期望未来某个有利时机同时平仓获取利润。4 月 14 日，临近最后交易日，套利者决定平仓。卖出 1 手 4 月份铜合约，价格为 17100 元 / 吨；同时买入 1 手 4 月份铝合约，价格为 14700 元 / 吨。具体交易情况如表 8.1 所示。

表 8.1 铜 / 铝套利方案

3 月 28 日	买入 1 手 4 月份铜合约，价格为 16400 元 / 吨	卖出 1 手 4 月份铝合约，价格为 14300 元 / 吨	价差 2100 元 / 吨
4 月 14 日	卖出 1 手 4 月份铜合约，价格为 17100 元 / 吨	买入 1 手 4 月份铝合约，价格为 14700 元 / 吨	价差 2400 元 / 吨
套利结果	获利 700 元 / 吨	亏损 400 元 / 吨	
	净获利（700-400）×10=3000 元		

8.5.2 原料与成品间套利

大豆与豆油、豆粕之间存在着"100% 大豆 =17% 豆油 +80% 豆粕 +3% 损耗"的关系，同时也存在着"100% 大豆 × 购进价格 + 加工费用 + 利润 =17% 豆油 × 销售价格 +80% 豆粕 × 销售价格"的平衡关系。2 月份，豆油的平均价格为 3900 元 / 吨（以大连地区价格为准），则上述价格关系公式可以简化为：大豆价格 + 压榨利润 = 豆粕价格 ×0.785+700。据统计大连商品交易所的大豆压榨利润值，发现其波动区间为 [-100，100]。也就是说，大豆压榨套利的指标临界值为 -100 和 +100（经验数值），超过这个数值便可以进行套利操作。

2 月 19 日，大连商品交易所大豆、豆粕的收盘价分别为 2092 元 / 吨、1658 元 / 吨，压榨利润指标值 =1658×0.785+700-2092=-90.47 元 / 吨，接近临界值。到次日收盘时，大连商品交易所大豆、豆粕的收盘价分别为 2119 元 / 吨、1659 元 / 吨，已经超过临界值。于是套利者在 2 月 21 日开盘进场套利，卖出 1 手 9 月大豆合约，价格为 2123 元 / 吨；同时买入 1 手 9 月豆粕合约，价格为 1661 元 / 吨，以期望未来某个有利时机同时平仓获取利润。到 3 月 5 日盘中，套利者决定买入 1 手 9 月份大豆合约，价格为 2083 元 / 吨；同时卖出 1 手 9 月份豆粕合约，价格为 1705 元 / 吨。具体交易情况如表 8.2 所示。

表 8.2　大豆 / 豆粕套利方案

2 月 21 日	卖出 1 手 9 月份大豆合约，价格为 2123 元 / 吨	买入 1 手 9 月份豆粕合约，价格为 1661 元 / 吨	价差 462 元 / 吨
3 月 5 日	买入 1 手 9 月份大豆合约，价格为 2083 元 / 吨	卖出 1 手 9 月份豆粕合约，价格为 1705 元 / 吨	价差 378 元 / 吨
套利结果	获利 40 元 / 吨	获利 44 元 / 吨	
	净获利（40+44）×10=840 元		

提醒：大连商品交易所的大豆与豆粕期货合约价差走势的季节性特征为大豆与豆粕的价差在第一季度处于全年的较低位置；而两者价差 3~6 月份期间不断扩大；6 月初到 8 月中旬价差开始由高位回落，并在 8 月中旬再度接近全年低点；8 月底至 9 月中旬价差再度扩大；9 月中旬以后则再度回落至低位，全年价差低点一般也出现在 10~12 月这段时间内。

8.6　跨市套利

在通常情况下，上海期货交易所与伦敦金属交易所之间的铝期货价格的比价关系为 10：1。（如当上海期货交易所铝价为 15000 元 / 吨时，伦敦金属交易所铝价为 1500（美元 / 吨）但由于国内氧化铝供应紧张，导致国内铝价上扬至 15600 元 / 吨，致使两市场之间的铝期货价格的比价关系为 10.4 ：1。

但是，某金属进口贸易商判断：随着美国铝业公司氧化铝生产能力的恢复，国内氧化铝供应紧张的局势将会得到缓解，这种比价关系也可能会恢复到正常。

于是，该金属进口贸易商决定在伦敦金属交易所以 1500 美元/吨的价格买入 3000 吨铝期货合约，并同时在上海期货交易所以 15600 元/吨的价格卖出 3000 吨铝期货合约。

一个月以后，两市场的铝的价格关系果然出现了缩小的趋势，比价仅为10.2∶1（分别为 15200 元/吨，1490 美元/吨）。

于是，该金属进出口贸易商决定在伦敦金属交易所以 1490 美元/吨的价格卖出平仓 3000 吨铝期货合约，并同时在上海期货交易所以 15200 元/吨的价格买入平仓 3000 吨铝期货合约。

这样该金属进出口贸易商就完成了一个跨市套利的交易过程，这也是跨市套利交易的基本方法，通过这样的交易过程，该金属进出口贸易商共获利 101.1 万元，不计手续费和财务费用，具体计算如下：

[（15600-15200）-（1500-1490）×6.3]×3000=101.1 万元

提醒：6.3 为美元与人民币的汇率。

通过上述案例，我们可以发现跨市套利的交易属性是一种风险相对较小，利润也相对较为有限的期货投机行为。

8.7 期现套利

每当期货合约的价格与其合理价值发生严重背离时，就可以调整股票现货和调整股指期货头寸来获利。

当股指期货价格超过其合理价值时，按比例增大股指期货的空头头寸、同时增大股票现货的头寸；当股指期货价格低于其合理价值时，套利者应减小股指期货空头头寸、同时减小股票现货头寸。

由于在这种交易中，股票现货和股指期货头寸始终方向相反，也就是处于互相套保的状态，所以实际风险相对较小。但是，这种模型所博取利润的前提是：股指期货价格回归速度始终会超过股票回归速度。即它的差价一般不会很大，所以只适合大资金超作。

模型的盈利时间在价格回归过程中，亏损时间在价格发散的过程中。(因为股指期货相应的回规和发散速度都会超过股票现货）。

增加或减少头寸时比例的基本原则是：偏离越大增加越多，反之亦然。

这种现货与期货的持仓调整策略称为指数套利。但这种交易要求买卖指数成分股的所有股票，并且要找到合适的股指理论价格。其动态运算复杂，参数较多，必须利用计算机程序来进行自动交易。

下面举例说明。

9月1日沪深300指数为3500点,而10月份到期的股指期货合约价格为3600点(被高估),那么套利者可以借款108万元(借款年利率为6%),在买入沪深300指数对应的一篮子股票(假设这些股票在套利期间不分红)的同时,以3600点的价格开仓卖出1张该股指期货合约(合约乘数为300元/点)。

当该股指期货合约到期时,假设沪深300指数为3580点,则该套利者在股票市场可获利108万×(3580÷3500)-108万=2.47万元,由于股指期货合约到期时是按交割结算价(交割结算价按现货指数依一定的规则得出)来结算的,其价格也近似于3580点,则卖空1张股指期货合约将盈利(3600-3580)×300=6000元。2个月的借款利息为2×108×6%÷12=1.08万元,这样该套利者通过期现套利交易可以获利2.47+0.6-1.08=1.99万元。

8.8 套利交易的风险

套利交易的风险有4个,分别是噪声交易者风险、逼空风险、套利的时间跨度和交易成本,如图8.9所示。

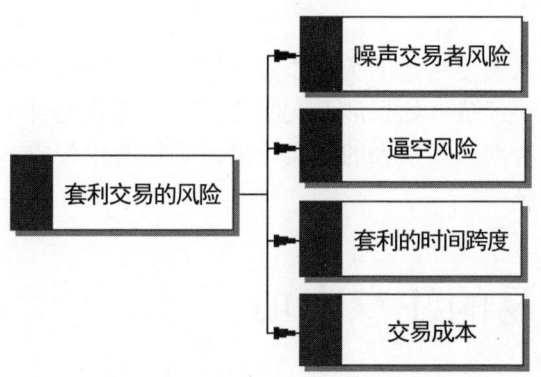

图8.9 套利交易的风险

8.8.1 噪声交易者风险

在噪声交易模型中,投资者被划分为理性套利者和噪声交易者两类。理性套利者掌握较完全的基础信息,噪声交易者则根据与基础价值无关的噪声信息进行交易。任何在短期进行套利的套利者都必须承受这种风险。噪声交易者风险会使理性套利者的行为发生变异。他们可能会"理性地"忽视对基础信息的分析,而转向预测噪声交易者的行为，使操作方向与噪音交易者相同，从而使价格的涨跌加速。

8.8.2 逼空风险

套利交易必然涉及同时做多做空。在期货市场中，有时可能发生逼空现象。不管是什么类型的套利，如果做空的合约发生逼空现象，套利头寸往往是亏损的，当逼空行为得不到终止时，价格偏差将扭曲到难以想象的地步。

8.8.3 套利的时间跨度

套利的时间跨度是套利者需要考虑的重要因素，即套利者考虑问题的时间跨度小于或等于噪声交易者错误估价的持续时间。短期内，或者说在套利交易预期周期内，价格偏差有进一步扭曲的风险。对于进行短期套利的套利者来说，这种风险是显著的。在价格偏差恢复到正常水平之前，这种偏差程度可能进一步加剧，这将直接导致交易者的资金压力增加和清算风险加大。而对于那些并非管理自有资金的交易者而言，例如套利基金的基金经理，价格偏差持续的时间过长会影响其在一段时间内的基金业绩表现。

一般来说，套利者考虑问题的时间跨度越长，他们的交易越主动，市场也就越有效率。

8.8.4 交易成本

交易成本是套利者需要考虑的另一个重要因素。在期市套利的过程中，交易成本包括买卖期货合约的手续费，如果涉及实物交割，还需要支付交割手续费。此外，如果买卖缺乏流动性的合约，因较大的买卖价差而支付的相关成本可能会非常大，对套利者的限制也非常明显。

8.9 套利交易的注意事项

套利交易的注意事项具体如下所述。

（1）套利交易主要是研究两份或多份合约之间的价值比，当合约表现出的价格偏离正常价值比时，套利机会就有可能出现。因此，应多依赖基本面的分析。
（2）下单报价时明确指出价格差，增加成交概率。
（3）交易前制定盈利点位和止损点位，并在交易中严守纪律。
（4）知己知彼，不要在陌生的市场上做套利交易。
（5）不要做超额套利，不要用套利来保护已亏损的单盘交易。
（6）可以利用相关分析软件做计量经济学上的精确分析。

第 9 章
期货交易的中长线策略

凡是能用技术分析的投资市场,都有这样一个规律,即周期越长,确定性越高。无论股票、还是期货市场,概莫能外。对于期货市场,中长线交易的确定性比短线要高,成功率也会更高。本章首先讲解中长线交易的定义、特点及中长线交易与短线交易的区别,然后讲解中长线交易的优势、劣势、分析方法及规则以及中长线交易中的趋势线应用技巧和中长线交易中的均线应用技巧,最后通过讲解故事学中长线交易。

9.1 中长线交易概述

下面来讲解一下中长线交易的定义、特点及中长线交易与短线交易的区别。

9.1.1 什么是中长线交易

中长线交易是指投资者，特别是大资金者（如私募基金、金融机构）对某一期货商品进行中长期基本面分析之后，根据经济周期和价格周期变化的规律来进行中长期投资。

当期货商品价格处于周期性低位时买进做多，一般是在一个方向投资一年或以上，不断换月迁仓，即所谓的对经济周期这类大的市场趋势进行投资。这种投资方式并不是为了获取一时或短期的投资收益，而是为了获取中长期的投资收益。

提醒：在国外，大型投资银行、专门的投资基金公司、商品基金等一般都进行中长线交易。

9.1.2 中长线交易的特点

中长线交易的特点有 5 项，分别是中长线交易看大势、中长线交易周期比较长、中长线交易不能因短期价格的不利波动而改变、中长线交易一般是小亏大盈、中长线交易的仓位一般比较大，如图 9.1 所示。

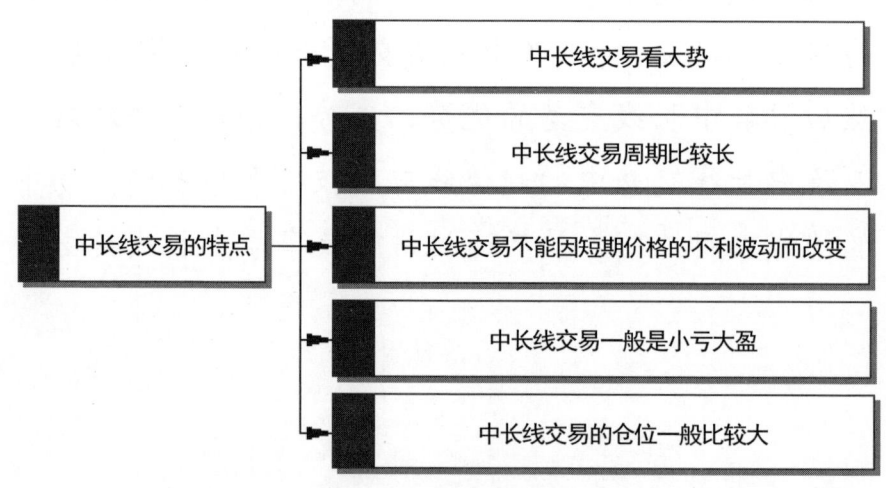

图 9.1 中长线交易的特点

1）中长线交易看大势

中长线交易，要把注意力集中在中长期趋势上，避免为每天期货市场上发出的杂音而分心，对价格和趋势一般根据商业周期进行判断。商业周期，就是我们常说的经

第 9 章 期货交易的中长线策略

济周期,在第 6.2.4 小节已具体讲解,这里不再多说。

2)中长线交易周期比较长

中长线交易的持仓时间一般都比较长,这样可以使盈利实现最大限度的增长。斯坦利·克罗对期货糖进行多头长期投资,从 1969 年开始,一直持有到 1974 年,时间长达 5 年,从建仓时 2 美分 / 磅最终上涨到 66 美分 / 磅,获得巨大的投资收益。

投资大师马克·里奇偏好中长线持仓,认为对可以盈利的交易要有耐心,只要它可以盈利就应该持有持有再持有,哪怕等上几年。他曾说过,宁愿一年只做一次交易。实际上,他最好的一次交易是在他手里持有 4 年的豆粕和豆油期货合约,正是由于偏好中长线持仓,他在 1987 年之后的 4 年时间里,盈利率始终保持在 50% 以上。

还有,我国期货市场中一个高手,持有黄金期货,从 2008 年 10 月的 160 元 / 克,一直持有到 2011 年 9 月的 390 元 / 克,持有时间长达 3 年,获得巨大的投资收益,如图 9.2 所示。

图 9.2　沪金指数的周 K 线图

3)中长线交易不能因短期价格的不利波动而改变

中长线交易者在预测市场趋势后,根据中长期趋势进行交易。但短期趋势往往与中长期趋势不一致,这时交易者要经历一个痛苦的阶段。当难熬的时期过后,中长线交易者才能从明朗的长期趋势中获利。

图 9.3 显示的是沪铝指数的日 K 线图。持有中长线空单的投资者,不能因为短期趋势的反弹上涨,而卖出手中的空单,即不能在 A、B、C 处卖出手中的空单。只有耐心坚持过去这几个阶段,空单才能在明朗的长期下跌趋势中获得巨额收益。

图 9.3　沪铝指数的日 K 线图

4）中长线交易一般是小亏大盈

从中长线交易的盈利模式上来看，中长线交易实际上是一种"控制亏损，让盈利自由增长"的交易方式，关注的是盈利的质量，而不是盈亏的次数。中长线交易者的胜率可以不高，但一旦盈利，则会赚取巨额的收益。

5）中长线交易的仓位一般比较大

中长线交易者根据自己的判断入市后，一般都持有较大的仓位，这样才能从市场大势中获取巨额收益。但需要注意的是，中长线交易者一旦判断失误，也需要承担较大的风险。

提醒：中长线交易者建仓不是一次性建仓，往往是分批建仓，即市场按自己预测的方向运行时，再不断加仓，形成较大的仓位。

9.1.3　中长线交易与短线交易的区别

中长线交易与短线交易的区别主要表现在 4 个方面，具体如下所述。

（1）中长线交易以商品基本面的供求关系和价位的高低作为入市的重要依据；而短线交易，则重点关注资金流向和期货价格短期涨跌的方向。

（2）中长线交易以中长期趋势为主，时间长达数月，甚至几年不等；而短线交易一般以小波段行情为主，多为日内交易，长则数天而已。

(3）中长线交易追求更高的回报率，一般情况下，一轮行情下来，账户资金翻一倍或几倍为佳；而短线交易则紧跟行情发展，追随短期趋势，通过多次较小的盈利获得一段时间的总盈利。

（4）中长线交易是按交易策略有计划的投入，每次开仓一般控制在资金的 20% 以内，一般三次建仓，最终达到总资金的 60% 以上即可。而短线交易则根据个人对行情的判断，最多不宜超过资金总量的 50%。

9.2 中长线交易的优势与劣势

中长线交易的优势主要表现在 6 个方面，具体如下所述。

（1）尽享复利增长的优势，长期收益十分可观。
（2）可承载的资金量很大，几百万很轻松，几千万不是问题，几个亿也能做。
（3）手续费成本低，可能只占盈利的 1% 以下。
（4）止损一般控制在 2% 以内即可，可操作的时机很多，不局限于一天或两天的时间。
（5）止盈的要求类似止损，可操作的时机很多。
（6）对胜率的要求不高，40% 是相当好的水平，30% 可以接受，20% 也能忍受，胜率的影响不大。

下面再来看一下中长线交易的劣势，也表现在 6 个方面，具体如下所述。

（1）只有抓住大趋势才能赚钱，没有趋势就不能赚钱，因此交易机会有限。
（2）盈利主要组成部分，可能只是一年中的一两笔关键盈利，因此关键盈利的机会不能错过，更不能做反，这个要求非常高。
（3）对仓位的要求极为严格，贸然使用重仓，重亏的可能性极大。
（4）在行情震荡期，对心理是反复的考验。
（5）达到止损位时，必须止损，否则很可能判错趋势，导致机会和资金两边受损。
（6）止盈不能依靠想象，只能等到证明趋势已经反转才能出场，要忍受相当大一部分浮盈的损失。

9.3 中长线交易的分析方法

中长线交易更依赖基本面分析，这是因为中长线交易是一种基于商品价值的交易方式。所以，最关键的是要对商品的供求与价格的关系有一个比较清楚的了解。另外，还要了解这种商品近几年的价格走势及最高压力位和最低支撑位。

9.3.1 中长线交易的基础分析

基础分析是关于商品供给和需求的统计研究。在做基础分析时，需要找到的数据资料，分别是供给、需求、期末库存、库存消费比，如图9.4所示。

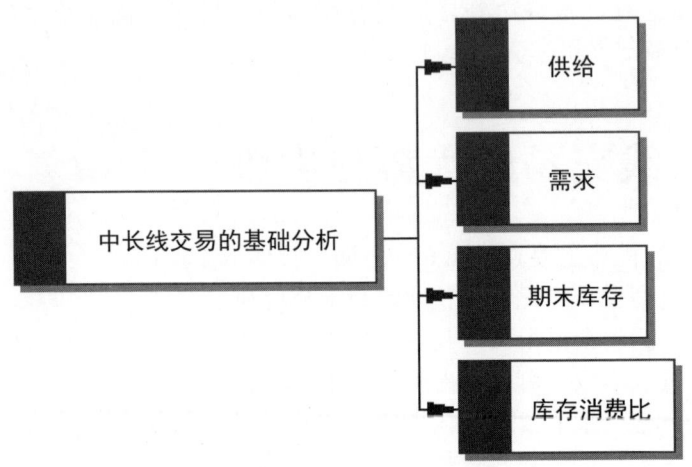

图 9.4 中长线交易的基础分析

1）供给

对所有期货商品来说，供给基本上由三方面组成，分别是以前年度剩余而积累下来的过剩库存（也称期初库存），本年度产量和进口量。

2）需求

对所有期货商品来说，需求基本上由两方面组成，分别是国内使用量和出口量。

3）期末库存

期末库存是指在一个库存会计时期结束时可供使用或出售的货品、物资或原料的账面价值。

4）库存消费比

库存消费比率是本年度年末库存与本年度使用量的简单百分比数值。

例如，如果某年玉米的年末库存为600万吨，而当年使用量一共为6000万吨，那么库存消费比就为10%，即 $600 \div 6000 \times 100\% = 10\%$。

利用库存消费比，可以比较准确地反映某一商品的供求紧张程度。

下面利用期货行情软件来查看期货商品的基本面信息。

打开期货行情软件，即文华行情软件，然后单击菜单栏中的"资讯"菜单，就会弹出下一级子菜单，如图9.5所示。

第 9 章 期货交易的中长线策略

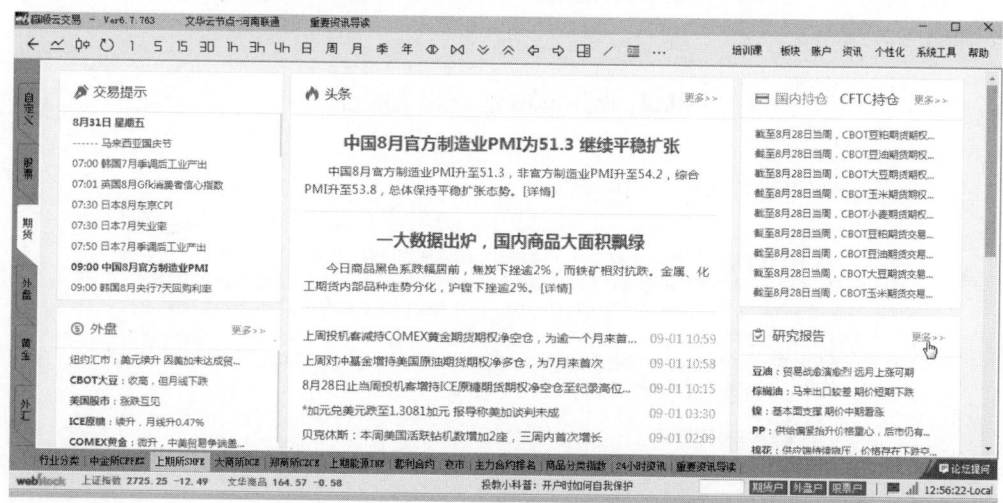

图 9.5 菜单命令

单击下一级子菜单中的"重要资讯导读",就可以看到交易提示、头条、国内持仓、外盘、研究报告等信息内容,如图 9.6 所示。

图 9.6 重要资讯导读

再单击"研究报告"后面的"更多",就可以看到更多期货商品的研究报告,如图 9.7 所示。

— 231 —

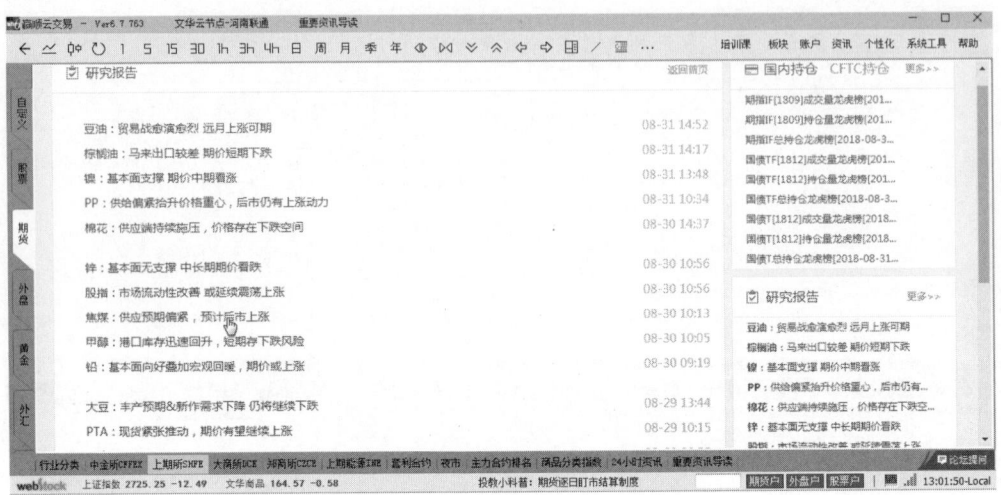

图9.7 更多期货商品的研究报告

在这里单击"焦煤：供应预期偏紧，预计后市上涨"，就可以看到焦煤的现货信息，如图9.8所示。

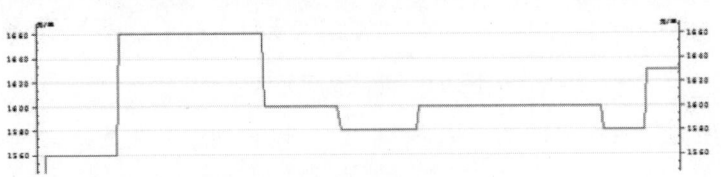

图9.8 焦煤的现货信息

向下拖动垂直滚动条，就可以看到焦煤的库存信息，如图9.9所示。

第 9 章 期货交易的中长线策略

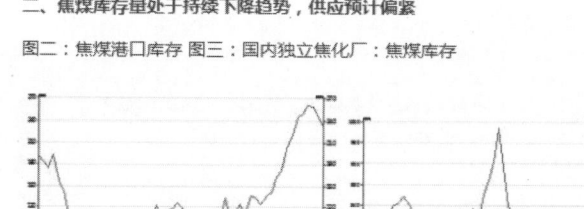

图 9.9 焦煤的库存信息

再向下拖动垂直滚动条，就可以看到焦煤的需求信息，如图 9.10 所示。

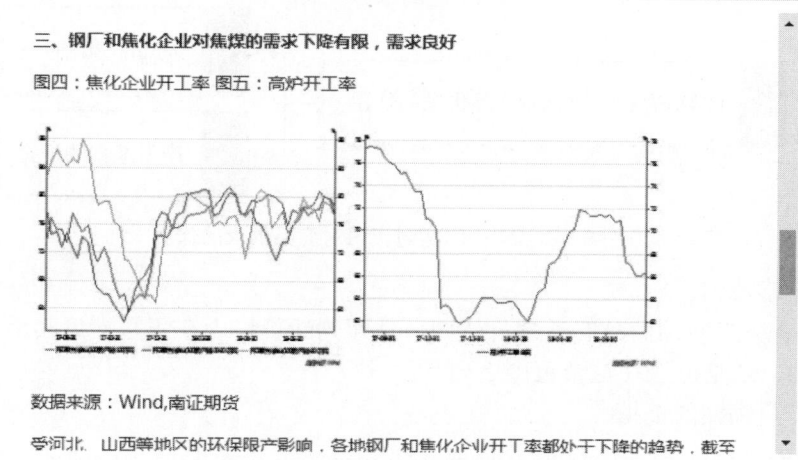

图 9.10 焦煤的需求信息

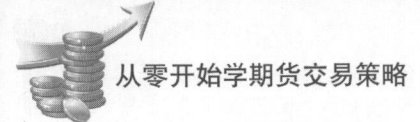

9.3.2 实时资讯不是基础分析

重大的实时资讯报道，会对基础分析有所冲击，因此需要时时关注世界风云的变化。打开期货行情软件，单击菜单栏中的"资讯/24小时实时资讯"菜单，就可以看到24小时实时资讯信息，如图9.11所示。

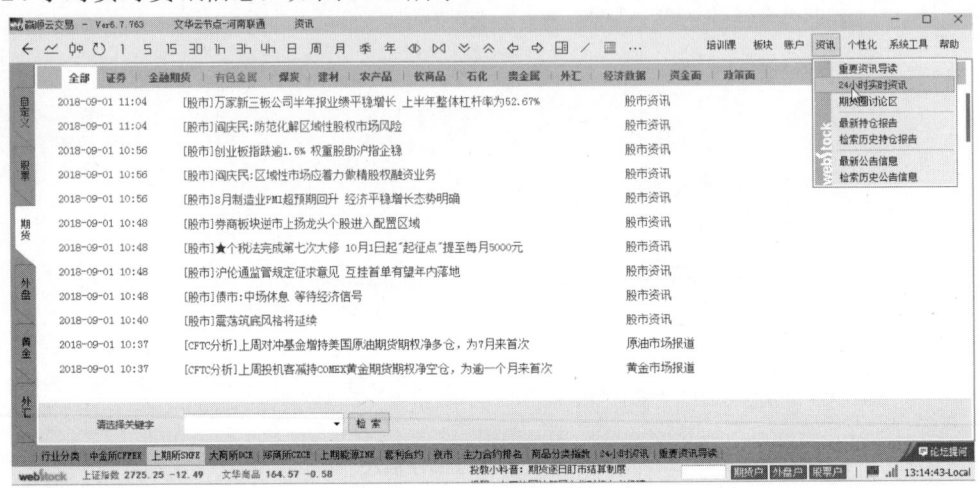

图 9.11　24 小时实时资讯信息

但 24 小时实时资讯信息并不是基础分析。24 小时实时资讯对商品供求的作用主要表现在两个方面，分别是价格范围和产量缩减的证据，如图 9.12 所示。

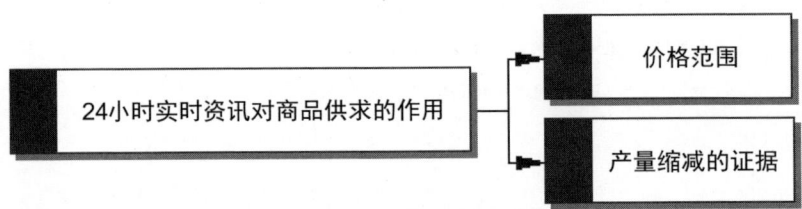

图 9.12　24 小时实时资讯对商品供求的作用

1）价格范围

投资者应当回顾商品的长期价格图，从而判断价格现在正在接近其历史价格范围的底部 1/3，还是已经在这个范围之内。

2）产量缩减的证据

开始中长线交易前，投资者必须寻找某些至关重要的信息，即必须找到生产缩减的证据。一旦拥有了证据，无论是政府报告，还是新闻报道，都可以进行中长线交易。

9.4 中长线交易的规则

前面讲解了中长线交易的优势与劣势,下面针对每一条优势和劣势制定规则。中长线交易的规则可分两种,分别是仓位控制和顺势交易,如图9.13所示。

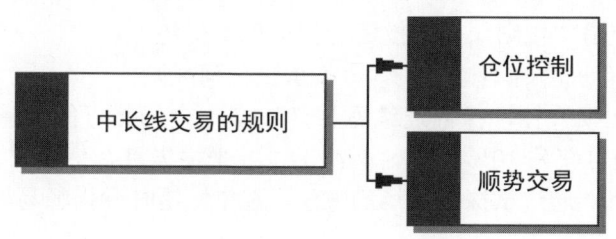

图9.13 中长线交易的规则

9.4.1 仓位控制

在中长线交易中,如果仓位控制不当,会导致严重的损失,并且可能会错过良好的机会。因为仓位控制是中长线交易的核心。为了避免资金受到严重损失,特制定以下细则。

(1)决不使用重仓,每次建仓最高仓位控制在20%以内。

(2)如果达到2%的止损线,无论什么情况,都止损离场。

(3)当市场无趋势或震荡时,使用5%以下的资金试探市场走势。

(4)账户资金分为4部分:试探仓,准主力仓,主力仓,备用仓。试探仓用来测试行情强度;准主力仓用来在证明做对时攻取第一目标利润;主力仓在有充分浮盈并且机会大好时,赚取第二目标利润;备用仓一般不使用。

9.4.2 顺势交易

在中长线交易中,只有抓住趋势才能赚钱,所以要学会抓住趋势的大概率方法,以及充分利用趋势的策略。如何做到呢?制定以下细则。

(1)大多数时间不持有仓位;或者轻仓,仓位在5%以下。

(2)当5%的试探仓位出现2%以上的浮盈,或亏损达到2%时,说明价格单边运动在2%左右,通常它能证明市场可能存在趋势行情。

(3)只有当市场存在趋势时,并且潜在风险比在3:1以上时,加仓至10%;只有当浮盈达到持仓资金50%时才考虑继续加仓。

（4）绝不臆测行情是否启动或结束，只根据事实证明的技术信号来确定，进场和离场皆以客观信号为依据。

（5）进出场时机，以长线行情经典的价格形态为主，包括"突破、头或底、技术背离"这3种最重要的形态；以多周期共振为辅，如果日线、周线和月线共振，则可能性大大增加。

遵守中长线交易的规则，会给投资者带来如下优势。

（1）因为没有机会时不持仓，本金不承受任何风险。

（2）2%的止损铁律，保证连续亏损7次，本金仍然可能保持在87%左右，而一旦做对一次，则可获利10%以上，两次足以补平损失且有小盈，这是不败的基础。

（3）有机会时，通过试探仓进场的方法，避免做错时亏损轻易超过2%的止损线，降低了重亏的可能性。

（4）通过试探仓浮盈的比率，和经典价格形态这两条过滤方法，可以保证抓住趋势的可靠性达50%以上。

（5）只有有充分浮盈的情况下加仓，才能保证本金不受损失，并且可以在获利时扩大盈利。

（6）进出场不以主观臆测而定，保证了系统的客观性，避免了假趋势以及有趋势抓不住主要的利润。

9.5 中长线交易的技巧

中长线交易，往往运用趋势线或均线作为趋势判断依据和进场交易的依据，下面来详细讲解一下。

9.5.1 中长线交易中的趋势线应用技巧

下面来讲解一下中长线交易中的趋势线应用技巧。

1）上升趋势线和下降趋势线

趋势线就是上涨行情中两个以上低点的连线以及下跌行情中两个以上高点的连线，前者被称为上升趋势线，后者被称为下降趋势线。

上升趋势线的功能在于能够显示出价格上升的支撑位，一旦价格在波动过程中跌破此线，就意味着行情可能出现反转，由涨转跌；下降趋势线的功能在于能够显示出价格下跌过程中回升的阻力，一旦价格在波动中向上突破此线，就意味着价格可能会止跌回涨。

2）上升趋势线的应用实例

图9.14显示的是豆粕指数的日K线图。

第9章 期货交易的中长线策略

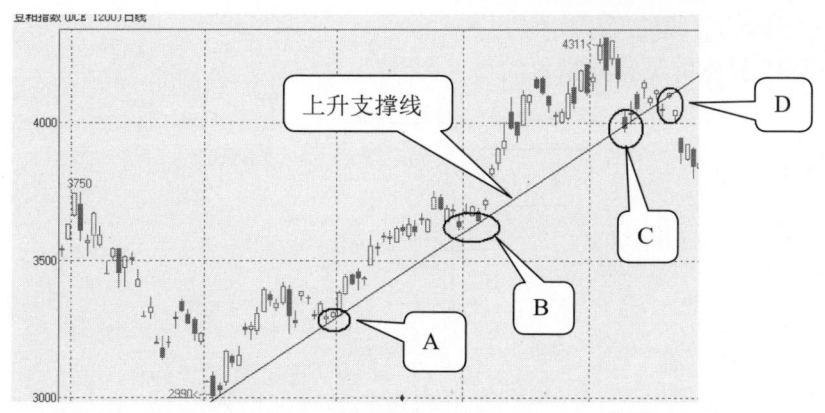

图9.14 豆粕指数的日K线图

豆粕从3750元开始回调，经过21个交易日的回调，最低下跌到2990元，然后价格在这个位置启稳，开始新的一波行情上涨。

豆粕第一波上涨的特征是，大阳线拉升，小阴小阳线调整，这表明上涨力量强，做空力量弱，所以投资者可以在不断抬高自己的止赢位的同时，耐心持有多单。

提醒：如果你是短线高手，日内还可以做短差，即当价格上涨到日内某一压力位时，先减仓，然后逢低再补回仓位。

第一波上涨用了11个交易日，随后开始横盘整理，但上升趋势保持完好，所以中线多单可以耐心持有，短线可以高抛低吸做短差，但仍应以逢低做多为主，因为上升趋势是完好的，趋势是最好的朋友。

在A处，价格回调到上升趋势线附近，连续两天收于小阳线，这表明回调有望结束，要敢于在这里加仓做多。随后价格开始上涨，在第二波上涨过程中，会发现仍是大阳线上涨，小阴线回调，所以中线多单仍应耐心持有，并不断提高止赢位。

价格震荡上涨18个交易日后，再次出现回调，价格回调到上升趋势线附近时，再次出现止跌信号，即在B处，投资者要敢于继续做多。

随后价格继续上涨，第三波上涨的初期，上涨力量很强，连续拉出大阳线，并且没有出现回调，价格经过19个交易日的上涨，创出4311元高点，但当天收于一根中阴线，这表明上涨动力已不足了，多单要特别小心。创出新高的第二天，价格没有继续下跌，反弹高开高走，收了一根中阳线，这是一根诱多中阳线，要特别小心。

随后价格出现了快速下跌，当下跌到上升趋势线附近时，即C处，价格再度反弹上涨，但这一次的反弹力量很弱。

在D处，价格反复震荡之后，跌破了趋势线，这表明上涨行情即将结束，所以中长线多单在这里要止赢出局。

随后价格进入下跌行情，要快速转变思维，由前期的逢低做多思维，改为逢高做空思维。

3）下降趋势线的应用实例

图 9.15 显示的是塑料指数的日 K 线图。

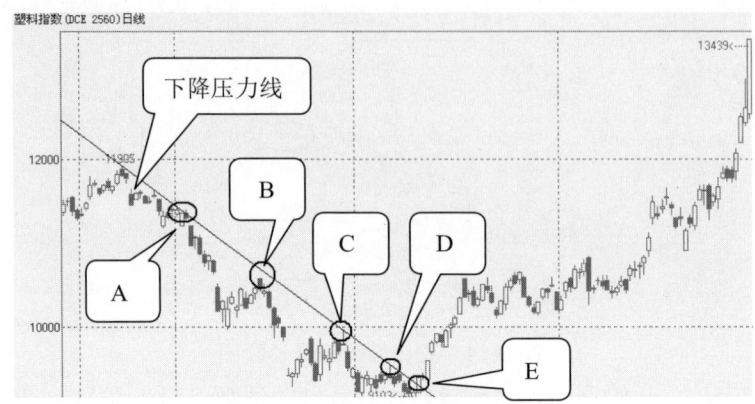

图 9.15　塑料指数的日 K 线图

塑料在 4 月 15 日创出反弹高点 11,905 元后，开始震荡下跌。在 A 处，价格弱势反弹到下降压力线附近，这里抄底多单要及时出局，并且要敢于做空，并且风险不大。

随后价格就开始大幅杀跌，连续下跌 10 个交易日，但最后两个交易日，都是低开高走，这表明短线下跌动力已释放得差不多了，短线有反弹要求。所以空单可以减仓或清仓出局，等反弹到高位再介入。当然中线空单仍应以持有为主，直到下降压力线被突破。

价格反弹了 8 天，反弹到下降压力线附近，即 B 处，价格就收了一根中阴线，这表明反弹很可能结束，所以抄底多单要及时出局，然后继续逢高建立空仓。

同理，价格不断下跌，然后反弹，反弹到下降压力线附近，都是新的做空位置，即 C 和 D 处。当然随后价格的下跌、反弹甚至反转动力就会不断增强，所以越在后期下空单，越要特别小心，要时时保护好盈利。

在 E 处，一根中阳线突破了下降压力线，这表明下降行情很可能结束，所以中长线空单要及时获利了结。

随后转变思维，开始逢低做多。

提醒：尽管市场涨跌不确定的因素很多，投资者为此追涨杀跌疲惫不堪，但它每一个时期运行方向是很清楚的，只要在上升趋势线上方运行，就看多、做多，在下降趋势线下方运行，就看空、做空，这样操作就不会出大错。

4）趋势线应用注意事项

由于趋势线根据价格波动时间的长短可分为长期趋势线、中期趋势线和短期趋势线，长期趋势线应选择长期波动点作为画线依据，中期趋势线则是中期波动点的连线，而短期趋势线建议利用 30 分钟或 60 分钟 K 线图的波动点进行连线。

画趋势线时应尽量先画出不同的实验性线，待价格变动一段时间后，保留经过验证能够反映波动趋势、具有分析意义的趋势线。

趋势线的修正。以上升趋势线的修正为例，当价格跌破上升趋势线后又迅速回到该趋势线上方时，应将原使用的低点之一与新低点相连接，得到修正后的新上升趋势线，能更准确地反映出价格的走势。

趋势线不应过于陡峭，否则很容易被横向整理突破，失去分析意义。在研判趋势线时，应谨防主力利用趋势线设置的"陷阱"。一般来说，在价格没有突破趋势线以前，上升趋势线是每一次下跌的支撑，下降趋势线则是价格每一次回升的阻力。价格在突破趋势线时，如果出现缺口，反转走势极可能出现，并且出现反转后价格走势有一定的力度。价格突破下降趋势线的阻力而上升时，一般需大成交量的配合，而价格向下突破上升趋势线时，成交量一般不会放大，而是在突破后几天内成交量急剧放大。

9.5.2 中长线交易中的均线应用技巧

下面来讲解一下中长线交易中的均线应用技巧。

1）均线的定义

均线，又称移动平均线（MA），是指一定交易时间内的算术平均线。下面以10日均线为例来说明一下，将10日内的收盘价逐日相加，然后除以10，就得出10日的平均值，再将这些平均值依先后次序连接成一条线，这条线就叫10日移动平均线，其他平均线算法依此类推。均线如图9.16所示。

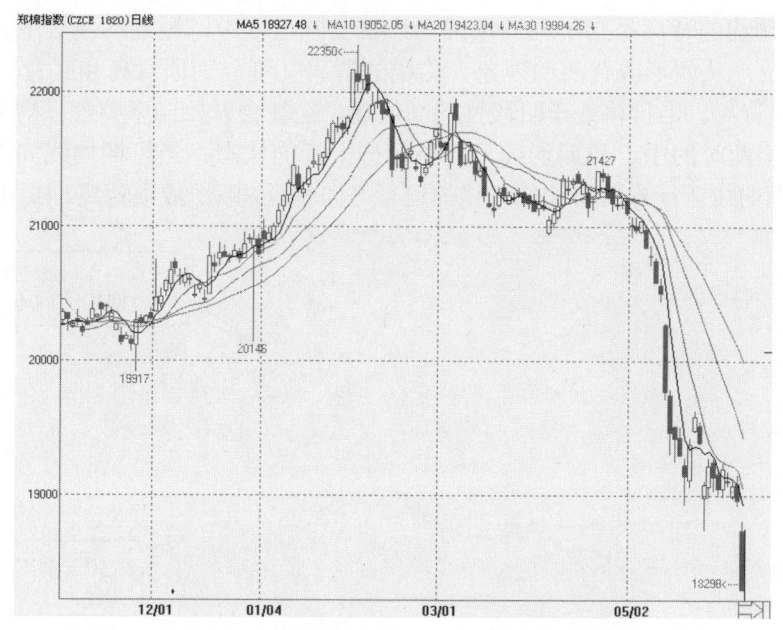

图9.16　默认显示的是5、10、20、30日均线

2）均线的特征

均线可以反映真实的价格变动趋势，即通常所说的上升趋势、下降趋势。借助各种移动平均线的排列关系，可以预测价格的中长期趋势。

在使用均线时，还要注意到平均价格与实际价格在时间上有所超前或滞后，很难利用均线把握价格的最高点和最低点。另外，价格在盘整时期，移动平均线买卖信号过于频繁。

在使用移动平均线分析期货价格时，要注意以下 5 个特性。

（1）平稳特性：由于移动平均线采用的是"平均"方式，所以它不会像日 K 线图那样高高低低地震荡，而是起落平稳。

（2）趋势特性：移动平均线反映了价格的变动趋势，所以具有趋势特性。

（3）助涨特性：在多头或空头市场中，移动平均线向一个方向移动，会持续一段时间后才能改变方向，所以在价格的上涨趋势中，移动平均线可以看成多方的防线，具有助涨特性。

（4）助跌特性：与助涨特性相反，在价格的下跌趋势中，移动平均线可以看成空方的防线，具有助跌特性。

（5）安定特性：通常越长期的移动平均线，越能表现安定特性，即价格必须涨势真正明确后，移动平均线才会往上走；价格下落之初，移动平均线还会向上走，只有价格下落显著时，移动平均线才会向下走。

3）均线的背离

移动平均线的背离是指不同周期的均线在实际运行中，短期均线与中长期均线的运行方向相反，从而形成背离的现象。均线的背离又可分为顶背离和底背离。

（1）顶背离。当价格处于阶段性的高位后，往往会开始向下整理，短期均线也将随之下行，但此时的中、长期均线可能还保持上行的状态。当短期均线向下突破中期均线时，短期均线运行方向与长期均线的运行方向相反，即形成顶背离，如图 9.17 所示。

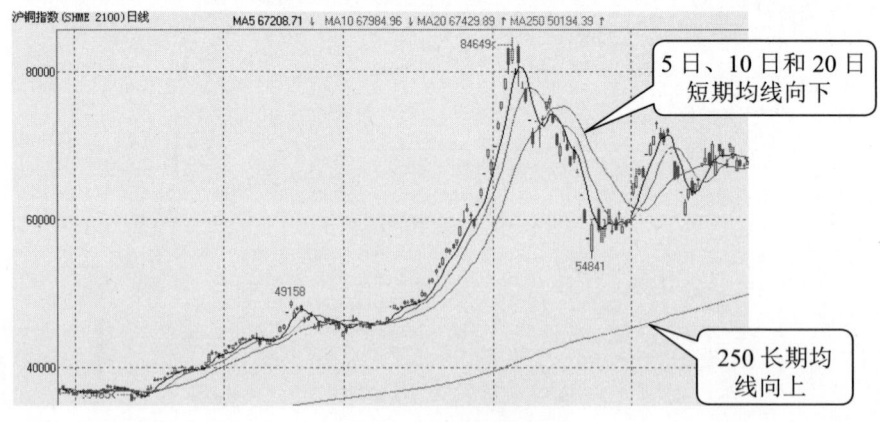

图 9.17 均线顶背离

第 9 章 期货交易的中长线策略

（2）底背离。当价格处于阶段性的低位后，往往会开始向上攀升，短线均线也将随之上升，但中长期均线还保持下行的状态。当短期均线向上突破中期均线时，短期均线运行方向与长期均线的运行方向相反，即形成底背离，如图 9.18 所示。

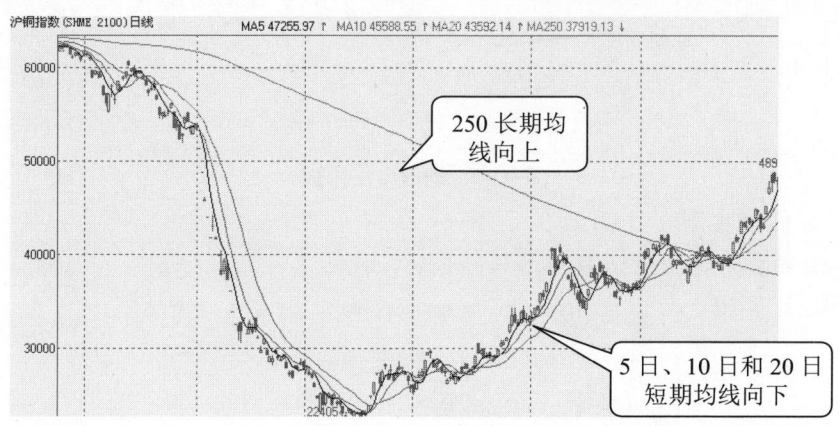

图 9.18　均线底背离

4）均线空头排列和均线多头排列

空头排列出现在下跌趋势中，由 3 根均线组成，最上面一根是长期均线，中间一根是中期均线，最下面一根是短期均线，并且 3 根均线呈向下圆弧状。空头排列的图形如图 9.19 所示。

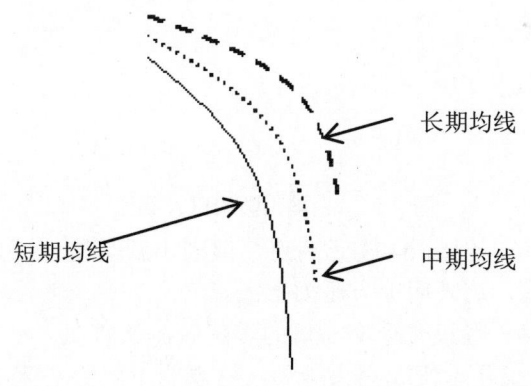

图 9.19　均线空头排列

多头排列出现在涨势中，由 3 根移动平均线组成，最上面一根是短期均线，中间一根是中期均线，最下面一根是长期均线，并且 3 根均线呈向上圆弧状。多头排列的图形如图 9.20 所示。

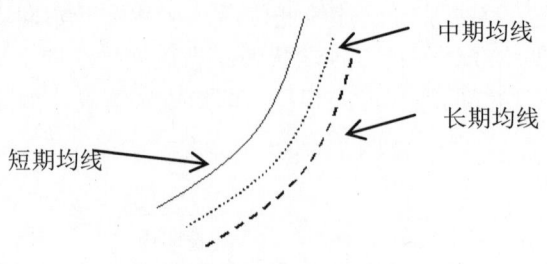

图 9.20 均线多头排列

5)均线做空实例

图 9.21 显示的是白糖指数的日 K 线图。

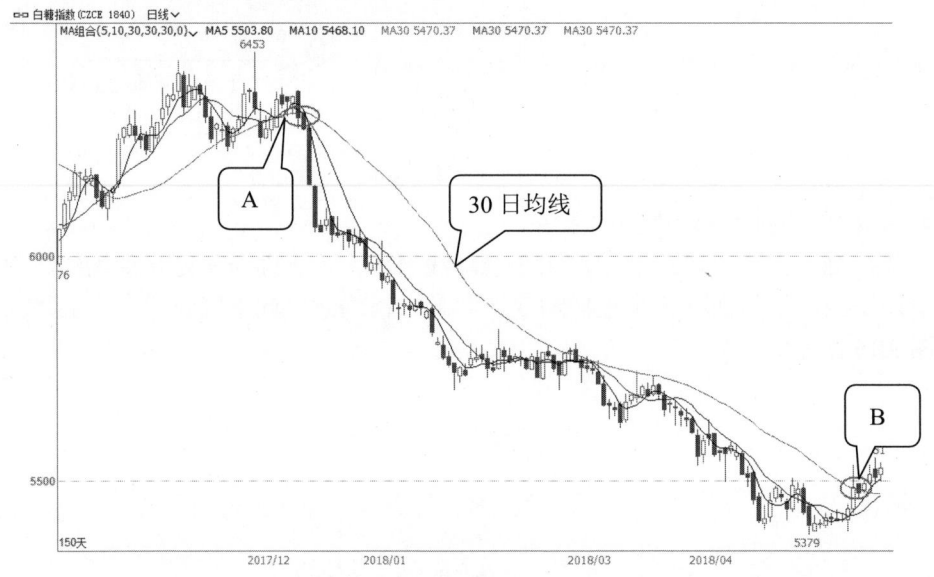

图 9.21 白糖指数的日 K 线图

白糖经过一波上涨,创出 6453 元高点,但创出新高这一天,价格即收了一根带有长长上影线的中阴线,这表明上方压力很大。

随后价格继续震荡,经过几个交易日的震荡后,在 A 处,一根中阴线跌破 5 日、10 日、30 日均线,均线开始变成空头排列,这表明下降趋势来了,所以 A 处是比较好的做空位置。

在 A 处做空后,价格就开始大阴线杀跌,这时空单就会有不错的盈利,但由于价格处于空头趋势中,不要轻易卖出空单,要耐心持有,直到这一波下跌趋势结束,这样就可以实现盈利最大化。

随后价格开始沿着 10 日均线下跌,所以每当价格反弹到 10 日均线附近,都可以加仓做空。

经过较长时间下跌之后,价格开始反弹,但反弹很弱,几乎是横盘,并且反弹到 30 日均线附近时受夺再度下行,这表明 30 日均线就是这一波行情的趋势线,只要价格不站上 30 日均线就可以继续持有空单。

接着价格继续下跌,一直到 B 处,价格再次站上 30 日均线,就是中长线空单出局的位置。

6)均线做多实例

图 9.22 显示的是螺纹钢指数的日 K 线图。

图 9.22　螺纹钢指数的日 K 线图

螺纹钢价格在 A 处站上所有均线,并且均线形成多头排列,所以这里可以介入中长线多单。

在 A 处介入多单后,价格就开始连续阳线上涨,这样多单耐心持有即可。

经过连续上涨之后,价格出现了回调,但始终在 30 日均线上方,这表明价格继续看涨,所以多单应继续耐心持有。

这一波中线多单可以一直持有到价格跌破 30 日均线,即在 B 处。B 处价格跌破 30 日均线,中长线多单就要及时出局了。

9.6　讲故事学中长线交易

第一个小故事。

一富翁家的狗在散步时跑丢了,于是在报纸上发布了一则启事:有狗丢失,归还者,酬谢 1 万元。

送狗者络绎不绝,但都不是富翁家的。富翁太太说,肯定是真正捡到狗的人嫌给的钱太少，于是富翁将酬金改为 2 万元。

一位乞丐在公园的长椅上打盹时捡到了那只狗，他第二天一大早就抱着狗准备去领酬金，但却发现，酬金已变成了 3 万元。于是乞丐又折回他的破窑洞，把狗重新拴在那儿。

在接下来的几天，乞丐一直在关注着告示。当酬金涨到使全城的市民都感到惊讶时，乞丐返回了他的窑洞。

但是，那只狗已经死了，因为这只狗在富翁家吃的都是鲜牛肉和牛奶，吃乞丐从垃圾桶里捡来的东西，它根本就受不了。

见好就收，别让泛滥的物欲迷了眼睛。贪婪能使你丧失理性，使你连应得的一份都落空。

期货中合理地设置目标位，并密切关注趋势动态，当然是对的，但当基本面发生重大改变时而你不关心，就有可能出现灾难。

第二个小故事。

一群老鼠爬上桌子准备偷肉吃，却惊动了睡在桌边的狗。老鼠们同狗商量，说："你要是不声张，我们可以弄几块肉给你，咱们共享美味。"

狗严词拒绝了老鼠们的建议："你们都给我滚，要是主人发现肉少了，一定怀疑是我偷吃的，到那时我就会成为案板上的肉了。"

做好你的本职工作是第一位的。贪图眼前的两块肉，最终会使自己受到惩罚。

期货交易只做自己熟悉的品种，有胜算的趋势。想赢得所有行情的人，将会失去所有行情。

第三个小故事。

一只狗经常到寺院里去寻食物。当地有两座寺院，一座在河水的东岸，另一座在河水的西岸。狗听到东岸寺院僧人开饭的钟声，便去东岸寺院去讨食；听到西岸寺院僧人开饭的钟声，又去西岸寺院去讨食。

后来，两座寺院同时鸣钟开饭，狗渡河去讨食，当向西游去时，唯恐东岸寺院的饭食比西岸寺院的好；向东游去时，又怕西岸寺院的饭比东岸寺院的好。这只狗一会儿向西游去，一会儿又向东游去，最后浑身无力，活活地淹死在河水中。

专注投入地做好一件事即可，目标太多会让你花了眼，到头来一事无成。

期货交易中的盘整行情出现时，人们常频繁地参与其中而迷失了方向，当方向真正明确时，已失去操作的勇气。

第四个小故事。

有个魔术师在他退休的时候把他的所有积蓄买了个钻石戒指，在他坐船回家的途中，他控制不了自己的表演的欲望，把钻石高高地抛向高空来表演，让他的钻石消失在空中，船身在一个晃动中他的戒指掉到了海里，那是他一生中唯一的一次失败，也是最后的一次失败。世界上没有稳定的盈利方式，人生就和期货交易一样是曲折的。

第10章
期货交易的心理控制策略

在风云变幻的期货市场中,屡屡失败的投资决策让投资者惶惑不安,于是不理性的投资不断重复。是什么原因导致期货市场投资者屡屡失败呢?是什么原因导致投资者不断地进行不理性投资呢?是投资者的内心。所以如何克服自己内心的贪婪、恐惧、冲动、骄傲变得至关重要。本章首先讲解期货交易胜在心理,然后讲解如何克服内心的贪婪、恐惧、冲动和骄傲,最后讲解遵守规则和敢于获取收益。

10.1　期货交易胜在心理

进行期货交易，投资者的心理因素是相当重要的，是决定期货交易成败的关键性因素之一。下面讲解一下什么是心理、心理的基本特征及心理在期货交易中的重要性。

10.1.1　什么是心理

一提到"心理"这个词，大多数投资者会眨眨眼、摇摇头，"挺深奥，不懂啊！"因为对很多人来说，心理的确是一种神秘诡异的印象，觉得这些东西看不见、摸不着，离自己的生活和投资理财很遥远。

实际上，这是一种误解，心理和心理现象是所有人每时每刻都在体验的，是人类生活和生存必需的。可以说，复杂的心理活动是人区别于动物的一个本质，恩格斯曾将人的心理意识赞誉为"世界上最美丽的花朵"。

心理活动虽然隐藏在人们的内心深处，但可以通过语言、行为来表现，并且可以通过一定的方式、方法和途径来测量。心理活动对投资者的影响是非同小可的，那么到底什么是心理呢？

心理的全称是心理活动，是指人脑对客观事物主观的反映。认知活动是心理过程的基础，认识开始于感觉，之后是知觉、记忆、思维等活动或过程。

例如眼前有一个橘子，人脑对这个橘子的颜色、气味等个别特征的反映就是感觉；人脑对橘子的颜色、形状、质感、味道等多种特征的整体、综合的反映就是知觉；种种感觉、知觉的信息在人脑中的储存就成为记忆；在记忆的基础上，再借助语言，人脑可以对客观事物进行抽象和概括的描述就是思维，这就是人的整个认识过程。

人在认知中所接受的信息经过大脑的加工，然后传导至下丘脑及其边缘系统，就产生了对这些信息的内心体验，表现在外就成为了人的情绪。根据这些信息，大脑还会产生一个意志过程，即建立意图、编制活动程序、确定目标，然后调节和控制人体行为以实现目标。

人的心理的产生必须具备三个基本条件，分别是大脑、客观现实和人的实践活动，其中大脑是产生心理活动的物质基础，即硬件；客观现实则是产生心理活动的决定性因素，即软件；而人的实践活动则是把上述两者联系起来的桥梁，如图10.1所示。

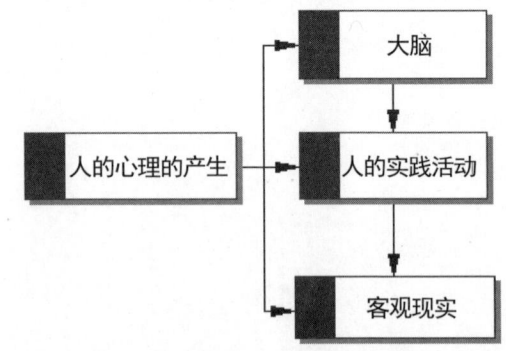

图10.1　人的心理的产生的三个基本条件

10.1.2 心理的基本特征

人的心理有 8 个基本特征，分别是客观性、主观性、实践性、自主性、整体性、双重制约性、相互激励性、可调控性，如图 10.2 所示。

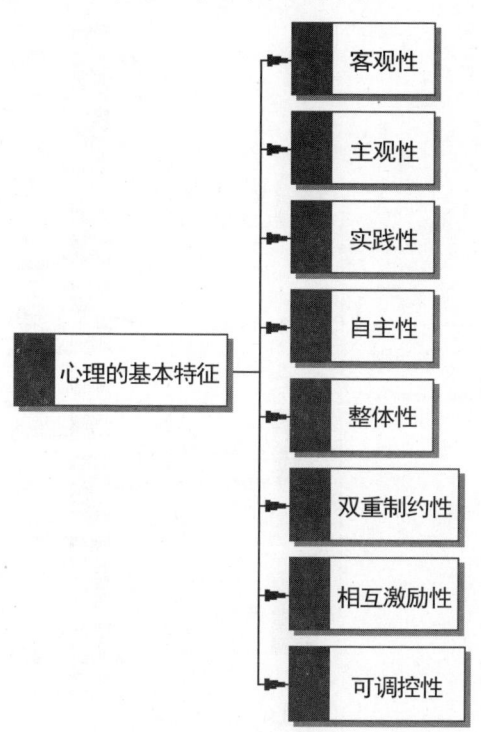

图 10.2 心理的基本特征

1）客观性

人的心理具有客观性，是因为客观现实是心理的源泉。从简单的感知到复杂的性格、能力，从一般的喜怒哀乐到高级的理智、审美、道德，都是客观现实的反映。

2）主观性

人的心理具有主观性，是因为人对客观事物的反映是主观的。

3）实践性

实践活动是人的心理产生的必要条件之一，是人的心理产生、发展和完善的基础。实践活动是心理的主观性和客观性统一的关键。

4）自主性

播种一种行为，收获一种习惯；播种一种习惯，收获一种性格；播种一种性格，收获一种命运。这句简单的印度谚语包含着深刻的哲理：人的心理活动由简单到复杂、由幼稚到成熟及其他种种变化，都有其内在规律。掌握这种规律，不断进行反思，就可以调节自己的心态，掌控自己的情绪，完善自己的性格，因而决定自己的命运。

5）整体性

人的心理活动包括两个部分，分别是心理过程和个性心理。心理过程包括认知过程（感觉、知觉、记忆、思维）、情感过程（情绪、情感）和意志过程（行为、毅力），如图10.3所示。

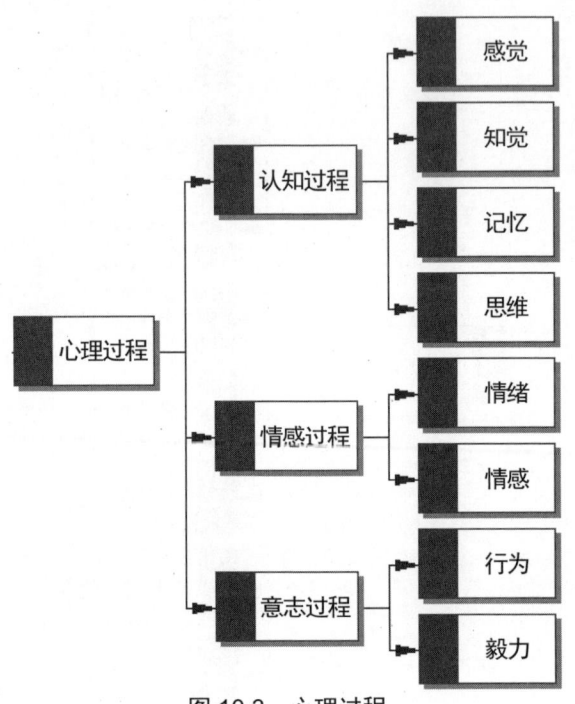

图10.3　心理过程

个性心理包括个性倾向（动机、兴趣、信念、理想）和个性特征（能力、气质、性格），如图10.4所示。

人的心理活动虽然有许多类型，但它首先是一个统一的整体，在任何人身上，都不存在孤立的心理过程及个性心理，它们总是处在一个有机的、综合的、整体的结构当中。

6）双重制约性

所谓双重制约性，是指人的心理活动受到人的生理因素和社会文化的双重影响和制约。人的生理特征包括性别、身高、相貌、健康状况、年龄等，这些在人的心理形成、发展、变

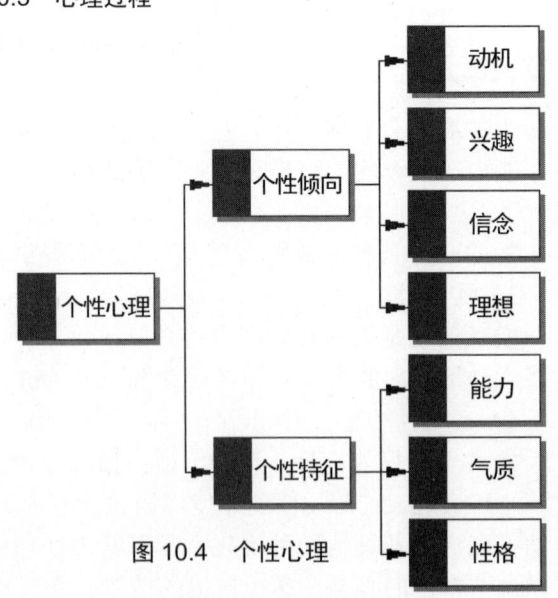

图10.4　个性心理

化、成熟的过程中,起着无法替代的作用。另外,社会制度、文化背景、宗教信仰、风俗习惯等都制约着人的心理发展的内容和层次。

7）相互激励性

人的心理上存在相互激励的现象,所谓"酒逢知己千杯少"正寓此意。志向、情趣相投的人碰到一起,很容易就聊得十分投机,总是有很多的话讲,而不相投的人往往"话不投机半句多"。

再例如,好听的歌曲流行很快,好玩的游戏越来越多的人爱玩,这也是人心理相互激励和共鸣的结果。

8）可调控性

人的心理具有可调控性,只要改变它的制约条件,就可以对其进行调控,即通过给予心理积极的刺激,唤起心理觉醒,调整心理模式,从而使人更加自信、自立、自强和自爱。

10.1.3 心理在期货交易中的重要性

心理在期货交易中的重要性主要表现在 3 个方面,具体如下所述。

1）良好的投资心理是区分期货交易中赢家和输家的决定性因素

国际投资大师斯坦利·克罗认为,期货交易的成功至少需要 4 个方面的要素,具体如下所述。

（1）进行期货交易,既不能博弈,更不能赌博,要按照市场的运行规律进行交易。

（2）进行期货交易,需要有一套完整的投资理念和投资策略,要有计划、有步骤、有措施地进行交易。

（3）进行期货交易,要有良好的资金管理能力,并有承担亏损的能力。

（4）进行期货交易,要有良好的心理素质。

在期货市场中,前三条很重要,但第四条才是区分期货交易中赢家和输家的决定性因素。在期货实战交易中,投资者的行为方式、快速决断能力、逻辑思维、性格强度、个性中的情绪化成分、对金钱的看法,这些都会影响投资者在交易过程中的心理活动,进而决定投资者的交易成败。

2）认真分析投资者常犯的错误心理倾向和行动,降低期货交易学习成本,并寻找潜在盈利机会

通过观察、分析大多数期货交易者常犯的错误,可以降低错误投资心理倾向的影响,并对这些错误心理予以正视,这样就可以适当降低期货实战交易中的亏损,即降低期货交易学习成本。

通过分析大多数期货交易者常犯的错误,可以在市场上观察他们的交易行为,一旦大多数投资者失败平仓,就可以找到市场正确的运行方向和走势。也就是说,当失

败的投资者出局的时候，往往意味着投资机会可能悄悄来临。

3）总结期货交易的心理心得，正确对待期货交易心理问题

下面来看一些成功期货交易者的投资心理，希望能给投资者一些启示，具体如下所述。

（1）个人生活经历决定你的交易心理。假如你的首次期货交易失败的话，并且出现大亏。这样很长一段时间，你很有可能不愿意再进入期货市场，也有可能今生都不再进入期货市场。因为心灵所遭受的打击，远远超过肉体所受的创伤，并且持续的时间会很长。

（2）一个成功的交易者，能够充分认识到期货市场的风险，心理承受风险的程度直接决定他一笔交易的精神状态。不断完善交易计划，控制交易风险，是每一个成功交易者的秘诀。

（3）交易者需要聆听市场声音。交易者不仅需要知道并且注意自己的交易方式，还在研究技术分析和市场的同时，要注视自身，只有这样才能有效倾听市场声音。交易者的挑战在于：彻底认清自己，然后不间断、有意识地发展那些使自己走向成功的优良品质。

（4）对期货交易者来说，如果能从贪婪和恐惧的情绪怪圈中摆脱出来，成功的概率就会变大。可以想想，成千上万的交易者，成功的却少之又少，原因就是他们花费在技术分析上的时间远远超过花在个人心理上的时间。

（5）不要得意忘形。有时连续几次交易胜利，会让你得意忘形，这种"自我"胜利可能将你摧垮。因为胜利后的得意忘形，会让你放弃交易规则、无视交易纪律，随意操作，结果一次失误操作会让你由盈变亏，甚至出现巨亏。

10.2 克服内心的贪婪

在期货市场中，投资者对财富的贪婪常常表现得淋漓尽致。例如刚入市的投资者希望一个月内赚取50%的利润甚至更多；还有一些投资者希望每天都能抓住大阳线；也有一些投资者希望每一笔交易都能赚钱甚至大钱。当然希望归希望，正是这种不切实际的欲望（贪婪）使你大幅亏损或正在走向亏损。

10.2.1 欲望与贪婪

欲望是面包，贪婪是魔鬼。人要有欲望，因为欲望可以让人过得更好，让世界进步，例如人想跑得更快，就发明了汽车。贪婪是对欲望无限放纵，这样会迷失自己甚至毁灭自己，例如有人因钱会杀人放火。

第 10 章 期货交易的心理控制策略

下面来看一个小故事。

从前一个庄稼汉，一生没有见过盐巴，也没有吃过盐巴。

有一天他去一个富人家做客。他第一次看到人家把盐巴加进饭菜里一起煮，觉得很好奇，就问："为什么要加这种东西在饭菜里呢？"

富人说："把盐巴加进饭菜里，吃起来才会好吃，就像天上的佳肴美馔一样呀！"

庄稼汉听后，心里想："加一点点盐巴，饭菜就这么好吃，那么单独吃盐巴，味道一定会更美味。"

于是，他抓起盐巴就大口大口往嘴里吞。哎呀！没想到又咸又苦，实在是难以下咽。

他十分气恼，跑去问富人："你不是说盐巴很好吃吗？"

富人说："你怎么这么笨呢？盐巴不是这样吃的，应该要适量使用，才能增加食物的美味。哪像你只是吃盐巴的！"

金钱就像做菜的盐巴，生活中少不了它，但是如果贪得无厌，就品尝不到应有的美味。

在期货市场投资中，我们想赚钱是正常的，这是我们投资的欲望，但如果每次都希望赚钱甚至赚大钱，那就是贪婪。

投资者把自己多年挣的血汗钱投入期货市场，想赚点钱是再正常不过了，如期货市场投资 10 万，想一年赚回 2 万，甚至 3 万都很正常。

但如果希望每笔交易都能赚回 10 万，甚至 30 万，即资金成倍增长，那就显得太贪婪了。任何投资大师都不能保证自己每笔交易都赚钱，更不用说每笔资金都翻番了。

投资者如果每年都能稳定赚取 30% 左右的利润率，就是很不错的了。另外，投资者也要明白，期货市场是有风险的，你也可能赔钱，10 万可能变成 8 万，也可能变成 6 万。

总之，欲望可以让我们的投资走向成功的彼岸；贪婪只会让我们在投资中处于无尽的危险之中。因为在期货市场中，贪婪只会让我们失去理智，让我们孤注一掷，让我们前功尽弃，让我们一败涂地。

10.2.2 贪婪使人损失惨重

大多数投资者面对巨大的利益诱惑时，都会变得失去理智，躁动不安，特别是面对充满万千诱惑的期货市场。出于对利润无止境的渴望，使大多数投资者在面对瞬息万变、起伏不定的期货市场时，总是情绪占据上风，即面对有利可图的大好时机时总是变得毫无理智，使自己以愚蠢的价格买入期货合约而无法脱身。

例如，在 2008~2010 年这波棉花大牛市中，棉花价格从 10,115 元/吨一路上涨到 33,692 元/吨，涨幅惊人。面对着巨大利益的诱惑，大多数投资者的情绪已无法保持往常的平静，他们已陷入贪婪之中，即他们就像饥饿至极的野兽，直接扑向棉花期货市场，把所有的风险都抛在了脑后。原来的风险意识瞬间就烟消云散了，更让人不可理解的是，很多投资者在明明知道自己没有足够的能力控制风险的情况下，还仍然抱着一种侥幸的心理贸然闯入，于是棉花期货市场顿时变成了人山人海，如图10.5所示。

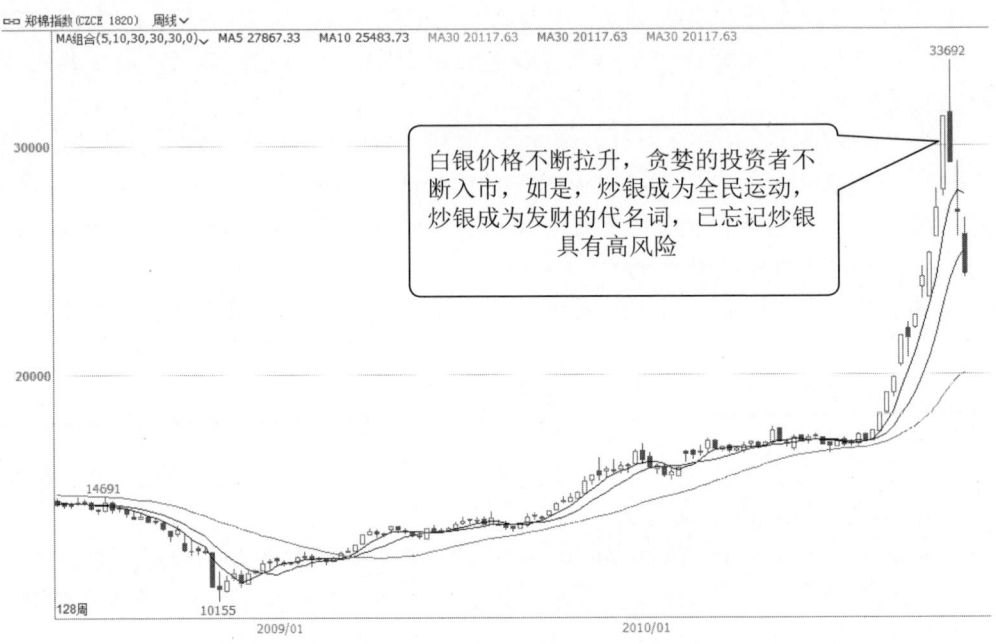

图 10.5　郑棉指数的周 K 线图

一小部分能控制自己欲望的投资者虽然已获得巨额收益，但他们并没有迷失方向，他们已经意识到此时在棉花期货市场处于高风险之中，出于安全考虑，他们离开了繁荣的棉花期货市场，从而逃过其后的棉花大跌。

10.2.3　克服贪婪才能投资成功

在期货市场，只要我们不贪，严格控制风险，就可以获取稳定的收益。在明显的趋势行情中赚钱相对容易，只要我们不贪价格波动中的小利润，长时间持仓，就可以获利。

在震荡行情中，不易赚钱，可以观望休息，也可以轻仓参与。只要我们能把风险控制在最小范围，而每次盈利又有保证，那么震荡行情赚钱也不是难事。

为了克服自己的贪婪，投资者可以管理好自己的资金。例如用20%的资金做长线，用30%的资金做波段，50%的资金备用。另外，无谓的试探要少一些，行情明朗后再建仓，并且行情不利时要及时减仓或清仓保住收益。图10.6显示的是沪银指数的日K线图。

第 10 章　期货交易的心理控制策略

提醒：试探性建仓不能超过资金的 10%。

图 10.6　沪银指数的日 K 线图

小张长时间跟踪白银价格走势，白银价格经过几波下跌之后，在 2013 年 6 月 28 日创出 3709 元低点。需要注意的是，价格在创出低点这一天，价格却收了一根中阳线，这表明价格有反弹要求。

随后价格开始震荡反弹，经过长时间的反弹后，形成一个底部区间并可以划出上升趋势线。另外，这时的 KDJ 指标的 D 值为 20，即在低位，并且出现了金叉，即 A 处，这表明价格可能要开始上涨了。

更重要的是，每年的下半后，特别是 7 月后，白银到了季节性需求旺季，所以价格容易上涨。所以在 B 处，白银价格见底的概率有 70% 的可能，所以他在 B 处，拿出 10% 的资金建了底仓。

随后价格继续上涨，并且站上 5 日和 10 日均线，然后又大阳线上涨，突破了前期震荡平台的高点，即 C 处。这表明底部已成立，价格又开始上涨了，所以 C 处他又加仓 50%。

提醒：长时间震荡的平台突破后，往往会有不错的一波趋势行情，要敢于加仓。

价格突破震荡平台高点后，开始连续上涨行情，即沿着 5 日均线不断上涨。经过 6 天上涨之后，价格出现了回调，只回调 3 个交易日，并且价格始终在 10 日均线上方，所以可以继续持有多单，所以前面减仓了，还可以继续加仓做多，即 D 处。

经过几天调整后，价格继续上涨，并且再创新高，即 E 处，所以 E 处仍可以继续加仓做多，但需要注意的是，手中的仓位不要超过 50%。

价格在 E 处突破高点后，仅上涨 2 个交易日，即创出 5101 元高点，就出现大阴线杀跌，这表明随着价格的上涨，风险越来越大，所以这里小张做了减仓，只留 10% 的仓位，即 F 处。

后面的操作计划是，如果价格有效跌破 10 日均线，就卖出所有多单。不跌破 10 日均线，继续持有多单。

在期货市场中，一定要保证资金的安全，因为资金就是生命。再大的诱惑，也不能拿生命做赌注。生命在，希望在，安全在，财富在。

所以投资者一定要树立一个正确的、理性的、健康的、适合自己的投资理念。安全第一，利润第二。一边前进，一边留下退路，坚决克服自己的贪婪心。制定严格的交易规则来确保自己的资金安全，只有这样才有可能成为期货市场中的真正赢家。

10.3 克服内心的恐惧

期货市场中的你是不是几次操作失败后，就对期货市场产生了恐惧。因恐惧开始怀疑期货市场，怀疑自己，从而使自己的操作举棋不定、犹犹豫豫，从而失去成功的机会。

10.3.1 恐惧及其类型

从心理学的角度来看，恐惧是一种有机体企图摆脱、逃避某种情景而又无能为力的情绪体验。

恐惧远比害怕深刻。害怕是现在的，并且大多是对一个具体对象，例如一只狼扑过来你会害怕。恐怖是未来的，并且没有具体对象，是无边无际的，例如你不知道什么时候会碰到狼，但狼就在你周围。

什么使我们产生了恐惧呢？是未知的情况。未知的情况有两种，具体如下：

第一种：对没有发生的事情心存恐惧，不知道将会发生什么。例如当你行走在漆黑的深夜里，你通常会心生恐惧。因为黑暗的深夜隐藏着一种未知，你本能地产生一种焦虑的情绪，这种情绪一旦超过你面对现实的勇气，焦虑就上升成为恐惧。

第二种：对已发生的事情心存恐惧，因为不知道它是怎么发生的、为什么要发生。例如我们常常因为噩梦而感到恐惧，小孩子看到烧开的水也会产生恐惧，这是因为这种现象超出了认知范围。

提醒：恐惧是一种情绪，是人类在外界未知无限而自己认知有限的无奈处境下产生的不安全感觉。

恐惧是一种预警信号,是出于自我保护的本能意识。

日常生活中,我们该如何战胜恐惧、获得战胜恐惧的力量呢?

尼采曾说:"从失败的恐惧中解脱出来——现在我终于输得起了。"这种输得起就是指一开始就把失败考虑进去,并准备好承受一切挫折,这是你成熟的标志。

卡耐基曾提出克服恐惧的操作方法,具体如下:

(1)问问自己,可能发生的最糟的结果是什么。

(2)详细地写下你的忧虑。

(3)如有必要的话,接受这种最糟的情况。

(4)写下解决这个问题的所有方法。

(5)决定哪种方法最好。

(6)立刻去做。

(7)对你认为糟的事情,平静地去加以改善。

在这里可以看出,克服恐惧的方法就是做好最坏的打算并且采取最优行动。

10.3.2 期货市场中的恐惧

期货市场中的你时时刻刻都在想保护自己的资金安全,恰恰是这种强烈的自我保护的心理使你产生了恐惧。

期货市场中的恐惧可以分两种,分别是被动恐惧和主动恐惧。

1. 被动恐惧

被动恐惧是指你对未得利益和可能损失的恐惧,即对后续行情不确定的恐惧。由于期货市场变幻莫测,你不能确定股价会不会下跌,能不能上涨。这种未知的恐惧让你面对行情畏缩不前,不敢果断进场。

被动恐惧是一种怯弱的表现,一方面想赚钱,一方面又害怕后续行情下跌。在非理性的情况下,如果赚钱的欲望占上风,即使恐惧也会冒险进场;如果怕亏钱的恐惧占上风,就会按兵不动。

2. 主动恐惧

主动恐惧是对已得利益或已有损失的恐惧。在趋势相当明显的上升行情中,已经进场赚了钱,就会有另一种恐惧心理抬头。这时候恐惧的不是赚不到钱,而是怕自己资金回吐、已赚到的钱缩水,其实是对不知道如何处理已得利润的恐惧。这种恐惧常常造成投资者过早离场,与后面的很大一段利润失之交臂。

当然,在明显的下跌趋势中,已经亏了一些钱,这是恐惧的是,止损后错过减少损失的机会,其实是对不知道如何处理已有损失的恐惧。这种恐惧造成投资者迟迟不能止损,从而使亏损越来越大。

10.3.3 如何克服恐惧

在期货市场中,你必须学会克服恐惧,否则输钱的必定是你。那么如何克服恐惧呢?怎样才能做到在任何情况下都能灵活应对各种突变的行情呢?

克服恐惧的最好方法就是执行规则,即事先制定好遇到各种不同行情的应对策略,这样就不会害怕踏空或入错场。

当然不同投资者可以根据自己的性格制定不同的交易规则,但在期货市场中有两个很实用的法则可以帮助我们克服恐惧,即"1230"规则和"3210"规则。

1. "1230" 规则

"1230"规则可以帮助投资者抓住即将开始或刚开始的行情。当你觉得上涨行情快来了,但又害怕是主力在诱多,这时就可以用"1230"规则,具体操作步骤如下:

(1) 判断行情要来了,用 1/3 的资金买入。

(2) 如果行情上涨或回调不到 10%,持有。注意如果你买入后,行情马上回调 10% 或者上涨后距离高点回调 10%,这时要马上出局,即结束本次投资行为。

(3) 买入后,如果行情上涨 15%,加仓初始资金的 1/3。

(4) 第一次加仓后,如果行情上涨或回调不到 10%,持有。

(5) 第一次加仓后,如果行情再上涨 15%,再加仓初始资金的 1/3,注意这里已经满仓。

(6) 第二次加仓后,行情马上回调 10% 或者上涨后距离高点回调 10%,清仓出局,结束本次投资行为。

"1230"规则如图 10.7 所示。

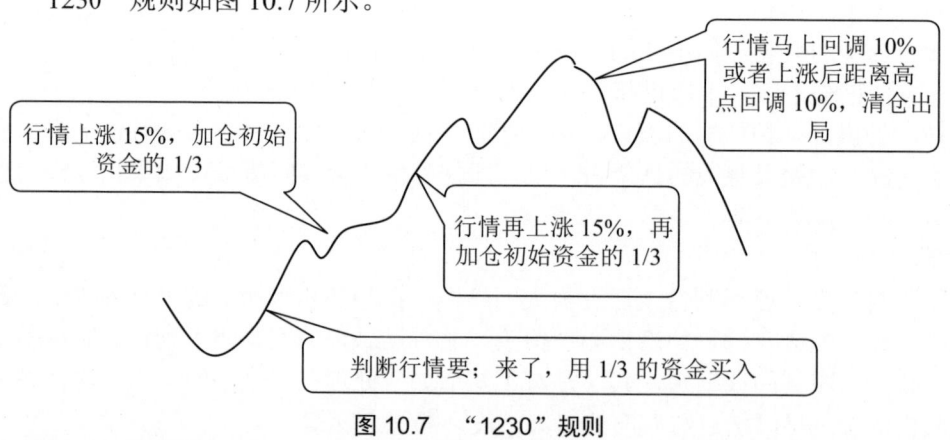

图 10.7 "1230" 规则

2. "3210" 规则

"3210"规则可以帮助投资者抓住已经启动的行情。当你觉得上涨行情还会延续,但不知道何时反转,这时就可以用"3210"规则,具体操作步骤如下:

(1) 判断行情还会延续,用 100% 的资金全仓买入。

(2) 如果行情上涨或回调不到 10%，持有。注意如果你买入后，行情马上回调 10% 或者上涨后距离高点回调 10%，这时要马上出局，即结束本次投资行为。

(3) 买入后，如果行情上涨 15%，减仓 1/3 的筹码。

(4) 第一次减仓后，如果行情上涨或回调不到 10%，持有。

(5) 第一次减仓后，如果行情再上涨 15%，再减仓初始筹码的 1/3。

(6) 第二次减仓后，如果行情马上回调 10% 或者上涨后距离高点回调 10%，这时要马上出局，即结束本次投资行为。

"3210" 规则如图 10.8 所示。

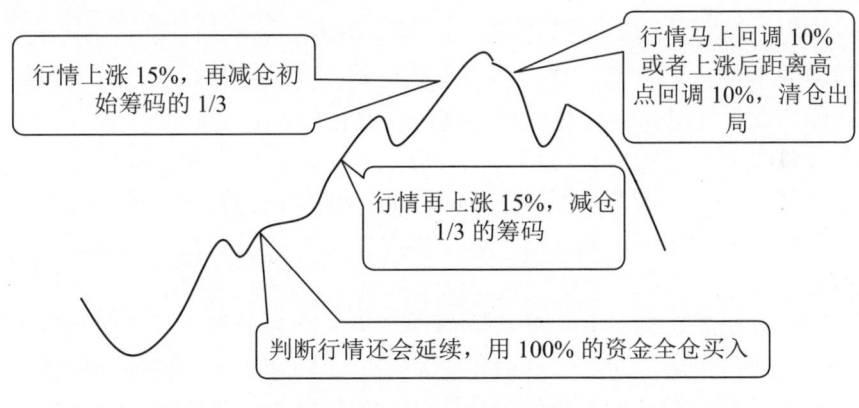

图 10.8 "3210" 规则

提醒：投资者根据自己的投资周期，可以灵活调整资金参与比例。当然不同的投资者会有不同的规则，只要适合自己的就是好规则。

10.4 克服内心的冲动

人在冲动时，思维要么会非常混乱，做事情也就会乱套，没了章法；要么头脑就变短路，做事情很容易走偏，从而使眼前的棘手问题变得更加棘手。

10.4.1 冲动是犯错的根本原因

冲动是犯错误的根本原因，也是你有错不改的根源。人一冲动就容易犯错误，如果继续冲动，错误就会越来越严重，从而大到不可收拾为止。

期货市场中的你在冲动的时候，总是管不住自己，从而频繁交易。例如不该买进时而冲动地买入，从而放大了亏损；在不该卖出时卖出，从而错失了扩大盈利的机会。更有甚者，在一次冲动投资之后，价格跌了，结果你没有及时止损反而越发冲动，有

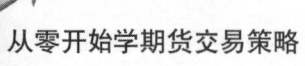

的还产生这样的心态，即越跌越买，我不信你涨不起来。

结果常常是买进后还在跌，最后亏损80%以上，这时心里实在受不住了，产生了绝望的心理，一冲动割肉走人了。

10.4.2 如何克服冲动

冲动并不可怕，可怕的是在冲动发生后，我们控制不了它。如果我们无法克服冲动，那么我们必定是期货市场中的输家。如何克服冲动呢？共有三种方法，分别是冷静、容和忍。

1. 冷静

冷静是克服冲动的良药，要学会变"热处理"为"冷处理"，只有这样才能把冲动克服在即将发生之时，最坏也能把冲动解决在已经发生之后。

如何才能做到冷静呢？有两种方法，分别是"不在乎"和"我知道"。

所谓"不在乎"，就是把我们之前很在意的事或认为很重要的事变得不在乎了。但是，投资就是为了赚钱，怎么能亏损后不在乎呢？所以对正常人来说，想做到"不在乎"很难。

所谓"我知道"，就是我们要找到解决之道，当我们很在乎的事情发生时，知道该怎么做、该如何正确应对，那你就不会冲动了。即使由于一开始的冲动或其他原因做错了，我们只要知道如何挽救、如何解决、如何减少损失、如何杜绝下一次冲动也就可以了。

例如，你的经纪人推荐你现价做多某期货商品，你相信了，并一冲动全仓买进。这时你不知是买对了，还是买错了。另外，价格涨到什么价位该减仓或清仓，如果被套了，该不该止损呢？

这就是你还没有学会"我知道"，这样你只会越来越冲动，从而造成你的损失越来越大。

那么你怎样做到"我知道"呢？假设你的经纪人推荐你现价做多期货商品，你首先要看一看期货商品的基本面和技术面。如果认为后市看跌，就不要买了。如果感觉后市看涨，你还要分析一下是刚启动、涨了一大段、还是处于跌势中。

如果价格涨势刚启动，说明继续上涨的可能性很大。这时你可以买进，并且以持有为主，即小回调不理会，波段回调可以减仓，小涨不加仓，涨多了回调再加仓。

如果价格已经涨了一大段，存在回调或掉头的可能，甚至存在发消息的人骗你高位接货的可能。这时如果你想介入，只能是小仓位的加码，回调后再出现涨势时再加码介入。

如果价格还处于跌势中，即使你认为它要涨，也需要再等等，因为底在没有走出来之前，没有人知道底在哪里。投资者一定要等底部确认之后再进场。

2. 容

容可以让我们冷静下来，以便更好地克服冲动、解决冲动带来的投资问题。

容就是要把我们的心变得更宽大，让它能放下更多的快乐或痛苦的事情，这样你就更容易去理性地分析，更容易达到"我知道"的境界，更容易冷静下来。

例如在市场中，如果你的资金由 10 万元已缩水到 8 万元，只要你容得下亏损，能保持冷静，并且知道现在及时出局，将来可以 8 万元买到更多手的期货商品。

总之，来到期货市场，就要学会容得下失败，容得下成功，容得下盈利，也容得下亏损。当然，更重要的是容得下自己，让自己能真的冷静下来。

3. 忍

忍就是要把我们的心变得更坚强，让我们能受得住骄傲和灰心的打击。这样我们就可以更容易保持自我而不忘乎所以，更容易让"我知道"正常发挥作用，也更容易冷静下来。

提醒：要忍得住成功的自我膨胀，更要忍得住失败后的不知所措。

只有让我们的心更宽大，让我们的心更坚强，我们才能更好管好"冲动"这头野马，才能在期货市场中享受更多的收益和快乐。

10.5 克服内心的骄傲

期货市场中的你会不会因为获得几次成功操作后，就变得骄傲自满起来呢？当你收益率很高时，会不会看不起或嘲笑那些收益率低甚至亏损的投资者呢？

10.5.1 为什么你会骄傲

内心的骄傲是怎么来的呢？我们来想象一下，当你一月赚 1 万元，而别人一月才挣 2000 元左右时，你会不会心里骄傲？当你的数学考了 98 分，而很多同学都考不及格时，你会不会骄傲？

相信每个人碰到这种情况，都会潜识地骄傲。因为你认为自己比别人强得多，所以你内心骄傲了。

一个人在某一方面比别人优秀，并不代表你就比别人强，你应该把眼光放得开阔、深远一些，并寻找比自己更优秀的人。

如果你被骄傲蒙住了心扉，堵住了思维，只看到自己的强处，而看不到自己的不足，那么在期货市场中你必定会失败。

10.5.2 自信与骄傲

自信对一个人很重要,但人不需要骄傲,因为骄傲是过度的自信,是自负。下面来具体看一下自信与骄傲的异同。

(1) 自信是适当地肯定自己,而骄傲是无限放大自己

自信的人常常说:"根据以往的实战经验和对目前盘面的深入分析,现在进场风险不大或风险较大。"

骄傲的人常常说:"期货市场这东西对我来说就是那么回事,我上个月随意操作获利35%,按现在的行情来看,下个月赚50%不成问题。"

(2) 自信的人只会在不经意间展示自己的优势,而骄傲的人总是想方设法显示自己的成绩

自信的人虽然知道自己的优势,但绝对有自知之明,不会随意炫耀自己的过分之处,不会在技低一筹的投资者面前显摆,而是在该出手时果断出手,该担责时勇于担责。另处,自信的人能看到自己的不足,遇到高人会虚心学会,让自己更上一层楼。

骄傲的人是有长处,但他们常常过分看高自己的长处,一有机会就会显摆。不该出手时也会主动站起来说:"我能!"当遇到问题时,不是主动去学习,而是拉不下面子去请教,结果为了面子把好好的局面弄得一团糟。

(3) 自信的人做事情不随便承诺,而骄傲的人做不成的事也常常拍胸脯

自信的人明明知道自己能把任务完成,也会非常低调,等事情办好后才会露一点儿声色。骄傲的人总喜欢高估自己的能力,随意拍胸脯答应别人,结果呢?遇到困难无法解决时往往是差强人意甚至一塌糊涂。

(4) 自信的人乐意接受别人的意见,而骄傲的人害怕甚至憎恨否定

自信的人是谦虚的,因为他们知道人无完人,所以他们乐意接受别人的意见,并且虚心地去改正。

骄傲的人是自负的,常常只接受别人的夸耀、赞美之词,而不愿意听到否定的提醒、劝解。因为他们不能接受反面意见,有时甚至憎恨提出否定意见的人。遇到批评,不是反思,而是气急败坏,甚至会一争到底以证明自己的优秀。

10.5.3 骄傲使你损失惨重

有很多投资者凭感觉或听小道消息进行操作,由于在某一段时间运气不错,买进后就盈利,并且买什么都能赚钱,什么时候买也都能赚钱。于是乎,心中骄傲起来,暗暗想:"炒银很简单"。

其实这时骄傲的你不知道,你的成功是偶然的,与你自己的分析、预测和操作水平无关。那么一旦你的运气过了,接下来的就是亏损了。

例如2016年年初,刚入市的小李炒螺纹钢,怎么炒都赚钱,于是他认为期货市

场赚钱太容易了，只要"凭感觉就行"。他哪里知道，这段时间是螺纹钢的牛市，每个投资者都在赚钱。由于他没有清醒地认识自己，结果2016年5月螺纹钢开始下跌了，他怎么炒都赔钱，由于没有经验，结果不仅把赚的钱都亏了进去，还把本金亏了一多半。

骄傲总是让人在过去的成绩面前膨胀自我、忘乎所以。骄傲会让人抱着过去的成功，而不努力去争取下一个成功，于是成功就会变成历史。

例如，投资者老王，通过多年的投资心得，总结了一套长短线结合、以周为投资周期的操作模式。由于他按照既定的规则深入地分析计算，并在交易时间严格盯盘，从而成功抓住一大波行情，资金从10万元变成了20万元。

由于老王取得很高的成绩，被其他投资者夸奖了几句，他慢慢地飘了起来，于是不再严格按照规则交易，而是凭自己的感觉开始进场交易，甚至不再盯盘。结果在其后的三个月内，他的资金缩水到15万元。

10.5.4　如何克服骄傲

人取得一些成功后，产生自我肯定和自我满足是正常的，但如果自己沉浸在过去的成绩中，开始自我膨胀，不虚心学习，这时一定要小心了。骄傲可能来了，快赶走它，否则你离失败已不远了。

如何克服内心的骄傲呢？方法有两种，具体如下：

1）在成绩面前不能自满，要继续保持上进

下面先来看一个小故事。

老师在一个水桶里装满了石块，然后问学生：这个桶满了吗？

学生回答：满了。

老师再向桶里装沙子，沙子填满了石块的缝隙，老师又问：现在满了吗？

学生回答：这次真的满了。

老师又拿来一盆水，倒进水桶，说：只要你认为满了，就不会再装东西进去，可是只要你认为没满，就能容下更多东西。

这时，学生无言。

这里说明一个人在成绩面前骄傲自满，就容不下新的知识和技能了，就不会再进步了。但如果一直虚心学习，放开胸怀，那就能不断地挑战自我，不断地学到新的知识和技能，不断地成长。

在期货市场中也一样，不能刚赚了一些钱就自满起来，如果是这样，那亏损就在眼前。投资者一定要不断学习，不断完善自己的交易系统和规则，力争在没有机会的时候能管得住自己，在大机会来临时能抓得住。

2）敢于否定自己，乐于接受批评，不断向比自己强的人学习

在期货市场中，虽然你的方法能赚到钱，但如果别人的操盘规则更能赚钱，这时

你不要固守自己的方式，应该去学习和吸收别人的规则。只有虚心的学习，你才能深入地了解他人盈利的秘诀，才能全面理解和应用操盘的技巧，并结合自己的实际情况来完善自己的交易系统。

总之，天外有天，人外有人。只有敢于面对自己的不足，乐于接受别人的指正，这样才能成为期货市场中最终的赢家。

10.6 遵守规则

遵守规则是为了放大自身能量、减少自我的错误，从而在保证正确的前提下完善自我、提升自我。如果不遵守规则虽然可能风光一时，但从长久来看，却会放纵自己的欲望，看不到自己的缺点，阻碍自我提高和自我完善，最终也必然会使自己受到损害。

10.6.1 遵守规则才能稳定盈利

期货市场中的你必须遵守规则，否则必定成为输家。期货市场中的规则有两种，分别是外部规则和自我规则。

1. 外部规则

外部规则就是交易所制定的交易规则，如期货市场交易时间、集合竞价、连续竞价、交易费用等。投资者如果不遵守外部规则，可能会一时走红，但最终必会受到惩罚。

2. 自我规则

自我规则是指根据自己的实际情况，给自己制定的交易纪律和交易系统。如果不遵守自我规则，当然不会犯罪，却会让你自我放纵、自我损害。即你做事情随心所欲、没有章法，原本是不想被事情羁绊，最终反而是掌控不了事情。

你不想遵守自我规则，就是贪婪在作怪，就是想获得暴利。但结果常常是暴利没有得到，得到的却是惨重的损失。

例如，有一位老投资者在自我规则的约定下，每次仓位不超过50%，并且制定了严格的止损与止赢位，他取得了不错的收益。但成功后的他，忘乎所以，自我放纵。在一次投资交易中，他过分相信自己而全仓买进，结果由于判断失误，被深套，最后暴利没有得到，却把前期获得利润全部吐出。

期货市场中的投资者一定要明白：严格遵守规则，每交易10次只要对上3~4次，你也可以盈利。这是因为在规则下，损失是可以控制的，但收益却是不断成长的，即每次只损失一点，而一旦得到就会大赚。

投资者不要期望短期的暴利，而要获利稳定的长期收益。如果你严格遵守规则，每年能取得30%左右的收益，假设你有10万元资金，那么10年之后，你的资金就会变成137.86万元。

10.6.2 自我规则

要制定盈利的交易规则和交易系统并不难,但要制定适合自己的就难了(交易规则和交易系统在人的操纵下会变形)。所以,制定的自我规则一定要适合自己。

1. 交易规则

每个人的性格、爱好、资金、反应速度、风险偏好都有不同,因此每个人制定的交易规则也必然有所不同。

长线投资者应有长线投资者的规则,激进投资者应该有激进投资者的规则。绝不能用短线操作手法制定长线投资规则,也不能用保守买卖手法制定激进投资规则。

但不管怎样,每个人都应该把自己的交易规则分类整理出来,以便于自己熟悉规则,并时时提醒自己要遵守规则。根据多年实战经验,交易规则具体步骤如下:

第一:建仓规则。例如短线看30分钟或60分钟信号,中线看日K线信号,长线看周或月K线信号。

第二:减仓和平仓规则。

第三:每次资金的使用比例。例如总资金的10%。

第四:每次增加资金的使用比例。例如总资金的20%。

第五:盘前准备。快速浏览白银的各种信息,并制定出具体的操作策略。

第六:盘中不受干扰。例如不聊天、不接电话、不回短信。出现意外的行情能冷静应对。

第七:严格止损。

第八:严格止赢。

第九:盘后总结。每日回顾交易,若有错误,打出原因,下次坚决不犯同样的错误。

2. 交易系统

每个人的职业不同,花在投资上的时间不同,因此,每个人的交易系统也必须不应相同。

下面讲解这个交易系统适合上班族,即工作繁忙、经常加班、能上网、风险承受能力一般。

- ✓ 交易总规则

(1)只在临近收盘时看盘,其他时间不看盘。

(2)只在趋势明朗时介入并持有仓位。

(3)绝不抄底。

(4)绝不猜顶。

(5)绝不在震荡行情中持有仓位,震荡行情日内快进快出。

- ✓ 买卖规则

(1)只看收盘价和收盘价附近的价格。

（2）从一个阶段低点上涨10%，作为进场信号。
（3）只要还在上涨，或回调不到10%，坚决持有。
（4）从一个阶段高点回调5%，作为减掉一半筹码的信号。
（5）回调5%平仓一半后，若从一个阶段低点上涨10%，则被回减掉筹码。
（6）从一个阶段高点回调8%，作为全部平仓信号。

自我规则也要随着市场的改变、自我资金的改变、自己可用来操盘的时间等进行灵活改变。

10.7 敢于获取收益

收益和风险就像孪生兄弟，永远都是结伴而行。风险是你收益的成本，不愿意承承风险，就没有收益。

10.7.1 收益和风险

有人说，投资就是追逐收益，杜绝风险。听起来很美，但实际上是不可能的，因为风险对投资者来说，只可能减小，不可能杜绝。

正确的理念是：追逐收益，承担风险。因为风险是收益的成本，很多时候，你5%、10%的风险承担，就是为了后面有30%、50%，甚至100%以上的投资收益。

例如，投资者老张，喜欢做短线，他的正确率较低，只有40%左右，有时甚至连续错8次、12次，但最终每个月他要么盈利，要么小亏，每年的收益率在50%左右，这是为什么呢？

首先是老张不怕做错，其次是每次做错时都能严格止损，绝不让损失放大。每次做对都敢于留单，让收益放大。所以他每一笔错单可以亏损一百块或几百块，但每一笔对单都能赚回上千块或上万块，最终结果就必然是盈利的。

投资者老张说得好，做错亏损是我的成本，不承担亏损，就得不到盈利的机会。所以在期货市场，我们不怕出错（必须严格止损），因为出错给我们获取收益的机会。

10.7.2 勇于获取收益

在期货市场中，要想成为赢家，必须学会掌控风险，勇于获取收益。即在震荡行情中，要快进快出，在明显的趋势行情中，顺势而为，耐心持仓为主。

掌控风险就是主动止损，说到底就是不让亏损放大，不让幻想深套自己。例如，当价格跌破自己的止损位，要敢于一切砍下去，让血流出来，这样是为了不再流更多

第10章 期货交易的心理控制策略

的血。

勇于获取收益,是指对自己的投资回报不要希望太大,一笔资金投下去,不要老想着100%、200%的收益,要想着20%、30%的收益就不错了。因为在你投下的那一刻你是不知道能收益多少的,我们要把高收益看成一种意外,并且勇于接受这种意外。

当收益超过20%、30%时,你要告诉自己,这绝不是你自己的本事,这是额外收益,甚至是对你之前及时止损的补偿,这样你才会快乐,才不至于贪婪。

这样,看似只有20%收益预期的一笔投资,由于你相信快乐的意外,由于你敢于让收益放大,所以你不需要止赢,只有当你的投资过了最高点回调8%时要果断出局,只有这样你的收益率才可能最高。

投资者一定要明白,我们厌恶的是风险,而不是收益。如果把损失的单子留着等待损失变小,以及有了收益之后害怕收益变小而早早平仓都是不对的。做对了就留,做错了就及时出局。图10.9显示的是郑醇指数的日K线图。

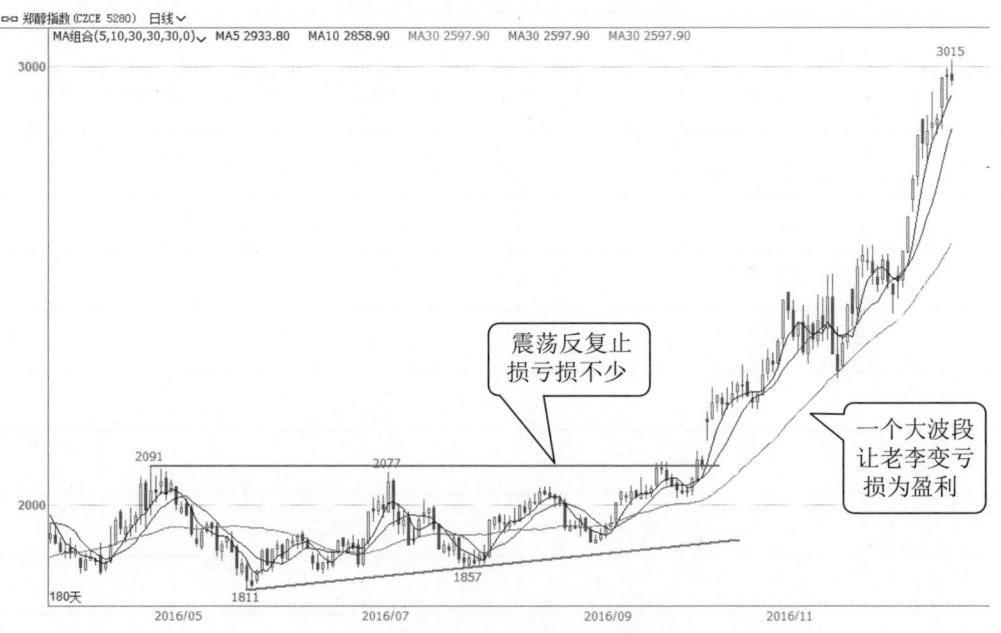

图10.9 郑醇指数的日K线图

在2016年3月25日到9月29日,郑醇指数是震荡盘整行情,投资者老李在这期间反复买进,止损卖出,损失了3万多元。但他抓住了9月29日之后的大行情,从而获得较大的收益,即获得15万多元。所以在10月到12月这段时间,老李的净盈利达到12万多元。

总之,投资者要勇敢止损,更要勇于收益。只有这样,才能成为期货市场真正的赢家。

学习心得

第 11 章
期货交易风险事件案例

期货市场是高风险市场,因此投资交易一定要小心谨慎。金融市场无小事,当前因投资失误或市场系统性风险而造成个人损失、企业破产、行业震荡,甚至影响社会安定的事件也不乏先例。那些以损失巨额财富为代价的重大风险事件,值得投资者作为前车之鉴。永远铭记前人惨痛的教训,警钟长鸣,切莫重蹈覆辙。本章将讲解 11 个期货交易风险事件,分别是女教师炒期货的传奇、法国兴业银行交易员赌掉 71 亿美元、巴林银行的倒闭、国债"3·27"事件、亨特兄弟操纵白银事件、上海胶合板 0607 事件、红小豆期货事件、海南棕榈油 M506 事件、上海粳米事件、住友铜事件、国外期货市场早期逼仓事件等。

11.1 女教师炒期货的传奇

2008年3月11日，对于武汉的万女士来说，是她人生中永远难忘的一天，作为"武昌女期民半年从4万做到1450万"这一期市神话的主角，万女士所持有的最后300手豆油合约因保证金不足，于当日上午被强行平仓，其账户里最终剩下的资金不到5万元，一场千万富翁的美梦在持续近半个月后，宣告结束。

半年炒成千万富翁。据相关期货公司知情人介绍，万女士退休之前的职业可能是教师。2005年7月，万女士拿着6万元开始涉足期货市场，此前，她已有10年炒股经历。步入期市头两年，万女士战绩并不出众，其保证金从最初的6万元缩水至4万元；直到2007年下半年，她的交易账户才逐渐引起了期货公司的注意。

从2007年8月下旬起，万女士开始重仓介入豆油期货合约，此后两三个月，豆油主力合约0805从7800元/吨起步，一路上扬至9700元/吨，截至2007年11月中旬，万女士已有10倍获利。进入2008年，豆油上涨速度越来越快，2月底，豆油0805已然逼近1.4万元/吨，也就是在那时，万女士的账面保证金突破了1000万元，成了名副其实的"千万富翁"。豆油的价格走势如图11.1所示。

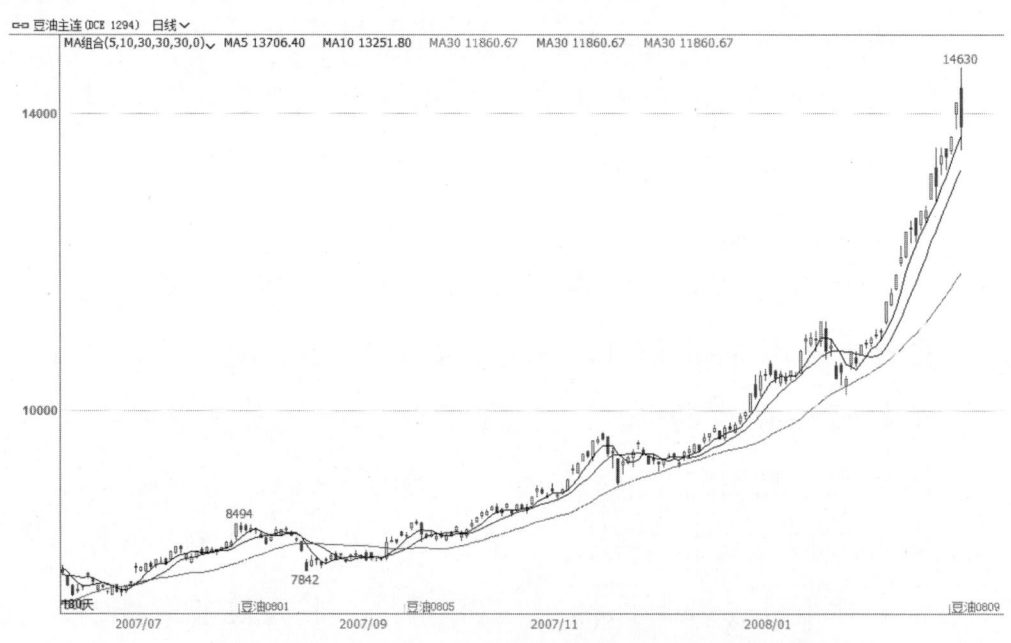

图11.1 豆油主力合约2007年6月17日至2008年3月5日的K线图

11.1.1 以小搏大，过于大胆

"她采取的是全仓操作的股票手法。"知情人士透露说，万女士是所有资金满仓交易，没有科学的资金分配比例。而且，她利用期货交易浮动盈利可以开新仓的特点，又将盈利全线补入豆油期货，越涨越买。这种操作方式最大限度地利用了杠杆原理，可以将利润放至最大；但与此同时，风险也被放至最大，一旦顶点行情有所调整，满仓交易、最高点也有买入的万女士将面临灭顶之灾。

据悉，期货公司曾不止一次劝她降低仓位，但万女士根本听不进去。事实上，万女士之所以能够在半年内成为千万富翁，所仰仗的正是这种满仓交易和浮利加仓，对她而言，这样做没有什么不对的地方。

11.1.2 风云突变却拒绝减仓

万女士创造的期市神话很快引起了媒体的关注，"武昌女子半年内从4万做到1450万"的新闻频频见诸报端，并在网上广为转载。

"她的资金真正突破千万是在2008年2月28日、29日。"知情人士说，当时正值豆油连续涨停，万女士账户的浮动权益在3月4日达到顶峰，最高时竟达2000多万元。不过，当天的行情出现剧烈震荡，油价在一个小时内从涨停快速滑落至跌停。

在豆油从涨停到跌停过程中，万女士的账户因为保证金不足，已经被强行平去了一部分合约，但这并没有引起她的重视。

"期货公司的人找她谈过，但她拒绝主动减仓。"不愿意透露姓名的相关人士表示，因为此前一些媒体已经报道了万女士期货交易半年发迹的事，很多人已经知道她，在这样的情况下，万女士碍于面子，不愿意主动平仓，因为她知道，只要一卖，自己就不再是千万富翁了。"实际上，3月6日，她的账上至少还有几百万元，当日价格震荡下跌，要平仓还是有机会的。"

11.1.3 被强行平仓回到起点

出于种种考虑，万女士错过了最佳的减仓时机。3月7日和10日两天，豆油无量跌停，万女士就是想平仓也平不了了，由于仓位过重，其巨大的账面盈利瞬间化为乌有。

3月11日上午，连续两个交易日无量跌停的豆油期货终于再打开停板。大连商品交易所豆油主力合约0805、0809盘中双双翻红，收盘分别下跌0.83%和0.36%。但由于没有能力追加保证金，万女士所持有的最后300手合约被强行平仓，最终，她的账户保证金只剩下不到5万元，如图11.2所示。

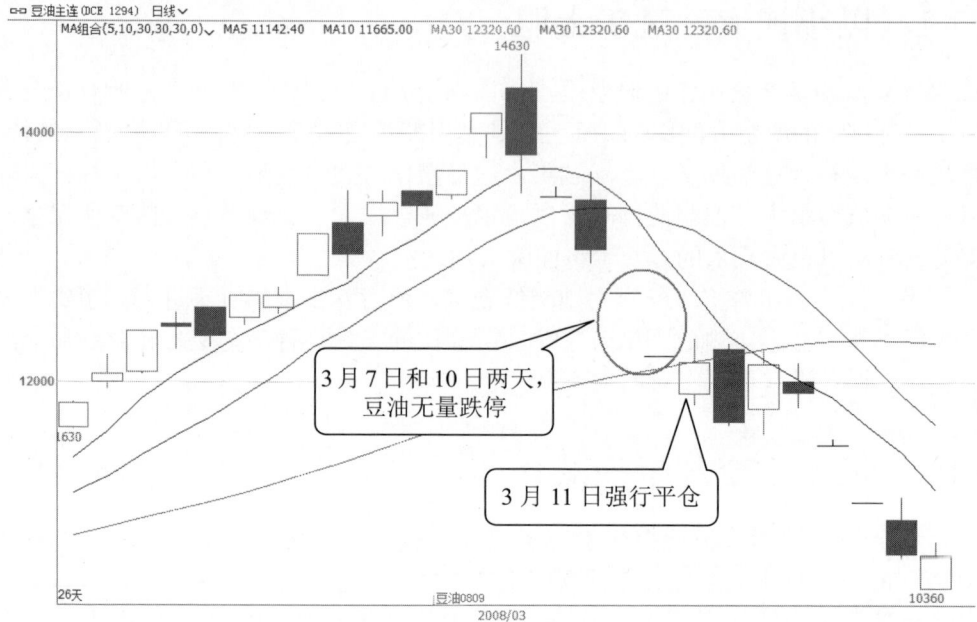

图 11.2　豆油价格暴跌

终点回到了起点。

这个故事震人心魄，其成功让人羡慕，其失败让人扼腕。

11.1.4　教训分析

综合而言，万女士炒股留下的教训有以下几点。

一是资金分配不当，全部资金同时使用杠杆，太过冒险。期货杠杆一般是 1∶10，已经比较危险了，总权益亏 10%，自己的所有资金便化为乌有。所以，较为稳妥的资金分配比例是，总资金的 1/4 参与交易。万女士不管不顾仍然挣大钱，不过是赶上了大趋势，是运气使然，不可复制，而一旦趋势转向或者发生大的震荡，便会爆仓，赔个底儿掉。

二是跟随趋势不断加码，做对了赚座金山，做错了赔座金山。同一品种账面浮盈可以买货，这样还好些，大不了赔的是利润。而如果用自有资金加码，最后赔的就是自己的家底儿了。

三是趋势转向必须止盈止损，不能漠然视之。万女士的错误在于止盈太晚，中短期均线乖离已经很大还不肯止盈，跌破 30 日均线还不止盈，无量跌停后巨量震荡还不止盈，这不是自己坚决乘电梯嘛！

11.2 法国兴业银行交易员赌掉 71 亿美元

担任世界最大衍生交易市场领导角色的法国第二大银行兴业银行，在 2008 年 1 月 24 日曝出该行历史上最大违规操作丑闻。一名交易员在未经授权的情况下，大量购买欧洲股指期货，最终给银行造成 49 亿欧元（约合 71.4 亿美元）损失。这是世界银行业迄今因员工违规操作而蒙受的单笔最大金额损失。

11.2.1 豪赌股指期货

法国兴业银行首席执行官丹尼尔·布东在 1 月 24 日举行的新闻发布会上说，这名交易员从 2007 年上半年便开始在上级不知情的情况下从事违规交易，交易类型为衍生品市场中最基本的股指期货。布东没有透露交易员的身份，但银行消息人士此后证实他名为热罗姆·盖维耶尔，现年 30 多岁。

根据银行管理层的说法，截至 2007 年年底，盖维耶尔预期市场会下跌，因此一直大手笔做空市场；从 2008 年开始，盖维耶尔突然反手做多，豪赌市场会出现上涨。

兴业银行资产管理部门负责人菲利普·科拉称，由于投入大量资金，而且市场颓势与预期一致，盖维耶尔管理的账户在去年年底时还拥有"相当多盈利"；然而，欧洲市场今年年初以来的大跌使账户反而出现巨额亏损。

不过，由于盖维耶尔使用隐蔽手段，管理层直至 2008 年 1 月 18 日晚上才发现这一重大问题，并立即通报法国中央银行——法兰西银行。

兴业银行 24 日向法院提交诉状，指控盖维耶尔伪造银行记录、使用伪造账户以及涉嫌计算机系统欺诈，盖维耶尔可能因此面临监禁或者罚款。

11.2.2 违规动机不明

用法兰西银行行长克里斯蒂安·努瓦耶的话形容说，盖维耶尔可谓"计算机天才"，居然通过了银行"5 道安全关"获得使用巨额资金的权限。

由于这名交易员并没有在任何交易盈亏中获取个人利益，银行方面表示还不清楚他违规操作的动机。不过，法国工会官员称，根据他们了解的情况，盖维耶尔近期正面临"家庭问题"，"可能有些不能自制"。

盖维耶尔自 2000 年来一直在兴业银行工作，作为交易员的他如今工资加奖金年收入不足 10 万欧元（合 14.57 万美元）。来自法国总工会的米谢勒·马尔谢认为，盖维耶尔也可能希望通过为银行赢取巨额利润来博得管理层欣赏，从而提高自己的奖金。

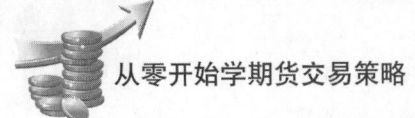

11.2.3　行业领袖蒙羞

法国兴业银行成立于 1864 年，有来自 77 个国家和地区的 12 万名员工以及 2200 万客户。以丑闻披露前 23 日的股价计算，兴业银行市值为 369 亿欧元，在欧洲居第 13 位。

不过，法国兴业银行最受业界推崇的还是它的金融投资业务，其盈利能力在同行业中属于佼佼者。尤其在风险较高的金融衍生品市场中，兴业银行凭借严格的风险控制管理能力长时间占据业界头把交椅。

然而，突然摆在眼前的 71 亿美元损失却让以风险控制管理扬名的兴业银行上下以及业界震惊不已。这几乎"抹去"了该行在业绩稳定期的全年利润。

违规丑闻披露后，兴业银行在巴黎证券交易所的股票被实施临时停牌，中午复牌后暴跌 6% 以上，最终在欧洲股市整体上扬的情况下收于 75.81 欧元，跌幅 4.14%。

11.3　巴林银行的倒闭

1995 年 2 月 26 日，一则消息震惊了整个世界金融市场。具有 230 多年历史，在世界 1000 家大银行中按核心资本排名第 489 位的英国巴林银行，因进行巨额金融期货投机交易，造成 9.16 亿英镑的巨额亏损，在经过国家中央银行英格兰银行先前一个周末的拯救失败之后，被迫宣布破产。后经英格兰银行的斡旋，3 月 5 日，荷兰国际集团以 1 美元的象征价格，宣布完全收购巴林银行。

11.3.1　事件的经过

巴林银行创立于 1762 年，已有 200 多年的历史。其最初从事贸易活动，后涉足证券业，19 世纪初，成为英国政府证券的首席发行商。此后 100 多年来，该银行在证券、基金、投资、商业银行业务等方面取得了长足发展，成为伦敦金融中心位居前列的集团化证券商，连英国女皇的资产都委托其管理，素有"女皇的银行"美称。

在《亚洲金融》杂志组织的由机构投资者评选亚洲最佳经纪活动中，巴林连续 4 年名列前茅；该集团 1993 年的资产为 59 亿英镑，负债 56 亿英镑，资本金加储备 4.5 亿英镑，海内外雇员为 4000 人，盈利 1.05 亿英镑；1994 年税前利润高达 1.5 亿英镑。该行目前管理 300 亿英镑的基金资产，15 亿英镑的非银行存款和 10 亿英镑的银行存款。

就是这样一个历史悠久、声名显赫的银行，竟受一个 28 岁的青年进行期货投机失败所累而陷入绝境。28 岁的尼克·里森 1992 年被巴林银行总部任命为新加坡巴林期货 (新加坡) 有限公司的总经理兼首席交易员，负责该行在新加坡的期货交易并实际从事期货交易。

第 11 章　期货交易的风险事件案例

1992年巴林银行有一个账号为"99905"的"错误账号"，专门处理交易过程中因疏忽而造成的差错，如将买入误为卖出等。新加坡巴林期货公司的差错记录均进入这一账号，并发往伦敦总部。1992年夏天，伦敦总部的清算负责人乔丹·鲍塞要求里森另行开设一个"错误账户"，以记录小额差错并自行处理，以省却伦敦的麻烦。由于受新加坡华人文化的影响，此"错误账户"以代码"88888"为名设立。

数周之后，巴林总部换了一套新的电脑系统，重新决定新加坡巴林期货公司的所有差错记录仍经由"99905"账户向伦敦报免，"88888"差错账户因此搁置不用，但却成为一个真正的错误账户留存在电脑之中。这个被人疏忽的账户后来就成为里森造假的工具。倘若当时能取消这一账户，则巴林银行的历史就可能改写了。

1992年7月17日，里森手下一名刚加盟巴林的王姓交易员手头出了一笔差错：将客户的20份日经指数期货合约买入委托误为卖出。里森在当晚清算时发现了这笔差错。要矫正这笔差错就须买回40份合约，按当日收盘价计算，损失为2万英镑，并应报告巴林总部。但在种种考虑之下，里森决定利用错误账户"8888"承接了40份卖出合约，以使账面平衡。由此，一笔代理业务便衍生出一笔自营业务，并形成了空头敞口头寸。数天以后，日经指数上升了200点，这笔空头头寸的损失也由2万英镑增加到6万英镑。里森当时的年薪还不足5万英镑，且先前已有瞒上不报的违规之举，因而他更不敢向总部上报了。此后，里森便一发而不可收，频频利用"88888"账户吸收下属的交易差错。仅其后不到半年的时间里，该账户就吸收了30次差错。为了应付每月底巴林总部的账户审查，里森就将自己的佣金收入转入账户，以弥补亏损。由于这些亏损的数额不大，结果倒也相安无事。

1993年1月，里森手下有一名交易员出现了两笔大额差错：一笔是客户的420份合约没有卖出，另一笔是将100份合约的卖出指令误认为买入。里森再次作出了错误的决定，用"88888"账户保留了敞口头寸。由于这些敞口头寸的数额越积越多，随着行情出现不利的波动，亏损数额也日趋增长至600万英镑，以致无法用个人收入予以填平。在这种情况下，里森被迫尝试以自营收入来弥补亏损。幸运的是，到1993年7月，"88888"账户居然由于自营获利而转亏为盈。如果里森就此打住，巴林银行的倒闭厄运也许又一次得以幸免。然而这一次的成功却从反面为他继续利用"8888"账户吸收差错增添了信心。

1993年7月，里森接到了一笔买入6000份期权的委托业务，但由于价格过低而无法成交。为了做成这笔业务，里森又按惯例用"88888"账户卖出部分期权。后来，他又用该账户继续吸收其他差错。结果，随着行情的不利变化，里森再一次陷入了巨额亏损的境地。到1994年时，亏损额已由2000万、3000万一直增加到7月份的5000万英镑。为了应付查账的需要，里森假造了花旗银行有5000万英镑的存款。其间，巴林总部虽曾派人花了1个月的时间调查里森的账目，但却无人去核实花旗银行是否真有这样一笔存款。

从 1994 年下半年起，尼克·里森在日本东京市场上做了一笔十分复杂、期望值很高、风险也极大的衍生金融商品交易，即日本日经指数期货。他认为日本经济走出衰退，日元坚挺，日本股市必大有可为。日经指数将会在 19000 点以上浮动，如果跌破此位，一般说日本政府会出面干预，故想赌一赌日本股市劲升，便逐渐买入日经 225 指数期货建仓。1995 年 1 月 26 日里森竟用了 270 亿美元进行日经指数期货投机。不料，日经指数从 1 月初起一路下滑，到 1995 年 1 月 18 日又发生了日本神户大地震，股市因此暴跌。里森所持的多头头寸遭受重创。为了反败为胜，他继续从伦敦调入巨资，增加持仓，即大量买进日经股价指数期货，沽空前日本政府债券。到 2 月 10 日，里森已在新加坡国际金融交易所持有 55000 份日经股价指数期货合约，创出该所的历史纪录，如图 11.4 所示。

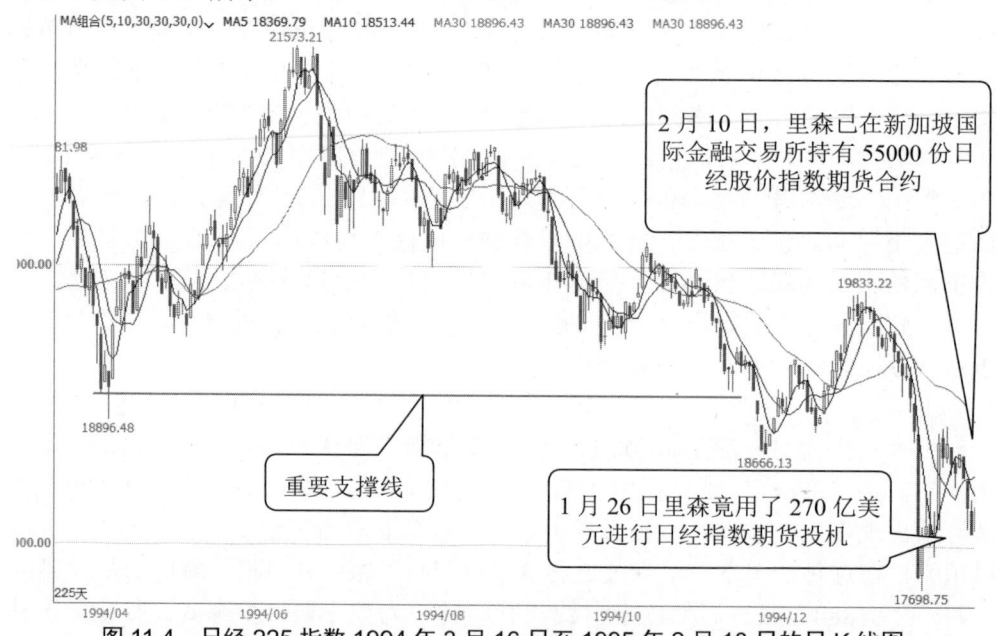

图 11.4　日经 225 指数 1994 年 3 月 16 日至 1995 年 2 月 10 日的日 K 线图

所有这些交易均进入"88888"账户。为维持数额如此巨大的交易，每天需要 3000 万～4000 万英镑。巴林总部竟然接受里森的各种理由，照付不误。2 月中旬，巴林总部转至新加坡 5 亿多英镑，已超过了其 47000 万英镑的股本金。

1995 年 2 月 23 日，日经股价指数急剧下挫 276.6 点，报收 17885 点，里森持有的多头合约已达 6 万余份，面对日本政府债券价格的一路上扬，持有的空头合约也多达 26000 份。由此造成的损失则激增至令人咋舌的 86000 万英镑；并决定了巴林银行的最终垮台。当天，里森已意识到无法弥补亏损，于是被迫仓皇出逃。

26 日晚 9 点 30 分，英国中央银行英格兰银行在没拿出其他拯救方案的情况下只

第 11 章 期货交易的风险事件案例

好宣布对巴林银行进行倒闭清算，寻找买主，承担债务。同时，伦敦清算所表示，经与有关方面协商，将巴林银行作为无力偿还欠款处理，并根据有关法律赋予的权力，将巴林自营未平仓合约平仓，将其代理客户的末平仓合约转移至其他会员处置。27 日（周一），东京股市日经平均指数再急挫 664 点，又令巴林银行损失增加了 2.8 亿美元，使全部损失达 6 亿英镑，约 9 亿多美元。截止到当日，尼克里森所持的末平仓合约总值达 270 亿美元，包括购入 70 亿美元日经指数期货，沽出 200 亿美元日本政府债券与欧洲日元。

在英国央行及有关方面协助下，3 月 2 日（周四），在日经指数期货反弹三百多点的情况下，巴林银行所有（不只新加坡的）未平仓期货合约（包括日经指数及日本国债期货等）分别在新加坡国际金融期货交易所、东京及大阪交易所几近全部平掉，如图 11.5 所示。

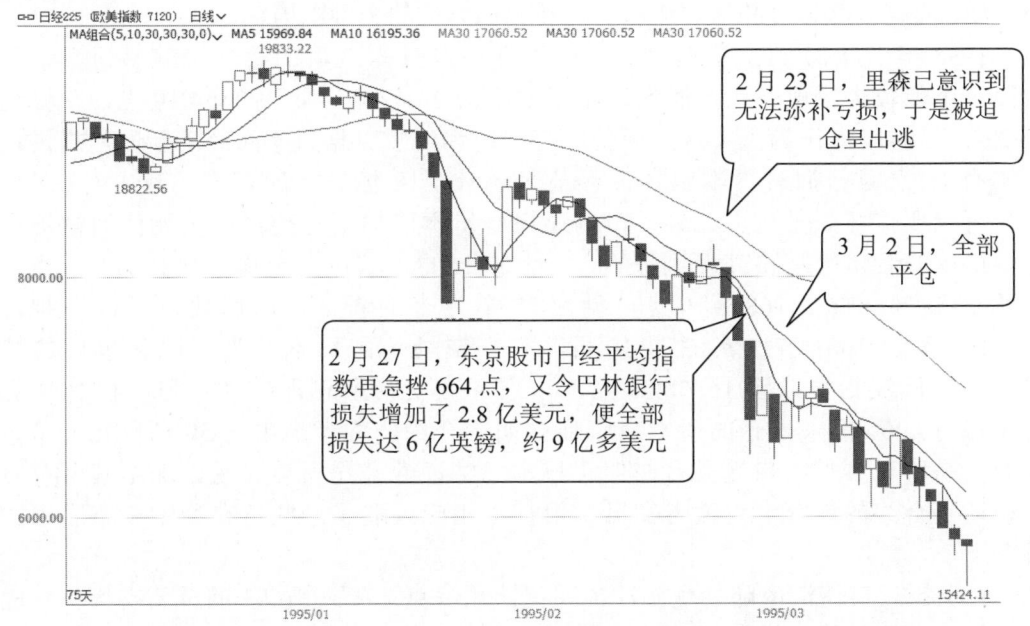

图 11.5 日经 225 指数 1994 年 12 月 5 日至 1995 年 3 月 24 日的日 K 线图

至此，巴林银行由于金融衍生工具投资失败引致的亏损高达 9.16 亿英镑，约合 14 亿多美元。3 月 6 日，荷兰荷兴集团与巴林达成协议，愿出资 7.65 亿英镑（约 12.6 亿美元）现金，接管其全部资产与负债，使其恢复运作，将其更名为"巴林银行有限公司"，3 月 9 日，此方案获得英格兰银行及法院批准，荷兰荷兴集团收购巴林银行的法律程序完成，巴林全部银行业务及部分证券、基金业务恢复运作。至此，巴林倒闭风波暂告一段落，令英国人骄傲两个世纪的银行已易新主，可谓百年基业毁于一旦。

此案中，使巴林银行遭受灭顶之灾的尼克·里森于1995年2月23日被迫仓皇逃离新加坡，3月2日凌晨，在德国法兰克福机场被捕，11月22日，应新加坡司法当局的要求，德国警方将在逃的里森引渡到新加坡受审。12月2日，新加坡法庭以非法投机并致使巴林银行倒闭的财务欺诈罪名判处里森有期徒刑6年6个月，同时令其缴付15万新加坡元的诉讼费。1999年4月5日，新加坡司法当局宣布，因其在狱中表现良好，提前于1999年7月3日获释出狱，并将其驱逐出境。7月4日，里森回到伦敦。

11.3.2 事件的后果及影响

巴林银行的破产，对国际金融市场造成了严重的冲击，影响的范围，直接波及新加坡、东京、大阪、伦敦、中国香港和其他有关的金融市场。

1995年2月27日，星期一，巴林事件公开披露之后的第一个交易日，新加坡股市出现较大幅度下跌，海峡时报指数跌夫20.42点，收报2094.10点，跌幅达0.92%。日本股市作为重灾区，所受的打击更为沉重。据日本《经济新闻》报道：日本有15家银行拥有日本巴林证券公司总计7.18亿美元的资产。其中有5.3亿美元可能要作坏账处理。此外，市场还担心日本巴林证券公司为了还债而被迫平仓。日本的股市因之格外受到拖累，2月27日的东京日经平均指数狂泻954点，跌幅达5.4%，收报16808.70点，创出15个月来的新低。以后数日继续下挫，3月1日跌至16618.71点。3月10日，东京市场传闻日本有类似巴林事件的情况出现，日经指数跌至16358.38点，东京证券交易所迅即宣布：日本巴林证券公司持有4900份未平仓的日本政府证券期货合约，估计损失达50亿日元。东京证券交易所理事长山口光秀宣布停止日本巴林证券公司所有交易，冻结其所有股票和期货合约的库存。大藏省和日本银行也相应采取了一些旨在稳定东京股市的对策。

在英国，英镑汇率随之受到冲击，英镑兑马克汇率跌破2.3的重要支撑位，成为两年多来的新低。伦敦金融时报100指数3月8日收报52986.9点。英格兰银行行长艾迪.乔治表示，新加坡巴林期货公司造成的损失已超过了该公司约2亿英镑的现金准备。而且，由于持有的大部分期货合约要到3月中旬才到期，因而最终的损失可能还会增加。乔治还补充道，英格兰银行将尽快对巴林事件展开全面的调查，并进行必要的处理和采取有效的防范措施。

巴林事件使马来西亚、韩国及印度等国的金融管理当局深感震惊，因为这些国家正计划推出期货交易。吉隆坡的官员表示，在原来酝酿推出两种期货交易之前，他们将对有关的监管法规和措施再次进行更严密的审核。韩国金融及经济管理局表

第 11 章　期货交易的风险事件案例

示,它将对来自海外金融衍生工具的交易加强控制,建立涨跌停板制度,规定强制性的保证金比率,以避免出现过度的风险。印度证券交易局主席迈赫塔表示,在推出期权和期货交易之前,他们肯定会把巴林事件考虑在内。

巴林事件在香港金融市场引起了很大反响。香港股市在开市的第一天,即 2 月 27 日,立即作出向下的反应,恒生指数一度深跌 200 多点。2 月 28 日起,大批的客户涌入巴林(香港)公司,提出储存在该公司的股票,转移到百富勤等其他证券公司。3 月 10 日,恒生指数跌穿 8000 点整数关。此外,台北股市也下跌了 3.1%,菲律宾联合交易所成分指数下跌 4.2%,韩国的股市下跌 2.25%。香港证监会也很快作出反应,于 2 月 27 日根据《证券及期货事务监察委员会条例》第 39(1) 条及第 40 条赋予的限制注册人业务的权力,宣布对巴林银行在证监会注册经营证券及期货业务的所有公司实施停牌处理。当时,巴林(香港)公司持有 4.4 亿港元的股票。9000 份期货合约和 1.2 万份期权合约。巴林兄弟有限公司持牌银行业务于 2 月 27 日上午 9 时暂停营业。香港金融管理局称,巴林银行香港分行虽无问题,但也须暂停办理业务,资金不得转出香港。巴林证券有限公司亦被暂停交易,其在期货交易所的未平仓合约亦由其他公司代行平仓。直至 3 月 10 日,随着荷兰国际集团 (ING) 收购巴林兄弟有限公司及巴林证券有限公司的业务和资产以及巴林资产管理控股有限公司的所有股份以后,香港证券及期货事务监察委员会才正式撤销了对香港巴林期货有限公司、香港巴林证券有限公司、巴林资产管理(亚洲)有限公司、巴林国际基金管理有限公司及巴林国际投资(远东)有限公司的业务限制令,但其中香港巴林证券有限公司及香港巴林期货有限公司的交易活动仍有待香港联合交易所及香港期货交易所的批准。同时,巴林兄弟银行也继续受到香港金融管理局业务限制令的禁阻。为确保香港金融衍生工具市场的正常运行,香港期货交易所决定将每份恒指期货合约的保证金由 4 万港元增至 4.5 万港元。同日,香港金融管理局还表示,该局正在等待英格兰银行针对巴林事件的调查作出处理意见和建议,以便进一步制定监管衍生工具的指导准则,杜绝类似巴林事件的情况再度发生。

香港金融管理局还以巴林事件为契机,对有资格从事金融衍生工具交易的金融机构进行了调查,结果表明,积极参与金融衍生工具交易的多为外资机构,香港当地的金融机构主要从事金融衍生工具的对冲交易,以避免风险、减少损失为目的。此项调查还显示,大部分金融机构均有一套审慎的风险管理守则,但仍有不到半数的金融机构其守则未获董事会批准,与巴塞尔委员会建议董事会必须清楚了解银行参与金融衍生工具交易情况的要求不符,其内部的监管素质有待提高。

11.4 国债"3·27"事件

1995年2月23日,上海证券交易所发生了震惊中外的"3·27"国债事件,当事人之一的管金生由此身陷牢狱,另一当事人尉文渊被免掉上交所总经理的职务。事隔二十几载,尤其是在当前监管当局要求加强监管力度的情况下回顾"3·27"事件,对我们认识中国金融市场,认识监管的重要性不无助益。

1992年12月18日,上海证券交易所首先向证券商自营推出了国债期货交易。但由于国债期货不对公众开放,交投极其清淡,并未引起投资者的兴趣。

1993年10月25日,上交所国债期货交易向社会公众开放。与此同时,北京商品交易所在期货交易中率先推出国债期货交易。1994~1995年春节前,国债期货飞速发展,全国开设国债期货的交易场所从两家陡然增加到14家(包括两个证券交易所、两个证券交易中心以及10个商品交易所)。由于股票市场的低迷和钢材、煤炭、食糖等大宗商品期货品种相继被暂停,大量资金云集国债期货市场尤其是上海证券交易所。1994年全国国债期货市场总成交量达2.8万亿元。

此时"3·27"事件发生了,"3·27"国债是指1992年发行的三年期国债92(三),1995年6月到期兑换。1992~1994年中国面临高通胀压力,银行储蓄存款利率不断调高,国家为了保证国债的顺利发行,对已经发行的国债实行保值贴补,保值贴补率由财政部根据通胀指数每月公布。因此,对通胀率及保值贴补率的不同预期,成了"3·27"国债期货品种的主要多空分歧。以上海万国证券为首的机构在"3·27"国债期货上做空,而以中经开为首的机构在此国债期货品种上做多。

当时虽然市场传言财政部将对"3·27"国债进行贴息,但在上海当惯老大的管金生就是不信这个邪。当然,管金生的分析不无道理:国家财政力量当时极其空虚,不太可能拿出这么大一笔钱来补贴"3·27"国债利率与市场利率的差,而且当时通胀局势已经得到初步控制。另一方面,由于长期身处证券市场,管金生对市场传闻的不相信是一种与生俱来的感觉。于是管金生出手,联合辽国发等一批机构在"3·27"国债期货和约上做空。

1995年2月23日,传言得到证实,财政部确实要对"3·27"国债进行贴息,此时的管金生已经在"3·27"国债期货上重仓持有空单。据说,当时管金生曾经要求上交所总经理尉文渊为万国证券的持仓多开敞口,但遭到尉文渊的拒绝。而尉文渊并不知道,管金生此时已经在"3·27"国债期货上超过规定持仓量很多。

据说,面对中经开为首的机构借利好杀将过来,本来管金生还能勉强稳住阵脚,但此时万国证券的重要盟友辽国发突然翻空为多,联盟阵营的瓦解让空方始料不及,管金生面对巨额亏损,恶胆向边生,于是,在下午4:22,管金生开始出手,短短的8分钟之内，万国证券抛出大量的卖单，最后一笔730万口的卖单让市场目瞪口呆（按照上交所的规定，国债期货交易1口为2万元面值的国债，730万口的卖单为1460亿元，而当时"3·27"国债总共只有240亿元），据说，在最后8分钟内，万国证券共抛空"3·27"国债1056万口（共计2112亿元的国债）。

"3·27"国债期货收盘时价格被打到147.40元。当日开仓的多头全线爆仓，万国证券由巨额亏损转为巨额盈利。但成交量的迅速放大并不能说明问题，关键是期货交易的保证金根本没有，一句话，是透支交易，但反映在期货价格上却成为当天的收盘价。

11.5 亨特兄弟操纵白银事件

20世纪70年代初期，白银价格在2美元/盎司附近徘徊。由于白银是电子工业和光学工业的重要原料，邦克·亨特和赫伯特·亨特兄弟俩图谋从操纵白银的期货价格中获利。

11.5.1 第一次买进白银

白银价格从1973年12月的2.90美元/盎司开始启动和攀升。此时，亨特兄弟已经持有3500万盎司的白银合约。不到两个月，价格涨到6.70美元，但当时墨西哥政府囤积了5000万盎司的白银，购入成本均在2美元/盎司以下，墨政府决定立即以每盎司6.70美元的价格获利。墨西哥人冲垮了市场，银价跌回4美元左右。

11.5.2 第二次买进白银

此后的四年间，亨特兄弟积极地买入白银，到1979年，亨特兄弟通过不同公司，伙同沙特阿拉伯皇室以及大陆、阳光等大的白银经纪商，拥有和控制着数亿盎司的白银。当他们开始行动时，白银价格正停留在6美元/盎司附近。之后，他们在纽约商业交易所（NYMEX）和芝加哥期货交易所（CBOT）以每盎司6～7美元的价格大量收购白银。年底，他们已控制了纽约商品交易所53%的存银和芝加哥商品交易所69%的存银，拥有1.2亿盎司的现货和0.5亿盎司的期货，如图11.6所示。

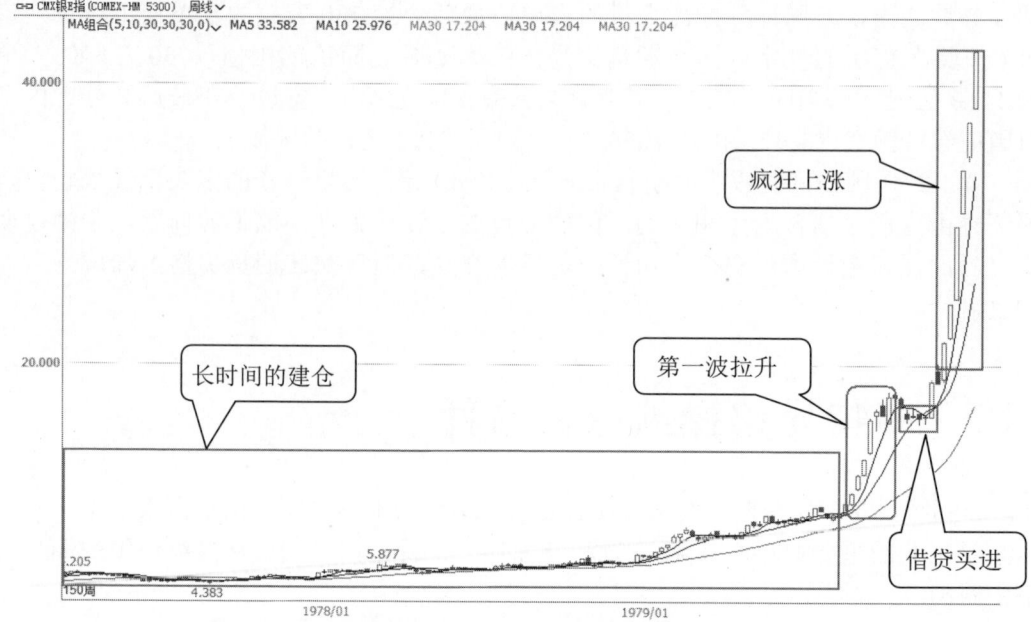

图 11.6 美白银的周 K 线图

在他们的控制下，白银价格不断上升，到 1980 年 1 月 17 日，银价已涨至每盎司 48.7 美元。1 月 21 日，银价已涨至有史以来的最高价，每盎司 50.35 美元，比一年前上涨了 8 倍多。这种疯狂的投机活动，导致白银的市场供求状况与生产和消费实际脱节，市场价格严重地偏离其价值。

就在亨特兄弟疯狂采购白银的过程中，每张合约保证金只需要 1000 美元。一张合约代表着 5000 盎司白银。在 2 美元/盎司时，1000 美元合 10%；而价格涨到 49 美元/盎司时就显出少得可怜了。所以，交易所决定提高交易保证金。交易所理事会鉴于形势严峻，开始缓慢推行交易规则的改变，但最终把保证金提高到 6000 美元。后来，索性出台了"只许平仓"的规则。新合约不能成交，交易池中的交易只能是平去已持有的旧头寸。

11.5.3 接盘失败和价格崩溃

最后，纽约商品期货交易所在 CFTC（美国商品期货委员会）的督促下，对 1979—1980 年的白银期货市场采取措施，这些措施包括提高保证金、实施持仓限制和只许平仓交易等。其结果是降低空盘量和强迫逼仓者不是退出市场就是持仓进入现货市场，当然，由于占用了大量保证金，持仓成本会很高。当白银市场的高潮在 1980 年 1 月 17 日来临之时，意图操纵期货价格的亨特兄弟无法追加保证金，在 1980 年 3 月 27 日接盘失败，如图 11.7 所示。

第 11 章　期货交易的风险事件案例

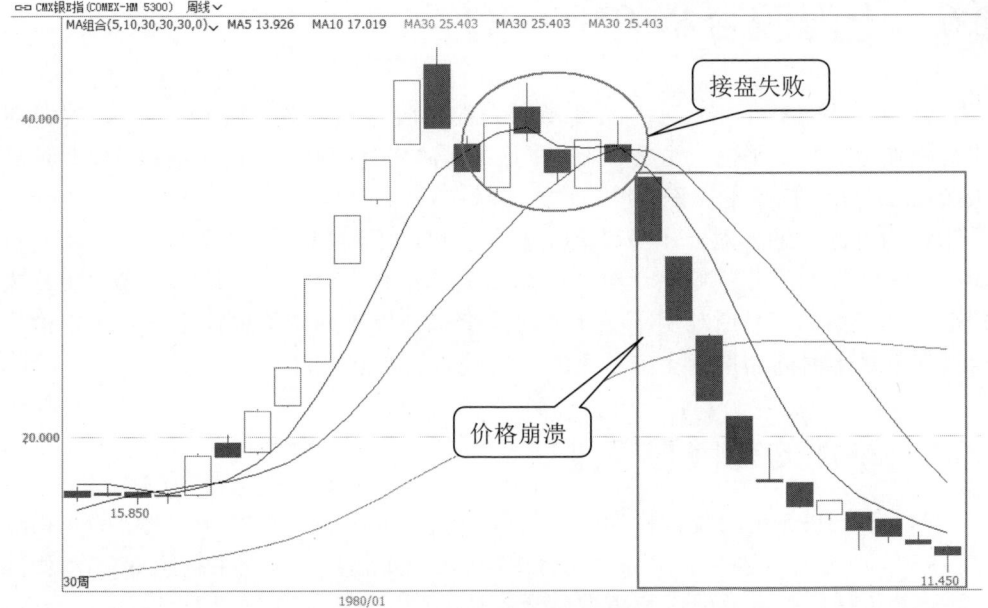

图 11.7　接盘失败和价格崩溃

　　价格下跌时，索还贷款的要求降临在亨特兄弟面前。他们用借贷买进白银，再用白银抵押借贷更多款项。现在他们的抵押品的价值日益缩水，银行要求更多的抵押品。3 月 25 日，纽约投资商 Bache 向亨特兄弟追索 1.35 亿美元，但是他们无力偿还。于是 Bache 公司指示卖出亨特兄弟抵押的白银以满足自己的要求。白银倾泻到市场上，价格崩溃了。

　　亨特兄弟持有数千张合约的多头头寸。单单为了清偿债务，他们就要抛出 850 万盎司白银，外加原油、汽油等财产，总价值接近 4 亿美元。亨特兄弟去华盛顿求晤政府官员，试图争取财政部贷款给他们，帮助他们渡过难关。此时，亨特兄弟手里还有 6300 万盎司白银，如果一下子抛出，市场就会彻底崩溃。另外，美国的一些主要银行，如果得不到财政部的帮助来偿还贷款，也要面临破产的危险。在权衡利弊之后，联邦政府最终破天荒地拨出 10 亿美元的长期贷款来拯救亨特家族及整个市场。

11.5.4　事后总结

　　从亨特兄弟操纵白银市场的事件中可以看出，当期货交易所一旦发现有操纵市场行为的企图，就一定要及时采取行之有效的措施，制止操纵危机的大面积爆发。同时，作为市场规则的制定者和监督者，监管机构在解决由操纵引发的风险中的作用是无可替代的。监管者在面对由于操纵风险而造成市场机制失灵时，应该根据自己的实力拿出最终解决危机的方案，以维护整个金融市场的安全与稳定。

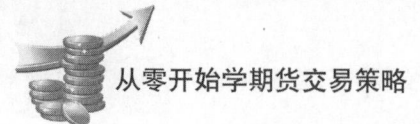

11.6 上海胶合板 9607 事件

1996年6月13日，上海商品交易所为控制胶合板9607合约的风险，决定对该合约实施强制性协议平仓，并提前摘牌，且不实施实物交割。最终空头以44.20元/张，多头按45.20元/张的价格平仓。

未经历过此事的人对此不免疑惑难解，多空以不同的价格协议平仓，岂不是有违于期货"零和"的游戏规则吗？空低多高造成的平仓差价由谁来填补？事实上，为了维护市场的平稳，交易所动用了交易所风险金弥补以不同价格协议平仓所形成的资金缺口。这就是国内商品期货史上罕见的上海胶合板9607事件。

11.6.1 事件的起因与经过

1994年和1995年的胶合板期市成为国内期货市场最大的热点，大量的热钱逐利其中，9507合约更是达到了巅峰，期价由40元/张起步，一路上扬至62元/张的天价。高企的价格使胶合板现货商及进口商兴奋不已。大量的现货涌进交易所注册仓库，大量的印尼胶合板流入本已过剩的国内市场，使原本就已低迷的胶合板现货市场雪上加霜。最终9507多头以巨额的资金接下了20万手现货，这些实盘一直堆放在交割仓库，沉重的库存压力使原本火爆异常的上海胶合板期市在其后几个月时间里相对冷静了许多。

沪板9607合约就是在这种相对冷静的环境中推出的。1995年12月10日，上海商品交易所推出胶合板9607、9609合约。由于当时主力资金集中在苏板以及沪板9603、9605之上，9607合约自推出之日至1996年3月7日，一直受到冷遇，期价由推出时的45元/张逐步回落，3月7日因谣传国产胶合板可从9607合约开始用于交割，9607合约顿告跌停至41.90元/张，此时成交量才初次突破5万手，持仓量亦仅12万余手。3月8日，中国证监会发出通知，停止苏交所红小豆期货合约交易，撤离苏红的大量资金急于寻找投资方向，胶合板自然而然地成为首选对象。由于当时苏板几个主要合约持仓量均接近当时的持仓限制量，新主力介入困难较大，于是沪板便成为苏红撤出资金争夺的焦点，尤其是9607合约因其时间适中，盘口较轻，成为这些游资介入的首选对象。在随后三周时间里，多空主力展开了占仓大战，迅速将9607合约持仓量扩大至60万手的边缘，而期价却一直维持在42.00～43.00元/张，上下均显得十分艰难，同时因持仓量已接近60万手，限制了主力施展的空间，多空唯有僵持，静待时机。

时至5月31日，市场突然谣传空头主力有大量的资金到账，空头主力亦巧借套保头寸仅收5%保证金之优势恣意打压。沪板9607合约自43.80元/张开盘后一路下滑，在散户多头的平仓抛压之下很快滑至跌停板，维持两月之久的平衡终于被打破，但主

力多头并未出现恐慌,持仓量仍维持在 60 万手以上;次日开盘,空头主力得理不饶人,以 55％的保证金继续大量放空,9607 合约再封跌停,持仓量扩大至 62.5 万手;6 月 3 日,9607 合约继续扩仓打跌停;6 月 7 日开盘即突破 40.0 元/张的心理关口,空头主力意欲逼多头割肉斩仓,但收效甚微,相反期价一破 40.00 元/张关口,几乎无人再敢跟空,空头主力已是骑虎难下,越陷越深,同时资金开始吃紧。

当期价运行至 39 元/张的低价区时,入市接现货的买方套期保值者骤然增加,多方新生力量的加入,使空方主力的命运顿时变得坎坷起来。恰在此时,上商所于 6 月 6 日宣布取消持仓限制,发布了《对交易保证金按持仓量实施分段管理办法的通知》。市场对此反应极为强烈,一致解释此为利多因素,于是多头主力借机发力。面对买方套保者及多头投机势力双重夹击,一时间,空头趋于崩溃,忙于斩仓,多头当仁不让,9607 合约于 6 月 7 日探低至 38.40 元/张后迅速被多头推上停板 40.8 元/张,此后连续三天,天天无量涨停,空头连砍仓的机会都没有,市场风险顿增。

空头在 9607 合约上的致命处在于其持仓巨大,且相当集中,据了解当时空头主力在 9607 合约上的持仓主要集中在 6 个会员手中,单边最高持仓达 59 万余手,其风险之巨可想而知。面对天天无量涨停的 9607 合约及命倾在即的空头,交易所为了控制风险,不得不出面干涉。6 月 13 日,交易所果断地停止 9607 合约的交易,实施协议平仓,并将 9607 合约提前摘牌,且不实施实物交割。最终 9607 合约按照空头以 44.20 元/张,多头按照 45.00 元/张的价格实施强制性协议平仓,其中的价差由交易所以交易风险金补足。

沪板 9607 事件的结果是:交易所在一定程度上缓解了多空急剧恶化的矛盾,有效地控制了风险,但是经过这一番折腾,胶合板期市犹如害了一场大病,元气大伤,交易量与持仓量日益萎缩。

可以说,9607 事件是国内胶合板期市的分水岭,以此为转折,胶合板期货告别了辉煌的鼎盛时期而转入沉寂的不归路。因此,将 9607 事件作为造成胶合板期市走向沉寂的罪魁祸首并不为过。

11.6.2 反思与总结

沪板 9607 事件虽然已成为历史,但给我们的教训是深刻的。9607 事件不仅向我们充分显示了过度投机对市场的危害,同时也揭示了国内胶合板期货所存在的缺陷。

(1)采用持仓总额限制方法,根本起不到抑制过分投机的作用,相反主力机构利用持仓限制的有利条件,抢占仓位蓄意操纵市场。可以说持仓总额限制是导致 9607 事件的一个主要原因。

(2)市场分布不合理。沪苏两个交易所位于同一区域,相隔较近,易形成市场之间的恶性竞争。两个交易所为了各自的利益,争夺市场份额,人为地用行政手段在市场上设置障碍，加剧了行政干涉与市场自由竞争之间的矛盾。两个交易所期价相背离，却又难以实施跨市套利，两个交易所的同时存在显得毫无必要。

（3）进口板理论价格与实际价格的长期背离，使真正的套保者无法进入市场，胶合板期货失去了赖以存在的基础，变成了一个单纯的投机品种，注定迟早会出问题。

（4）沪板 9607 事件给予交易所的教训也是相当深刻的。在 9607 事件中，交易所风险控制方面显得十分被动与消极。9607 合约持仓量一直高居持仓限制线之上，且某些会员单位持仓十分集中，这些足以引发风险的因素并没有引起交易所的充分重视，导致风险事故的发生。

11.7 红小豆期货事件

我国自 20 世纪 90 年代以来也在不断探索如何利用红小豆期货交易为生产和流通服务，先后有北京、上海、大连、长春、海南等 8 家交易所推出红小豆期货交易，其中以大津联交所和苏交所交易最为活跃。

11.7.1 红小豆期货推出期

由于有东京谷物交易所红小豆期货交易的成功范例，也基于天津及其附近地区的朱砂红小豆在红小豆出口中居于龙头地位的事实（1993 年经天津港输往日本的红小豆达 5 万多吨），天津联合交易所于 1994 年 9 月率先推出红小豆期货合约进行交易，交易标的物为可在东京谷物交易所替代交割的天津红小豆，宝清红和唐山红优质红小豆可贴水交割，1994 年 11 月，又规定普通红小豆亦可贴水交割。

天津红上市不久价格就逐级下滑，从 5600 元/吨下滑至 503 合约的 3680 元/吨。507 合约上市后由于现货市场持续低迷，期价一路下跌。当其价格跌至 3800 元/吨左右时，多头主力一方面在现货市场上大量收购现货，另一方面在低位吸足筹码，逐步拉抬期价。随着市场游资的加入，从 5 月中旬开始，507 合约成交量、持仓量开始放大。6 月初多头主力开始发力，连拉两个涨停板，涨至 5151 元/吨。为了抑制过度投机，交易所在 6、7、8 日连续发文要求提高交易保证金。9 日市场多头主力拉高期价至 5000 元和 4980 元，至 9：30，场内终端全部停机。第二天，交易所宣布 9 日交易无效，507 合约停市两天。随后，交易所采取措施要求会员强制平仓。这就是"天津红 507 事件"。

11.7.2 苏州红期货后来居上

苏州商品交易所于 1995 年 6 月 1 日正式推出红小豆期货合约交易，其交易标的物为二等红小豆。由于红小豆现货市场低迷，苏州红 1995 系列合约一上市就面临巨大实盘压力，仓库库存一直持续增加，致使期价连创新低，9511 曾创下 1640 元 / 吨的低价。期价的偏低和 1995 年红小豆减产等利多消息促使很多资金入市抄底，随着 1996 年诸合约的陆续上市，多头主力利用交易所交割条款的缺陷和持仓头寸的限制以及利多消息的支持，蓄意在 1996 年系列合约上逼空。9602 合约期价于 10 月中旬以 3380 元 / 吨启动后至 11 月 9 日价格涨至 4155 元 / 吨的高位，随后回落整理，进入 12 月再入暴涨阶段。12 月 15 日，苏交所通知严禁陈豆、新豆掺杂交割，19 日公布库存只有 5450 元 / 吨。多头借机疯狂炒作，在近一个月的时间里价格从 3690 元 / 吨涨至 5325 元 / 吨。空头主力损失惨重，同时拉爆了很多套期保值者。

1996 年 1 月 8 日，中国证监会认为苏州红小豆合约和交易规则不完善，要求各持仓合约头寸减仓和不得开出 9608 以后的远期合约，1 月 9 日、10 日，苏州红开盘不入即告跌停，又使在高位建仓的多头头寸面临爆仓和巨大亏损的风险。之后，苏交所推出一系列强制平仓的措施，期价大幅回调。3 月 8 日，证监会发布通知停止苏交所红小豆期货合约交易。

11.7.3 天津红 9609 事件

苏州红小豆事件发生后，原来囤积在苏交所交割仓库的红小豆源源不断地涌入天津市场。天联所为防范风险，规定最大交割量为 6 万吨。多头遂集中资金优势，统一调配，通过分仓以对敲、移仓、超量持仓等手段操纵市场，使 1996 年各合约呈连续的多逼空态势，最终酿成了 9609 事件，再次对交易所的风险监管敲响了警钟。当年年底，受日本红小豆进口配额有可能增加的朦胧利好的刺激，期价进一步冲高，到 1997 年年初 9705 合约高达 6800 元 / 吨。1997 年春节前到 10 月底，期价呈辗转下跌寻求支持的态势，未能扭转颓势。

这一阶段行情的下跌有如下基本面的原因。
（1）是前期逼仓后果的理性回归。
（2）日本红小豆进口配额大大低于市场预期。
（3）中国商会针对全国出口厂商竞相杀价的局面决定停发出口许可证，数千吨对韩出口红小豆的指标作废，大量现货商在期货市场竞相抛空，实盘压力沉重，市场呈现供大于求的局面。

11.8 海南棕榈油 M506 事件

早期国内外棕榈油市场由于供求不平衡，全球植物油产量下降，而同期需求却持续旺盛，导致棕榈油的价格不断上涨。但到了 1995 年，国内外棕榈油市场行情却出现了较大的变化，棕榈油价格在达到高峰后，逐渐形成回落趋势。

11.8.1　M506 合约多空对峙的起因

1995 年第一季度海南棕榈油期价一直于 9300 元/吨以上横盘，但在 M506 合约上，市场投机者组成的多头阵营仍想凭资金实力拉抬期价。而此时又遇到了一批来自以进口商为主的空头势力，在国内外棕榈油价格下跌的情况下，以现货抛售套利，由此点燃了 M506 合约上的多空战火。

11.8.2　M506 合约行情的走势及最后结果

1995 年 3 月以后，多空的激烈争夺令 M506 合约上的成交量和持仓量急剧放大，3 月 28 日持仓一度达到 47，944 手的历史最高位。与此同时，有关部门发出了期货监管工作必须紧密围绕抑制通货膨胀，抑制过度投机，加大监管力度，促使期货市场健康发展的通知。国家的宏观调控政策是不允许原料价格上涨过猛的，对粮油价格的重视程度也可想而知。这就给期货市场上的投机商发出了明确的信号，而此时，M506 合约上的多空争夺硝烟正浓。

多头在来自管理层监控及国内外棕榈油价格下跌双重打压下匆忙撤身，而空方则借助有利之势乘机打压，使出得势不饶人的凶悍操作手法，1995 年 4 月，将期价由 9500 元以上高位以连续跌停的方式打到 7500 元一线。而此时的海南中商所施行全面放开棕榈油合约上的涨跌停板限制，让市场在绝对自由的运动中寻求价格。多头在此前期价暴跌之中亏损严重，此时哪有还手之力。这又给空方以可乘之机，利用手中的获利筹码继续打低期价，在 M506 临近现货月跌到了 7200 元的水平。至此，M506 事件也告结束。

11.9　上海粳米事件

粳米期货交易从 1993 年 6 月 30 日由上海粮油商品交易所首次推出到 1994 年 10 月底被暂停交易，价格出现过三次明显上涨。

第一次，1993 年第四季度，在南方大米现货价大幅上涨的带动下，粳米期货从 1400 元/吨上升至 1660 元/吨。

第二次，1994 年春节前后，受国家大幅提高粮食收购价格的影响，期价从 1900 元/吨涨到 2200 元/吨。

第 11 章 期货交易的风险事件案例

第三次，1994 年 6 月下旬至 8 月底，在南涝北旱自然灾害预期减产的心理作用下，期货价格从 2050 元 / 吨上扬到 2300 元 / 吨。

到了 7 月初，上海粮油商品交易所粳米期货交易出现多空对峙局面。空方认为，国家正在进行宏观调控，加强对粮食的管理，平抑粮价政策的出台将导致米价下跌；多方则认为，进入夏季以来，国内粮食主产区出现旱涝灾害，将会出现粮食短缺局面，而且当时上海粳米现货价已达 2000 元 / 吨，与期货价非常接近。双方互不相让，持仓量急剧放大。随即，空方被套，上粮所粳米价格稳步上行形成了多逼空格局。

7 月 5 日，交易所作出技术性停市之决定，并出台限制头寸措施。

7 月 13 日，上海粮交所出台了《关于解决上海粮油商品交易所粳米期货交易有关问题的措施》，主要内容包括：召开会员大会，要求多空双方在 7 月 14 日前将现有持仓量各减少 1/3；上述会员减少持仓后，不得再增加该部位持仓量；对新客户暂不允许做粳米期货交易；12 月粳米贴水由 15％降至 11％；交易所要加强内部管理等。

随即，多空双方大幅减仓，价格明显回落，9412 合约和 9503 合约分别从 2250 元 / 吨、2280 元 / 吨跌至最低的 2180 元 / 吨和 2208 元 / 吨。

谁知，进入 8 月，受南北灾情较重及上海粮交所对粳米期价最高限价规定较高的影响，多方再度发动攻势，收复失地后仍强劲上涨，9503 合约从最低位上升了 100 元 / 吨之多，9 月初已达到 2400 元 / 吨左右。

9 月 3 日，国家计委等主管部门联合在京召开会议，布置稳定粮食市场、平抑粮油价格的工作。

9 月 6 日，国务院领导在全国加强粮价管理工作会议上，强调抑制通货膨胀是当前工作重点。受政策面的影响，上海粳米期价应声回落，价格连续四天跌至停板，成交出现最低纪录。

9 月 13 日上午开盘前，上海粮交所发布公告，规定粳米合约涨跌停板额缩小至 10 元，并取消最高限价。受此利多刺激，在随后几个交易日中粳米期价连续以 10 元涨停板之升幅上冲。这时，市场上传言政府将暂停粳米期货交易。于是，该品种持仓量逐日减少，交投日趋清淡，但价格攀升依旧。

到 10 月 22 日，国务院办公厅转发了证券委《关于暂停粳米、菜籽油期货交易和进一步加强期货市场管理的请示》。传言得到证实，粳米交易以 9412 合约成交 5990 手、2541 元 / 吨价格收盘后归于沉寂。

11.10 住友铜事件

"住友铜事件"的发生，是作为首席交易员的滨中泰男刻意对抗市场的供求状况和蓄意操纵市场的行为所致的。此次事件全面爆发于 1996 年 6 月，整个事件持续了近 10 年。

早在 1991 年，滨中泰男在 LME 铜市场上就有伪造交易记录、操纵市场价格的迹象，但是没有得到及时处理。直到 1994 年和 1995 年，由于控制了许多交割仓库的库存，导致 LME 铜价从最初的 1600 美元 / 吨单边上扬，最终达到 3080 美元 / 吨的高位，如图 11.8 所示。

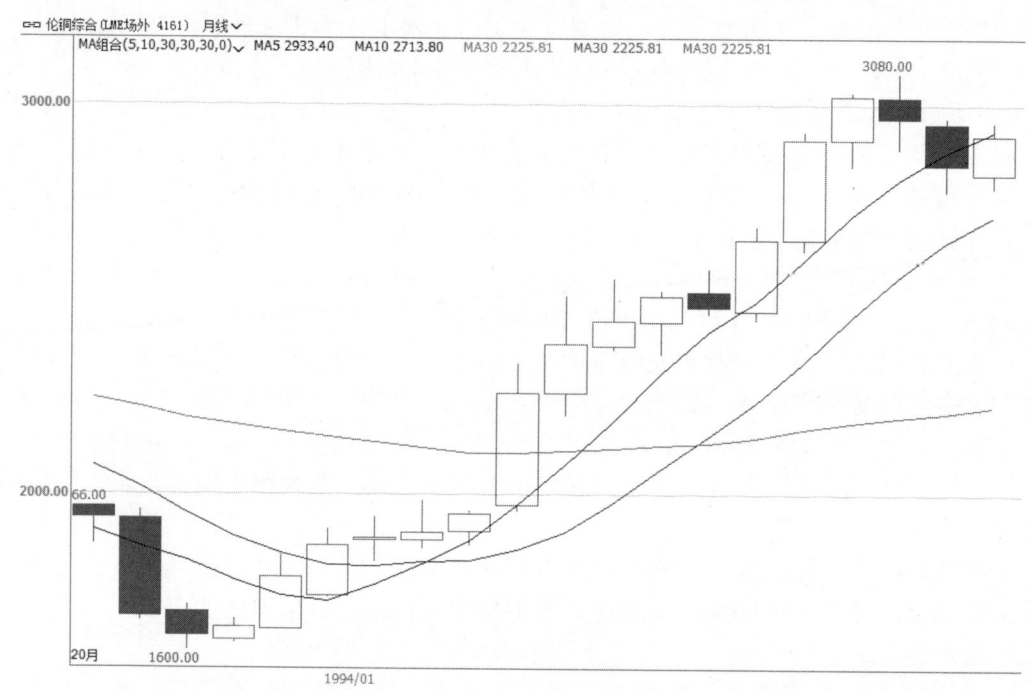

图 11.8　LME 铜 1993 年 8 月至 1995 年 3 月的月 K 线图

到 1995 年下半年，随着铜产量的大幅增加，越来越多的卖空者加入到抛售者的行列，但是滨中泰男继续投入几十亿多头头寸。终于在 1995 年 10、11 月，有人已经意识到期铜各月合约之间价差的不合理状态，要求展开详细调查。在对每个客户在各个合约上所持有的头寸及交易所仓库中仓单的所有权有了清晰的了解之后，LME 专门成立了一个专业人士组成的特别委员会，就如何处理进行了探讨。

此时，铜价的反常波动引起了英美两国证券期货监管部门的共同关注，滨中泰男企图操纵市场的行为也逐渐败露。监管部门的追查以及交易大幅亏损的双重压力，使滨中泰男难以承受。1996 年 5 月，伦敦铜价已经跌至每吨 2500 美元以下，有关滨中泰男将被迫辞职的谣言也四处流传。在这些传闻的刺激下，大量恐慌性抛盘使随后几周内铜价重挫 25% 左右，如图 11.9 所示。

第 11 章　期货交易的风险事件案例

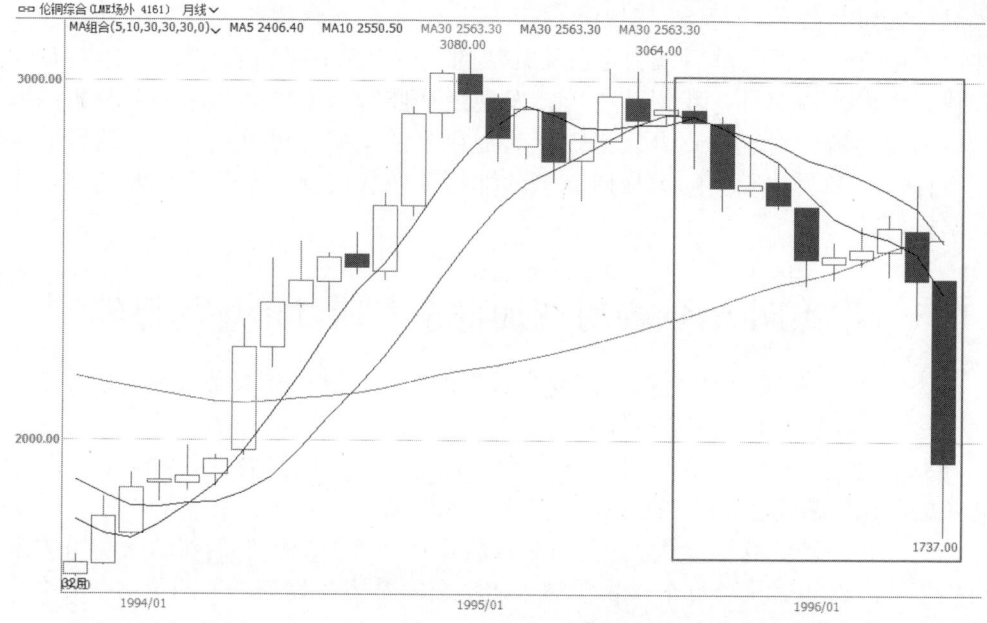

图 11.9　LME 铜 1993 年 11 月至 1996 年 6 月的月 K 线图

1996 年 6 月 5 日，滨中泰男未经授权参与期铜交易的丑闻在纽约逐渐公开。1996 年 6 月 24 日，住友商社宣布巨额亏损 19 亿美元并解雇滨中泰男之后，铜价更是由 24 小时之前的每吨 2165 美元跌至两年来的最低点每吨 1860 美元，狂跌之势令人瞠目结舌。事件发生后，按照当时的价格计算，住友商社的亏损额约在 19 亿美元左右，但是，接踵而来的恐慌性抛盘打击，更使住友商社的多头头寸亏损扩大至 40 亿美元。

11.11　国外期货市场早期逼仓事件

期货市场的操纵行为主要表现为逼仓，逼仓一般出现在可交割现货量不大的情况下。此时，逼仓者是市场中的买方，它既拥有大量的现货部位又拥有大量的期货部位。这样，可以使没有现货的空方或卖方在进入交割月以后只好以较高价格平掉自己的部位，因此，期货价格一般会偏离现货价格较远。

19 世纪是商品期货操纵者的黄金时期，那时，交易所制定的交易规则非常自由，没有对持仓量进行限制，董事会也没有对投机者进行有力的监督。因此，历史记载的操纵事件只是发生在大巨头中间的争夺，基本上交易所没有采取任何措施来制止逼仓的企图。也正是因为这些原因，一直缺乏关于那个时代大户活动的细节、价格波动及其他市场活动的详细记录，也没有与现货供给、需求相关的记载，更不会有监管者对操纵行为进行控制的记录。但是，不可否认的是，在这段时期发生的逼仓及操纵事件，无论成功与否，对后来制定监管立法的过程非常重要。仔细分析19世纪发生的有代表性的操纵事件，我们从中可以发现最初监管立法的思想来源，分析这些案例可以为交易所应对这类逼仓及操纵行为提供立法支持。可以这样说，这段时期的操纵事件，在多头与空头的力量博弈下，推动了期货监管立法的产生及随之而来的法规调整。

11.11.1 本杰明·哈钦森对芝加哥小麦期货市场的操纵

本杰明·哈钦森成为19世纪"逼仓时代"的象征，并受到其他投机者的尊敬。人们给他起了个昵称，叫作"老哈钦"。

1888年春天，他开始买进小麦现货和9月份交割的期货合约。据估计，他的平均购入成本在每蒲式耳0.87～0.88美元。老哈钦控制了芝加哥小麦储存量的绝大部分，那时，芝加哥小麦的仓储量大约在1500万蒲式耳。"老哈钦"的买盘被一群专业交易商接下了。这些交易商每个作物年的年初卖空，希望在收割季节的价格下降会让他们的空头平仓获利，如图11.10所示。

图11.10 小麦的收割季节

这样一来，9月小麦期货市场很快变成了"老哈钦"和空头们的"多空战场"。直到8月份，小麦的价格还在0.90美元/蒲式耳左右平稳运行。但是，一场严重霜冻的报告传到了芝加哥市场——这场霜冻摧毁了西北部地区的大部分收成。此时，欧洲作物的短缺大概有14000万蒲式耳之多，同时，对"老哈钦"拥有小麦的大量需求也导致价格的持续上涨。9月22日，价格突破了1美元的重要心理支撑点。然而，空方还在持续地卖空，希望哈钦森没有能力吸收小麦供应量的持续增加而撤退，最终让价

第 11 章　期货交易的风险事件案例

格跌下去，如图 11.11 所示。

图 11.11　多空对决

但是，"老哈钦"不停地买进小麦及合约。9 月 27 日（9 月合约到期的前三天），9 月期货合约开盘 1.05 美元，当天很快涨到 1.28 美元。一些小空头很恐慌，他们乞求"老哈钦"卖给他们一些合约。"老哈钦"对市场的影响力达到了最大，他决定以 1.25 美元的价格卖给空头们 12.5 万蒲式耳小麦。当时，他有能力给期货合约制定任何价格。9 月 28 日，他把合约价格定在 1.50 美元，但是最大的多头拒绝交割。

转天（最后一个交易日），他把价格定在 2.00 美元，并成为交割价。估计"老哈钦"接受了 100 万蒲式耳的小麦交割，还有 100 万蒲式耳的交割违约。

除去平均的买入成本，"老哈钦"在这场"战斗"中净赚 150 万美元。显然，"老哈钦"预测到小麦的短缺，并从中获利。他知道芝加哥的小麦库存很少，并长期控制了芝加哥有限的小麦库存，足以从空头那里榨取价格在 1.00 美元/蒲式耳以上的垄断收入。

芝加哥小麦的价格在几天内被严重扭曲，逼仓成功了，空方在这场没有硝烟的战斗中损失惨重。

11.11.2　约翰·里昂对芝加哥小麦期货的失败逼仓

1871 年 10 月 6 日，一场举世震惊的大火，"芝加哥大火"摧毁了芝加哥城的大半个城市。芝加哥 17 个 CBOT 认可的交割仓库中有 6 个被烧毁，大大地减少了芝加哥的小麦库存。小麦库存从 800 万蒲式耳减少到 550 万蒲式耳。在此情况下，主要的小麦商约翰·里昂感觉到这是一次很好的逼仓机会。一次，他和一名谷物交易商休·马赫以及 CBOT 的另一名中间商 F.J. 戴蒙德结成联盟。

1872 年春天，这群投机者开始买进小麦的现货和期货。整个春季，小麦的价格持续上涨。到了 7 月初，8 月合约已经卖到每蒲式耳 1.16～1.18 美元；7 月底，价格上涨到 1.35 美元/蒲式耳。价格的持续上涨导致谷物大量地涌入芝加哥。7 月初，每天运进 14000 蒲式耳。到了 8 月的第一个星期，每天运进 27000 蒲式耳。

8 月 5 日，芝加哥又发生了一次大火，烧毁了剩余的一个交割仓库——"爱荷华仓库"，进而使芝加哥的小麦库存再次减少了 30 万蒲式耳。此外，政府公布的关于坏天气的报告也助长了谣言。报告说：新作物将会成熟得很晚，赶不上 8 月份合约的交割。所有这些消息都意味着市场上存在超买的压力，导致 8 月 10 日的合约价格达到了 1.50 美元/蒲式耳，15 日价格又升至 1.61 美元/蒲式耳。此时，操纵行为也达到了顶点，如图 11.12 所示。

图 11.12　火烧交割仓库

芝加哥市场上如此高的价格促使农场主们加快收割。据称，他们通过铁路运来一种手提灯，使农场在晚上也能进行收割。同时，交易商也通过铁路向芝加哥运进了大量的小麦。在 8 月份的第二个星期，每天运到芝加哥 75000 蒲式耳的小麦，到了 19 日，就是令人大为震惊的每天 172000 蒲式耳。而在 8 月下旬，每天运进芝加哥的小麦达到 175000～200000 蒲式耳。同时，这段时期正常的交易渠道也颠倒了。通常情况下，小麦从芝加哥装船途经布法罗运往西海岸城市。算上运输成本的话，布法罗的小麦价格应该高于芝加哥。但是在 1872 年 8 月，芝加哥的小麦价格太高了，以致货主把小麦从布法罗运回到芝加哥卖给里昂都是明智之举。

事实上，里昂为了使他的逼仓成功，必须把价格保持在一个高水平，因此，也不得不大量买进不断运进的芝加哥小麦。但是，持续运进的芝加哥小麦数量大大超过了他的预期和他的承受能力。他不得不向当地银行借更多的钱。然而，芝加哥银行不愿意再借给他额外的钱了。此外，在芝加哥大火后新建的仓库也开始投入使用。据估计，仓储量增加到 1000 万蒲式耳，比 1871 年大火之前还要多出 200 万蒲式耳，

第 11 章　期货交易的风险事件案例

这些都耗尽了里昂的财力。直到星期一的下午，8月19日，里昂还在持续地买进小麦。但是当他得知银行不再支持他时，他停止了，小麦的价格一下子跌了25美分。隔天，里昂逼仓失败的消息使小麦价格又狂跌了17美分。里昂彻底崩盘了，他已经没有能力偿还债务了。F.J.戴蒙德也撕毁了他们的协议，从人们的视线中消失了。

这起逼仓的企图以失败告终，投机者们高估了自己控制现货市场的实力，在持续增长的现货供应量面前败下阵了。显然，投机者是想利用芝加哥交割数量短缺的时机，但是他们想要达到自己的目的是不容易的：他们不仅要逼空芝加哥的可交割货源，而且还要吸纳芝加哥西部的小麦供应。他们做不到这一点，所做的努力最终失败了。

11.11.3　詹姆斯·A.帕滕被指控操纵小麦市场

历史上的詹姆斯·A.帕滕作为一名商人和投资者而不是投机者，积累了大量的财富，他经常被称为"小麦之王"。

帕滕从1907年7月开始囤积小麦，在作物连续短缺、出口需求很大的条件下保持多头部位。小麦现货的价格从1908年7月的0.85～0.90美元/蒲式耳上升到1909年5月初的1.44美元/蒲式耳，5月25日为1.50美元/蒲式耳。6月1日，现货价格为1.55美元/蒲式耳，在6月中旬，上升到1.55～1.60美元/蒲式耳。这时，有人指责帕滕操纵了5月的小麦期货，理由是交割前帕滕控制了过多的小麦现货并造成价格的持续上涨。帕滕的回答是，虽然他持有大量的小麦现货，但是小麦价格的上升与他无关，较高的价格是由基本的供求力量决定的。

现在看来，帕滕并没有进行逼仓的行为。主要的理由是，6月期货合约的价格高于5月期货的价格，而且1909年确实是欧洲作物短缺的一年，美国的作物价格因此也大大提高。对于帕滕而言，他只是利用可得的信息提前囤积了大量的现货，最关键的是，价格的扭曲与他无关。

从这些早期期货市场操纵的典型例子可以看出，当时所谓的操纵就是大巨头之间的多空争夺，争夺的成败主要取决于对交易产品基本面的了解和拥有足够多的资金。随着时间的推移，期货交易市场不断规范，交易产品价格扭曲的频率在降低，逼仓成功的次数在下降，交易所对操纵行为的控制和监管也在不断加强。为了创造公平的竞争环境，制止操纵行为的立法也出台了。

学习心得

附 录

女教师炒期货半年4万做到1450万，再回到起点

  2008年3月11日，对于武汉的万女士来说，是她人生中永远难忘的一天，作为"武昌女期民半年从4万做到1450万"这一期市神话的主角，万女士所持有的最后300手豆油合约因保证金不足于当日上午被强行平仓，其账户里最终剩下的资金不到5万元，一场千万富翁的美梦在持续近半个月后，宣告结束。

  半年炒成千万富翁。据相关期货公司知情人介绍，万女士退休之前的职业可能是教师。2005年7月，万女士拿着6万元开始涉足期货市场，此前，她已有10年炒股经历。步入期市头两年，万女士战绩并不出众，其保证金从最初的6万元缩水至4万元；直到2007年下半年，她的交易账户才逐渐引起了期货公司的注意。

  从2007年8月下旬起，万女士开始重仓介入豆油期货合约，此后两三个月，豆油主力合约0805从7800元/吨起步，一路上扬至9700元/吨，截至当年2007年11月中旬，万女士已有10倍获利。进入2008年，豆油上涨速度越来越快，2月底，豆油0805已然逼近1.4万元/吨，也就是在那时，万女士的账面保证金突破了1000万元，成了名副其实的"千万富翁"。

  1）以小搏大，过于放胆

  "她采取的是全仓操作的股票手法。"知情人士透露说，万女士是所有资金满仓交易，没有科学的资金分配比例，而且，她利用期货交易浮动盈利可以开新仓的特点，又将盈利全线扑入豆油期货，越涨越买。这种操作方式最大程度地利用了杠杆，可以将利润放大至最大；但与此同时，风险也被放大到了最大，一旦顶点行情有所调整，满仓交易、最高点也有买入的万女士将面临灭顶之灾。

  据悉，期货公司曾不止一次劝她降低仓位，但万女士根本听不进去。事实上，万女士之所以能够在半年内成为千万富翁，所仰仗的正是这种满仓交易和浮利加仓，对她而言，这样做没有什么不对的地方。

  2）风云突变却拒绝减仓

  万女士缔造的期市神话很快引起了媒体关注，"武昌女子半年内从4万做到1450万"的新闻频频见诸报端，并在网上广为转载。

  "她的资金真正突破千万是在2008年2月28日、29日。"知情人士说，当时正值豆油连续涨停，万女士账户的浮动权益在3月4日达到顶峰，最高时竟达2000多万元。不过，当天的行情出现剧烈震荡，油价在一个小时内从涨停快速滑落至跌停。

  在豆油从涨停到跌停过程中，万女士的账户因为保证金不足，已经被强行平去了一部分合约，但这并没有引起她的重视。

  "期货公司的人找她谈过，但她拒绝主动减仓。"不愿意透露姓名的相关人士表示，因为此前一些媒体已经报道了万女士期货交易半年发迹的事，很多人已经知道她，在这样的情况下,万女士碍于面子,不愿意主动平仓,因为她知道,只要一卖,自己就不再是千万富翁了。"实际上,3月6日,她的账上至少还有几百万元,当日价格震荡下跌,要平仓还是有机会的。"

3)被强行平仓回到起点

出于种种考虑,万女士错过了最佳减仓时机。3月7日和10日两天,豆油无量跌停,万女士就是想平仓也平不了了,由于仓位过重,其巨大的账面盈利瞬间化为乌有。

3月11日上午,连续两个交易日无量跌停的豆油期货终于再打开停板。大连商品交易所豆油主力合约0805、0809盘中双双翻红,收盘分别下跌0.83%和0.36%。但由于没有能力追加保证金,万女士所持有的最后300手合约被强行平仓,最终,她的账户保证金只剩下了不到5万元。

终点回到了起点。

这个故事震人心魄,其成功让人羡慕,其失败让人扼腕。

4)教训分析

一是资金分配不当,全部资金同时使用杠杆,太过冒险。期货杠杆一般是1:10,已经比较危险了,总权益亏10%,自己的所有资金便化为乌有。所以,较为稳妥的资金分配比例是,总资金的四分之一参与交易。万女士不管不顾仍然挣大钱,不过是赶上了大趋势,是运气使然,不可复制,而一旦趋势转向或者大的震荡,便会爆仓,赔个底儿掉。

二是跟随趋势不断加码,做对了赚座金山,做错了赔座金山。同一品种胀面浮盈可以买货,这样还好些,大不了赔的是利润。而如果用自有资金加码,最后赔的就是自己的家底儿了。

三是趋势转向必须止盈止损,不能漠然视之。万女士的错误在于止盈太晚,中短期均线乖离已经很大还不肯止盈,跌破30日均线还不止盈,无量跌停后巨量震荡还不止盈,这不是自己坚决坐电梯嘛!

国债"3·27"事件

1995年2月23日,上海证券交易所发生了震惊中外的"3·27"国债事件,当事人之一的管金生由此身陷牢狱,另一当事人尉文渊被免掉上交所总经理的职务。事隔二十几载,尤其是在当前监管当局要求加强监管力度的情况下看看"3·27"事件,对我们认识中国金融市场,认识监管的重要性不无助益。

1992年12月18日,上海证券交易所首先向证券商自营推出了国债期货交易。但由于国债期货不对公众开放,交投极其清淡,并未引起投资者的兴趣。

1993年10月25日,上交所国债期货交易向社会公众开放。与此同时,北京商品交易所在期货交易所中率先推出国债期货交易。1994—1995年春节前,国债期货飞速发展,全国开设国债期货的交易场所从两家陡然增加到14家(包括两个证券交易所、两个证券交易中心以及10个商品交易所)。由于股票市场的低迷和钢材、煤炭、食糖等大宗商品期货品种相继被暂停，大量资金云集国债期货市场尤其是上海证券交易所。1994年全国国债期货市场总成交量达2.8万亿元。

此时"3·27"事件发生了，3·27国债是指1992年发行的三年期国债92(三)，1995年6月到期兑换。1992~1994年中国面临高通胀压力，银行储蓄存款利率不断调高，国家为了保证国债的顺利发行，对已经发行的国债实行保值贴补。保值贴补率由财政部根据通胀指数每月公布，因此，对通胀率及保值贴补率的不同预期，成了3·27国债期货品种的主要多空分歧。以上海万国证券为首的机构在"3·27"国债期货上做空，而以中经开为首的机构在此国债期货品种上做多。

当时虽然市场传言财政部将对"3·27"国债进行贴息，但在上海当惯老大的管金生就是不信这个邪。当然，管金生的分析不无道理：国家财政力量当时极其空虚，不太可能拿出这么大一笔钱来补贴"3·27"国债利率与市场利率的差，而且当时通胀局势已经得到初步控制。另一方面，由于长期身处证券市场，管金生对市场传闻的不相信是一种与生俱来的感觉。于是管金生出手，联合辽国发等一批机构在"3·27"国债期货和约上做空。

1995年2月23日，传言得到证实，财政部确实要对"3·27"国债进行贴息，此时的管金生已经在"3·27"国债期货上重仓持有空单。据说，当时管金生曾经要求上交所总经理尉文渊为万国证券的持仓多开敞口，但遭到尉文渊的拒绝。而尉文渊并不知道的是，管金生此时已经在"3·27"国债期货上超过规定持仓量很多。

据说，面对中经开为首的机构借利好杀将过来，本来管金生还能勉强稳住阵脚，但此时万国证券的重要盟友辽国发突然翻空为多，联盟阵营的瓦解让空方始料不及，管金生面对巨额亏损，恶胆向边生，于是，在下午4：22，管金生开始出手，短短的八分钟之内，万国证券抛出大量的卖单，最后一笔730万口的卖单让市场目瞪口呆(按照上交所的规定，国债期货交易1口为2万元面值的国债，730万口的卖单为1460亿元，而当时"3·27"国债总共有240亿元)，据说，在最后8分钟内，万国证券共抛空"3·27"国债1056万口(共计2112亿元的国债)。

"3·27"国债期货收盘时价格被打到147.40元。当日开仓的多头全线爆仓，万国证券由巨额亏损转为巨额盈利。但成交量的迅速放大并不能说明问题，关键是期货交易的保证金根本没有，一句话，是透支交易，但反映在期货价格上却成为当天的收盘价。

法国兴业银行交易员赌掉71亿美元

担任世界最大衍生交易市场领导角色的法国第二大银行兴业银行，在2008年1月24日曝出该行历史上最大违规操作丑闻。一名交易员在未经授权情况下，大量购买欧洲股指期货，最终给银行造成49亿欧元(约合71.4亿美元)损失。这是世界银行业迄今因员工违规操作而蒙受的单笔最大金额损失。

1）豪赌股指期货

法国兴业银行首席执行官丹尼尔·布东，在1月24日举行的新闻发布会上说，这名交易员从2007年上半年便开始在上级不知情的情况下从事违规交易，交易类型为衍生品市场中最基本的股指期货。布东没有透露交易员的身份，但银行消息人士此后证实他名为热罗姆·盖维耶尔，现年30多岁。

根据银行管理层的说法，截至2007年年底，盖维耶尔预期市场会下跌，因此一直大手笔做空市场；从2008年开始，盖维耶尔突然反手做多，豪赌市场会出现上涨。

兴业银行资产管理部门负责人菲利普·科拉称，由于投入大量资金，而且市场颓势与预期一致，盖维耶尔管理的账户上在去年年底时还拥有"相当多盈利"；然而，欧洲市场今年年初以来的大跌使账户反而出现巨额亏损。

不过，由于盖维耶尔使用隐蔽手段，管理层直至2008年1月18日晚上才发现这一重大问题，并立即通报法国中央银行——法兰西银行。

兴业银行24日向法院提交诉状，指控盖维耶尔伪造银行记录、使用伪造账户以及涉嫌计算机系统欺诈。盖维耶尔可能因此面临监禁或者罚款。

2）违规动机不明

用法兰西银行行长克里斯蒂安·努瓦耶的话形容说，盖维耶尔可谓"计算机天才"，居然通过了银行"5道安全关"获得使用巨额资金的权限。

由于这名交易员并没有在任何交易盈亏中获取个人利益，银行方面表示还不清楚他违规操作的动机。不过，法国工会官员称，根据他们了解的情况，盖维耶尔近期正面临"家庭问题"，"可能有些不能自制"。

盖维耶尔自2000年来一直在兴业银行工作，作为交易员的他如今工资加奖金年收入不足10万欧元(合14.57万美元)。来自法国总工会的米谢勒·马尔谢认为，盖维耶尔也可能希望通过为银行赢取巨额利润来博得管理层欣赏，从而提高自己的奖金。

3）行业领袖蒙羞

法国兴业银行成立于1864年，有来自77个国家和地区的12万名员工以及2200万客户。以丑闻披露前23日的股价计算，兴业银行市值为369亿欧元，在欧洲居第13位。

不过，法国兴业银行最受业界推崇的还数它的金融投资业务，其盈利能力在同行业中属于佼佼者。尤其在风险较高的金融衍生品市场中，兴业银行凭借严格的风险控制管理能力长时间占据业界头把交椅。

然而，突然摆在眼前的71亿美元损失却让以风险控制管理扬名的兴业银行上下以及业界震惊不已。这几乎"抹去"了该行在业绩稳定期的全年利润。

违规丑闻披露后，兴业银行在巴黎证券交易所的股票被实施临时停牌，中午复牌后暴跌6%以上，最终在欧洲股市整体上扬的情况下收于75.81欧元，跌幅4.14%。

巴林银行的倒闭

1995年2月26日，一条消息震惊了整个世界金融市场，具有230多年历史，在世界1000家大银行中按核心资本排名第489位的英国巴林银行，因进行巨额金融期货投机交易，造成9.16亿英镑的巨额亏损，在经过国家中央银行英格兰银行先前一个周末的拯救失败之后,被迫宣布破产。后经英格兰银行的斡旋,3月5日,荷兰国际集团以1美元的象征价格,宣布完全收购巴林银行。

1) 事件的经过

巴林银行创立于1762年,已有200多年的历史。最初从事贸易活动,后涉足证券业,19世纪初,成为英国政府证券的首席发行商。此后100多年来,该银行在证券、基金、投资、商业银行业务等方面取得了长足发展,成为伦敦金融中心位居前列的集团化证券商,连英国女皇的资产都委托其管理,素有"女皇的银行"美称。

在《亚洲金融》杂志组织的由机构投资者评选亚洲最佳经纪活动中,巴林连续4年名列前茅;该集团1993年的资产59亿英镑,负债56亿英镑,资本金加储备4.5亿英镑,海内外雇员为4000人,盈利1.05亿英镑;1994年税前利润高达1.5亿英镑。该行目前管理300亿英镑的基金资产,15亿英镑的非银行存款和10亿英镑的银行存款。

就是这样一个历史悠久、声名显赫的银行,竟因一个28岁的青年进行期货投机失败所累而陷入绝境。28岁的尼克·里森1992年被巴林银行总部任命为新加坡巴林期货(新加坡)有限公司的总经理兼首席交易员,负责该行在新加坡的期货交易并实际从事期货交易。

1992年巴林银行有一个账号为"99905"的"错误账号",专门处理交易过程中因疏忽而造成的差错,如将买入误为卖出等。新加坡巴林期货公司的差错记录均进入这一账号,并发往伦敦总部。1992年夏天,伦敦总部的清算负责人乔丹·鲍塞要求里森另行开设一个"错误账户",以记录小额差错,并自行处理,以省却伦敦的麻烦。由于受新加坡华人文化的影响,此"错误账户"以代码"88888"为名设立。

数周之后,巴林总部换了一套新的电脑系统,重新决定新加坡巴林期货公司的所有差错记录仍经由"99905"账户向伦敦报免,"88888"差错账户因此搁置不用,但却成为一个真正的错误账户留存在电脑之中。这个被人疏忽的账户后来就成为里森造假的工具。倘若当时能取消这一账户,则巴林银行的历史就可能改写了。

1992年7月17日,里森手下一名刚加盟巴林的王姓交易员手头出了一笔差错:将客户的20份日经指数期货合约买入委托误为卖出。里森在当晚清算时发现了这笔差错。要矫正这笔差错就须买回40份合约,按当日收盘价计算,损失为2万英镑,并应报告巴林总部。但在种种考虑之下,里森决定利用错误账户"8888"承接了40份卖出合约,以使账面平衡。由此,一笔代理业务使衍生出了一笔自营业务,并形成了空头敞口头寸。数天以后,日经指数上升了200点,这笔空头头寸的损失也由2万英镑增加到6万英镑。里森当时的年薪还不足5万英镑,且先前已有瞒上不报的违规之举,因而他更不敢向总部上报了。此后,里森便一发而不可收,频频利用"88888"账户吸收下属的交易差错。仅其后不到半年的时间里,该账户就吸收了30次差错。为了应付每月底巴林总部的账户审查,里森就将自己的佣金收入转入账户,以弥补亏损。由于这些亏损的数额不大,结果倒也相安无事。

1993年1月，里森手下有一名交易员出现了两笔大额差错：一笔是客户的420份合约没有卖出，另一笔是100份合约的卖出指令误为买入。里森再次作出了错误的决定，用"88888"账户保留了敞口头寸。由于这些敞口头寸的数额越积越多，随着行情出现不利的波动，亏损数额也日趋增长至600万英镑，以致无法用个人收入予以填平。在这种情况下，里森被迫尝试以自营收入来弥补亏损。幸运的是，到1993年7月，"88888"账户居然由于自营获利而转亏为盈。如果里森就此打住，巴林银行的倒闭厄运也许又一次得以幸免。然而这一次的成功却从反面为他继续利用"8888"账户吸收差错增添了信心。

　　1993年7月，里森接到了一笔买入6000份期权的委托业务，但由于价格过低而无法成交。为了做成这笔业务，里森又按惯例用"88888"账户卖出部分期权。后来，他又用该账户继续吸收其他差错。结果，随着行情不利变化，里森再一次陷入了巨额亏损的境地。到1994年时，亏损额已由2000万、3000万一直增加到7月份的5000万英镑。为了应付查账的需要，里森假造了花旗银行有5000万英镑的存款。其间，巴林总部虽曾派人花了1个月的时间调查里森的账目，但却无人去核实花旗银行是否真有这样一笔存款。

　　1994年下半年起，尼克·里森在日本东京市场上做了一种十分复杂、期望值很高、风险也极大的衍生金融商品交易，即日本日经指数期货。他认为日本经济走出衰退，日元坚挺，日本股市必大有可为。日经指数将会在19000点以上浮动，如果跌破此位，一般说日本政府会出面干预，故想赌一赌日本股市劲升，便逐渐买入日经225指数期货建仓。1995年1月26日，里森竟用了270亿美元进行日经指数期货投机。不料，日经指数从1月初起一路下滑，到1995年1月18日又发生了日本神户大地震，股市因此暴跌。里森所持的多头头寸遭受重创。为了反败为胜，他继续从伦敦调入巨资，增加持仓，即大量买进日经股价指数期货，沽空前日本政府债券。到2月10日，里森已在新加坡国际金融交易所持有55000份日经股价指数期货合约，创出该所的历史记录。

　　所有这些交易均进入"88888"账户。为维持数额如此巨大的交易，每天需要3000万~4000万英镑。巴林总部竟然接受里森的各种理由，照付不误。2月中旬，巴林总部转至新加坡5亿多英镑，已超过了其47000万英镑的股本金。

　　1995年2月23日，日经股价指数急剧下挫276.6点，收报17885点，里森持有的多头合约已达6万余份，面对日本政府债券价格的一路上扬，持有的空头合约也多达26000份。由此造成的损失则激增至令人咋舌的86000万英镑；并决定了巴林银行的最终垮台。当天，里森已意识到无法弥补亏损，于是被迫仓皇出逃。26日晚9点30分，英国中央银行英格兰银行在没拿出其他拯救方案的情况下只好宣布对巴林银行进行倒闭清算，寻找买主，承担债务。同时，伦敦清算所表示，经与有关方面协商，将巴林银行作为无力偿还欠款处理，并根据有关法律赋予的权力，将巴林自营未平仓合约平仓，将其代理客户的末平仓合约转移至其他会员处置。27日（周一），东京股市日经平均指数再急挫664点，又令巴林银行损失增加了2.8亿美元，使全部损失达6亿英镑，约9亿多美元。截止至当日，尼克里森持的末平仓合约总值达270亿美元，包括购入70亿美元日经指数期货，沽出200亿美元日本政府债券与欧洲日元。

在英国央行及有关方面协助下，3月2日（周四），在日经指数期货反弹三百多点情况下，巴林银行所有（不只新加坡的）未平仓期货合约（包括日经指数及日本国债期货等）分别在新加坡国际金融期货交易所、东京及大阪交易所几近全部平掉。至此，巴林银行由于金融衍生工具投资失败引致的亏损高达9.16亿英镑，约合14亿多美元。3月6日，荷兰荷兴集团与巴林达成协议，愿出资7.65亿英镑（约12.6亿美元）现金，接管其全部资产与负债，使其恢复运作，将其更名为"巴林银行有限公司"，3月9日，此方案获得英格兰银行及法院批准，荷兰荷兴集团收购巴林银行的法律程序完成，巴林全部银行业务及部分证券、基金业务恢复运作。至此，巴林倒闭风波暂告一段落，令英国人骄傲两个世纪的银行已易新主，可谓百年基业毁于一旦。

此案中，使巴林银行遭受灭顶之灾的尼克·里森于1995年2月23日被迫仓皇逃离新加坡，3月2日凌晨，在德国法兰克福机场被捕，11月22日，应新加坡司法当局的要求，德国警方将在逃的里森引渡到新加坡受审。12月2日，新加坡法庭以非法投机并致使巴林银行倒闭的财务欺诈罪名判处里森有期徒刑6年6个月，同时令其缴付15万新加坡元的诉讼费。1999年4月5日，新加坡司法当局宣布，因其在狱中表现良好，提前于1999年7月3日获释出狱，并将其驱逐出境。7月4日，里森回到伦敦。

2）事件的后果及影响

巴林银行的破产，对国际金融市场造成严重的冲击，影响的范围，直接涉及新加坡、东京、大阪、伦敦、香港和其他有关的金融市场。

1995年2月27日，星期一，巴林事件公开披露之后的第一个交易日，新加坡股市出现较大幅度下跌，海峡时报指数跌去20.42点，收报2094.10点，跌幅达0.92%。日本股市作为重灾区，所受的打击更为沉重。据日本《经济新闻》报道：日本有15家银行拥有日本巴林证券公司总计7.18亿美元的资产。其中有5.3亿美元可能要作坏账处理。此外，市场还担心日本巴林证券公司为了还债而被迫平仓。日本的股市因之格外受到拖累，2月27日的东京日经平均指数狂泻954点，跌幅达5.4%，收报16808.70点，创出15个月来的新低，以后数日继续下挫，3月1日跌至16618.71点。3月10日，东京市场传闻日本有类似巴林事件的情况出现，日经指数跌至16358.38点，东京证券交易所迅即宣布：日本巴林证券公司持有4900份末平仓的日本政府证券期货合约，估计损失达50亿日元。东京证券交易所理事长山口光秀宣布停止日本巴林证券公司所有交易，冻结其所有股票和期货合约的库存。大藏省和日本银行也相应采取了一些旨在稳定东京股市的对策。

在英国，英镑汇率随之受到冲击，英镑兑马克汇率跌穿2.3的重要支撑位，成为两年多来的新低。伦敦金融时报 100 指数 3 月 8 日收报 52986.9 点。英格兰银行行长艾迪·乔治表示，新加坡巴林期货公司造成的损失已超过了该公司约 2 亿英镑的现金准备；而且，由于持有的大部分期货合约要到 3 月中旬才到期，因而最终的损失可能还会增加。乔治还补充道，英格兰银行将尽快对巴林事件作出全面的调查，并进行必要的处理和采取有效的防范措施。

巴林事件使马来西亚、韩国及印度等国的金融管理当局深感震惊，因为这些国家正计划推出期货交易。吉隆坡的官员表示，在原来酝酿推出两种期货交易之前，他们将对有关的监管法规和措施再次作出更严密的审核。韩国金融及经济管理局表示，它将对来自海外的金融衍生工具的交易加强控制，建立涨跌停板制度，规定强制性的保证金比率，以避免出现过度的风险。印度证券交易局主席迈赫塔表示，在推出期权和期货交易之前，他们肯定会把巴林事件考虑在内。

巴林事件在香港金融市场引起了很大反响。香港股市在开市的第一天，即 2 月 27 日，立即作出向下的反应，恒生指数一度深跌 200 多点。2 月 28 日起，大批的客户涌入巴林（香港）公司，提出储存在该公司的股票，转移到百富勤等其他证券公司。3 月 10 日，恒生指数跌穿 8000 点整数关。此外，台北股市也下跌了 3.1%，菲律宾联合交易所成分指数下跌 4.2%，韩国的股市下跌 2.25%。香港证监会也很快作出反应，于 2 月 27 日根据《证券及期货事务监察委员会条例》第 39(1) 条及第 40 条赋予的限制注册人业务的权力，宣布对巴林银行在证监会注册经营证券及期货业务的所有公司实施停牌处理。当时，巴林（香港）公司持有 4.4 亿港元的股票。9000 份期货合约和 1.2 万份期权合约。巴林兄弟有限公司持牌银行业务于 2 月 27 日上午 9 时暂停营业。香港金融管理局称，巴林银行香港分行虽无问题，但也须暂停办理业务，资金不得转出香港。巴林证券有限公司亦被暂停交易，其在期货交易所的未平仓合约亦由其他公司代行平仓。直至 3 月 10 日，随着荷兰国际集团 (ING) 收购巴林兄弟有限公司及巴林证券有限公司的业务和资产以及巴林资产管理控股有限公司的所有股份以后，香港证券及期货事务监察委员会才正式撤销了对香港巴林期货有限公司、香港巴林证券有限公司、巴林资产管理（亚洲）有限公司、巴林国际基金管理有限公司及巴林国际投资（远东）有限公司的业务限制令，但其中香港巴林证券有限公司及香港巴林期货有限公司的交易活动仍有待香港联合交易所及香港期货交易所的批准。同时，巴林兄弟银行也继续受到香港金融管理局的业务限制令的禁阻。为确保香港金融衍生工具市场的正常运行，香港期货交易所决定将每份恒指期货合约的保证金由 4 万港元增至 4.5 万港元。同日，香港金融管理局还表示，该局正在等待英格兰银行针对巴林事件的调查作出处理意见和建议，以便进一步制定监管衍生工具的指导准则，杜绝类似巴林事件的情况再度发生。

香港金融管理局还以巴林事件为契机，对有资格从事金融衍生工具交易的金融机构进行了调查，结果表明，积极参与金融衍生工具交易的多为外资机构，香港当地的金融机构主要从事金融衍生工具的对冲交易,以避免风险、减少损失为目的。此项调查还显示,大部分金融机构均有一套审慎的风险管理守则,但仍有不到半数的金融机构其守则未获董事会批准,与巴塞尔委员会建议董事会必须清楚了解银行参与金融衍生工具的交易情况的要求不符,其内部的监管素质有待提高。